比較宗教学

「いのち」の探究

新装改訂版

田中 かの子著

北樹出版

目　　次

第1章　「〜教」以前の"宗教"とは？
　　　　──その原初的にして本質的な姿── ……………………… 2

第1節　「いのち」に気づく ………………………………………… 5
　1　この神秘なる"自己"を覆いつくす身体　(5)
　2　外界を覗く二つの穴　(7)
　3　身体内空間に響く音声　(8)
　4　「いのち」の宿る身体と「いのち」の去った身体　(12)

第2節　「いのち」の表現 ……………………………………………16
　1　洞窟壁画の思想──呪術と宗教──　(16)
　2　呼吸の浄化としての唱名──「祈り」の原形──　(18)
　3　美術・建築・音楽による"身体"表現の多様化　(21)

第3節　「いのち」の解釈 ……………………………………………23
　1　"かたまり"をなして宿るもの　(24)
　2　"はたらき"として現ずるもの　(28)
　3　"かたまり"をなしても滅ぶべきもの　(29)

第4節　「いのち」のゆくえ …………………………………………31
　1　「この身のままで生き永らえたい」と願う場合　(31)
　2　「この身は果てるとも、どこかで存続する」と信じる場合　(32)
　3　「この身において生きたという証(あかし)を後人に託す」場合　(35)
　4　「この身に起きること（現実の生活）に永遠のいのちを観る」場合　(36)

第5節　「いのち」の価値観 …………………………………………38
　1　宗教は「いのち」をどう観るか　(38)
　2　科学との対立・連携・相即　(40)
　3　かけがえのない「いのち」　(44)

第2章　多様なる「〜教」の発祥・成立・展開……………………………49
　第1節　「宗教学」の基本的立場 …………………………………………50
　第2節　人類の歴史から「宗教史」を切り取る──8宗教の選択── ………52
　　　1　考える作業にともなう「識別 → 比較 → 還元」のプロセス　(52)
　　　2　「預言者の宗教」と「覚者の宗教」の識別　(53)
　第3節　「宗教史」の縁起性と啓示性 ……………………………………57
　　　1　業報をめぐる「宗教的時間」　(57)
　　　2　諸宗教の歴史的連関を包括する「宗教史的時間」
　　　　　──その「縁起性」と「啓示性」──　(59)
　　　3　「宗教史的時間」の「空間」的把握──「一覧表」の活用──　(60)
　第4節　「宗教史」における「唯一神」の生成 …………………………65
　第5節　人間の脳裡に蓄積した多次元的時間の還元 ……………………74

第3章　比較宗教学の目的と方法 ……………………………………………76
　第1節　バランス感覚にもとづく諸宗教の把握 …………………………76
　第2節　比較するには共通項が必要である ………………………………77
　第3節　「聖なるもの」をめぐる宗教の構成要素 ………………………77
　　　1　「聖なるもの」の諸相　(77)
　　　2　一覧表の解説と提示　(82)
　第4節　比較宗教学のモラル ………………………………………………88
　　　1　地図で色分けできない宗教世界　(88)
　　　2　「〜教徒」の生き方・考え方を尊重する　(91)

第4章　比較宗教学の実践例 …………………………………………………97
　第1節　大切なものは眼に見えない
　　　　　──諸宗教の至聖所にみられる「空の御座」── ……………97

第2節　初めに、8宗教を俯瞰する …………………………………………104
　1　ゾロアスター教：「いのち」の創造と破壊をめぐる闘いに挑む　(104)
　2　ユダヤ教　　　：「いのち」の創造者に対する応答責任を自覚する　(112)
　3　キリスト教　　：「いのち」のよみがえりにあずかる　(120)
　4　イスラーム　　：「いのち」のなかに神の徴(しるし)を観る　(128)
　5　シーク教　　　：「いのち」の浄化につれて成長する　(136)
　6　ヒンドゥー教　：「いのち」の帰入すべき理法にゆだねる　(144)
　7　ジャイナ教　　：「いのち」の清浄なる本性を取り戻す　(152)
　8　仏　　教　　　：「いのち」の充実に徹して生きてゆく　(160)

第3節　8宗教にみられる影響関係・共通点・相違点
　　　　――諸宗教の「いのち」を育むもの―― …………………………168

第4節　続いて、3宗教と比較する ……………………………………………174
　1　儒　　教　　　：「いのち」あるかぎり道を求める　(174)
　2　道　　教　　　：「いのち」を超えて生きる　(182)
　3　神　　道　　　：「いのち」の清らかなる幸いを願う　(190)
　4　神道をめぐる諸宗教　(198)

結　語 ……………………………………………………………………………207

註 …………………………………………………………………………………208

索　引　・　凡　例 ……………………………………………………………220
　Ⅰ．和文索引　・　(1) 仏、菩薩名・神名・人名 …………………………221
　Ⅰ．和文索引　・　(2) 事項 …………………………………………………227
　Ⅱ．欧文索引 …………………………………………………………………244
　索引のフィロソフィー ………………………………………………………248
　カバーデザインの解説 ………………………………………………………249
　附録　用語解説 ………………………………………………………………250

一 覧 表 の 目 次

「宗教学」の領域とは？ ……………………………………………………51
業報をめぐる「宗教的時間」 ………………………………………………58

8宗教の生成過程……………………………………………………………62
一覧表の註釈（1.〜33.）……………………………………………………63

「宗教史」における「唯一神」の生成（分析表）……………………66〜67
分析表の註釈（1.〜52.）……………………………………………………68〜73
信仰の立場から観た「唯一神」の諸属性①〜⑧ …………………………73

「聖なるもの」をめぐる宗教の構成要素(1) ………………………………84〜85
「聖なるもの」をめぐる宗教の構成要素(2) ………………………………86〜87

8宗教における「空の御座（からのみざ）」のシンボリズム
　（※ 84〜87頁の象徴論的再考）………………………………………100〜101

8宗教間（「預言者の宗教」と「覚者の宗教」）の
　影響関係・共通点・相違点……………………………………………170〜171
凡例と趣旨 …………………………………………………………………172
コメント ……………………………………………………………………173

比較宗教学
――「いのち」の探究――

第1章
「〜教」以前の"宗教"とは？
―― その原初的にして本質的な姿 ――

　人は生まれ育つうちに、ものの名前をたくさん覚え、この世界をより広く、さらに深く知るための手がかりとする。その名前で呼ばれたものを自分の眼で観察し、実際に触れたり聴いたりできればよいが、知覚ではつかみきれないものをほんとうに身についた知識と為すにはどうすればよいのだろうか。例えば、数ある抽象概念のなかでも「宗教」という名詞は、捉えがたいものをあえて文字にした代表例といえるだろう。日本人はこれを「しゅうきょう」と発音する。その語感から語意の全貌が明らかになるわけではない。むしろ、世間一般の用例にもとづいた、ごく限られた意味の範囲内で、人それぞれの「宗教」観を呼び起こすにすぎない。ほんとうにその意味を探ろうとすれば、まず語の成り立ちを知り、さらに語意の範囲外へと視野を広げてゆく必要があるだろう。

　漢字の起源を遡れば、「宗」は生け贄を捧げる屋根付きの祭壇を象っている。大切に思う生き物の血を流して犠牲にすることによって視えない神々の心を動かし、国事に関わる重大な願い事をかなえてもらおうとしたのである。

　そして何よりも大切なのは、自分自身に流れる先祖伝来の血筋。この身も、子孫にその血統を伝えてゆかなくてはならない。血縁の絆で堅く結ばれた社会に、先祖を祀る霊廟は欠かせない。「宗」は、その建造物や、尊崇する父祖の直系一族、なかでも有徳の人物を指すようになった。

　さらに仏教が伝来すると、サンスクリット語"siddhānta"（成しとげられた〔覚りの〕境地）に対応しうる漢訳語として選ばれたのが「宗」であった。言語では表現しがたい仏陀の正覚体験を「宗」、それを説き明かした言語内容を「教」とした「宗教」は、「仏教」の同義語となった。学説の相違による分派は「宗派」をなし、「〜宗」という呼称もできた。

「宗教」が仏教以外の教えをも包括する日本語となったのは、明治14〜15年以降のことである。明治2年（1869年）、ドイツ北部連邦と修好通商条約を結んだ際、"Religionsübung"に「宗教」の語を当てて訳したのが始まりといわれる。「宗教」上の「慣習」（übung）を理解しあうことは、交易のうえでも重要であった。開国までは禁教とされていたキリスト教（「切支丹」）が仏教とともに「宗教」という概念のなかで対等に扱われるようになったのは画期的といえる。個々の「宗教」を「〜教」と呼び習わす語法は「仏教」「儒教」「道教」などを先駆けとしたが、それに「猶太教」「耶蘇教」「回教」などを加えて並び称することを始めたのは、いわゆる「脱亜入欧」の政策を掲げて西欧文化の摂取に乗り出した明治時代からであった。

漢字の「宗教」に対してドイツ語や英語などでいう"religion"は、ラテン語"religio"に遡る。その語源をめぐっては二つの解釈がある。一つは紀元前1世紀頃の哲学者キケロによる説で、「再び読誦する」「規則正しく反復する」などの意味をもつ"re-legēre"を挙げる。ローマの神々に生け贄を捧げ、祈りを唱える毎日の勤行を連想させるからである。もう一つは、"re-ligāre"（再び結びつける）に注目した3〜4世紀のキリスト教護教論者ラクタンティウスの説。神に背いて罪に囚われた人間がキリストの贖罪死と復活の恩寵によって解放され、「神と再び結びつく」という神学的解釈をほどこしたのである。"religio"にはもともと不思議なものに対する「畏怖」「敬虔」「礼拝」といった意味があったが、やはり時代とともに指示内容も用法も変わり、ついには「キリスト教」の代名詞として扱われるに至った。「キリスト教こそは真の"religio"」との信念は、教父アウグスティヌス以来の伝統である。キリスト教至上主義を批判し、異教を"religion"の範疇に入れて"諸宗教"を認識する人々が活躍できるようになったのは、つい最近のこと。ドイツで「宗教学」（Religionswissen゠schaft；諸宗教の学問）の誕生をみた19世紀以降の動向とみてよいだろう。キリスト教と他宗教との比較をとおして"religion"の意味範囲が一挙に広がったのである（第2章・第1節；50〜52頁参照）。

こうして語源の説明に字数を費やすればそれだけ、様々に異なる文化的背景が浮き彫りにされるばかりで、目指す「宗教」の核心に近づいてきたという実感は湧いてこない。確かに、古代中国の「宗教」、仏教としての「宗教」、キリスト教という「宗教」それぞれにとって不可欠な要素については概観できたといえるだろう。しかしそれだけで、「宗教」概念を構築する普遍妥当性を探りあてられるわけではない。「 〜 教」と呼びうるものをすべて知り尽くせばどうだろうか。この一生を費やして仮に「諸宗教」の全貌がみえてきたとすれば、「宗教とは何か」を知ることができるのかもしれない。けれどもそのような抽象度の高い「宗教」からは、"ほんとうに身に付いた知識"を得ることはできないだろう。知識は、誰もが実感できるものになってこそ、世の中の役に立つ。実用にたえない知識は、観念的で、真実からは程遠い。

　それならばいっそのこと、われわれを呪縛している「宗教」や「 〜 教」といった既成概念からいったん抜け出して、もっと本源的にわれわれ自身と関わりをもつ観点から、「宗教」の本質に迫ってみてはどうだろうか。そもそも「宗教」の歴史には、「 〜 教」以前の原初的な段階（宗教生活の原初形態）がある。それはかならずしも原始時代のみにみられるのではなく、人間であれば誰にでも覚えのある体験のなかに見出せるはずのものである。遠い祖先の記憶したことは、その子孫であるわれわれ自身の心と身体にも伝わっている。

　「宗教」を知るために「宗教」の定義づけはどこまでも控えて、「宗教」概念にとらわれない工夫を講じること。この逆説は、「名前」以前の「もの」そのものに立ち帰る機会をつくる。立ち帰ってゆくのは、われわれ自身の「いのち」よりほかにはないだろう。身に付いたもののなかでも、それなくしては生きることができない唯一の、かけがえのないものだからである。その探究をとおして「宗教」の知識を求めてゆくことにしよう。

　便宜上、「宗教」や「 〜 教」を用いる箇所もあろうが、それはいわば仮設的な"X"に等しい。名前を付けて定義できると信じられてきた、本来はとらえどころのない"実体"と呼ばれるものを観る立場からは、この際、できるだけ遠ざかろうではないか。定義されたものの権威を鵜呑みにしない態度こそが、学術を楽しむ、精神の自由を保証するのだから。

第1節 「いのち」に気づく

　ただ自然の本能にしたがって生きているだけではなく、"生きていること"の不思議を思い、畏れ、尊ぶ心が芽生えた時から、"ヒト"は"人間"としての生活を創造するようになったのではないか。原始時代のことは証拠がないので、こちらの想像が実際をしのぐおそれもあろうが、少なくともこの身に関することであれば、さほどの逸脱にはならないのではないか。人間に共通する身体感覚をもとに、「いのち」の驚異をいまさらながら指摘すれば、次のようになるかと思われる。

1　この神秘なる"自己"を覆いつくす身体

　身体は、自明にして未知なる空間である。そこに住まう"自己"にとっても知りえぬことばかりではないか。皮膚は身体の壁となって"自己"を外界から分け隔て、いわゆる"自分"だけの領域を守るように仕向ける。身体内空間は、不思議である。食物を呑み込んだり、どこかに病のあるときは、臓器のはたらきに気づかせる内臓感覚（visceral sensation）が起こる。何も食さず、心が澄み切った状態になると、内臓、筋肉、骨、血液などで満たされているはずの身体が今度は、あたかも何一つ遮るもののない"がらんどう"になったかのような空洞感覚（hollow sensation）[2]を体験する。"身体の精神化"とでもいおうか。"心のなか"をじっくりと見つめ、"自己"を省み、同時に周囲の世界を洞察する余裕ができるのは、まさにそうした時かもしれない。

　"自己"はこの身体の外へは出られないけれども、外から何かを呼び寄せ、宿すことはできる。とくに原始の人間はあらゆるすべての自然現象から生きのびるための智慧を学んでいたから、身体を境にひろがる二つの自然（身体内空間と身体外空間）は、現代人のそれよりもはるかに渾然一体となっていたはずである。いわゆる憑霊現象というのはいかにも特殊なことのようにみえるが、外界からの影響力を内界としての身体内空間に受け容れる、一つの表現形式と考えればよいのではないか。逆に、脱魂現象というのは、外界へ出てゆけない

はずの"自己"があえてそれを実現するという超常的体験に対する人間の強い願望に起因しているとはいえないだろうか。例えば、朝起きて、いまだ癒されない疲れた身体を引きずりながら今日の暮らしを始めるという時、"自分はいまなぜこの身体に付き合っているのだろう。脱ぎ捨てて身軽になれたらよいのに"などと思ったことのある人は少なくないだろう。これが"ぬいぐるみ"の着せ替え衣装ならともかく、身体は、穴はあっても縫い目のない、出口なしの袋物である。いつとは知れぬ太古の昔からあると考えられてきた"身体に憑いたり、身体から抜けたりする霊魂"という観念は、実は誰にでも覚えのある日常的な身体感覚にもとづくものなのである。共感できることは、もはや神秘ではない。

　人間の身体（五感と第六感）を離れて知覚（体験・認識）しうる宗教現象はないという前提に立つならば、皮膚や眼や耳などで知りうることのなかにこそ、いわゆる「宗教」の発祥する拠りどころがあるということになろう。取りあえずはこれを「身体原理の宗教現象」と呼び、本節の指針としよう。

　いかなる神も精霊も、人間の身体に訴えかけなければ、その意志は伝わらない。精神を鍛える修行であればなおさらのこと、身体に対する依存度は高まる。あたりまえのようでいて、実は明らかではないのが、宗教体験と身体の問題であろう。なぜか。生きているうちに知り尽くせるものではないからである。

　身体が崩壊して死んでしまえば、皮膚は壊れて外界との境はついに無くなる[3]。肉体という牢獄から解放された霊魂などと言うまでもない、自然の事実である。"生きている"とは、この世界のなかに、ささやかな空間を区切って"自分"でありつづけることをいうのである。それに気づかず、周囲の世界に流されたまま生きてゆくとしたら、"生まれてきたこと"の意味は、どこにあるというのか。己（おの）れにしかみえない内面の領域は、どこまでも開拓できる、自由の天地だ。

　日々体験している身体現象をよくよく見直してみると、次々に不可思議な世界がみえてくる。"自己"とは何／誰かという問いに答えるのと同じくらい、その神秘なる"自己"を覆いつくす身体のことを探究するのは実に困難であるが、同時に、きわめて自明の"自己"による"身体"体験がつねにあることを忘れるべきではないだろう。

2　外界を覗く二つの穴

　それはほかでもない、両眼のことである。顔に付いた二つの窓から外界を眺めているという感覚。これを強く意識するのは、何かの作業に集中して"われを忘れている間"よりも、ふと"われに返った時"のほうが多いのではないか。外界にはたらきかけていた"われ"が、この内界（身体内空間）に留まる存在だという事実に改めて気づいた瞬間、"外界を覗く二つの穴"は、実に新鮮で不可思議な感覚を呼び醒ます。

　例えば、視界に映るものとの一体感。この身体も忘れ、見ているものすべてと分け隔てのなくなった広大なる空間と化したかのような感覚。ビルディングの谷間よりは本物の渓谷で、人の波よりは大海原や砂漠のただなかで体験しやすいかといえば、かならずしもそうではない。ビルディングにしろ人混みにしろ、自然を資源にしていないものは何一つとして見つからないからである。とくに、「自然と人間」などという対立概念をつくらなかった太古の人間にとって、その両眼に映るものはすべて自分自身との密接な結びつきにおいて受け容れられていたであろう。視界にしても、現代人には及びもつかない遠くの物体をとらえることができた。絶対者への帰入や、神と一つになる神秘体験などを持ち出すまでもなく、両の眼から見える世界に"われ"を同化させてゆく意識的あるいは無意識的体験は、すべての人間が共有し、また共感しうるものなのではないか。

　身体から実際に出てゆかなくとも、"見る"ことによっていかなるところへも往くことができるという感覚も、きわめて日常的なものである。「眼は、少しも移動しなくても遠いところへ往けるから、風は眼を羨ましがる」とは荘子の言だが、これは、視線の無限的拡張による世界の把握をあらわしている。古代の空はどこでも、星が降るように輝いていたであろう。眼は、光の粒子が届きさえすれば、何億光年の彼方でも見ることができる。星明かりや月明かりで暮らしていた原始の人間ならなおさら、見えはするが遠くて近づけない海上の島々や地平線にそびえる活火山に対して、つよい畏敬と憧れの念を抱いたはずである。ことによれば、"見る"だけでその不思議な力を身体のなかに取り込

めると信じていたかもしれない。そうすると、眼はその窓口であり、実際にそこへ赴いて戻ってくる素早い使者でもあることになる。例えば、体外離脱体験（out of body experience）と呼ばれる現象も、生きている人間が日頃からおこなっている縦横無尽なる視線の運動と無関係ではないのではないか。よく、臨死体験をした人たちが天井から自分の横たわる姿を見たり、野山を駆け巡った時の記憶を語ることがあるけれども、視覚的に鮮明な映像である場合が多い。その信憑性の是非はともかく、人間の眼がたんに見るだけの器官ではなくて、外界との交流を司るところとして機能している事実を物語る一例といえよう。

視力のはたらかない状態にあっても、眼はそれが在るかぎり、見るということをやめはしない。光の粒子が届かない闇にあっても、観える内面の世界は果てしがない。心の赴くところにはどこにでも或るイメージが湧いて、思考を助ける。睡眠中に夢を見ている人の眼球、光を奪われてもなお光のなかで暮らす人の眼球は、絶えず動いている。眼は、生きてゆく人間の精神を世界に向けて解放することのできる、きわめて精神的な身体（肉体）であるといえるだろう。

“外界を覗く二つの穴”は、“着ぐるみ”をまとって人気キャラクターを演じる人間が外界を垣間見る二つの穴とは比べものにならない、強烈な主体性を帯びたものである。穴の空いた顔は、人格の座であり、脳のはたらきに最も敏感な部位にある。その重大性を、以上の諸点はあらわしている。

母の胎内から生まれ出てこの世の光を浴びてから、臨終の床で両眼をついに閉じるまで、人間が眼にするものは実に多様で驚異に満ちている。見るものに感動すればそれだけ豊かな心になるだろう。“二つの穴”は心の窓である。

3　身体内空間に響く音声

声に出さなくとも認識できる心の声、記憶してからかなりたっていても再生できる人の肉声や音楽の調べ。自分のなか（身体内空間）にだけ響きわたるこれらの音声が、実際にどのようなしくみで聞こえてくるのか、科学的に解明されているわけではない。

人間は言語を習得すると、誰かと話したり、独り言をつぶやいたりする外言

(external speech) のみならず、心のなかで思考する内言 (internal speech) の能力をも発達させるようになる。つまり心の声（内声）は、後天的に覚えた言語（文字とその発音）を聞き慣れた自分の声の記憶をもとに操られているのである。この心的音韻化は、発声時の筋肉運動をともなう無声の運動音声として、電気的に測定することができるという。また、音声言語医学では、「ブローカ野と下頭頂葉さらにはウェルニッケ野との間の情報交換により内言が生成されている(5)」との実験結果があり、「運動（構音）と聴覚情報の間の変換(6)」がうまく働くと「内言であっても自分の声が聞こえるような気がするのである(7)」という。いずれの説も、脳に記憶させてある音声が内言を構成するという点で一致するけれども、耳の不思議な機能については説明していない。

　例えば、イヤホーンを両耳に付けてラジオ・ニュースを聴いているとする。アナウンサーの声はひっきりなしに耳を刺激するが、ふと何かを心のなかで考えはじめると、いつの間にかニュースの声は遠のき、思考する自分の声だけが響いていることに気が付く。耳はその時、外界との接触を断ち切って内界のほうに傾いている。とはいえ、耳の形状は外に向けられているのだから、内言に集中することによって聴覚がはたらかなくなると考えるのが正しいのかもしれない。それにしても、"耳を澄ます"（傾聴する）というのは、たんに外界からの音声を拾うためだけの行為ではないはずである。

　仮に、内言だと思って聞いていた声が、自分のものとは思えない声に転換したとすればどうだろう。しかもそれが、何らかの未知なる伝達内容を一方的に送信してきたとしたら、その人の逃れるところはない。どんな畏れを感じても、ひたすらその声に耳を傾けるしかないだろう。傍らの他人には、それが聞こえない。身体外空間にもれる性質の音声ではない点においては、内言と同様、個人的な現象である。神の声を聞く啓示体験が成り立つには、まさにこの内言という日常の言語現象が確立している必要があるのではないか。その証拠に、預言者となった人々のなかに言葉のおぼつかない幼児(8)はいないし、傾聴や発声のままならぬ者(9)も見当たらない。預言という責任ある任務の遂行には、内言と外言がともに発達していなければならないのである。また、"良心の声"に従っ

て行動するという場合、これも何らかの他者からの忠告が内言のなかに入り込んで自分を突き動かすという意味であろう。これをキリスト教的に言い換えれば、「神から下った聖霊の賜物が、心の内に語って悪から遠ざけてくださる」[10]のだということになろう。

　啓示現象があったかどうか分からない太古の昔も、言語が発明されてからは、心に響く音声の不思議に様々な想像が加わり、神々との交流にも資するところがあったのではないだろうか。自然に感応する能力のすぐれていた原始人は、見えるものと同様、聞こえるものからもたくさんの知識を吸収したに違いない。たとえ言語のなかった時代でも、記憶される自然界の音は鮮烈で豊かなものであり、物思いに耽れば、人の声や獣の咆哮が耳によみがえってきたであろう。狩りで負傷した仲間の呻き声を思い出せば、わが身にも迫る死の危険に背筋が寒くなったかもしれない。そうこうするうちに、不思議な声が自分だけに聞こえてきたと信じる人は、特別な能力を得たと自覚して一族の指導者になっていくだろう。神話の語り手としても尊ばれるはずである。

　思考しない日はない人間の生活においてあまりにも慣用的な内言にも、未知の領域がある。その内奥に入るには、よほど意識を集中させてかからなければならない。最高度の集中力により実現する覚醒状態の内言はといえば、無念無想の禅定（止）とは対照的な観察思惟の禅定（観）であろう。成道直後の仏陀は、この「観」により覚りの内容を反芻して楽しんだという。その論理的思考力は推し量ることさえできないものの、それがきわめて充実した内言であったことは想像に難くない。修行をとおして徐々に蓄積した智慧は、無意識の世界から意識のもとに呼び出されて吟味を受け、教説の基礎を築いたはずである。

　内言は自分だけのものであるはずだが、宗教の世界ではしばしばその内言を聴き取る能力のある何者かが登場する。人の祈りを聞かぬ先からその願いを知っている神であるとか、他心通という神通力を獲得した修行完成者や世間の声に耳を傾ける観世音菩薩であるとか、探せばいくらでも見つかる。心の内に思うことは、言わなければ人には伝わらない。しかし、神や仏菩薩には伝わるという安心。これは、"祈り"を重視する諸宗教がもともと内言の重要性を認め

てきたことを示唆しているのではないだろうか。

　内言がすべて他人にばれてしまう青年医師の物語を映画やテレビで放映していたのは、ごく最近のことである[11]。彼は、"サトラレ"と呼ばれて始終監視を受ける身であることを幼少の頃から知らされず、自分の内言が与える周囲への影響にまったく気づかないでいる。しかし、医療に献身する心の美しさが感動を呼び、秘密を知ってからも病院での仕事にとどまる、という筋である。意志的な内言の送信であるテレパシーとは違い、"サトラレ"の内言は甚だ不本意な公開状態を強いられている。心に外界へ向けた"スピーカー"を設置されているのと同じである。映画のなかでは「乖離性意思伝播過剰障害」という病名[12]が付けられている。思念が周囲に筒抜けとなる状態はちょうど、特定の対象だけに思念を届ける啓示現象の対極に当たるだろう。預言者に選ばれた人間は、その両耳に"イヤホーン"をいきなりねじ込まれ、神の声を聴かされる。それが途絶えてからも、その"イヤホーン"状態はおそらく一生続く。その不思議な声がいつまた心のなかに響きわたるのかは予測できない。待機する人間は、次第に自分自身の内言（すなわち思考内容）にも常人のそれとは異質なものを感じるようになるであろう。つまり預言者の人格は、召命体験以降の内言に変化をきたすことによって形づくられていくのではないか。

　もしも、万人の内言がもはや内言ではなくなれば、人間どうしの誤解は解け、悪事のたくらみも無くなるかもしれない。しかしその一方で、言葉をかけずに見守る思いやりや、人知れずおこなう善行の奥ゆかしさもまたみられなくなってしまうだろう。いつも心のなかで何かを考えながら生きている人間の肉声が外言においてだけあらわになるという事実。その意味を探ってゆけばゆくほど、思考と言語の神秘性を思い知らされる。

　人間の知覚は年齢とともに衰えるものだが、死の直前までしっかりと機能するのは聴覚であることが臨床的に証明されている[13]。傍らで話しかける人の声を聴く力が残っているのだとすれば、内言などはさらに活発化するに違いない。死と直面した人間が心の内で思うことは、普段にも増して神秘的である。生まれる前の人間は、母の胎内で外界の音声を既に聴いているともいう。両耳は、

両眼と同じように、身体の内外を結ぶ通路であり、一生の間に鼓膜を振るわせるものからの精神的影響は計り知れない。

4 「いのち」の宿る身体と「いのち」の去った身体

　この身体に宿る「いのち」に気づくのは、生まれてからどれだけの歳月を経た時であろうか。

　いちばん初めに気づくのは、片時も休まずに動き続ける心臓の鼓動かもしれない。覚めている時も眠っている間も、自分の意志とは無関係にはたらいているこの不思議な臓器に「いのち」を観るのは、ごく自然な成りゆきであろう。肺の収縮は、呼吸の持続を支える。意識的に速めたり遅くしたりの訓練は可能だが、やはりおのずからなる運動により、息を引き取るまで止むことはない。

　「いのち」という日本語は、「息（いき）の霊」や「息（いき）とともに体内を駆けめぐる血（ち）」をあらわす。肺による呼吸運動と、心臓をとおした血液循環の連携。「いのち」は生命活動の骨子をあますなく表現している。

　外国語で「いのち」に相当する単語もまた、「風」や「息」を意味し、転じて「魂」や「心」を指すようになっている。ヘブライ語の"rūach"は、荒野を吹きすさぶ風の擬音語であると同時に、最初の人間アーダームに吹き込まれた神の息をあらわす言葉である。サンスクリット語の"jīvita"もラテン語の"vita"も、やはり「息＝いのち」を意味するインド・ヨーロッパ語族の語形を示している。また、ラテン語の"anima"は、ギリシャ語の"pneuma"やサンスクリット語の"prāṇa"と同じように、呼吸（気息）の精神性を追究して"肉体にまさる霊魂"のはたらきを観る精神文化を発展させた（25〜26頁参照）。

　様々なる命名は、人間が「いのち」に気づき、その価値を認め始めた太古からの記憶をようやく形にしたものである。原始人の（「宗教生活」とあえて呼ぶこともできる）精神生活は、「いのち」の宿る身体と「いのち」の去った身体に関する発掘調査によって推し量ることができる。

　胎内に子どもを宿すお腹のせりだした母体。これを石に刻んだものがいくつも見つかっている。女性の裸体を表現していることから"ヴィーナス"などと

呼ばれるそれらの彫像は、容貌で観る者を魅了するわけでもなく、素晴らしいプロポーションを誇るのでもない。ただひたすらに、「いのち」の宿る身体のふくらみを臆面もなくあらわにするばかりである。自分の子を持つことになる喜びを顔の表情であらわすという工夫もみられない。頭はかろうじてそれと判る程度のものでしかない。彫像のモデルになった女性たちも、喜びよりは畏れや不安に満たされながら出産の時を待ったのかもしれない。病院の設備や医師の世話に頼れなかった彼女らは、難産になれば、力尽きてわが子とともに息絶えるという事態に陥ったであろう。あるいは早産や流産によって、まだ人の形を十分に成さない子どもの姿を見れば、「いのち」に対する名状しがたい畏怖の念に駆られたであろう。文字通り身をもって体験することであるから、その芸術的表現に身体の膨張感や痛みが強調されても当然かもしれない。実体験のあらわれだとすれば、"ヴィーナス"の作者は女性ということになる。それとも、男性もまた女性の身になって出産を追体験していたのだろうか。

　母体が「いのち」を象徴するなら、その終息にあたる「死」は、墓とおぼしき場所で見つかる屍体の扱いをめぐってあらわされていると考えられる。「死」という観念があったかどうかを知る手立てはないが、少なくとも、「いのち」の去った身体にもう一度「いのち」を取り戻そうとする試みのなかにかえって、「生」と「死」の厳然たる境界線が認識されているように思われる。例えば、屍体を地中に葬る際に赤い土をかけたのは、血色をよみがえらせるためであったのかもしれないし、炉端に埋葬したのは、生前の体温（身体のぬくもり）を与えれば息を吹き返すと考えたからなのかもしれない。仮にそうであったとしても、いっこうに生き返ってこない死者の様子は否定のしようがない現実であり、この身もいずれはこうなるのだという思いは、誰もが共有するものだったのではないか。「死」の肯定は、天敵に殺された親の傍らに寄り添う間もなく、早々に去ってゆく動物の姿にもみることができる。「死」を見つめつつ死者の身体を何らかの方法で葬らずにはいられないのは、人間だけのようである。

　死者の葬り方には、自然に横たえた状態での伸葬と、胎児のように身体を折り曲げた姿勢をつくる屈葬があった。屈葬には、死者の蘇生を恐れたのだとい

う解釈もあり、大地に返るべき道理を良しとしたのか、死者にはただならぬ力がそなわると信じたのか、様々な想像を生む。胎児の模倣と観るならば、それは「いのち」への回帰を連想させ、蘇生を望んでいたのだという説に逆転する。人間の「いのち」を畏れ敬う情緒には、このように一見矛盾した側面がみられるが、いずれも「いのち」を最大限に重視していることのあらわれなのである。

　あるいは、頭蓋骨だけを西向きに並べた葬り方からは、太陽の沈む地平線の彼方に死者の往く世界があると信じる他界観の芽生えを推測できよう。なぜ頭の骨かといえば、そこに「いのち」の元（霊魂）が宿ると解していたからではないか。想像の域を出るものではないが、以上の事柄は、現代人にも共感できることばかりである。「いのち」の座は脳にあるのか、心臓や肺にあるのかという問いの起源も、思いのほか古いのではなかろうか。

　わが国の古墳から見つかる副葬品のなかに、勾玉（曲玉）と呼ばれる石がある。その名のとおり湾曲した形をしているが、これなどはまさしく胎内に宿った「いのち」の姿を写生したものである。古代人ばかりか、現代人もまたその製作や収集に駆り立てられるのは、その根源的な形態におのずと魅せられるからなのであろう（191頁の②参照）。[14]

　幼い頃、「いのち」の大切さを痛感する体験に恵まれた人は幸いである。世界中にひしめくあらゆるすべての「いのち」に対する感受性を養うきっかけになるからである。自分の「いのち」と同じものをほかの生き物にも観る感覚。

　例えば、野山や海辺で遊ぶ楽しみを知る者は、そこで出くわした生き物たちの誕生や死の場面に立ち会う体験をしていることだろう。

　木々の幹にとまって羽化を終えた蝉の抜け殻や、白い泡状だったカマキリの卵から出てくるおびただしい子どもたち。泥から這い出すミミズやモグラの奇妙な動き。旺盛に生い茂る名も知れない雑草の可憐な花。渓流にきらめく魚の背びれ。ひっきりなしに鳴きわめく雛鳥たちに餌を運びつづけるツバメの親。姿は見えないが、すぐ近くまできている山鳩の声。そして、誰かも尋ねず一緒に木登りをした、よその家の少女。生きているものが見せる「いのち」の輝きは、姿が何であれ、美しい。それだけに、その輝きが失せた時は、言いようの

ない悲しみを覚え、虚ろな気持ちになる。

　幼かった頃、きれいな緑色のアマガエルをつかまえたことがある。両の手の平で覆うようにして、しばらくの間、なかで跳躍するひんやりとしたカエルの感触を楽しんでいた。そろそろ解放してやろうと手を開くと、急におとなしくなった様子。いつまでたっても逃げてゆかないので、指で押してやると、そのままぐったりと突っ伏してしまった。その瞬間、死んでいることに気が付いて、愕然とした。そんなつもりではなかったからである。土に埋めるのも哀れな気がして、水辺に近い石のブロックの上に坐らせることにした。生きていた時の鮮やかな色はやがて褐色に黒ずみ、水気はみるみる失せていった。働き蟻の列が、ついに何の痕跡も残さなくなるまで延々と続いた。この時の記憶はいまも鮮やかによみがえり、「死」の厳粛な冷たさや、突き放したような隔絶感を呼び起こす。やぶ蚊や本の紙魚をつぶしてしまった瞬間の感情とはまた別な、悲しみの余韻をいつまでも残す体験であった。あの日からこのかた、自然は触れるより眺めて慈しむほうが好きになった。愛しくても、壊してしまうようでは、ほんとうの愛情ではないと考えたからである。

　誰しも、生きるためにたくさんの「いのち」をもらわなければならず、知らず知らずのうちに視えないものの「いのち」をも奪ってしまわなければいけない（157～159頁参照）。そうしたことにいまさらながら気づいて申し訳なく思ったり、ならばしっかり生きなくては罰が当たると思い直したりできるのは、人間だけであろう。太古から現代まで、この点に関する人間たちの感受性は変化しているのだろうか。自然環境からすれば、原始人のほうが「いのち」に敏感だったと思われるし、原子爆弾のような恐ろしい破壊兵器の力を見せつけられた現代人のほうが「いのち」の尊さを深く探れるのではないかとも考えられる。いずれにせよ、かけがえのない「いのち」の喪失を恐れて生き延びようとする本能だけは、時と場所を超えて強烈にはたらくものである。

　その人間が、「いのち」についてどのようなイメージを持っているのかは、視える形や聞こえる言葉で表現されたものを観察すれば、知ることができる。次は、原始人が描いた絵画のことから論じてみよう。

第2節 「いのち」の表現

1　洞窟壁画の思想——呪術と宗教——

　地質学的にはフランコ・カンタブリア地方と呼ばれる南フランスや東スペインの辺りを中心に、クロマニヨン人（およそ2万8千年前〜1万年前）が描いた洞窟壁画が見つかっている。[15] フランス側のラスコーやスペイン側のアルタミラは、代表的な作例の多いことで有名である。描かれているのは洞窟の奥深く、子どもでもやっとくぐり抜けられるような通路を進んだすえの空洞を取り囲む岩肌である。彼らの住む洞穴の入り口からはかなり離れた、光の届かない、静かな場所。ランプの灯火をかざすと、揺れる炎につれて、あらゆる野獣の群れが活けるがごとく疾走したり、人間の投げた槍に刺されたりしているのがみられる。なかには狩人のほうが倒れ込み、傷ついた野牛に踏まれそうなところを活写したものもある。鹿や馬やマンモスなど、人間の食料や衣服とするために倒さなくてはならなかったあらゆる生き物の姿が、みごとな写実的デッサンにより捉えられている。どちらかといえば戯画的にあしらわれている人間の姿は獣たちに圧倒されており、万物の霊長として君臨しているようには見えない。わずかに、ほんとうの手を押しつけて残した手型だけが、描いた本人たちの尊厳を主張し、観る者に威圧感を与える。いまも魔除けの意味をもつ所以である。

　なかでも注目したいのが、絵の上にさらなる同じ獣の絵を描くという重ね描きの手法と、そうした絵に向かって何度も投げつけたとみられる槍の傷跡である。いずれも、繰り返しの行為に特徴があり、捕らえがたい獰猛な野獣を無事に仕留めたいという強い願望が日々の生活を支えていたことを推測させる。おそらく、狩りに出かけて「いのち」を落とす確率が高かったのだろうし、生き生きと動いてやまないものと対決しなくてはならない恐怖心は、抑えがたいものであったのだろう。また仮に、人間と獣の「いのち」を同等に観ていたとすれば、死んだ獣の「いのち」がいかに偉大であったかを記録したいと感じたすえの写生なのかもしれない。祟りを恐れた鎮魂の意味もあるのだろうか。

　狩りに成功したいとか、雨がほしいといったその時々の願望をかなえるため

の手段としておこなう行為を「呪術」という。先述の例は、「何度もこうあっ
てほしい」と念じることから「反復呪術」と呼ぶことができ、「狩猟呪術」の
一つとみなせる。けれどもそこに「いのち」に対する畏敬の念にもとづく行為
を認めれば、目的達成に向かう「呪術」にとどまらぬ敬虔な感謝の「祈り」が
みえてくる。「呪術」と「宗教」は分けがたく、同じ行為のなかにみられる
二つの傾向であり、本人の心の内では何の区別も為されてはいない。名称は、
ものごとを仮に識別・比較するための手段にすぎないのである。

　望ましいことの反復を祈る習慣は、われわれの日常にも何気なくみられる。
例えば、毎日、学校や仕事場に出かける時、日本人なら「行って来ます」と声
を掛けてゆくだろう。家に残る家族の者は「行っていらっしゃい」と応えて見
送る。これは、行ったきり戻らないのではなく、無事に帰って来ますと言うこ
とによって邪気を祓い、「いのち」の安全を先取りしているのである。毎日繰
り返すのだから、これも歴とした「反復呪術」である。帰宅すれば、「ただい
ま（帰りました）」と「呪術」の成功を宣言し、「お帰り（なさい）」という祝福
を受けるのである。英語圏の人なら"See you（again）"と言い交わして別れ、
戻った時は"Hello, Mom! I'm home" "Hello, Michael!"などという会話になる
のであろう。長旅から帰った場合は"Welcome（home）!"であろうか。仮にこ
れが朝から不機嫌な状態のまま別れたとすれば、どうだろう。忙しくて気が紛
れる間はともかく、家路に向かうその足取りは重いことだろう。広島に原爆が
投下される日の朝、些細なことでわが子を叱ったまま送り出した母親は、一生、
後悔の念に苛まれたという。日常のありふれた習慣が実は、人間の心をいかに
安定させ、互いの絆を強くしていたかを物語る一例である。

　「反復呪術」の例一つを取っても、人間の心持ちには、太古の昔からさほど
変わっていないところもあるのではないかと思えてくる。それを探してゆけば、
いわゆる「〜教」以前の"宗教"（宗教生活の原初形態）が、おぼろげながら
もその輪郭を見せるはずである。"宗教"といえばたいてい「〜教」を連想
する世の中にあって、原始人から受け継いでいるはずの「いのち」感覚をみず
からの内に呼び起こす機会をつくることは、「〜教」の成り立ちをほんとう

に理解するためにも大切ではないだろうか。

2　呼吸の浄化としての唱名——「祈り」の原形——

　言語はふつう、吐く息（呼気）で発音する。つまり言語は、人間の声帯が息を吐きながら複雑な音を出すことに不自由しなくなった時代以降の産物である。獣のごとく感情にまかせて吠えたりするのではなく、感情の機微を単語の有機的な連関と音楽的な抑揚をとおして表現するという高度な技。しかもそれは、社会全体で分かち合うルールにもとづいて操られている。初めのうちは天才的な個人の発明によったのかもしれないが、言語で指示する対象と言語それ自体の音声が一致するためには、仲間の多くが納得し、共感できるものになる必要があったであろう。例えば、子どもが初めて口にする言語といわれる「ママ」はサンスクリット語の"mātā"やラテン語の"mamma"（インド・ヨーロッパ語）の流れを汲んではいるものの、別系統の中国語でも"māma"（媽媽）と言い、やはり"ma"をともなう。乳児の口唇にとって最も楽な発音だからであろう。このように、様々な人種の言語にいくらかの共通点がみられるということは、言語の活用方法にも似たような現象が生じてきたということでもある。

　人間の言語は、心が荒れて怒鳴ったり喚いたりすると、醜く聞き苦しいものになる。痛みのあまり呻いても、楽になるわけではなく、かえって辛い思いをする。そのような状態を少しでも緩和し、自分のためだけではなく、ほかの人のためにも安らかな心境に戻るには、やはり言語そのものを改めるのがいちばんの近道であろう。だからといって、聖人君子のごとき発言をするわけにはゆかない。むしろ、ありのままの自分に返って、虚心に発声できるような言語を工夫するのがよいのである。

　思えば、世界の諸宗教が薦めてきた「祈り」の言語は、とかく乱れがちな人間の呼吸を整え、浄化するはたらきをそなえている。「祈り」のなかでも、神に呼びかける者の唱名や仏に帰依する者の念仏を聴くと、呼気の活用方法がいかに多様なのかを知る。祈る人は、息が長くなり、深い呼吸を楽に続けられるようになる。集中力が高まるから、雑踏のなかでも落ち着いて歩ける。怪我の

痛みにも耐えやすくなり、周囲の人々を安心させる。

　かつて、病床で呻くヒンドゥー教徒の老人に出会ったことがある。耐えがたい腹痛に苦しむあまり、薬を服用して眠るべき時刻になっても呻きつづけていた。寡婦であるかのように白いサリーを着て斎戒している夫人を傍らにして、やがて彼の口から洩れてきたのは、「ラーム、ラーム、……ゴーヴィンド」というヴィシュヌ神の異名であった。するとすかさずシヴァ神の異名「ラケーシャン」を唱える白髪の妻。この掛け合いは深夜まで聞こえていたが、病人の呼吸がだんだん安らかになってゆくのがわかった。苦痛や不安をストレートにぶつけられるよりも、このほうが看病する人にとっても助かるのであろう。夫人もいつの間にか、穏やかな寝息を立てていたのである。

　彼らの家に下宿するシーク教徒の女子学生は、呻き声を気にしている様子だったが、心境を尋ねてみると、「慣れた名前だから心配ないわ」との答えが返ってきた。これはシーク教のグルたちがヒンドゥー教の神々のあらゆる名前を、信仰する唯一神の異名とみなして崇敬したことを指しているのである。初代グルのナーナクはもともとヒンドゥー教徒の家に生まれたが、イスラームからも学ぶところ多く、四海同胞と社会奉仕の精神を説く普遍思想にもとづいた独特の一神教を成立させた人である。より新しく発祥した「宗教」というのは、先行するより古い「諸宗教」についての認識を持つおかげで、好意的であるかどうかにかかわらず、異教徒に対するそれなりの包容力を信者の心に育ませる。何の関心も示さないまま、他者のことを判断するわけではない。

　またある時は、割れるような頭痛のために「アッラー、アッラー、……」の唱名を続けるムスリムの婦人に出会った。自分では"死に至る病"の兆候だと思っていただけに、必死にしがみつくような息づかいであった。医師はたんなる偏頭痛の進行したものと診断して、即効薬を飲ませた。心の内では間違いなく「死」を見つめていた当の本人は、一夜明けて楽になったとたん、墓からよみがえったかのような喜びに満たされた。"死ぬほどの思い"から解放された時こそ初めて、生きていることの有り難みが実感できるのであろう。昨夜の出来事が嘘や幻でもあったと言わんばかりに、明け方の礼拝を済ませた彼女は、

日々の生業に戻っていった。脳神経の未知なるしくみや身心相関の重要性を考えれば、「ただの頭痛なのに大げさな……」と嘲笑することはできない。まして、一度死んだら二度と現世の次元（この世）には戻れない、たった一度だけの人生を説くイスラーム信仰において、「死」から少しでも遠ざかるというのは、まぎれもない神の恩寵。息を吹き返したその息は、神からのもの。ならば、できるだけ正しく有効に用いたい。それにはまず唱名がいちばんと考えるのである。

　このように唱名という行為は、呼吸が続くかぎり、病み苦しむ者の呻き声を浄化し、それを耳にする他者にも何らかの感銘を与えずにはおかない。生まれてから息を引き取るまで絶えることのない呼吸は、時に心ない言葉や叫びを吐き出してしまうものだが、その呼吸が浄められると自他の癒しにもなりうるという好例を、唱名する人たちの姿は示していたのである。それは、日々の祈りにいそしみ、聖典を読誦し、聖歌を歌うといった言語活動（呼気をとおしての発声）が人間の精神生活のなかで重要な役割を演じてきた理由について、生理学的および心理学的な視点から見直すきっかけをつくる出来事であった。

　唱名は、文章化した「祈り」よりも古い起源をもつのではないか。名詞を繰り返し唱えるのは、言葉を覚えたての赤ん坊はもちろん、言語を創りつつあった人間の祖先にとっても重要ないとなみであったことだろう。名詞には、その指示する内容をどうにかしてつかみたいという抑えがたい欲求が込められている。文字化して見られる名詞よりも、肉声によみがえる名詞のほうが人間の本能を刺激しやすいのは、太古の言葉にならない叫びの記憶がどこかに残っているからなのだろうか。動物の鳴き声も言語といえるほど変化に富むが、言語として進展してゆかないのはやはり、発声器官や知能の限界によるのだろうか。この地球を見渡すかぎり、言語を発明したうえに「祈り」による呼吸の浄化をはかるのは、人間だけのようである。生き物に必要な酸素を放出しながら静かにたたずむ植物は、息の荒い動物たちに比べれば、「祈り」に近い呼吸をしている。「いのちを保つ酸素」の造り主としては、人間の「祈り」よりもすぐれているといえるかもしれない。巨木の林立する原始林で生活していた時代から

植物を愛でる心を育んできたのは、その浄い呼吸のゆえではないかと思われる。

3　美術・建築・音楽による"身体"表現の多様化

　眼や耳や皮膚で感じたものの印象は、何らかの音や形にしなければ残ってゆかない。第1節にも示した身体の神秘は、言語ではとてもあらわしきれないものである。これから言及する「美術・建築・音楽」とは、そうした言外の表現を求めてたどりついた芸術形式のことである。

　美術は、何かを覆い、あるいは装飾する欲求に駆られた人間の造形意欲に起源している。最も根源的なのは、裸体を覆い隠す衣服とそのデザインであろう。覆っても、その人の身体の輪郭は素材の厚みをとおして表現される。覆われていない顔や手足などは、何も着ない状態よりもはるかに引き立つ。また縫い目や刺繍や色取りで衣服の個性を出す工夫は、他者には見えないその人の内面を端的に伝えるという役割を果たす（外面の内面化）。例えば、神に仕える祭司の服装や出家修行者の衣などは、それぞれの生き方をよく反映している。内面を裏返して公開するという点で顕著なのは、仏像の身体である。頭頂部の出っ張り（肉髻相）は常人の及ばぬ境地に達した人を区別する表現。眉間の丸い点（白毫相）は白い旋毛を丸めたものといわれるが、経典の世界では、光線を放って三千大千世界を照らすところである。手足の指と指の間にみえる"水掻き"（手足網縵相）は、洩れなく衆生を救い取る慈悲のあらわれ。これだけをみても、仏像がたんなる人体表現ではないことが解る。絵画や彫刻の「写生」は、カメラのレンズが物体を写すのとは違って、ほんらい観るべきものの内容を見えるようにする。内面を洞察する眼を万人に与えようと試みるのが視覚芸術であるといえよう。

　覆い、装飾するのは人間の身体そのものだけではない。例えば、心のなかで念じる神や仏はもともと感覚的には把握しきれない存在であるが、あえてその在りかを表現して確かめたいと願う人間の心理は、ついに祭壇や神殿や寺院などの施設を建てるというところまで進展する。つまり、諸宗教の聖所と呼ばれる建築空間は、心のなかに祀っていた聖なるものを身体の外に表出したもの

なのである。外壁や屋根などにほどこされた彫刻などもさることながら、なかへ入ったとたんに包まれる別世界の景観は、人間が全身全霊をもって帰依するものの特質を、日頃の信仰体験を踏まえたかたちで表現している。有限であるはずの内部空間が、実際の天空よりも深い無限の奥行きを感じさせる。

　再び外の世界へ戻った時に振り返ると、その建物のかたちは、かの内なる空間を覆い守る堅固なシェルターに見えてくる。内と外では「空間の質」がまるで違うという体験は、まさに人間の皮膚を境にして二分される世界（身体内世界と身体外世界）と同様の感覚を呼び醒ます。なかの景観を知らない人にとっては、どんな建築様式を活かした教会堂も寺院も、せいぜい手の込んだ建物にしかすぎない。それはちょうど、うわべだけでは、ほんとうの心を知りえない人間関係の真実を連想させる。

　洞穴で暮らしていた昔から、人間は周囲の空間を活用した"身体"表現を試みてきた。かの洞穴壁画を灯火のもとで描いた人々も、洞穴のなかに居るうちに母の胎内や自分自身の心の奥深くに入ったような気持ちがしていたのかもしれない。そして、心のなかと同じく洞穴のなかでも声を響かせる不思議を体験したであろう。身体の内からふりしぼる声にもいろいろな調子があるが、快く感じるリズムや抑揚は、たんなる発声を"歌の調べ"に変える。上演に体力の要るオペラ歌手などには体格のよい人が多く見受けられるけれども、野獣を素手や槍投げで倒していた頃の人ならば、丈夫な肺や声帯に恵まれて、それなりの美声を原始の大地にこだまさせていたのではないか。声がよく響くのは健康の証(あかし)でもあり、実に気持ちの良いものである。音楽の起源はいろいろと指摘できようが、声楽に関しては、身体の内、あるいは心の底から発する肉声の多様な音域や個性の発揮に起因していると考えられる。川向こうの相手に呼びかける声、雨よ降れ、風よ吹けと天に叫ぶ声、猛獣を威嚇する声、岩壁から落ちて動かなくなった道連れに向かって泣き叫ぶ声、獲物をたくさん持ち帰った時に聞く歓声、流星群を見ながら同じ感動を仲間たちと唱和する声。これらはよくよく想い起こせば、現代人もまた発する可能性のある声である。

　人間の声は音楽の基本であるが、自然界にはそのほかのありとあらゆる音声

があふれている。楽器の発明は、いわば人間の身体とは別の構造をした"身体"を活用して、人声に代わって歌わせるための手段であった。貝殻、穴の空いた石、木切れ、弓の弦、縄、袋に入れた豆や、人の骨まで演奏を助ける。奏でるのが人の手や足である以上、それらもまた人の"身体"の延長である。楽器を操るのは、手足を動かすのと同じ。吹いたり、たたいたり、弾いたりする音も、人声のうち。わざわざ目鼻を画いたりした"ひとがた"の楽器もあるが、どんなものにせよ皆、人間的な味わいがある。

　人間は太古の昔から身体の機能（手足の運動、発声器官をとおした肉声、記憶力にもとづく過去の再現など）をフルに活用することによって、精神生活を豊かにしてきた。本節の１〜３は、身体で表現した「いのち」の諸相であり、色や形や音の記憶によって子孫にも伝えてゆける原初的にして本質的な精神文化をあらわしている。人間がその身体（人体）にとどまる（生きている）間は、それ自体が「いのち」の表現なのであるが、「いのち」が尽きればそれっきりの「表現」ではない点に、人間の人間たる所以があるのであろう。文化遺産と呼ばれるものはどれも、過去に生きた人間の「いのち」の伝承である。それは遺伝子よりも具体的に、伝えたいことを表に出して公にその意義を問いかける。それを「宗教文化」と呼ぼうが呼ぶまいが、「いのち」の尊厳に変わりはない。むしろ「宗教」をめぐるいとなみのほうが、「いのち」の表現に起因しているのだというべきなのかもしれない。それを考えると、「〜教」と呼ばれている諸宗教の見えない"枠組み"がいかに狭苦しく、観念的なものであるのかに気が付く。ほんとうの中身は、呼称（名前）などの意味範囲をはるかに超えたもの。ゆえに「いのち」という言葉もまた、その例外ではない。

第3節　「いのち」の解釈

　「いのち」は、呼吸や血液の循環によってそのはたらきを示すものだが、もっとその奥にあるべき「いのち」の本質をつかもうとする人間は「いのち」について様々な解釈をほどこす。以下は、その代表的な三つの傾向である。

1 "かたまり"をなして宿るもの

　身体は物質で構成されている。身体内空間を占める臓器や筋肉などの機能を実感すればするほど、「いのち」の物質的・肉体的イメージは濃厚になるが、それを"精神的な何か"の装いとみなす感覚は残る。ゆえに、気体や液体のようなはたらきと固体的なまとまりをもつ何ものかが「いのち」の原動力として体内を駆け巡っているのではないかとの想像が成り立ってくる。或る不思議な"かたまり"をなすものが身体に宿っていまも動いているという考え。それが信念となり、自分以外の万物にも適用される頃には、その"かたまり"にも名前が付き、ほんとうに有るものとしての特質が様々に知られるようになる。そうした「いのち」の"かたまり"を漢字では「霊魂」などと書き表わす。

　いわゆる「アニミズム」とは、「ものにはみな霊魂が宿っており、ものを離れても霊魂は永久に独立自存する」というものの見方をいう。ここでの「もの」とは生物（人間、動物、植物などの生きもの）だけではなく、石や水や風などの無生物を含めた森羅万象を包括する。

　ラテン語の「アニマ」はもともと「風」や「呼吸」を意味し、"かたまり"よりはむしろ"はたらき"というべきイメージをもつ語であった。英語の「アニメーション」などは漫画のキャラクターに息を吹き込んで動かすことであるから、原義に忠実な用法といえる。これに対して、上述の見方が"イズム"というにふさわしく堅固な思想を形成すると、もっと固体的な、球のごとき神妙不可思議なるもの（霊魂）を指すようになってゆく。この傾向はもちろん、ラテン語およびヨーロッパ諸語の圏内だけのものではない。

　例えば和語の「たましひ」（魂）も「玉之火」であり、墓地を徘徊するという「ひとだま」（人魂）も、ふわりとした球形をしている。一方、「魂」は「霊魂」ともいうが、「れいこん」という音読みにより、手応えのない無気味な実在を印象づける。「霊」もまた「言霊」（ことだま）などというように「たましひ」の類義語として用いられる。「霊」も「魂」も精神的な観念である。「魂」のほうは「野球人魂」（やきゅうじんだましい）＝「野球人としての誇りをもって立派にプレーする精神・根性」などの用法があり、「精神」との互換性を示

す。「野球人霊」などという「霊」の代用が利かないことからも、「魂」のほうがより「精神」的といえる。「精神」は「物質」や「身体」の対義語で、理性的・目的意識的な心の作用（例：「向学の精神」）や物事を根柢から支える理念（例：「弓道の精神」）などを指す場合は、「霊魂」とはもはや別次元のところにある。「霊」にはより不可解で神秘的な意味が込められていて、「幽霊」（ゆうれい）などは、言う人も聞く人も、無気味な思いをする。日本人が身に付けている語感の豊かさは、大和言葉（平仮名のやわらかな字形とその発音）と漢字（表意的イメージ）の組み合わせに因るものと考えられる。"soul"、"spirit"、"ghost"などとはまた別の語意をふんだんに含んでいる。

　言語の論理とはおもしろいもので、「ものにはみな霊魂がある」と言ったとたんに「もの」と「霊魂」の分離状態がつくられてしまう。分離するとは、分離した二つがお互いに対照的な特質を帯びるということである。「もの」は文字通り、物質（素粒子）から成る。風もまた細かい粒子の流れであるから、何の気配もない「真空」状態に比べれば、より身体的かつ肉体的である。それに対する「霊魂」は、精神的なものの最たる例とみなされる。ならば徹底的に物質的な性質を排除しているのかといえばそうではなく、"かたまり"をなすものなのである。どうしてそのような矛盾が生じるのか。
　その矛盾にこそ「霊魂」の神秘的な特質があり、"かたまり"のようでも物質ではないのだと思うにとどめ、それ以上の詮索は控えるという態度もある。「もの」に宿る「霊魂」を畏敬して至心に礼拝する人にとっては、「霊魂」を宿す「もの」もまた神聖に映るだろう。その結果、あらゆる「もの」はみな「精霊たち」や「神々」としてその身（ものの姿）を現わす可能性をもつということになる。つまり、「霊魂」と「身体」（肉体）は互いに別の次元にあっても対立するわけではなく、ほとんど対等の価値（霊≒肉）をもって観られる。こうして「もの」自体も尊いけれども、「霊魂」の不滅性という点では明らかに劣っている（霊≧肉）という解釈である。
　いま一つの態度は、「霊魂すなわち自己」もしくは「霊魂としての自己」と

でもいうべき信念にもとづく。身体（肉体）に在りながら、その終息によっても滅びない「自己」の本質を「霊魂」に観る立場である。いつかはこの窮屈な身体から抜け出したいという人間の願望（5～6頁参照）をかなえるのがこの「霊魂」観である。この願望はとかく、「身体」を蔑み「霊魂」を専ら重んじるという傾向を取りやすい。いわゆる「霊肉二元論」とは、「霊魂を束縛する肉体」を厭い、「霊魂の牢獄」である「肉体」を何とかして克服しようとする人間の志向性を理論化したものといえる。「罪」や「迷妄」や「死」はすべて「肉体」のほうに属し、その対極にあるべき「正義」や「叡智」や「永遠のいのち」は「霊魂」の属性として尊ばれる。「二元論」とはいえ、対立する二者が対等に扱われているのではなく、規範的な序列（霊＞肉）が付けられているのである。

その結果、実践面では、肉体を痛めつけたり飢餓状態に置いたりする苦行に励みはじめる。それによって生きているうちに何らかの悟りを得たとすれば、それ自体が「霊魂」の解放であるから、さらなる苦行を続ける必要はなくなるだろう。ライオンと共に砂漠で暮らし、悔い改めのあまり石で胸をたたく[18]という苦行の時期を経たのち、教会博士と呼ばれるまでの活躍をしたことで知られる聖ヒエロニムスなどはその一例であろう。彼が信仰したイエス・キリストも、公生涯に入る前に荒野に退き、断食などの苦行をおこなったといわれている。

キリスト教は、①神が人間に息（気息霊）を吹き込むという『創世記』（2：7）の思想にとどまらず、②死によって霊魂が肉体から離れる、③世界の終末における霊魂と肉体の再結合、および最後の審判による「永遠のいのち」と「永遠の滅び」の峻別というところまで、「霊魂」のゆくえを明確にしていった。人間の始祖アーダーム（＝「土くれ」）が死んでもとの土に返るというユダヤ教の本来的な「いのち」感覚と比較すると、"滅び"を自然なこととは考えず、あくまでも「いのち」の存続を追求する態度がみられる。

ユダヤ教では、「神は霊魂と肉体を不可分のものとして創造した」のだから、「霊のない体」も「体のない霊」もまともな状態ではないと考える。「霊」と「体」の区別はしながらも、「身体」をとおして「いのち」そのものを観るので

ある。ゆえに樹を見ても、樹霊の宿りをさらに連想することはない。この「霊肉一元論」の傾向は、東方キリスト教会（ギリシャ正教会）の思想に影響を与えた[19]。西方キリスト教会（ローマ・カトリック教会）の二元論的傾向は、ものごとをはっきりと識別して比較するギリシャ哲学の影響を受けている[20]。

ユダヤ教・キリスト教・イスラームの「霊肉二元論」は、人間の「いのち」を特別視している。なぜなら、さきほどの ③にみる終末世界で復活するのは人間であって、ほかの「いのち」もそうなのかどうかについては問題にされていないからである。これに対して、ゾロアスター教の「霊肉二元論」は、すべての「いのち」が復活して新しい世界で共生するための伏線となっている。いずれの場合も共通するのは、その時、「肉体」もまたそれまでの滅ぶべき性質を脱して完全になるという点である。「いのち」の永存を志向する強烈な意志を観ることができよう。

ここでもう一度、もっと素朴に「霊の宿るもの」を観る太古からの"ものの見方"へと立ち戻ろう。「 〜 教」に固有の宗教的観念の世界から脱するためである。

例えば、樹霊（こだま）は樹に宿る精霊。それは樹という身体とは別物として活動する。時には人の姿をして現れ、樹を敬い、水や供物を捧げに来る人々に恩恵をほどこしたり、樹を傷つけた人を罰したりする。紀元前2世紀頃の浮き彫りからも知られる古代インドの樹霊ヤクシャ（男性）とヤクシニー（女性）は、当時のインド人が樹をとおして何を観ていたのかを示している。あるいは、西洋の児童文学などに登場して人気を博してきたフェアリー（妖精）たちもまた、「花の精」「湖の精」「森の精」というように、「花」や「湖」や「森」を住みかとする精霊の一種である。彼らの存在を信じる人の眼には、「花がきれいに咲く」のも「湖が鏡のように澄み渡る」のも「森がざわめく」のも、すべて彼らの仕業と映る。精霊はそこに居ても、"姿"を現さないのだという見方は、やはり"かたまり"のイメージである。

"もの"に宿る"たましひ"という24〜27頁の観念（人間特有の味方・考え方）から"たましひ"の存在を信じる心が失われてしまえば、"もの"を、尊ぶべき存在を何も宿さない"モノ"として観る心が生じてくる。非情な"モノ"の扱いを防ぐのは、そこに"いのち"を観る態度であろう。

2 "はたらき"として現ずるもの

　ならば、「花」や「湖」や「森」を眼にしてもそこに精霊の姿や気配を観ることなく、「花」や「湖」や「森」そのものの「いのち」を直に感得するという立場もあってよいだろう。それはいわば「ものはみな、それ自体が生きている」とする"ものの見方"である。つまり、もののなかに宿る"かたまり"というよりは、活きた"はたらき"イコール「いのち」とする捉え方。"はたらき"の代わりに、"ちから"と解してもよい。"はたらき"を意味した「アニマ」の原義を掘り起こして、これを「アニマティズム」と呼ぶこともある。また、かの「アニミズム」よりも起源的に古く、よりシンプルであるという解釈をするときは「プレアニミズム」と表現する。いずれの名称も、"かたまり"をより人格的、"はたらき"をより非人格的と観る考えにもとづいている。

　例えば、富士山を御神体と仰ぐ信仰は、"山"そのものを拝するのであって、"山の神"の姿をそこに観ているわけではない。ふもとの神社にある鳥居は、"山"の神威をまえにした聖域の始まりを示すものである。屋久島の縄文杉も、樹霊が宿るから尊いのではない。何千年も風雨に耐え、気象の変化をも乗り越えながら生き残ってきた「樹のいのち」そのものを畏れ敬うのである。その太い幹に注連縄(しめなわ)を張るのは、樹が、みえない神の「依(よ)り代(しろ)」だから、と主張する人もいるが、たんに依り憑かれるだけの代物ではないことを、訪問すれば覚(さと)るはずだ。

　"山"や"樹"は人間よりは長生きするけれども、いつかはかならず崩壊し、老いて倒れる日がくる。自然界に生きるものの有限性を受容するならば、生きたあとにもなお「永遠のいのち」を求め、滅びゆく身体を厭う生き方をする必要はなくなる。なぜ有限なのか。"山"は爆発や地震や地殻変動といった諸々の条件が重なりながら隆起し、いずれは風化して平坦に戻る、岩や土からなる構造物だからである。"樹"も、幹を構成する無数の細胞が分裂増殖を繰り返しながら生き長らえ、落雷や旱魃や虫害などに見舞われるうちにおのずと衰弱してゆくものだからである。自然観察をとおして「いのち」の構成要素を探ると、人間としてのこの身もまた一つの構造物として"はたらくいのち"だという認識に到達する。

　例えば、仏教でいう「五蘊(ごうん)」は、物質的・肉体的要素（色）と精神的・心理的要素（受・想・行・識）の集まりであり、人間はその「五蘊」（心と身体）に

よる構造物であると観る。集まりは散ずべきものであるから、永遠の「肉体」や「霊魂」は存在しえない。そして「五蘊」も集まってこその"はたらき"であるがゆえに、不滅の元素として実体視することはできない。それが「五蘊皆空(かいくう)」の意味である。したがって、現世の業(ごう)が未来世に相続されるという場合も、「霊魂」の来世への転移を指すのではなく、あくまでも"業の余力"という一種の"はたらき"が持ち越されるという見方をするのである。

　仏陀は成道するに先立ち、一切の苦行を捨てたといわれるが、これは「肉体を苛んで精神を自由にする」という二元論的な生き方・考え方をはっきりと否定したことを意味する。"はたらき"として現ずる「いのち」であるからなおさらのこと、その"はたらき"を支えるかけがえのない自分の身体を大切に保つべきだという主張である。ゆえに仏陀は当時としても長命といえる八十年の生涯を実現した。できるだけ「いのち」永らえて、身口意（おこない・ことば・かんがえ）の"はたらき"を善くしてゆくこと。仏陀の教えが生きている間の心のありかたを問題にしているのは、「いのち」をどこまでも"はたらき"として観ようとする思惟方法にもとづいているからではないだろうか。身心一如(しんじんいちにょ)（「一の如く」だが、実は二分されている、という意味ではないことに注意。「もとからひとつ」とでも言い換えたほうが無難）のうちに生きる現世志向を説く仏教は、先述した「霊肉一元論」的傾向のあるユダヤ教との共通点をもち、きわめて実践的な人生を志向し、死後の運命に頓着しない。

3　"かたまり"をなしても滅ぶべきもの

　眠っている時、夢のなかでこの身体を抜け出して外界と交わり、胡蝶にさえなるということは、「魂」（こん）とでもいうべき"かたまり"が体内に潜んでいるのであろう。目覚めるとたちまち身体の感覚が戻ってきて、外界と接している。しかし、ひとたびその身体が滅びれば、"かたまり"のまま永らえるかと思えたものもまた、ともに滅びるほかはない。すべては自然のことわりにより生滅するのであって、人間もまたその例外ではない。

　これは『荘子　内篇』の第二「斉物論篇」（四、六、二七）にみられる思想の要約である。「一たび其の成形を受くれば、亡ぽさずして以て尽くるを待つ」(21)（同篇、六）。荘子は、天から与えられた「いのち」は天命の為せるまま、ついに終

息するまで保つのがよいと考えた。宇宙の主宰者である天はすべての「いのち」を成り立たせるものではあるが、死後の永生を約束したり、輪廻転生(りんねてんしょう)のことわりを示して「いのち」の更新をはかる人格神なのではない。生じては滅び、絶えず移り変わる万象のすがたを見守る沈黙の存在者として君臨するばかりである。ゆえに「魂」も生きている間は"かたまり"として身体に宿り、外界を逍遙するが、身体とその運命をともにする。荘子はこの天を仰ぎ、死して滅びるのは大きな悲しみ（大哀）だと嘆くものの、天意を疑ったり、天に恨み言を吐いたりはしない。むしろ、天に抗わず悠然と生きるのがいちばんだと覚(さと)る。自然に従うのだから、修行などの努力を加える必要はない。そのままの心境で胡蝶と人間、生と死の区別をも超えた万物斉同の境地に到達すれば、滅ぶべき「いのち」のゆくえを憂えることもなくなる（182、185頁参照）。"滅ぶ"とはいっても、虚無に陥るのではなく、万物を包み込む宇宙（時空）の流れに還るだけのこと。生に愛着し、滅を憎悪するのは、生きる者の主観に過ぎない。

　天に信頼してみずからの「いのち」をゆだねる態度。それは、古代中国の哲人たちに共通してみられるものである。どこまでも現在の個我とつながる「不滅の霊魂」を求めてやまない他国の人たちには観ることができなかった「いのち」のあり方を示している点で、「霊肉二元論」とは、一線を画する。

　このようにして「いのち」の解釈は決して一様ではないが、「いのち」それ自体はあるがままでいるにすぎない。「観る」とは、たんにレンズが物体を映すように見るのではなく、見る者の心をフィルターにして何らかの想像／創造をほどこすことである。「いのち」をどのように観るかによって、その人の生き方・考え方、その社会の様態は変わるといっても過言ではないだろう。それにしたがって「死」というものをどのように捉え、いかに受け容れるかも決まってくる。

　「いのち」あるものはみな、死ぬのを免れようとする生存の本能をもつ。とくに人間は、その欲望を死後にまで延長し、様々な「いのち」のゆくえを観る。死んでそれきりではないのだという安心を得て現実の生活も充実するのなら、大いに意義のあることである。

第4節 「いのち」のゆくえ

1 「この身のままで生き永らえたい」と願う場合[22]

"この世"の暮らしを死後も続けたいと願えば、死んだ身体を保存する技術を発達させ、墓のなかには日頃の生活をそのまま持ち込むことになる。

ナイル河のほとりにある王家の谷には、古代エジプトの王族たちがミイラの姿で葬られている。ツタンカーメン王の墓からも、日用雑貨を含むおびただしい副葬品が見つかった。また庶民の亡骸も、防腐処理をほどこされて布を巻かれ、人がたの棺に納められたという点では、さほどの違いはない。墓のある場所の対岸には、まったく人為の及んでいない大地が広がっている。河の両岸は現世（此岸）と来世（彼岸）の象徴である。沐浴場の連なるガンジス河の岸辺からも広漠たる対岸が眺められるが、そこは太陽の昇る生者の大地であり、死んでからまた生まれかわるべき現世の場所である。

『死者の書』によれば古代エジプト人は、死後すぐに"死者の生活"が始まるのではなく、神々の審判を受けるのだと考えていた。主神オシリスの前に天秤があって、山犬の神アヌビスが死者の心臓を一方に、真実を測る羽根を他方に載せる。両方の秤が釣り合うか心臓のほうが重くなれば、望みどおりの来世に往ける。だが羽根のほうが沈んで生前の行ないが責められた場合は、傍らに待機する怪物に喰われてしまう。来世も従来どおりの生活をしたいという望みも、現世の生活を規準に裁かれ、挫ける場合があるのだという警告である。エジプトのミイラといえば、肉体的生命の存続をひたすらに希求する文化の代名詞であるかのようだが、それは生存欲の盲目的な追求ではなかったのである。

"この世"での暮らしを死なずにこのまま続けたいと願えば、身心を鍛え、不老不死の霊薬を服用する養生術を発達させることになるだろう。山深いところに住むという仙人を探させ、金丹と呼ばれる仙薬の調合を教えてもらおうとした古代中国の皇帝たち。現在の統治を永続したいという望みもさることながら、自分が居なくなっても存続してゆく世界のことを想う辛さを味わいたくな

かった彼らの人間的な、余りに人間的な心理状態が窺われる。秦の始皇帝は、徐市（徐福）を数千人の童男童女もろとも大海に浮かぶ蓬莱の神山へ派遣したという。使者はついに帰らず、仙薬を手にすることはできなかった。誰もが死なないための手段を講じたが、誰一人としてそれに成功した者はいなかった。それでも、仙人になれば長寿を保ち、ほとんど不死身の体を得ることができると信じた人々は、仙道を修するために呼吸法などの工夫をして飽くことがなかった。いまの中国人も、健康を維持するための気功に励み、寿命の延長を試みる。人間なら誰しも"この世"での永存に憧れたことがあるだろう。というよりはむしろ、この身がいずれ滅びるとは思えずに生きているのが人の常ではないか。ここにみる現世利益的な「いのち」の追求もまた、実感をもって理解することができる。

2 「この身は果てるとも、どこかで存続する」と信じる場合

　大別すると、①身体を伴わぬ霊魂のまま、この世界のどこかにある別次元の場所に留まり続ける場合、②同一の霊魂がありとあらゆる生き物の身体を借りて、繰り返しこの世界での生存を続ける場合、③終末（この世界の完全なる結末）に霊魂が身体と再結合して、万物の創造主である神から新しい世界を生きるための永生を賜わる場合の三つに分類できる。

　①　現世には、いま眼に見えている世界と、見えないところで同時進行している別世界があるという認識は、死後の他界を遠いところではなく、案外身近な場所に観ることを可能にする。例えば、盂蘭盆の時に迎え火を焚いて招じ入れ、再び送り火でお見送りをする死者の精霊は、懐かしい故郷の山ふところや海の向こうにある他界に住んで、生者との間を往き来する存在として崇敬されている。あるいはもっと近い草葉の蔭から生者を見守る者となって、死者を悼む生者に寄り添う感覚を与えることもある。幼くして親を失った人や、幼い子を亡くした親にとってはそれが慰めになるのである。そうかと思えば、幽界からこの明界にさまよい出て来るといわれる幽霊は、生前の心残りを引きずって恨みをはらしたり意思を伝えたりする存在として、待望されるというよりは恐

れられることのほうが多いようである。古代の日本人は世界を天上の「高天原」、地上の「中つ国」、地下の「根の国」(黄泉国) に分けていたが、天界を理想化し、この世に満たされぬものを感じ、地下世界を専ら地獄と観て恐れるというようなことはなかった。ただ、死んで黄泉国に住まうようになった者が再び地上の国に帰った例を神話は語らない。生者と死者の越えがたい境界線 (黄泉比良坂) は神々の夫婦をも厳然として分かつ (192頁、193頁①参照)。

② この身は死して崩壊しても、再生して新しい身体のなかで生き続けると考える輪廻転生の思想。代表的なのは、その果てしのない再生を厭い離れる解脱を目指して、苦行や瞑想に励むインド人の生き方・考え方である。何度も生まれかわって様々に異なる生涯を経験できるのに、なぜ厭うのか。それは、何度も老いては病み死んでゆくという苦しみに加えて、みずからの作った業(ごう)(身口意) に裁かれ、苦しみに満ちた不本意なる生存の繰り返しを経験しなければならないという意識がはたらくからである。それでは、天衆のような望ましい生存ならどうか。天界は人界よりは安楽であるが、煩悩の尽きない欲界の一つという点では何の変わりもない。天衆にも死が訪れ、五つの兆候 (五衰) があらわれる。一切衆生が経過しなくてはならない「生老病死」の「生」は、「生きる」苦しみに至る前の「生まれる」苦しみを示唆する語である。「苦しみ」とはまさに「思いどおりにならない (不本意な)」ことを意味する。しかもそれが自己自身の業に起因するという現実。この状況を打開するには、再生の原因となる業を滅ぼし、心の煩い (煩悩) から離脱するしかない。そうすれば、「この身が果てたあとはもはや存続しない」境地 (最後生(さいごしょう)) に到達するだろう。それはちょうど「(煩悩の) 火がふっと消えた状態 (;心境)」であるから、「ニルヴァーナ」(涅槃) と呼ばれるのである。以上は主として仏教を念頭においた説明であるが、ほかの「インド宗教」もまた同様の価値観を有しているといってよい (55〜57頁参照)。

インド人以外に輪廻思想を説いた例としては、ギリシャの哲人たちの諸説が挙げられるだろう。ソクラテスよりも20年ほど先立つエンペドクレス (B.C. 490頃-B.C.430頃) は、「若者・乙女・鳥・魚・獅子・樹木 (とくに月桂樹)[24]」と

いった望ましく思うものの間をさまよう霊魂を想定した。「若者」や「乙女」に宿るのは、両者の瑞々しい若さが保たれている期間だけという意味であろう。つまり、同一の霊魂が或る生存の初めから終わりまでを味わい尽くしてゆくわけではない。プラトン（B.C.427-B.C.347）は、感性で捉えられる個物の真実相が原型（イデア）として永存する理想界を観た「不滅の霊魂」が現実界に戻ってそれを想起するという説を唱えた。そして人間は死後、生前の行為にふさわしいものに転生するとも考えた。貪欲なる専制君主は狼や猛禽の類に生まれ、モラルの高い市民は蜜蜂・蟻・人間など、勤勉で社会奉仕にいそしむ生き物に生まれかわるというように、倫理道徳的な規準にもとづいている点では、インドの輪廻思想により近い。「肉体は霊魂の牢獄」という考えは、死と再生の繰り返しから霊魂を解放して神と合一することを目指したオルフェウス教派の時代（B.C.7世紀）からあった。肉体の束縛を絶つための禁欲主義的修行を説いたこの密儀宗教は、後のピュタゴラス派、プラトンのイデア説、グノーシス派、マニ教、ユダヤ教の神秘主義的宗派などに影響を与えた。

　いずれの場合も、ほんとうに望ましい状態への自己変容をはかるため、いまの生存状態を終わらせて新しい生存に移行しなくては救われないのだという古代人の考え方を反映している。「死」はそのための手段や転換点になるものの、それ自体としてはやはり恐るべき未知の体験であったはずである。

　③　ここでは既に、世界の終末、神（もしくは救世主）の再臨、復活と最後の審判、新しい世界の始まりと永遠のいのち、という順序で記述しうる或る諸宗教（ゾロアスター教、ユダヤ教、キリスト教、イスラームなど）の終末観があらわれている。この全行程を主宰する神は、みずからの意志で現世の時空を終わらせ、来世のそれに転換させる。「来世」にも、(1)万有歓喜のなかであらゆる自然界の「いのち」が集う場合（ゾロアスター教）、(2)民全体の理想とする神の国が「来たるべき（未来の）現世」に実現する場合（ユダヤ教）、(3)現世とはまったく異次元の生存状態を与えられて神の君臨する世界に共住を許される場合（キリスト教、イスラーム）といった分類が必要である。いずれも、唯一神の恩寵によってかなえられる、このうえない「いのち」の祝福であることに変わり

はない。それぞれの信徒たちがいかに「いのち」の永存を希求し、その実現を神の意志と力に期待してきたかを知ることができよう。

3 「この身において生きたという証(あかし)を後人に託す」場合

　死んでそれっきり、誰一人として自分の生きていた事実を心にとめる者はいない。墓はくずおれ、刻まれた名前も消えて、完全に忘れ去られてしまったとしたらどうだろう。本人のもはや知る由もない事態ではあるけれども、生前からそれを想い見るのは寂しく堪えがたいに違いない。

　あらゆる生き物は子孫を残すことによって"死んでそれっきり"状態を回避してきた。絶滅の憂き目に遭ったものも、その傍系を生じたり、その遺骸を地中にとどめてきた。例えば石炭は、古生代後半に生息した植物の残骸が変質して生じたものである。人類もまた遺伝子で個体の情報を子々孫々に伝える生き物であるが、それだけでは満足せず、みずからの努力によってもっと積極的に生きた証を残したいと希望する。子や孫が、後輩や教え子が、あるいは仕事の理解者たちが、それを引き継いでくれるとしたら、どうだろう。たとえこの身は滅ぶとも、精神的にはなお活かされて在るのだという喜ばしい安堵感に包まれて、後顧の憂いなく人生を終えることができるのではないか。とくに現代のような少子高齢化がすすむ時代においては、自分の遺伝子を伝えるという生物学的方法ばかりではなく、人から人へのバトンタッチを必要とする価値ある精神活動の追求がますます重視されてゆくことであろう。

　例えば、戦争体験者が戦闘や戦災の記憶をよみがえらせて語り継ぐという場合。その語りを聴いた若い人々は、想像もつかない遠い世界と思っていた空襲や爆撃の悲惨なありさまをわずかながらも追体験する。他者の体験が徐々に自分のものとなるのである。体験によみがえるものは、死んでいるとはいえない。また芸術家は、紙や布や石や木といった素材を使って絵画や彫刻や建築物を創造し、楽器や肉声によって音楽の感動を伝える。それらの形式や内容は弟子たちや後世の知られざる後継者たちに受け継がれながら、さらに新しいものを生み出してゆく。文学者は、言葉の意味と音声のなかにみずからの心血をそ

そぎ、読者たちの心を魅了する。とりわけ「聖典」という文学は、初めのうちは口誦伝承をとおして、後には書写されることによって、広大無辺、神妙不可思議なる宗教世界の枢要を忠実に保持してきた貴重な精神文化の遺産である。そのなかには、宗祖と仰がれる歴史的人物を筆頭として、思想の理解と発展に尽くした後継者たちや、聖典の編纂に関わった無数の人々の生きた証が凝縮されたかたちで残っている。その詳細を見分ける作業を原典批判というのである。

　以上のような努め励みをすることができず、ただ死んでゆくばかりの状況に押しやられてしまった人々は、どうすればよいのだろうか。戦火のなかや病の床にあっても、これまでの「いのち」を意義あるものとして見直し、「いのち」のゆくえを心配することもない境地に到達したいとすれば、さらに別の方法を探す必要があるだろう。

4　「この身に起きること（現実の生活）に永遠のいのちを観る」場合

　これは、生きている間に実現する「永遠のいのち」であって、死んでからの「いのち」のゆくえはもはや問題ではなくなっている。

　宗教の世界で「永遠」という時、それはどんなことを指しているのだろうか。以下の三つを挙げることができる。

　①　「時間」を超越した「永遠」。神は、生滅変化する現象世界とは隔絶した常住不変の存在であるという信仰にもとづいている。人間には体験不可能なものである。にもかかわらず、言葉を尽くして神の「永遠」を探ろうとすれば、目下の「変化」を厭い、未知の「不変」に憧れる、神秘主義を生むことになる。

　②　無限的「時間」としての「永遠」。何億光年も離れた星雲の写真を見た時、その渦巻き状の姿ができるまでの途方もない「時間」を思って茫然とした瞬間などに感じられるものである。もっとも、宇宙のかなたにまで視線を向けるまでもなく、身近なものにもこの「永遠」は見つかる。人間の一生を基準にすれば、山や河や巨木などはほとんど「永遠」に近い「時間」の流れを感じさせることであろう。そしてこの身にあっては、いつまでも生きていたいという願い。"いつまでも"は、はかない「いのち」を持つ者のささやかな「永遠」

の夢である。かなうことがないのは分かっていても、そのように夢見ることでいつのまにか癒されて生きてゆける人間の精神力。その証拠に、"いつまでも"や"for ever"を心に念じ、ささやき、歌う声は、今も絶えることがない。

　③　生きてゆく「時間」のなかに観る「永遠」。時計で測れば、まちがいなく数量化できる「時間」のただなかで、最高度に充実した体験をする時に感得できるものである。これは本人の心がけ次第なので、心ある人ならば、そして心のはたらいている間は、誰でも味わうことができる。何をもって充実するかは千差万別、十人十色であろう。後になって、思い出しては追体験するごとに新しい「永遠」が生まれ、心をますます、豊かにしてゆくはずである。

　例えば仏陀は、成道の瞬間はもちろんのこと、その後の人生においても覚りの体験を反芻しつつ、時を忘れた法悦の「永遠」を観ていたのではないだろうか。その「永遠」は現在の「時間」と表裏一体となって、説法に活かされたであろう。仏陀は、現実の生活のなかで煩悩の一つ一つからみずからを解き放ち（別々解脱）、ついには何の束縛も覚えない自由な心の境地（心解脱）を達成した先達者である。この身に起きる喜びや悲しみや痛みや苦しみはそのまま受けとめながら、しかもそれらに翻弄されない生き方・考え方をみずから実践してみせた生身の人間であった（167頁の末尾参照）。

　わが国の神道に眼を転じれば、『続日本紀』の宣命にいう「中今」の思想がまさにそうである。文字どおり、「いまこそ」「ただいま」の充実を説くこの言葉は、「いまに実現する生存」の大切さを伝えてやむことがない。ここには死後の「いのち」を希求する意図はない。むしろ限りある「いのち」の一瞬一瞬を見つめ、生きていることに感謝して、生きがいのある人生を積極的にいとなむことにこそ、「永遠」を観ているのである。鳥居をくぐって拝殿に向かう時の静寂な雰囲気のなかに「中今」を感得した参拝者は、日常生活の端々にもそれを見つけるであろう。あるいは、「中今」という言葉をついに知ることのない人々も、「中今」の体験はしているといえるのではないか。ことさらに教義としてその遵守を命じなくても、おのずから体得しうるものもまた歴とした「宗教体験」である。

　何年も苦心して育てた樹木が花を咲かせた日の朝、負傷して何ヶ月も歩くこ

とを忘れていた人が退院した時の感慨、反目していた兄弟がふとしたきっかけで心を許し合った瞬間。「いのち」の芽生えや回復に際して観る「永遠」は、その後も活きてはたらく力になる。

こうして桜を見るのも最後かもしれないと思った出征前夜の宴、異国での生活を終えて空港へ向かう車の窓から見た友の姿、ダムの建設のため湖の底に沈んでしまう村のお社に参拝し、あたりの景色をしみじみと見渡す時。滅びや別れに直面して観る「永遠」は、記憶のなかにとどまって思い出となる。

以上の②と③は、死とともに終止符を打つために、いかにもはかないもののように見える。けれども、それがほんとうに救いになるのなら、あるいは自己を鍛練するのに役立つのなら、前述の1～3よりもはるかに強靭で非凡な心境を実現することになるだろう。死ぬ時になって死後の世界を信じられなくなったり、自分の人生が無意味に思えてきたりはしないはずだからである。ならば、この4をほかの1～3と併用したらどうだろうか。現実の「いま」を観るのだから、どんな信仰をもっていても矛盾を覚えないはずである。仏教や神道が他宗教との協調を進めるにふさわしい思想を有することが窺われる。

第5節 「いのち」の価値観

1 宗教は「いのち」をどう観るか

これまでは、「宗教」概念の定義づけを保留にしつつ、「いのち」をめぐる様々な角度からの考察をとおして「宗教」の把握を試みてきた。今度は逆に、既成概念として実用されてきた「宗教」の立場を考慮しながら、「いのち」を捉えてみよう。宗教が「いのち」をどう観るのかを探るため、科学が「いのち」をどう観ているのかと対比することにしたい。宗教と科学は対立するかのようにみえるが、「いのち」の探究が深まってくるとそれだけ、関連性をつよめるものである。話を進めてゆくうえでは、「宗教と科学」よりは「宗教者と科学者」の比較のほうが解りやすい場合もあるから、両者を併用してみよう。

例えば、人間という「いのち」の姿。それが人跡未踏の奥地で見つかるかもしれない化石人類の生き残りであろうと、国際会議場で演説する各国の代表者

であろうと、名も知れない町の場末で靴磨きをする少年であろうと、分け隔てや選り好みなく、この宇宙にたった一人しかいない、かけがえのない人間としてありのままの状況を受け容れるのが「宗教者」の立場である。世界中のマスメディアに紹介したらたいへんな功績になるとか、学術的に有効であるとか、近づいたら損をするとか、メリットの有無（有用性）で相手を観ない。富裕か貧乏か、高給か薄給か、健康か病気か、頭の回転が速いか鈍いか、正直か嘘つきか、肌の色が白いか黒いか、自分に好意を示すか敵意をぶつけてくるか、相手を好きか嫌いか、といった価値判断によって人を偏り見ることもない。そして、善人として仰がれる者よりは、悪人として憎まれる者のほうに関心を向け、救い取ろうと手を差し伸べる。とかく異質なもの、嫌悪すべきもの、生存能力の劣ったものを退けて攻撃しやすくなる本能的な傾向にあえて逆らい、自他の人間性を限りなく高めようと志す。

　自然界のものは一つ一つ、一人一人がみな違っており、同じ名前で呼ばれる動植物や人間でも、誕生してから老いて死んでゆくまで、刻一刻と変化している。「宗教者」は個々の存在価値をどこまでも肯定・追究するうちに、すべての「いのち」の一体感に到達する。"バラバラ"に見えたものが"つながり"となり"ひとつ"に還るという感覚。「神との一体化」「梵我一如」「平等智（無分別智）」などという表現も、そうした「いのち」感覚の充実としてみることができる。

　「（自然）科学者」も個体の個性を認めるが、その個性にはかならず、他の個体の個性と共通する法則性があるはずだと考える。つまり、個性を個性のまま見守るのではなく、どの個体にも通用する普遍性を追究することによって、個体の有する問題（惑星の運行・熱帯植物の繁殖力・病原菌の発生源など）を解明・解決するという目的に役立てようとするのである。したがって、「科学者」の眼が観るのは抽象化の進んだ「種」（しゅ）としての「いのち」であり、研究目的に有用であれば、生きたマウスなどを犠牲に供するのも辞さない。もしも、一々の個体にニックネームを付けて可愛がったりすれば、胎児マウスのDNAを抽出するために母親ごとメスを入れるといったことはとてもできな

くなるだろう。そもそも「いのち」という言葉には、それを尊ぶ人間の感性が込められている。日本人の「科学者」であればむしろ「生命」(せいめい)というより客観的な用語で思考することを好むだろう。人間の心を司る脳組織にしても「科学者」は、こう考える。「大脳生理学が進んで認識、思考、記憶、行動、性格形成などの原理が解ってくれば、人間の精神現象もかなりのところまで説明できるようになるだろう。"自我"と思っているものも、実はＤＮＡのマニフェステーション(自己表現)にすぎないのかもしれない。」[28]

つまり、「生命」の未知なる領域を神秘化するのではなく、実験と証明によって解説することに徹するのが「科学者」の立場なのである。人間の理性と経験に照らして真実と認められることだけを知識として公開するから、逆にいえば、科学的事実に反すると考えられる事柄については、批判の態度を取る。

その一方で「宗教者」は、ものごとの神秘性をあばくことを嫌う傾向にある。なかでも、不合理なるがゆえに信ずる「神」の世界をめぐっては、「科学者」との対立を深める事態を招きやすい。世にいう「宗教と科学の闘争」[29]とは、かの『創世記』に始まる聖書の記述を象徴論的にではなく、文字どおりに解していた時代における「科学的発見」の弾圧に起因しているのである。

2　科学との対立・連携・相即

以下に、宗教の科学に対する二つの態度と、科学の宗教に対する二つの態度を、西ヨーロッパにおけるキリスト教会の動向にしたがって論じてみよう。

《宗教の科学に対する二つの態度》

① 宗教が科学的事実の領域に干渉する場合

ここでは、生命科学としての解剖学と医学の例に触れるのがよいだろう。人体解剖は、何よりもまず、正確な患部を確かめ、臓器などの異状を観察して治療法を知るためにぜひとも敢行しなくてはならないことである。そればかりではなく、身体にメスを入れ、疾患を修復する処置をおこない、再び縫合して元通りの姿にする手術の技術は、死に瀕した生命をさえ救うことができる。このように実利的な点を度外視しても、教会の聖職者たちにとってそれは神の創造

した人体に挑む悪魔的な仕業と映ったのだった。そこには「疾病は神罰を受けた証拠」とみなす古来の観念もはたらいていたし、「神の宮」であり「霊魂の住まい」でもある人体の神聖さを穢す行為だという堅い信仰は、体内の状態を知る必要さえ認めなかったのである。13世紀以降、聖職者が外科手術に携わることは禁止され、医者たちは無神論者と呼ばれた。医療の進歩のために多くの人体を解剖せざるをえない立場上、絞首台や霊安室などに赴いた彼らは、絶えず世間の憤激と無理解にさらされた。異端審問官の死刑判決や病原菌の感染によって落命するのも厭わなかったその努力がようやく実りはじめたのは、18世紀に入ってからのことだった。しかし、疱瘡の予防手段として提唱された種痘などは、「神罰としての病」を阻止する悪魔の仕事と呼ばれ、なお1世紀以上の論難と闘わなくてはならなかった。

　神の創造した人体の尊重という点では、教会の聖職者も科学者も同じ方角を向いている。ひとたび前者が後者の功績を必要と認めさえすれば、後者もまた積極的に前者の関心事に参与することができるであろう。

② 宗教が科学の成果を積極的に取り入れる場合

　例えばイエスの誕生時に、ひときわ輝く星が現われ、救世主出現の予兆を示したという記述（マタイ2：2）がある。その星が何であったのかを天文学的に探し当てれば、イエスの誕生年を正確に知ることができるかもしれない。それは信仰を妨げないばかりか、救世主イエスの歴史性を裏づけることになるだろう。仮にそれが彗星で、再接近の様子を観測できるとすれば、信仰者にとっては実に感慨深い科学研究だといえよう。天体の運行や放つ光の速さは、過去からの歴史を伝達するものである。宇宙の始まりに無からのビッグ・バンを想定する天文学者の説は、「無からの創造」を示唆する『創世記』の一節（1：1）を連想させる。物理的「無」（粒子や力を含む量子状態＝有）は、聖書のいう哲学的「無」（有の対極）とは、明らかに異なる。それでもなお、自然観察がもたらす「神の創造物」の知識は、教会の聖職者にとっては特に重要な履修項目となる。今日もなお、聖職者兼科学者である人々が大活躍している理由がそこにある。彼らの信仰態度は冷静かつ合理的であり、時には"信心深さ"の

熱情を抑える態度さえ示す。自然現象のなかに神の意志を探ろうとするゆえの落ち着きなのである。科学的思考が信仰に寄与している好例といえよう。

《科学の宗教に対する二つの態度》

① 科学が宗教的真実の領域に干渉する場合

こちらのほうは、科学者の意見が宗教者の権威を脅かしかねないほどの勢力をもつようになった19世紀から20世紀にかけての歴史状況にもとづいている。例えば、イタリアのトリノに保管されている「聖骸布」。「イエスの遺骸を包んだ亜麻布」の意。復活後、墓に残されていたと伝えられる、キリスト教徒にとっては最も尊い聖遺物である。布には、額、手足、左の脇腹などに傷を負って流した血液の痕跡、両眼を閉じた男の顔、身体の上に重ねて置いた両腕といった全身の影像(ネガ)が映っている。本物か偽物かにかかわらず、それがイエスの復活にゆかりのある貴重な品であることを信じる教会側は、「聖骸布」の偽物説を立証して"復活"信仰にもメスを入れようとする科学者側の姿勢に難色を示していた。紆余曲折の後で許可・実施に及んだ科学的調査は、①紀元前から屍体を包むのに使われていた杉綾織の手法、②死海のほとりにしかない植物の花粉の検出、③受難の時に受けた傷を想わせる血痕などを明らかにしたが、炭素年代測定法においては、④およそ1300年代という説と⑤火災や展示により増加する炭素14や、布を覆うバクテリアの影響を考慮して1900年以上前に遡れるとする説に分かれた。その決着をつける試みはいまのところ為されていない。(31)信仰上の事実というのは、信じたその時から真実として活きはじめるものである。「聖骸布」に復活信仰の証(あかし)を観る者にとっては、いかなる科学的干渉も意味をなさない。科学者のほうも、たとえそれがイエスの遺骸を包んだものと判明しても、証明不可能な"復活"にはやはり否定的であることだろう。

これよりもっと科学者の干渉がきわだっていたのが「ルルドの泉」の事例である。1858年、フランスの寒村ルルドに出現した聖母マリアが少女ベルナデッタに指示して掘らせたという泉の水。それを飲んだ病人が奇跡的に回復したという事実を疑問視した者が、水の成分を調べさせた。ただの水であることを証明した科学者は、少女の精神状態をさえ疑ったという。教会側も、すぐにはこの

奇跡を認めようとはしなかった。孤立した彼女は信仰の為せるままに、修道院で余生を送ることを選んだ。ルルドはあらゆる病と闘う巡礼者の訪れる聖地となり、科学では証明できない癒しの代表的な実例を示しつづけている。讃美歌には よく「いのちの泉」という言葉が出てくるけれども、これなどはまさに、「いのち」を創造した神に向かってその「いのち」の修復を頼むという信仰者の道理をあらわしているのである。

② 科学の至らぬ点を宗教の協力により打開・改善しようとする場合

　科学では解明できないことが残されている事実は、科学者自身も認めざるをえない。特に医療の領域では、薬物の投入や手術がすべての病状を平癒させるわけではないことは、医者自身が痛感している。なかでも、余命いくばくもないと判った患者のために講じる「末期医療」（ターミナルケア）においていちばん大切なのは、患者自身がどのような人生の終焉を希望しているのかを知り、家族、医療スタッフ、宗教者などが協力してその実現に向かうことである。身体の苦痛をモルヒネなどで緩和するだけでは、ほんとうの安息は得られない。また、身体のあらゆる穴に管を通して栄養物を入れる延命治療（スパゲッティ状態）は、人生の幕を閉じるその最も神聖で厳粛な瞬間を奪い取ることである。いまわのきわに洩れる人の言葉を聞き逃すという損失は、看取った者の心に大きな穴を空ける。まして言い残した人の心残りについては、知る由もない。

　医者もまた人間である以上、患者たちの死に自分自身の死を想い見る瞬間があるだろう。死を見つめる心は、死に至るまでの生を見つめる心でもある。つまり、生前の時間を有意義に充実させようとすれば、医療技術の援用に加えて、心のケアを工夫する必要がある。キリスト教系の「ホスピス」（1967年以降、イギリス）も仏教系の「ビハーラ」（1985年以降、日本）も、それぞれの立場からこの問題に取り組んできた。"hospice"は聖地巡礼の旅人をもてなす宿を起源とする語であり、"vihāra"は暑い日差しを避けて休養する場所、気晴らしの散歩、仏陀の止住した園林〔とそのなかに建つ精舎〕といった意味合いをもつ語である。いずれも、医者だけでは対応できない心の痛み（spiritual pain）を宗教者の心配りで解きほぐそうとする活動の理念をあらわしている。このスピリ

チュアルケアは、キリスト教や仏教の伝道や教化の意図を超えたところから「いのち」の終息に向かう患者たちの安息に奉仕するものである。

　科学者と宗教者がそれぞれの知恵を出し合って「いのち」の最終段階を見守るいとなみのなかに、科学と宗教の連携と相即を観ることができるであろう。

3　かけがえのない「いのち」

　本章では「いのち」をキーワードとして、「宗教」概念の実際的な意味内容の探究をおこなってきた。いまそのささやかな軌跡を振り返っても、「宗教」と「いのち」の密接にして深遠な関係を明らかに知ることができる。

　かけがえのない「いのち」という言葉をよく眼にし、耳にする。この言葉を個人もしくは社会に向けてのメッセージとして積極的に用いる人々の多くは、誰もがもつ「いのち」の実感をすべての「いのち」に対する親愛と尊敬の態度へと育んでゆこうとするのである。特定の宗教的立場からそれを推進する者もいれば、自分の信仰を直には表明せずに、もっと普遍的なかたちに置き換えて万人の共感を呼ぶ者もいる。ここでは後者の例を取り上げてみよう。それは、何か／誰かを愛するということをとおして、かけがえのない「いのち」に気づき、その育成と保護に責任をもつという聖なる務めに目覚めた王子さまの物語である。彼の住みかは、白亜のお城でも広大な庭園を擁する王宮でもない、空を仰いで探してもやっと見つかるかどうかの小惑星であった。あまりに小さな星なので、少し椅子をずらせば、一日に何遍でも夕陽を眺めることができた。王子さまがなぜ独りでいるのかは、誰も知らない。

　活火山が二つと休火山が一つあるだけの星に、どこから飛んできたのか分からない種が芽を吹いて、トゲのある美しい一輪の花を咲かせるようになった。花はプライドが高くてわがままだったが、王子さまは水やりを欠かさず、風よけの覆いガラスをかけて、花をほんとうに愛していた。それでも花のきまぐれな言葉にはずいぶんと心を痛め、ついには星からの旅立ちを望むようになった。

　二度と帰らないつもりで迎えた出発の日の朝、別れのしるしに花の世話をしていた王子さまは、いまにも涙がこぼれそうになった。「さよなら」という言

葉を聞いた花は、いつになくしおらしい様子をして、黙っているばかり。

「あたくし、ばかでした」と、花は、やっと、王子さまにいいました。
「ごめんなさい。おしあわせでね……」王子さまは、花がちっともとがめるようなことをいわないので、おどろきました。
「そりゃ、もう、あたくし、あなたがすきなんです。あなたがそれを、ちっとも知らなかったのは、あたくしがわるかったんです。でも、そんなこと、どうでもいいことですわ。あたくしもそうでしたけど、あなたもやっぱり、おばかさんだったのよ。おしあわせでね……もう、その覆いガラスなんかいりませんわ」

彼女は「弱みを見せるのがきらいな花」だったので、四つのトゲを持っているのだから獣などの外敵が来ても大丈夫だと強がりを言ったまま、王子さまに別れを告げてしまう。

王子さまは、「王さま」「うぬぼれ男」「呑み助」「実業屋」の星々を旅しながら、「おとなって、ほんとにへんなものだなあ」とつぶやくのだったが、自転のおそろしく速い小さな星の街燈を忠実に点滅させることで頭がいっぱいの点燈夫からは、無私の心を学び、立ち去りがたい思いをした。その次に訪れた「地理学者」の星では、探検家の報告をノートに取るだけの物知りに出会う。そのうち、自分の星について尋ねられた王子さまは、三つの火山に加えて、あの置き去りにしてきた花のことに触れる。するとすかさず地理学者がいった。

「わしたちは、花のことなんか書かんよ」
「なぜ？　とっても美しいんですよ」
「花というものは、はかないものなんだからね」

「はかない」という言葉の意味がどうしても解らなかった王子さまは、なかなか教えてくれない地理学者からついに答えを聞き出した。

「そりゃ、〈そのうち消えてなくなる〉という意味だよ」
「ぼくの花、そのうち消えてなくなるの?」
「うん、そうだとも」(38)

　そんなはかない花を「ひとりぼっち」にしてきたのだと気づき、初めて花が懐かしくなった。それでも旅を続けようとする王子さまは、「なかなか評判のいい星」だという地球を見物するように薦められる。降り立った場所は、砂漠だった。そこでまず出会ったのは月の色をした輝くヘビ。謎めいた言葉をはくその生き物がやがて、王子さまの帰郷を手助けすることになる。
　砂や岩や雪を踏みわけて、長い旅をするうち、やっと一本の道を見つけた。その先にあったのは、あの花とそっくりな花たちがたくさん咲きそろう庭。

「あんたたち、だれ?」と、王子さまは、びっくりしてききました。
「あたくしたち、バラの花ですわ」と、バラの花たちがいいました。
「ああ、そうか……」
　そういった王子さまは、たいへんさびしい気もちになりました。(39)

　この世にたった一つしかない珍しい花だと思っていたのに、ありふれたバラの花にすぎなかったのか。あの花がこれを知ったら、きまりわるそうに咳ばかりして、人に笑われるのが恥ずかしいあまり死んだふりをするだろう。ぼくにつらあてをして、ほんとうに死んでしまうかもしれない。草の上に身を投げて泣いている王子さまに声をかけたのは、狩人の追跡のやんだ草原で憩う一匹のキツネ。友だちをほしがる見慣れないよその人にこの動物は、"仲よくなる"(飼い慣らす)という言葉の意味を語り始める。初めはいてもいなくても平気だった者どうしが、仲よくなると、この世でたった一人／一匹のかけがえのないものになるのだという不思議。あの星に残してきたバラの花もまた、この世でたった一輪しかないのだと覚った王子さまに、キツネは秘密の言葉を次々にプレゼントする。

第1章 「〜教」以前の"宗教"とは？　47

「なに、なんでもないことだよ。心で見なくちゃ、ものごとはよく見えないってことさ。かんじんなことは、目に見えないんだよ」(40)

「あんたが、あんたのバラの花をとてもたいせつに思っているのはね、そのバラの花のために、ひまつぶししたからだよ」(41)

「……めんどうみたあいてには、いつまでも責任があるんだ。まもらなけりゃいけないんだよ、バラの花との約束をね……」(42)

　「いのち」あるもの、「はかない」ものを愛するということはこのように、責任感を持ち、「目に見えない」ものを観る感受性をはたらかせるということなのである。しかるに、その「たった一人／一匹」にそそがれる愛がもし、ほかの「いのち」すべてに対する愛を妨げるような性質を帯び始めるとしたら、どうだろうか。その利己的な愛はいずれ、自分の愛するものの「いのち」をも傷つけるようになるだろう。一つの「いのち」に執着しても、ほんとうに「いのち」を愛したことにはならない。王子さまの場合は、どうか。

　砂漠に不時着した飛行機の修理に追われていた飛行士の前に王子さまが現われたのは、以上のような"心の旅"をしてきたあとだった。二人は、水を求めてさまよい、井戸を見つけて喉をうるおす喜びを分かちあった。毒ヘビに足首をかませて星へ帰ろうとしていた王子さまは最後の夜、ただならぬ気配を察して悲しむ飛行士に、別れの言葉と、おおらかな笑い声をプレゼントする。

「夜になったら、星をながめておくれよ。ぼくんちは、とてもちっぽけだから、どこにぼくの星があるのか、きみに見せるわけにはいかないんだ。だけど、そのほうがいいよ。きみは、ぼくの星を、星のうちの、どれか一つだと思ってながめるからね。すると、きみは、どの星も、ながめるのがすきになるよ。星がみんな、きみの友だちになるわけさ。」(43)

　〈仲よくなった〉相手への思いをそれだけで終わらせずに、ほかの相手にも拡張させてゆくことの大切さを、王子さまは自分自身で探りあてたのである。

この物語では、星もまた生きたものとして描かれている。

　かけがえのない個々の「いのち」を一つでもほんとうに愛する者は、「いのち」あるものすべてを愛するようになる。たとえ初めは利己的な愛でも、それを博愛の心に昇華させることができるのは、人間だけなのかもしれない。かのキツネには、飼い慣らされた相手としか仲よくなれない限界があるのではないだろうか。砂漠に音もなく身を倒して姿を消した、この不思議な王子さまの残した言葉は、諸宗教の説く「いのち」や「愛」の意味を考えさせる。

　世界中で親しまれてきた童話『星の王子さま』（原題：『王子さま』）を著わしたアントワーヌ・ド・サン＝テグジュペリ（1900-1944）は、フランス貴族の名家に長男として生まれた。幼い頃からの夢であった空の旅は、山脈や砂漠を越えて郵便物を運ぶ飛行機のパイロットというかたちで実現した。夜間飛行で見る星空と家々の灯火は、この世界の広さとそこでいとなまれている生活のぬくもり、さらには「いのち」あるものの諸相を俯瞰する眼を養った。彼の書き残した小説も童話も、「宗教文学」のジャンルに入ったためしはないけれども、天空高く飛んで「人間の土地」[44]を眺めながら創作するその手法には、いわば「神の眼」で観ることへの挑戦が読み取れる。そこではもはや、カトリック信徒としての特徴を前面に押し出す必要はなく、ただ、自分が直に観て実感したことを心のおもむくままに表現すればよいのだった。第二次世界大戦のさなか、故郷リヨンの上空を経由する偵察飛行に出かけた作家は消息を絶ったままとなり、いまだにその遺体さえ確認されていない。世間の人々も遺族も、彼の「いのち」が空に消えたことを尊重してきたのである。

　本章を終えるにあたり、以上の引用と解説をあえてしたのは、それを読む人それぞれが「いのち」の意味について考え、ひいては、「〜教」と呼ぶまでもない、根源的なかたちでの"宗教"に思い到るであろうことをひそかに予想するからである。世界の諸宗教を俯瞰してその意義を探るためには、ぜひともこのような準備段階（第1章・第1〜5節）を置く必要がある。なぜなら、「いのち」の考察は、わが身の実感と他者との共感を目覚めさせ、"宗教"の本義とする「いのち」の保護と育成を見失わない感性を取り戻させるからである。

第2章
多様なる「〜教」の発祥・成立・展開

　星のような、いわゆる無生物の範疇に入れられているものにもまた、ある種の「いのち」がみられる。宇宙空間を漂う水素やヘリウムなどのガスやチリの集まり（暗黒星雲）は、明るい星々のもつエネルギーをもらうと散光星雲として輝きはじめる。また、超新星爆発の爆風を受けるとガスやチリの密度を高め、高熱と圧力のために発火した水素を光源とする円盤状の原始星が群れを為して誕生する。太陽も地球も、そのなかから生じた。太陽のように水素ガスを燃料にしている恒星は、燃えかすのヘリウムを中心部分にためてゆき、膨張しながら温度を下げ、高温の芯を残した小さな白色矮星から冷たい黒色矮星へと変化して漆黒の宇宙空間に還る。太陽よりずっと質量の重い星は、超新星爆発により砕け散る。星の終焉は同時に、星の材料となる新素材を発散し、それがまた星々を誕生させ、終焉に際してはさらに複雑な組成の新素材を生みだす。即ち、人体のような有機体の誕生には、星の"輪廻"が関わっているのである。[45] 物質の世界においてさえこのようなヴァイタリティー（活力）がみられるのだから、現象世界を体験し、観察して、その意味を考え、自分の意志で行動できる人間の精神生活には、もっとダイナミックで多彩ないとなみがあってもよさそうなものではないか。人類の歴史を振り返っていちばん眼に付くのは、やはり諸宗教の発祥・成立・展開のプロセスであろう。初めから「〜教」と呼びうる"かたまり"もしくは"集まり"を為していたのではなく、何かの原因と周囲の様々な条件を材料にしながら、徐々に確立していったそのいきさつは、これまでの「宗教史」研究において明らかになりつつある。既に記録のなかでしか知りえない「死んだ宗教」もあれば、「永遠のいのち」を保つかと思われるほどの影響力を及ぼしつづける「生きた宗教」もある。これから生まれようとし

ている「胎児としての宗教」もあることだろう。

　自然観察のようにできるだけ客観的な見方をしながら、「〜教徒」に対する同じ人間としての共感と理解の眼を曇らせずに、多様なる「〜教」の真実相を探ること。「宗教学」は、研究者の感性や関心対象によって実に多様化してきたが、基本的には、人間の精神生活を観察・分析・総合する人間学といえる。なぜなら、人間の知性と感性で捉えうる「(宗教)現象」のみを扱うからである。従来、「宗教学」の領域として考えられてきた範囲は次頁のとおりである。まず一覧してから、以下の事柄に移ろう。

第1節　「宗教学」の基本的立場

　ここにみる"仕切り"は、もちろん実際に有るものではないが、「宗教学」という学問の基礎づけがおこなわれるまでの歴史的プロセスをみるには便利な作業仮設である。

　宗教学は、キリスト教を"唯一の真なる宗教"と考え、他宗教との比較研究をしりぞける神学的見解に対する批判から生まれた。それはようやく19世紀も後半になってのことである。折しも比較言語学のめざましい発展のなかで神話に対する関心も高まり、同類の語族に属する人々の諸宗教に関連性を見出すようになった。例えば、サンスクリット語の"deva"とラテン語の"deus"は、もとをたどればインド・ヨーロッパ語族と呼びうる共通の祖先の「神」観念に行き着く。『東方聖典全集』(*Sacred Books of the East*) 50巻の編集を手がけた一人であったマックス・ミュラーが、神話の諸言語を資料とする諸宗教の比較研究という学問の理論と方法を追究したのは時機にかなったことであった。「宗教学」という学名を初めて用いた記念碑的な著作『宗教学概論』(*Introduction to the Science of Religion*) を世に問うたのは1873年。ミュラーはそのなかで、(1)宗教の諸事実を注意深く収集すること、(2)諸宗教の比較を行なうこと、(3)宗教の本質、起源、目的を解明しようと試みることを研究の要領としている[46]。ここでの「比較」とは、宗教間の優劣をつけることではなく、相互の共通点と相異点を探究して各宗教の特質と諸宗教の総合的性質を明らかにすることである。

「たった一つの宗教しか知らない者は、宗教のことをほんとうには知らないのである」というミュラーの主張は、ドイツの文豪ゲーテの「一つの言語しか知らない者は、言語を知らない者である」という逆説の応用である。比較宗教学の成立と関わりの深い比較言語学。

そもそも、ヨーロッパ人が世界の諸言語に学問的な関心

「宗教学」の領域とは？

	（主観的立場）	（客観的立場）	
※特定の理念をとおした価値判断的立場	神学的研究	宗教史的研究（資料的）	※観察と実証にもとづく価値中立的立場
	——————宗教研究——————		
	宗教哲学的研究	宗教学的研究（理論的）	
	「いかにあるべきか」⇩規範的(normative)	「いかにあるのか」⇩記述的(descriptive)	

（岸本英夫著『宗教学』大明堂、1961年、6、8頁の図に、著者が補足説明を加えた）

を向ける一つのきっかけをつくったのは、主として15世紀前半に始まる「地理上の発見」であった。海上の航路を開拓して見つけた大陸や島々は、彼らにとっての新天地であり、天然資源と労働力を確保できる植民地にほかならなかった。それとともに、キリスト教会、特にローマ・カトリック教会の伝道活動も大幅に版図を拡げた。かつてゲルマン諸部族に改宗を迫った時代の状況にも似て、現地人の諸宗教は鳴りを潜め、地母神などの女神たちは聖母マリアの装いに変わった。教化のために、他宗教のことを調査・研究する宣教師も現われ、キリスト教と世界の諸宗教を俯瞰する試みもなかったわけではない。ただ、彼らの宗教観はあくまでも、「宗教は、唯一の神を信仰する一神教を最高の発展段階とするものである」という「一神教」本位の理念にもとづいていた。したがって、いかなる諸宗教の神々を知る機会に恵まれても、「一神教以前の未発達な多神教」という価値判断的立場の外に出ることはなかったのである。

宣教の使命に燃え、信仰を守り育むことに専心する「神学」に対し、「宗教哲学」は、「神」の意志を思いはかるよりはむしろ「人間」自身の理性に忠実な態度で「宗教の本質」を洞察し、「宗教とはいかにあるべきか」（宗教の規範概念）を考える学問である。時として、自分の宗教に対する批判を試みるのも

辞さないが、それでもやはり、思弁にたずさわる者自身の宗教観を反映せざるをえない。さらに、みずからの信仰を問うて深めるという目的を持つ場合は、他宗教からの論難に対する護教論的な役割を引き受けることもある。例えば、「聖なるもの」について論ずれば、「神」の霊的かつ倫理的な属性を踏まえた項目がかならず重要な位置を占めるであろう。また、諸宗教の多様性をめぐって「宗教」を哲学すれば、「諸宗教の根源であるべき唯一者」を志向するであろう。[48] それは「万物の成り立ちには第一原因がある」という神学的思惟が、意識して[49] いるのか、無意識なのかにかかわらず、「自分自身の観察眼」と「観察対象」との間でフィルターのはたらきをするからである。

　つまり「宗教学」は、「神学」や「宗教哲学」とは異なる立場からの宗教研究を要請する時代の産物であったといってよいだろう。マックス・ミュラーをはじめとする多くの逸材を駆り立てた宗教の比較研究、即ち「比較宗教学」(Ger.: vergleichenden Religionswissenschaft, Eng.: Comparative Religion) は、諸宗教の発祥・成立・展開のいきさつを資料的に解明しようとする「宗教史学」の手法を活用しながら発展を続けてきた。

　「宗教史学」の先駆的労作は、1877年のティーレによる『宗教史概説』(*Outlines of the History of Religion*) だといわれている。"Religion" と単数形になっているのは、諸宗教の多様な表現を通じて"宗教そのもの"が次第に進化するという、ダーウィンの進化論と併行するものの考え方を踏まえているからである。"宗教の諸形態"と"宗教そのもの"を区別するその方法は、実地調査や資料による実践的研究と、それにもとづく理論的研究という「宗教学」の二面性をあらわしている。つまり、研究の順序としては、「諸宗教の歴史的研究」から「諸宗教の比較研究」（比較宗教学）へと移行するのが望ましい。本章もまた、その移行をはかるための橋渡しをするものである。

第2節　人類の歴史から「宗教史」を切り取る —— 8 宗教の選択 ——

1　考える作業にともなう「識別 → 比較 → 還元」のプロセス [50]

　比較は、二つ以上の物事を認識・区別して相違点や共通点を見出すという人

為的な仕分け作業に始まり、比較以前の、あるがままの物事へ立ち戻ろうとする時点において、一応の終わりをみる。この、識別 → 比較 → 還元という思考プロセスは、諸々の事象を分析・総合するための「時間」であるにとどまらず、事象それぞれの性質に即して流れる固有の「時間」を識別・体験する「時間」ともなる。つまり、比較作業にかかる「時間」は、比較対象が多様化すればそれだけ多次元的になり、作業する者の「時間」感覚は豊かになってゆく。

　比較宗教学の宗教史的論考にも、そうした「時間」研究としての役割がある。宗教世界の「時間」は、世界観や人間観の特質によって実に様々な流れ方をするので、「多次元的時間」を観るには格好の研究対象だということができる。以下は、"限られた紙数"という「空間」のなかでそれを試みるものである。

2　「預言者の宗教」と「覚者の宗教」の識別

　人類はこの世界に流れる「時間」をあらゆる方法によって費やしてきた。そのプロセスを人間の関心対象にしたがって分類すると、「政治史」「経済史」「建築史」「美術史」「文学史」「東西交渉史」「イギリス史」など、名前の付けられているものだけでも数えきれないほどある。そこからまず「宗教史」の「時間」を切り取る。"切り取る"といったのは、もともと何の境界もなく、ただありのままに経過してゆく「時間」に「宗教史」を観るにすぎないのだという意味である。

　その「宗教史」から"或る諸宗教"の歴史を系統的に選び出して配列するという限定的作業。これをしないと、ただ漠然とした"諸宗教"を観念的に想うにとどまり、何一つとしてほんとうの"諸宗教"を知ることはできないだろう。

　本書が"ひとまとまり"にする"諸宗教"は、8つある（103頁(1)～(5)参照）。なぜそれらの8つかといえば、①筆者自身の現地調査にもとづく知見をともない、信徒たちの生活を知るための或るまとまった歳月が既に流れていること、②8つという偶数を、ちょうど2つに分ける類型論が成り立つこと、③8宗教を比較するうえで重要な歴史的連関（影響関係）や共通点・相違点の要素が豊富であること（第3～4章の一覧表参照）などの条件を満たしているからである。

8　宗教は、ひとまず、唯一神の意志にしたがう「預言者の宗教」（ゾロアスター教、ユダヤ教、「神に祈り求めるイエス」からみたキリスト教、イスラーム）と、業報輪廻の理法にもとづく「覚者の宗教」（ヒンドゥー教、ジャイナ教、仏教、シーク教）の識別・対比を可能にする。「したがう」とは、「唯一神の意志」を実現するように仕向けられることであり、「もとづく」とは、もとからあるとみられる「理法」に探りを入れ、体得した内容に帰依することである。

　「預言者」とは、神からの一方的な意志伝達（啓示）を受け、その伝達内容を社会全体に通達する使命を帯びた人間のことである。「預言」は「神の言葉を預かる」と書く。この「言葉」は、人間に解る言語という意味である。つまり、現象世界を超越した存在の次元から、人間が知覚できる存在の次元に移行してきた神みずからの大胆な離れ業を示唆しているのである。その「言葉」を初めて聴いた人間は、驚き、怪しみ、怖れたり、畏敬の念に打たれたりする。なぜ、いつ、どこで、誰にそれが起こるのかは、神のみぞ知る。その不可思議・不可測な啓示現象を重視すれば、「啓示宗教」という呼び方もできる。
　いわゆる「予言」とは、未来に起こる出来事を予告することを意味するが、神を発信源とする「啓示」体験をともなわない。
　「預言者の宗教」の啓示現象は、次のようにそれぞれ異なるタイプを示す。
　①　浄めと瞑想のうちにある祭司との対話形式、および、祭司の祈禱形式を取る場合（ゾロアスター教）。祭司出身のヅァラスシュトラを召命した神は、何を媒体として神を礼拝したいかと尋ね、祭司は祭式で既に奉祀していた火を選ぶと答えた。(51)したがって、その後の啓示体験は、火の祭式との深い関係を有する。火を正義の象徴として、不正と闘う社会倫理の要素が強い啓示内容。
　②　民の現状を批判し、現世の未来に起こるべき歴史的事件を予告する場合（ユダヤ教）。「民」とは、神がイスラエルと命名したヤコブの子孫、即ち、神の選民を指す。「現世の未来」とは、歴史を主宰する神が起こそうとしている民の災厄が実行に移される時のことである。民が神からの離反を悔い改めさえすれば、その災厄を取り止めにすることが神には可能である。

③　先の②を継承するが、預言者自身が神との一体感を強め、神の権威をもって発言・行動する場合(52)（キリスト教）。イエス自身にはみずからを神格化する意図はなかったと考えられる。神の言葉を直に聴く場面に触れた聖典の箇所は(53)、①〜②、④の場合に比べれば、きわめて少ない。むしろ、自分の言動を神の意志にゆだねようとして切に「祈る」場面のほうが印象的に描かれている。

④　人間社会の現状を専ら批判し、現世の未来に起こるべき歴史的事件は予告しない場合（イスラーム）。商人出身のムハンマドに臨んだ神の意志は、①〜③とは異なり、神自身が一人称で語るという形式を取る。つまり、預言者の人格を乗っ取る憑霊現象である。「神は霊」であり(54)、啓示体験それ自体も霊的である点では①〜③と同様。厳罰の警告はするが、人間の悔い改めにすぐ応答する神の性質と関わるのか、過去の過ちは指摘するが、未来のことは沈黙する。

①〜④のうち、奇跡を起こさないのは④だけである。①〜④に共通しているのは、現世とは別次元の来世を説き、来世に先立つ現世の終末世界を予告する点である。終末には審判がおこなわれるが、その主宰者は、神自身（②・④）(55)か、神の意志を体現した救世主（①・③）かに分かれる。

一方、「覚者」とは、真実の追究、衆生済度、宇宙原理や神との一体化などを目指して瞑想や苦行による修行をおこない、その究極的到達点において覚った内容を開示する人間のことである。「覚者」（＝「目覚めた人」）のことをサンスクリット語を初めとするインド諸語で"Buddha"というが、これは本来、仏教やジャイナ教を含めたインドの諸宗派の共通語であった。かの「啓示」とは対照的に、「修行」という自発的な、ある目標をもった人間の行為に起因するのが「覚者」の宗教である。

例えば、ヒンドゥー教の祭司がいまも帰依するヴェーダ聖典はよく「往昔の詩仙が霊感によって感得した天啓聖典」などと呼ばれることがある。「天啓」即ち「天からの啓示」とは、人間と対話し、人間社会に警告を発してくる「神」からのものではないことを示唆している。「霊感」（インスピレーション）というのは確かに、何ものかによって呼び起こされた素晴らしい発想（詩仙の

場合は詩想）を指しているけれども、その想念はあくまでも人間自身のものであり、"何ものかの言葉"を伝えるように迫られているわけではない。「詩仙」とは、もともと「霊感」を受けるにふさわしい素養に恵まれ、瞑想状態のなかから万象を観る精神的鍛練をおこなってきた人のことであって、ある日突然に「啓示」を受けて「預言者」の道を歩まされる人とは区別しなくてはならない。ゆえに、ヴェーダの宗教は「啓示宗教」ではなく、「天啓宗教」である。

　また、シーク教の初代グル＝ナーナクは、深い瞑想に入って唯一神の「啓示」を受けたといわれている。これもやはり、人間自身が真実の教えを切に求めて到達した瞑想体験の極致において感得したものであり、伝えられている神の言葉も、グル自身の詩想に負うものである。ゆえにシーク教の聖典は、神の言葉というよりはむしろグルたちの説教を記録する形式を取っている。彼らの「神」も、さきほどの「天」と同様に、人間からの積極的なはたらきかけに応じて何らかのメッセージを詩のかたちで直観させる。

　因みに、古代中国の「天」は、人間が積極的かどうかにかかわらず、人間の運命や大自然のはたらきのなかにその意志（天意）を示すものである。ことさらに聴かずとも聞こえている、おのずからなる真実を体現している人を「真人」「至人」「聖人」などと呼ぶ（182、185〜186頁参照）。

　仏陀（仏教）やマハーヴィーラ（ジャイナ教）は同時代の「覚者」であり、どちらも"Buddha"と呼ばれていた。覚りの内容に「唯一神」や「神々」との関連性がなく、「覚者」自身の人格と実績にもとづいた教説を構築・展開する点で、仏教とジャイナ教は「姉妹宗教」と呼ばれるほどに類縁性の高い関係にある。人間が人間のために覚って、人間自身の言葉で語りかける宗教だといえよう。その意味においては、「預言者の宗教」と好対照を為す。

　以上のような特徴をもつ「覚者の宗教」であるが、ヒンドゥー教、ジャイナ教、仏教、シーク教のすべてに共通するさらに重要な特質がある。それは、業に因る輪廻（業報輪廻・業生輪廻）を苦と観て、そこからの解脱をはかるための智慧の修得に向かうという点である（業 ↘ 輪廻 ⇒ 智慧 ↗ 解脱）。つまり、何度も生まれ変わることに期待感を込めた古代ギリシャ人などの転生思想

(第1章；33～34頁参照）とは異なり、できるものなら今生で覚って迷いの生存を終息させたいと切望する。この、インド思想史上の顕著な諸宗派の共通項を踏まえて「インド宗教」もしくは「インド諸宗派」などと呼ぶこともできる。

ひとくちに「解脱」といっても、それぞれの宗教が理想とする境地は決して同じではない。それについては、第4章の第2節で触れることにしよう。

取りあえずは、かの8宗教を、以上のごとき2つのグループに分けてみる。そうするとほんとうに"2つの世界"が有るかのように思えてくるが、実際にはどの宗教も「宗教史的時間」を形成・共有してきたし、「宗教的時間」もその過程で進行している。その事実を、順を追って示してゆこう。

第3節 「宗教史」の縁起性と啓示性

1 業報をめぐる「宗教的時間」

「時間」は、現象の動きにつれてその経過が分かるものである。宗教世界に流れる「時間」（「宗教的時間」）は、その"動き"を引き起こすのが神なのか、それとも理法なのかによって、まったく別次元のものとなる。さらには、その世界に生きる人間の心に生じてくる考え、発声に及んだ言葉、実際の行動がいかなる果報を受けるのか、即ち「業報」のしくみによって「時間」の流れ方も変わってくる。次頁の一覧表は、業報のあらわれるべき「宗教的時間」の流れ方を示している。以下は、その補足説明。

「預言者の宗教」（預言者を介した唯一神の宗教）の「時間」は、世界の歴史を主宰する神の瞬間的創造行為の持続によって進行してゆく。何一つとして自然に生起した事象はなく、万象は例外なく神の意志で存在する。それは、神の全知全能性を証するうえでも必要な認識と考えられてきた。神がいつこの歴史的時間を終わらせるのか、そして、歴史以後の新しい歴史が始まるのかなどについては、人間の予想を許さない。現世でたった一度の人生を過ごす人間には、生きている「時間」のなかで善き業報を受けるにはどうすればよいのかを考え、教わり、実践する道があるのみである。「啓示」思想の「時間」論。

業報をめぐる「宗教的時間」

	預言者を介した唯一神の宗教	覚者の観た解脱道を説く宗教
業報の主宰者	万物の創造主・全知全能者たる唯一神（創られたのではない、永遠・不変の存在者・世界経綸者）	自己自身の業（シーク教の場合は、さらに唯一神。ヒンドゥー教の最高神は輪廻からの解脱道を示すのみ）
業を担うもの（業の主体）	自己自身の霊魂（肉体は死後に朽ちるが、復活時に霊魂と再結合）	自己自身の霊魂。仏教の場合は、その実態（輪廻する個我）を否認
業報を受ける「時間」の長さ	一生涯 → 死後 → 終末の復活時における「最後の審判」まで。世界の創造から終末へと一方向に流れる直線的「時間」の一部分	業報輪廻による多生涯の継続する限り（一切衆生が解脱するまで）。何度でも繰り返し"この世"に生まれてくるという循環的「時間」
「時間」は有限か無限か	「時間」を超越した「永遠」なる神により創造された「時間」は、神の意志により始まり、継続し、終わるというプロセスを経る。つまり、有限である	宇宙創成神話においても、宇宙のいとなみを可能にする「時間」の流れが恒久的であることが暗黙のうちに示されている。つまり、無限（無始無終）である
死後の行く先で受ける業報	死後すぐの「私審判」。【地獄もしくは天国という他界へ】世界の終末時における「公審判」【最後の審判後、地獄か天国へ。天国に入る前に、罪が火により浄められる場所としての練獄を説く宗派（カトリック）もある。復活した者すべてが新しい世界（「神の国」）の建設に参加する神の協働者として迎えられるという思想もある】	死後の行く先とは、転生する先の"この世"のことにほかならない。"この世"で多生涯にわたる過去世の宿業が熟して「いま」の自己が形づくられている。それこそが、真に実存的な意味での業報である。いわゆる「六道輪廻」（地獄道・餓鬼道・修羅道・畜生道・人間道・天道）は、古代インドの世界観に仮託して、迷える"この世"のありさまを説いたものである
業報ゆえの安楽	善行の喜び。神からの祝福	生前の善因楽果。善趣に赴くこと
業報ゆえの苦悩	悪行の悔恨。神による懲罰	生前の悪因苦果。悪趣に赴くこと
生前から死後におよぶ業報の苦楽を識別するのが、人間自身の良心であることに注目		
業報からの救い	神の御許における永遠の生命	妄執の克服。業報輪廻からの解脱

これとまったく対照的な「覚者の宗教」(覚者の観た解脱道を説く宗教)の「時間」を追究してゆくと、「深信因果」の仏教に代表される「縁起」思想の「時間」論に行き着く。それは、あらゆる物事が因(原因)や縁(条件)となり相依って、ある事象(ひとまずの結果)を完全に引き起こす、神の意志などが一切介入しない「自然的時間」である。それを積極的に活かして覚ろうとする人間は、刻一刻と変化してやまない万象の真実相を洞察する。「縁起」の理法に即しておのずから流れる「時間」は無始無終であるから、たとえ一切衆生が解脱し終えたとしても止むことはない。ヒンドゥー教の神々も、シーク教の唯一神でさえも、業報を担う「時間」には、干渉することができないのである。

2 諸宗教の歴史的連関を包括する「宗教史的時間」——その「縁起性」と「啓示性」——

先の1では、「啓示」思想と「縁起」思想の対比において次元の異なる「宗教的時間」を観た。今度はそこから離脱して、8宗教の歴史的に共有する「宗教史的時間」へと意識を転ずることにしよう。そのためには、宗教用語としての「啓示」と「縁起」を普遍的なかたちにリメイクする必要がある。

即ち、〔仏教的な読みの「えんぎしょう」ではない〕「縁起性」(先行・並行・後続する他宗教との相対性、民族的・言語的・社会的環境との相関性など)と「啓示性」(ある時と場所で特定の人物に起こる特殊な体験とその実践的応用)を指摘することである。しかもそれぞれが別々に、特定の宗教にだけあらわれるのではなく、「預言者の宗教」と「覚者の宗教」のどちらにも認められるという事実を示すことが重要である。なぜならそれが、「預言者の宗教」と「覚者の宗教」という8宗教の識別方法をもう一度、何の"仕切り"もないありのままの状況に還元するきっかけをつくるからである。

その具体的な方法としては、8宗教の生成過程を「因 → 縁 → 果」に識別して列ね、一覧して比較する作業が役立つであろう。62〜63頁に載せた表とその註釈を参照してみよう。

あえて点線で仕切ったのは、それが仮設的なものにすぎず、決して往き来のできない壁ではないからである。"仕切り"は、物事をありのままに把握でき

ずに、どうしても分別しないと安んじることができない人間の認識能力に、おのずから"限界"(という"仕切り")があることを示すものにほかならない。

3 「宗教史的時間」の「空間」的把握――「一覧表」の活用――

① 「因(縁)」は、預言者や覚者となるべき人物に焦点を当てた個人的要因である。啓示や覚りに到るまでの生い立ち・生き方・考え方、および使命の自覚などを指す。いわば、対自的課題の意識的・無意識的追究。

② 「縁(因)」は、当時の社会状況にみられる問題点(主として、戦乱や身分差別に因る弱者の苦しみ)、他宗教との思想闘争、他民族との対立抗争・交流・混血などを包括する社会的要因である。いわば、対他的問題との直面。

③ 「果」は、一回的・個別的・最後的な召命体験および啓示体験、不退轉の正覚、詩的直観としての天啓などによって熟成の時機を迎えた一宗教の基本型(根本思想とその実践方法の確立)をあらわす。それは以後の歴史的展開に決定的な影響を及ぼしつつ、退廃や難局などを救うべく、世々に立ち帰りを促す原点となる。時代を超えて存続してゆく宗教的特質、つまりは一宗教の命脈とでもいうべきものである。

④ つまり、①と②の「縁起性」は、③の「啓示性」が発現するために必要な条件を整え、「啓示性」はその「縁起性」において顕在化してゆくという不即不離の相互関係を示しているのである。ここでの「縁起」と「啓示」は、決して矛盾・対立するものではない。

⑤ たんに「原因が結果を生む」というだけの「因果性」とは異なり、ここでの「因縁生起性」は、あらゆる結果を生じさせる可能性にみちた条件(縁)が間接原因として、直接原因(因)とその結果(果)に作用するという状況変化のなりゆき(相依性)を表現している。いわゆる決定論的な因果律に縛られることなく、歴史現象の真実を柔軟に捉えることができる。「相依的」であるがゆえに、「因」と「縁」の内容には互換性が認められる。一覧表で「因(縁)」や「縁(因)」としたのはそういう意味である。

例えば、イスラーム以前の時代における部族間闘争や、〔表には収まってい

ないが〕カァバ神殿を拠点としていた多神教の退廃などから生じた社会問題を「因」とすれば、その解決を断行した預言者ムハンマドの生い立ちが「縁」となり、一神教の成立という「果」につながるが、この「縁」を「因」とみなし、「因」としたものを「縁」と考えても、無理なく同一の「果」に達する。いわば「因」や「縁」とみなしたそれぞれの事項は、相乗作用による効果を生じる。つまり「果」のなかには、そのような要因や条件といえる様々な出来事が集約されているのである。聖典は、その集大成といえるだろう。

⑥　ただ、「因」と「縁」の互換性が利かない例もみられる。即ち、ユダヤ教の発祥は神の選民を、ヒンドゥー教の帰拠するヴェーダ聖典は詩仙の霊感を動かしがたい第一原因としており、その背後に何らかの社会的要請を読み取ることはできない。遊牧民の族長アブラム（「高貴なる父」）にアブラハム（「諸国民の父」）という名前を与えて祝福し、その子孫に啓示を下していった神の意図は測りがたく、神秘的である。また、天啓を受けて詩作した往昔の聖者たちは、周囲の社会状況に関心を向けるよりは、天界の神々を聖火壇へいかに首尾よく勧請するかという祭儀上の知識を追究していった。ユダヤ教とヒンドゥー教が、後続する諸宗教に影響を及ぼす普遍的な思想をも生み出しながら、なお民族性の強い宗教とみなされてきた理由を、この「因」と「縁」の不可逆性に観ることができる。

⑦　各宗教の生成過程（「因→縁→果」）を示すヨコ軸から今度は、これら諸宗教を貫くタテ軸に眼を移してみよう。ここにみる宗教の配列は、「預言者の宗教」では最古層に属するゾロアスター教から順に始まっている。

ゾロアスター教の終末思想を捕囚民時代に取り込んだとみられるユダヤ教はキリスト教の母体となり、父祖アブラハムの一神教はイスラーム成立の理念になった。キリスト教は預言者イエスの復活信仰を起点とするが、神殿祭儀を中心とする祭司のユダヤ教に対する批判精神を主動因としている。イスラームも、先行するユダヤ教やキリスト教を批判することなく成立することはできなかったであろう。ユダヤ教・キリスト教・イスラームは、「セム語族の宗教」としてまとまっている。

8 宗教の生成過程

	因（縁）	縁（因）	果	
ゾロアスター教	古代イランの多神教におけるマヅダー崇拝と正義の象徴・火の祭祀。祭司ツァラスシュトラの旅立ちと世情の見聞	青銅器時代に尖鋭化した武力闘争により乱された農村の平和。預言者に傾聴しうるカウィ王朝の寛容性	悪と闘う協働者として神々を創造・動員し、七つの属性により善を具現する唯一神アフラ・マヅダーの啓示	（唯一神の意志にしたがう預言者の宗教）
ユダヤ教	故郷カルデアのウルからカナンに向かった族長アブラムとその子孫を選び、祝福した神の不可思議なる意志	カナン人によるバアル崇拝などに代表される農耕型の多神教との思想闘争。先住民族やファラオとの対立抗争	シナイ山にてモーセに下された唯一神の契約（ヤハウェは、モーセの岳父エトロが奉祀する火山地方の神の呼称）	
キリスト教	イスラエルの律法と預言者の精神を見直し、父なる神と一体化したみずからを自覚するに到ったイエスの登場	神殿祭儀により貴族化した祭司の律法主義；律法を遵守できない者・病み苦しむ者の疎外。イエス受難の成りゆき	メシアたるべきイエスの生涯に受肉、贖罪死、復活の過程と、最後の・一回的な神との契約を観る一派の分離独立	
イスラーム	孤児として苦労した末、幸福な家庭と順調な商いに恵まれ、異教徒の精神文化にも接していたムハンマドの実存	憑霊による詩人の活躍。血縁関係に束縛されたアラブ諸部族間の闘争。女児の間引き。孤児や寡婦などの困窮と疎外	アラブ古来の至高神・アッラー（「神」）を呼び名とする唯一神による、最後的な啓示と信仰共同体の形成確立	
シーク教	ヒンドゥーとして瞑想に親しみ、ムスリムとの交流に学んだ在俗の教養人ナーナク自身の求道的な日常生活	四姓制度の人間差別。祭儀や礼拝の形骸化。ヒンドゥーとムスリムの共存・親交・軋轢。寡婦の殉死などの悪習	ヒンドゥー教ではなくイスラームでもない、業報輪廻思想に基づく唯一神教の、ナーナクにおける啓発と展開	（業報輪廻の理法にもとづく覚者の宗教）
ヒンドゥー教	インド宗教の始源たる天則に従う万有を観た詩仙らの霊感（天啓）。供物の煙を昇らせ神々を勧請する火の祭祀	祭司中心の階級組織化をはかる祭式万能の観念を許容する社会。アーリヤ人の先住民族との闘争・交流・混血	アーリヤ系の祭儀宗教と輪廻解脱の哲学説に、非アーリヤ系の文化を融合させつつ、神々の一元化に向かう多神教	
ジャイナ教	苦行重視のニガンタ派に入ったヴァルダマーナの、霊魂を肉体から解放しようとする思想傾向とその実践修行	四姓制度の人間観。王族の優勢に乗じて活性化した自由思想。諸覚者崇敬の社会慣習。供犠や沐浴による浄罪	苦行により、本来清浄な霊魂から業物質を払拭する解脱道を完成し、ジナ（勝者）と成ったヴァルダマーナの教説	
仏教	誕生後すぐに母を亡くし、生老病死の苦を自覚する年齢に至り、瞑想を深めていったゴータマの実践修行	（ジャイナ教の同項目は、ここでも通用。）常住不変の実体（我）を探究する形而上学（無我説の思想的背景）	苦行を捨て、誰もが心の救いを得るための確実な生き方を悟り、ブッダ（覚者）と成ったゴータマの教説	

※この一覧は、「預言者の宗教」と「覚者の宗教」のそれぞれに有りうべき縁起性と啓示性の識別を試み、還元してゆくための仮設的な空間である。
点線の仕切りは相互の関連性を示す"通気口"であって、"壁"ではない。

「預言者の宗教」と「覚者の宗教」に識別できる8宗教の生成過程：一覧表の註釈（1.～33.）

1. 叡智（mazdā）を象徴する最高神。2. 同じアーリア系のインド人が崇める火（agni）は、天則（rta）の象徴ではない。イラン人にとっての火（ātars̆）は、天則をも意味する神の正義（as̆a）を象徴する。しかしながら、ヴェーダ語の rta とアヴェスター語の as̆a は、同源の至高価値である。3. 悪霊崇拝者と結託した父親との決別。4.「傾聴」（sraos̆a）という抽象概念も、「崇拝に値する者」（yazata）として既に神格化されていた。5. 宮廷の呪術師たちに勝利した預言者の優遇。6. 神々を崇めはするが"多神教"ではないと主張する一神教としての弁証法。7. 動かしがたい第一原因。8. 神々の存在を初めから否定できなかったプロセス。9. 神の山ホレブにおけるモーセの召命体験。10. 宣教を決意して公生涯に入った時点。11. 贖罪を意味する十字架上の死を成就させた敵対者（エルサレム神殿の大祭司に代表されるサドカイ派の高位聖職者、イエスの律法主義批判に反感をいだくパリサイ派の一部の学者、イエスを革命家とみなして警戒するローマ人の支配者など）と同行者（イエスに随行する主な弟子たち、病を癒し、罪の赦しと祝福を与えたイエスを師と仰ぐ人々）の言動。12. これを「新しい契約」（新約）と観る。13. ユダヤ教団、イエスを待望の救世主（Messiah）と信じる一派を永久追放。14. 主として、ユダヤ教徒とキリスト教徒。15. 神の霊の依り代となりうる生存（社会改革に尽力できる正義感を育んだ生い立ち）。16. 妖霊（Jinn）が憑くと並はずれた詩才を発揮して、超自然の世界を語りだすという現象が、当時のアラビアでは珍しくなかった。預言者としてのムハンマドも、最初はそのような詩人の一人とみられていた。17. 預言者ムハンマドの担った晩年の使命。18. 幼少時から、グルと成る素養に恵まれていた。19. グル＝ナーナクが創始した無料奉仕による万人平等の会食（langar）は、これに対抗した社会活動。20. とりわけ、神との一体化を志すヒンドゥー教徒（bhakta）とムスリム（sūfī）の交流。21. 業報輪廻は、いうまでもなく個人の宿業により引き起こされるのだが、シーク教では、唯一神がその成りゆきを見守り、関与すると考える。22. 瞑想に因る解脱の智慧を希求する、自発的行為。神からの一方的な意志伝達（啓示）と区別して「啓発」という。23. 民全体に関わる伝達内容を預言するように命じる「啓示」とは異なり、祭祀者（brāhmaṇa）専有の知識（veda）を啓発。天則 rta の万有における作用とその総和を dharma と称する。24. 祭司の権威に抗わず、信順した民族性。25. 同じアーリア系のイラン人は、これを一神教に発展させた。26. Ṛg-Veda 1・164・46以来の一元論。27. 尊称であるマハーヴィーラ（Mahāvīra）ではなく、本名（Vardhamāna）を挙げた。他方、ゴータマ（Gotama）というパーリ語の呼称は、一族の姓。個人名は、シッダッタ（Siddhattha）。28. 人間の一生を学生期、家住期、林住期、遊行期に分けて、それぞれの義務と責任を説く四住期（catur āśrama）の人生観が出家遍歴を許容。ヴァルダマーナと同じ時代に生きたゴータマの出家修行も、その恩恵を受けている。29. ヴァルダマーナは、制度改革をおこなってヒンドゥー社会の構造を変えようとしたのではなく、人間性の向上をはかるための自己改革を説くにとどまった。社会活動家でも革命家でもない、一個の宗教者であったからである。所説は相異なるものの、ゴータマの場合も同様。30. 為政者による諸宗派の庇護に加え、有徳の修行者（muni）に布施・聴聞して功徳を積むことを善しとする在家倫理。31. とりわけ、供犠による殺生を非難。自己浄化は、儀礼によらず行為によると説く。これらの点は、仏教と共通。ジャイナ教は不殺生（ahimsā）を徹底的に実践するために、断食などの苦行を最重視。32. 成道の瞬間に、本人の思弁さえも追いつかないくらい迅速で神秘的な智慧の発現を観るとすれば、あえてそれを「啓示的」な体験と呼ぶことはできよう（ブッダの場合も同様）。ジナやブッダは覚れば誰でも成れるとはいえ、後人が開祖と仰ぐ彼らの歴史的登場は、一回的価値を有する。それもまた「啓示的」現象といえなくはない。「預言者の宗教」の立場から観れば「啓示」と映るであろう。だがやはり「覚り」とは人間が主体的につかむものであって、神からの賜物ではない。ゆえにそれを「覚者の宗教」と呼び、唯一神主導の「啓示宗教」と区別するのである。33. 今生での心解脱（生前解脱・現法涅槃）を本旨として現象のしくみを活用した縁起説の解脱道。

イスラームから学びつつも、ヒンドゥー教的背景をもつシーク教は、輪廻世界を統括する唯一神を説く。神の意志で持続するはずの「時間」と、業報輪廻に因り継続する「時間」が揮然としているのが特徴。ヒンドゥー教は原インド・イラン語族の時代に遡れば、ゾロアスター教と同源である。唯一神アフラ・マヅダーは、正義を具現化する宇宙の法則（アシャ）を創造してから、それにみずからも従ったという[60]。それは、万有の運行を統べる天則（リタ）のはたらきを説く聖典ヴェーダの根本思想とつながっている。一神教とはいえ、立法者としての神が遵法者としての模範を率先して示し、万有を法支配にゆだねている点、さらには、イラン古来の善き神々を否定せずに、神の創造物・配下と為し、悪しき勢力との闘いに動員する点においてゾロアスター教は、「セム語族の一神教」とは一線を画する「原インド・イラン語族起源の一神教」である[61]。そのように古い起源をもつヒンドゥー教は祭式万能を肯定する階級社会を基盤とするが、ウパニシャッド哲学（ヴェーダーンタ）の時代には既に、梵我一如の体得による輪廻解脱が説かれ、祭式に拠らずとも救われる様々な解脱道の可能性があらわれていた。やがて、王族（クシャトリア）が祭司（ブラーフマナ）をしのぐほどの勢力をもち、聖典ヴェーダの権威を離脱した出家修行者（シュラマナ）による自由思想の諸宗派が生まれるための素地をつくったのである。これがなければ、ジャイナ教や仏教は成立しえなかったであろう。あるいは、いま知られているのとは別のかたちを取っていたかもしれない。歴史学には"If…"（もしも、……）は禁物といわれるが、物事はみな、あらゆる"If"を背後に残しながら、ただ一つの真相を現じてゆくものなのであろう。だからこそいつかは、改革の時機を迎える。

⑧　「一覧表」という空間的形式をかりて俯瞰するこれら8宗教は、互いに異なる個性を分かちもつ。各宗教は他宗教からの影響を否定して、独立自存を主張する立場にある。しかし諸宗教間の歴史的相関は、先行・並行・後続する他宗教との相対性なくしては一宗教の存続しえぬ事実を証明している。いかなる個性も、対他的に仕上げられるのである。

宗教も、たった"独り"では心豊かに成長できない人間と同じように、他者との付き合いを必要とする。宗教どうしの「縁（えにし）」が宗教史だとすれば、その交流も敵対も、人間関係に置き換えれば、理解しやすくなるであろう。

ならば、「縁起性」の及ぶ範囲（現象世界）を超えた永遠不滅の実体として崇拝を受ける「唯一神」を「縁起性」のなかでいかに捉えるべきかという疑問も生じてくる。これには、①この現象世界に神の意志が顕現するその時点からの「縁起的」な出来事に注目する神学的方法、②「唯一神」の観念を実体視せずに、その「縁起的」な生成過程を指摘する宗教史的方法などがある。

次節では、一覧表とその註釈をとおして「宗教史」における「唯一神」の生成について検討したい。通常は、煩瑣な論考を避けるためか、真正面から取り上げられることがないこのテーマにあえて挑戦したのが、続く8頁分である。

第4節　「宗教史」における「唯一神」の生成

「唯一神」のほかに「神」はありえず、他宗教の「唯一神」は認められないとするのは、一神教の立場であるし、諸宗教にみられる様々な「唯一神」は、同一の究極的実在者を指し示していると考えるのは、宗教多元論を標榜する神学的な見方である。そうかといって、最も古い時代に発祥した「一神教」の「唯一神」を、後代の数ある「一神教」の「唯一神」と同一視するのも、「神は唯一であるべきだ」という思想のあらわれであろう。宗教学の価値中立的立場は、各宗教の「唯一神」に固有の神学的価値を批判しないし、否定もしない。ただ、諸宗教全体の歴史（宗教史）を概観したときにみられる「唯一神」の様々な類型、そして、「神は唯一」と信じる各宗教が発祥・成立・展開したプロセスなどを考察することに徹するだけである。それは、「唯一神」の歴史的登場に際して関わりのあった多神教的環境、つまり、「一神教」という類型を形成した歴史的変遷の軌跡を、史実にもとづいて指摘する作業である。以下は、そのほんの一部をわずかに試みるものにすぎない。種々の方法があるだろうが、ここでは、ゾロアスター教、ユダヤ教、キリスト教、イスラーム、シーク教という五つの「一神教」を分析した「一覧表」を2頁にわたって展開してみよう。

（※六行にわたる最上段のマス目には「沙漠は厳格で排他的な一神教を生み、肥沃な緑野は寛容なる多神教を生む」という風土論に疑問を呈する箇所がある。なかでも、ヒンドゥー教の「唯一者」と、イスラーム以前の「神々」は、風土に左右されない信仰の不可測・不可思議な志向性をあらわしている。）

「宗教史」における「唯一神」の生成（分析表）

(1)セム語族系	ユダヤ教	キリスト教	イスラーム
[1]先行宗教の神、あるいは神々や最高神の名。そこに唯一神の前身は見つかるか	カナン人の主神バアル[4]（雨を恵む豊饒の神）。ヤハウェは、モーセの岳父が属するミデアン族（ケニ人）の神で、火山地方の自然神[5]	一神教としては、先行するユダヤ教におけるヤハウェ信仰を継承。その唯一神に三位一体という複数の位格を付与するのは神学の教説[14]	アラブ諸部族の最高神[21]アッラーには、太陽神アッラート、運命と死の神マナート、強大・権力の神アル＝ウッザー[22]という三柱の娘がいた
先行宗教の類型とその文化的特徴	自然崇拝の祭儀を中心[6]とする農耕型の多神教[7]（神像を作り祀る文化）	遊牧民の移動と定着に[15]端を発する、厳格なる一神教（ユダヤ教）	苛酷な沙漠での遊牧と[23]通商に関わる多神教（神像を作り祀る文化）
[2]対立する宗教との思想闘争	異民族の多神教からの影響を厳しく排除した[8]	イエスを待望の救世主（メシア）[16]とし、ユダヤ教と決別	聖殿カァバの偶像神を破壊して新宗教を樹立[24]
改革宗教としての性格	ない。神の選民を発端[9]とするからである。	ユダヤ教の律法（トーラー）を旧約[17]とみなす新約の思想	純正な一神教（アブラハムの宗教）の復興[25]
[3]決定した唯一神の名	ヤハウェ（当初の正確な名は不明）[10]	父と子と聖霊。子なる神キリストの名を重視[18]	アッラー（「神」）（古来、呼び慣れた名）
神名の扱い	唱名を厳禁[11]	礼拝に際しての唱名[19]	日頃からの唱名（ズィクル）を奨励[26]
神の類型	唯一神	父・子・聖霊の三一神	唯一神
神々の扱い	不徳の温床となる偶像[12][13]	不徳の温床となる偶像[20]	唯の名でしかないもの[27]

(2)インド・イラン語族系	ゾロアスター教	（ヒンドゥー教）	シーク教
先行宗教の神、神々や最高神の名。唯一神（唯一者）の前身は見つかるか	契約の神ミスラ[28]と真実の神ヴァルナ[29]は、叡智の神[30]にして天則アシャを護る至高のマヅダーと共にアフラ（「主」）[31]（アヴェスターの宗教）	天則リタを護る司法神[40]ヴァルナと契約の神[41]ミトラが崇高第一。多数の神名は唯一者の異名であるという直観[42]（ヴェーダの宗教）	ヒンドゥー教の最高神ヴィシュヌやシヴァも、イスラームの唯一神アッラーも、唯一者の異名として容認
先行宗教の類型とその文化的特徴	自然崇拝の祭儀を中心とする牧畜型[32]の多神教。イラン定着後は、農耕社会を形成した	自然崇拝の祭儀を中心とする牧畜型の多神教。インドに定着後は、土着の農耕文化を吸収[43]	1）牧畜・農耕混合型の[47]ヒンドゥー教（多神教）2）牧畜型のイスラーム（一神教）
先行する宗教との思想闘争	悪霊ダエーワ崇拝との対決。[33]神像に対抗する聖火[34]	ない。ヴェーダの宗教を継承するからである	多神教の神像を撤廃。[48]一神教の排他性を批判[49]
改革宗教としての性格	「正義」アシャ[35]の神を崇める宗教を一神教に高めた	ない。古来の多神教を包容するからである	多神教社会の身分制度や、旧来の悪弊を批判[50]
決定した唯一神（唯一者）の名	アフラ・マヅダー[36]（「主なる智慧」）	絶対者ブラフマン（＝自己のアートマン）	イク・オンカール（唯一者）。ワーヘグルー（素晴らしき主）[51]
神名の扱い	悪を払う唱名マンスラ[37]を奨励	信愛バクティ[44]による唱名マントラ[45]を奨励	信愛による唱名を奨励[52]
神の類型	唯一神[38]	宇宙原理または最高神[46]	唯一神
神々の扱い	神の創造物・協力者[39]	唯一なるものの化身	唯一なるものの化身

(1)セム語族系と(2)インド・イラン語族系に二分したのは、それぞれに不可分の精神文化的な連関がみられるからである。さらに、ヒンドゥー教を(2)に入れたのは、「唯一者」とその人格的顕現としての「最高神」に対する信仰を説くからである。一般的には「多神教」とみなされることの多いこの宗教も、その哲学思想的根幹には、ヴェーダ時代以来の「一者」への志向性がいまなお失われていない。ゾロアスター教と共通の起源をもち、シーク教の発祥に多大な影響を及ぼした大元の「インド宗教」として、「一神教」の比較対照をおこなう空間のなかに置いてみる価値は充分にある。

　信仰のうえでは、永遠に独立自存の絶対者である「唯一者」も、その歴史的顕現においては、ある生成過程を経てきている。「神」が「唯一」となるということは、それ以前から存続していた諸宗教の神々の「いのち」をすべてもらうことを意味する。「いのち」をもらうといえば、神々の否定や抹殺を連想させるかもしれないが、それもかえって、神々の「いのち」がいかに豊かであったかの証なのである。「唯一神」の「いのち」は、決してほぐれることのない塊から成るのではないと考えてみよう。「宗教史における唯一神の生成過程」をまとめた一覧表は、それを示すためのものである。ところどころ、番号(1.～52.)を付してある。以下は、その順序にしたがって列記した註釈である。

1．「先行宗教」とは、その「唯一神」が名乗りを上げた土地で既におこなわれていた宗教のこと。
2．「先行する」としていないのは、「ユダヤ教」の場合、周辺に「並立していた」異民族(とくに、パレスティナ支配をめぐる最強の敵ペリシテ人など)の諸宗教をすべて含めているからである。それらが皆、「先行する」宗教とはかぎらない。
3．その神が真の意味で「唯一神」となるまでには、神々の最高神(主神)としての経歴(ユダヤ教・イスラーム・ゾロアスター教)や、多神教的環境における唯一神や唯一者への目覚め(ヴェーダの宗教 →ヒンドゥー教・シーク教)がみられるからである。キリスト教の場合には、ユダヤ教の「唯一神」を継承しながらも、ナザレのイエスという歴史的人物を預言者から神の独り子、さらには、神に等しい永遠の存在として高めてゆく過程がみられる。
4．カナン宗教の最高神エルは世界の創造者であり、その息子のなかにはヤハウェ一神教にとっての最大の敵であったバアル神がいた。「主神バアル」としたのは、実際の主権をもって崇拝されていたという意味である。「ヤハウェ」の名や性格は、岩石沙漠で生きるケニ人の部族神に由来するといわれるが、"創造主"や"父なる神"といった「唯一神ヤハウェ」の主な属性は、敵対するカナン人にとっての至高なる崇拝対象から"相続"したものであるらしい。聖書資料中の「エル」は、ある部族の聖所と結びつく自然神の固有名詞ではなく、特定の人物を預言者として立てる人格神を意味する普通名詞として使われる例がほとんどである。それは、イスラエルの民が「エル」を「ヤハウェ」と同一視しながらも、「ヤハウェ」の神格に"古くて新しい"「唯一神」としての顕現を観るようになったプロセスを示している。十誡の第一誡に「あなたには、わたしをおいてほかに神々があってはならない」(出エジプト20:3)とあるのは「ヤハウェ」が、民の心を奪うほかの神々の"存在"を"妬む神"(神々のひとり)であったことを物語る。やがて神々の"存在"をも否定し去る時、真の意味での「一神教」は完成するのである。
5．モーセの岳父エトロは、「神の山ホレブ」(同上、3:1)のふもとに住むミデアン族の祭司で、エジプトの王から逃れてきたモーセの寄留を許し、娘ツィポラと結婚させた。「アブラハムの神、イサクの神、ヤコブの神」(同上、3:6)と名乗る族長たちの神は、この地で初めてモーセに語りかけた。イスラエルの民をエジプトから救い出した後、民のいざこざを一人で裁いていたモーセに対し、神に伺いを立てて神の命令に従うようにとの助言をしたのは、ほかならぬ岳父のエトロだった（同上、18:17-23）。その帰郷後まもなくして導かれた、荒れ野のシナイ山で、十誡（同上、20:1-17）を初めとする神の律法が次々とモーセに下ることになる。いわゆる「モーセ一神教」の始まりである。地震や雷鳴をとおしてみずからを顕現した「シナイ契約」の

神に、ミデアン地方で崇められていた山の神「ヤハウェ」とのつながりを観て差し支えはない。
6．ここではとくに、バアル神をめぐる豊饒祭儀を指す。
7．「聖像」は崇拝や崇敬の意を込めた語。「偶像」は無力な実体のなさを批判するための語なので、客観性を要するこの場にはふさわしくない。
8．それは、異教の民に対する絶えざる自衛戦と、一神教に変容をきたす異教徒との交わりに警告の声をあげる預言者たちの活動によって、ようやく実現したものであった。つまり、この「唯一神」の宗教は形成されたのであって、初めから確立されたものではなかったのである。
9．創世記 12:1－4。
10．十誠の第三誠が神の名をみだりに唱える行為を禁じて以来、正確な名や発音は、民の記憶から忘れ去られていった。
11．代わりに「アドナーイ」(主)や「ハ・シェーム」(御名)などの言い換えをする。名は、その名で呼ばれる存在を内に秘めたものである。絶対者にして万象の超越者、万有を創造して支配下におく神の名を口にすれば、その圧倒的な力に耐えうる被造物はありえないという畏怖の念。
12．申命記 18:10（異教の習慣）など。
13．詩編 106:36-38（息子や娘を生け贄にする偶像）など。
14．周知のとおり、三位一体はイエスの生前からの信仰箇条ではなく、『三位一体論』を著わしたアウグスティヌス（354-430 年）などの教父たちによる神学の議論から生まれたものである。
15．族長アブラハムに始まるカナン地方への移住を指す。
16．人間の「メシア」に、唯一の「主」であるべき神の像を観る「救世主」信仰が「唯一神か、三一神か」という「唯一神」解釈の相違を生み、キリスト教のユダヤ教からの分離独立が明らかになった。
17．ルカ 22:20、Ⅰコリント 11:25。イエスが律法を廃止するためではなく、完成するために来たとする思想（マタイ 5:17）には、改革宗教としての性格がみられる。
18．イエスの「父よ」(Abba)という神への親しい呼びかけは当時のユダヤ教にはなかったものの、それはイエスが「子なる神」であることをみずから言い表わした言葉ではなかった。ただ、神に対する全幅の信頼を表明したにすぎない。イエスを、世界創造以前から存在する永遠なる神の言（ことば；logos）として神格化し、その一生涯を「独り子なる神」の受肉と解したのは、ヨハネの福音書であった。キリスト教徒が「主なる神」(唯一神)を「主イエス」の名において呼び求めるのは、ユダヤ教から継承したはずの「唯一神」が、新たなる変容をとげたことを示しているのである。それでは、神格化されたイエスは、キリスト教史において「神」としての永遠に不変なる現れかたをしてきたのだろうか。つまり、キリスト教徒が信仰生活のなかで要請してきたキリスト・イエスの像(Imāgō Christi)もまた時代を超えて変わらないものでありつづけてきたのか。答えは、否である。その変遷は、キリスト教美術の歴史においてたどることができる。キリスト教がローマ帝国の公認を受ける 313 年（教会の勝利）までの迫害時代、イエスは「ひげのない青年教師」や「死者復活の奇跡を起こす者」として墓窟壁画に描かれていたが(121 頁③参照)、徐々に力強い権威者としての風貌をもつようになり、永遠性を象徴するギリシャ文字「アルファとオメガ」を付された「ひげのある壮年男子」の姿が好まれるようになった。終末が到来してイエスが「キリスト」(救世主)として再臨することを待望したのである。ローマ帝国の国教となってからのキリスト教会は、ヨーロッパ諸部族への伝道を活発化させ、新築していく教会堂の内壁装飾(モザイク画・壁画)をとおして、時の為政者にまさる威厳をイエスに付与していった。超越的な神の権威を体現したその姿に替わり、より人間的な優しさや弱さを表現したイエスの像が試みられるようになったのは、初期中世美術（6 世紀頃から 11 世紀初め頃）の末期、十字架にうなだれるイエスの磔刑像（10 世紀後半）が祭壇のある内陣に登場してからのことであった。その傾向は、西ヨーロッパを統括するカトリック教会で進展していった。イエスの人間性が、布教先の異教徒たちに感銘を与えたからである。

それに対してギリシャからロシアへと伝播した東方正教会では、古来の"峻厳なるイエス"の伝統にもとづく画像(Icon)制作の伝統を守りつづけ、"彫像"化によるイエスの"人間"化傾向には批判的である。彫像制作や画家自身の自由な解釈を許容して、イエスの生涯における様々な場面を表情豊かにあらわしつくそうとしてきた西方キリスト教美術の側では、イエスの容姿における"神のイメージ"(Imāgō Dei)は一定せずに絶えず変動してきたといってよい。ユダヤ人イエスの民族的特徴もうすれ、"金髪に碧眼"のイエスが描かれようとも、可能な一つの表現として許容されている。このように説明がつい長引いてしまうほど、キリスト・イエスは、永遠に不変であるはずの「父なる神」を種々様々な姿で想い描かせ、"人のかたち"で視覚化させてやまない「子なる神」として機能してきたのである（註3.参照）。つまり、キリスト教は、イエスの言動をとおして神を観ようとするその立場から、「唯一神」の実体を、きわめて具象的に捉える傾向にあるといえよう。"神のイメージ"が"神の人態化"を招くのを厳しく戒める他の"一神教"と比べれば、異色の一神教である。

19. 「父と子と聖霊の名において」十字を切る。
20. Ⅰコリント 10:1-22（悪霊に仕え、不徳を致す行為としての偶像崇拝）、エフェソ 5:5（不徳すなわち偶像崇拝）など。
21. 「アッラー」はクライシュ族が支配権を握る聖殿カァバの主神であったが、下位の諸神を超越した存在だったので、神像として祀られていたかどうかは定かではない。もともと、「アッラー」は、アラブ諸部族が個々の部族神をたんに「神」と呼ぶときの日常的な普通名詞であった。それが、イスラームの唯一神（アッラー）を受容しやすくする環境を整えたといってよい。「アッラー」の名は、最高神から唯一神への傾向を潜在的に示しているのである。
22. これら三女神は、アラブ古来の聖石崇拝（アッラートの白石、マナートの黒石）や人身御供（アル＝ウッザー）と結びついていた。
23. アラビア半島をはさんでの東西中継貿易。聖典『クルアーン』の特徴の一つは、商人として活躍していたムハンマドを預言者として、神信仰を"失敗のない商売"、人間の善行を"神への貸し付け"に譬えたりする点にある。
24. スーラ 5:5（イスラームの建立）。イスラームの伝説では、聖殿カァバとはイブラーヒーム（アブラハム）とイスマーイール（イシュマエル）が礎石を置いて建立したものである。そのとき彼らは、預言者ムハンマドの世に出ることを神に願ったという（スーラ 2:118-123）。「スーラ」(Sūrah) とは聖典『クルアーン』の「章」のこと。「節」は「アーヤ」(Āyah)。
25. スーラ 2:124。
26. 「神(Allāh)以外に神はなし」「神に栄光あれ」を声を出して繰り返し唱えること。
27. スーラ 12:39-40。実体のない唯の言葉にすぎないもの。人間による想像の所産。
28. ヴェーダ時代の神ミトラと同源。
29. これもヴェーダ時代の神ヴァルナと同源で、「アポンム・ナパート」（「水の息子」）という別名をもつ。それに対して上述のミスラは、火の神となり、最勝の火である太陽とともに天空をめぐって契約の履行を見守る者として崇められた。
30. ヴェーダの宗教における天則「リタ」に相当する。「天則アシャを護る」とは、至高神マヅダーもまたその天則に従う存在であることを意味する。この「法則に従う神」（法 > 神）という"唯一神の類型"は、ゾロアスター教と共有することになった、原インド・イラン語族の精神的遺産である。すなわち、アフラ・マヅダーは、みずからが創造した天則「アシャ」に従うことで秩序維持の模範を示す倫理性をそなえた"唯一神"である。創造した万物を支配する「法則を超越する神」（神 > 法）というよく知られた"唯一神の類型"とは好対照をなす。
31. 主要な神々に付された一般的な呼び名という共通点において、「アフラ」は、古代オリエントの「エル」やイスラーム以前の「アッラー」などと比較することができる。

32. アーリア系イラン人もインド・アーリア人も、まず牧畜系の文化形態を示すのは、定着する土地に至るまでの民族移動に際して遊牧生活を続けるからである。定住先では、先住民がいとなむ農耕生活を始めることになる。
   興味深いことに、両者の神信仰、すなわち、アヴェスターの宗教とヴェーダの宗教では、ともに、"神像"の制作と崇拝をおこなわなかった。神々の名を呼ぶことこそが、神聖なる行為であったのである。前者は、それを正統的な信仰形態として今に至る。後者も、多種多様な神像に奉祀するヒンドゥー文化のなかに吸収されながら、ヴェーダ時代の主要な神々については、具象化を憚る傾向にある。他方、"(神像を作り祀る文化)"をもつ諸宗教に後続してあらわれたユダヤ教とイスラームは、それらを"偶像崇拝"とし、神々の存在を否定。
33. 「悪霊」のことを「ダエーワ」という。ヴェーダの宗教で「神」を意味した「デーヴァ」と同源の語。預言者ヅァラスシュトラの父ポウルシャースパは神々の祭司であったが、悪霊崇拝者との結託により、生まれたばかりのヅァラスシュトラを亡きものにしようとした(デーンカルド第7巻・第3章、1-19節)。子どもの教科書には、父母ともに慈悲深いとする別の伝承。
34. アケメネス朝のアルタクセルクセス2世(B.C.404~B.C.359)が神々の像を祀る祭儀を義務づける布告を発令した際、ゾロアスター教の正統的信仰を守る人々は、神のイメージを担うものとして唯一承認されてきた聖なる火を祭壇に設置する寺院を建てることにした。対抗措置である。異教徒が彼らを「拝火教徒」と呼ぶようになったのは、ちょうどその頃のこと。
35. 天則「アシャ」には「正義」という意味もあり、「最上の正義」(アシャ・ワヒシュタ)は、アフラ・マヅダーの有する六つの分霊(属性)のなかでは最も重要な地位を占めている。
36. 「アフラ」(主)と「マヅダー」(叡智)は、同格の神の呼び名としてよく用いられている。もともと、原インド・イラン語族は、「正義」や「叡智」のような抽象概念の神格化をおこなっていた。ゾロアスター教には、その名残りが現在に至るまで鮮明にとどめられている。
37. アヴェスター語の「マンスラ」は、サンスクリット語の「マントラ」と同源。
38. 預言者ヅァラスシュトラの時代から、アフラ・マヅダーは唯一神として説かれていたとするのが正統的な信仰の立場である。けれども、この神の分霊や、周囲を取り巻くイラン古来から知られてきた神々の名は、"神々"の名も存在も許さないほかの「一神教」を信奉する人々からすれば、"多神教"以外の何ものでもなかった。とくに、イラン人がイスラームへの改宗を迫られるようになってからは、それに対抗するため、多神教的背景をもつアフラ・マヅダーの唯一性を確認しなければならなくなった。それまで"神々"は神の創造した"崇拝に値するもの"(ヤザタ)として扱われていたが、やがてはそれを"天使"(フェレシュト)と呼ぶなど、ムスリムが同胞とみなす「啓典の民」(一神教徒)の一員となる努力が続けられた。因みにイスラームの聖典『クルアーン』におけるゾロアスター教徒は、「啓典の民」と「多神教徒」の中間あたりに位置づけられている(スーラ 22:17)。つまり、後続するほかの「一神教」からの批判を受けて「唯一神」信仰のありかたを見直しながら、昔ながらの伝統を保持しようと努めてきたのがゾロアスター教の歴史なのである。最古層に属する「啓示宗教」の宿命といえよう。常に他宗教からの影響を排除してきたかのような「一神教」にも、別の歩み方をしてきた「一神教」との相対的関係からみずからを見直す機会を与えられることもある。それは、神学的に「唯一神」の性格がいまだ確立されていなかったゾロアスター教のみならず、ほかの「一神教」においても、それぞれの歴史状況に応じて生じうることではないのか。そもそも、「一神教」の"排他性"それ自体が、他宗教との相対的関係を前提としているからである。
39. 先行宗教の善なる神々を動員して悪の勢力と闘うために、その"神々"を、「唯一神」の創造物として受容した「一神教」は、ゾロアスター教だけである。これを仮に「インド・イラン語族の一神教」(Indo-Iranian monotheism)と呼ぶならば、神々の存在を認めながらその一元化を志向したヴェーダの宗教や、シャンカラなどの思想における後世の不二一元

論もそれに包摂できるのではないか。この"一神教の類型"は、あたかも"一神教"の典型であるかのように思われてきた「セム語族の一神教」(Semitic monotheism)との相違を示しており、「一神教とは何か」という問いをさらに深めるには欠かせない事例となっている。
40. 天則「リタ」は後の「ダルマ」の概念と類縁関係にあることから、インドで発祥した諸宗教において至高の意味をもつ最古層の語（ヒンドゥー・ダルマの起源）であるといってよい。
41. 古代イランの「アポンム・ナパート」(註 29.参照)と同様、天界を源流とする水を司る神となっていった。『リグ・ヴェーダ』のヴァルナ讃歌では宇宙の支配者であると同時に、みずから天則「リタ」と掟「ヴラタ」を堅固に護持する者として、その峻厳なる倫理性が謳われている。
42. 『リグ・ヴェーダ』1・164・46。神々の存在をとおして「唯一なるもの」についての思惟を深めた精神文化から、神々の存在を「唯一なるものの化身」として受容する精神文化が展開していった。"神々から唯一者への帰一"を目指す志向性が"唯一者の顕現としての神々"への帰依に転ずるという一種のUターン現象。両者は表裏一体となって古来の精神文化を支えてきた。「直観」とは、往昔の聖仙が詩作により受けたインスピレーションのこと。「天啓」と称する場合もある。みずから望まないのに、いきなり神の言葉を聞かされて、預言者の使命を負わなくてはならなくなる「啓示」体験とは異なることに注意したい。ヴェーダ聖典の韻律詩は、「天」に永存する理法のはたらきに感応した〔と信じる〕聖仙が発した感興の言葉に起源する。
43. ドラヴィダ系先住民の文化。聖樹・聖石・蛇神（ナーガ）・リンガの崇拝、沐浴の神聖視など。
44. 最高神に献身的な信愛を捧げ尽くす態度。シーク教にも受け継がれた。
45. 例えば、ヴィシュヌを最高神とするヴィシュヌ派の人々（ヴァイシュナヴァ）は、その化身である英雄ラーマの名などを繰り返して唱える。祭儀のときのみならず、病床で苦しむときなども神の加護を願って、本人や親族の人たちが時間のたつのも忘れて唱えつづける。
46. 絶対者ブラフマンの顕現には、①「無属性ブラフマン」(nirguṇa brahman) と ②「有属性ブラフマン」(saguṇa brahman) があり、前者は一切の可能な言語的形容および造形的表現を超脱し、後者は非人格的「宇宙原理」や人格的「最高神」として認識可能なものである。因みに、「一神教」の「唯一神」、とくに「ヤハウェ」と「アッラー」においても、神の無属性と有属性は説かれてきた。一見、「人格神」としてのはたらきが顕著であっても、その深奥に潜む存在レヴェルでは、人間の知覚や感覚では把捉できない超越的な神の本性があると考えるのである。その場合には、有属性よりも無属性のほうを重視する。神の有属性を追究すれば、万象のすがたに神の徴（しるし）を観る汎神論となり、万物に霊魂（アニマ）が宿り、個々の力を発揮すると考える多神教的な観念（アニミズム）とつながりやすくなる。それは、純正なる「一神教」を守ろうとする立場からすれば、異端や異教への傾向にはしる危険な事態である。だからこそ、神の無属性を優位に置こうとする。それでもなお"神の徴"を人間みずからのうちに見出そうとすれば、「超越神」に対する「内在神」を探究する神秘思想を生むことになる。これに対し、先述の「絶対者ブラフマン」では、「唯一者」の無属性と有属性は等価値である。「唯一者」から派生した神々、そのなかでも最高位を占めるシヴァ神やヴィシュヌ神への信仰が名前や姿形（属性）の重要性を高めていったからである。その後、長い歳月を経てから登場したインドの「一神教」であるシーク教の「イク・オンカール」（一者）にしても、属性の有無は問題ではない。「梵我一如」の影響を受けて、「一者」への帰入を目指す道程ではもはや、「有属性」と「無属性」、あるいは、「超越神」と「内在神」といった区別は無くなっている。
47. 牧畜民のアーリア人と農耕民のドラヴィダ人の融合を指す。
48. シーク教の聖堂グルドゥワーラーには本尊となる神像はなく、歴代グルの言葉や有縁の聖者（バクタ、スーフィー：86 頁参照）との交流を記録した聖典『アーディ・グラント』が鎮座するのみ。
49. ムガル朝の第5代皇帝シャージャハーンがイスラーム以外の宗教を弾圧し、続く第6代皇帝のアウラングゼーブがシーク教徒の迫害を始めたことなどに起因する。

50. 夫の遺骸を焼く炎に身を投げることを義務づける、寡婦の殉死制度（サティー）など。
51. 「サトナーム・ワーヘグルー」（真実の名はワーヘグルー）という唱え方が一般的。
52. 神の名の瞑想を「ナーム・シムラン」と呼び、心の浄化をはかる修行として奨励する。

　「唯一」であるべき「唯一神」の神観念が、このように一つとして同じではない多様なありかたをみせてきたのはなぜなのか。(1)一宗教における「唯一神」の生成過程と、(2)「唯一神」の多宗教における可能態(類型的多様性)を観ることが、この疑問に対する答え方を探す手がかりになるだろう。以下に、信仰の立場から観た「唯一神」の諸属性を列挙しておこう。「唯一神の生成」という宗教史的立場からみた「唯一神」と対比して、"ものの見方"の多様な可能性を探るためである。

①「唯一神」：神々の名前(＝存在)と役割の一切を否定し、みずからの独一性と全能性を肯定する。
②「唯一者」：①よりも非人格的で、抽象的な「宇宙の理法」「万物の根元／第一原因」などを指す場合もある。それが世界に遍在するのか（一切が神）、世界の一切がそれにほかならないのか（神が一切）を考える「汎神論」は、重要な神学的課題の一つである。
③現象世界の推移とは隔絶した神だけの性質をあらわす、活動力を秘めた静謐な属性を例えると、
　「絶対者」：いかなる他者との比較・類推・相対関係をも許さない存在者。
　「超越者」：他者なる一切の存在レベルを超えて存在する者（超越神）⇔ 内在者（内在神）
　「永遠者」：時間そのものを超越している、無始無終の無限的存在者。
　「独存者」：創られたのではない、独立自存の存在者としては、唯一であるもの。
④①〜③の属性をもつ神が、みずからの創造した世界と関わるその時点から、世界は神の顕現する空間となり、神の意志を反映する歴史の時間が流れはじめる。④〜⑧は、その活動的属性。
　「創造者」：みずからと共に有るべき一切をみずからの意志で創り、支配する存在者（創造主・造物主 ⇔ 創造物・被造物）。創られてゆく世界は、創造者の永遠不変なる性質とは対照的に、絶えず推移する現象界である。その推移が神の瞬間的創造のつらなりを意味するのか、推移を秩序立てる何らかの法則に委ねるのかは「神」次第である（上述の註30.、41.参照）。
　「歴史の主宰者」：「創造者」の計画する世界の完成に向けて続けられる世界創造の行程を「歴史」と呼ぶ。なかでも、人間との関わり(神からの啓示 → 啓示内容の意味を考え実行し、問いかける人間からの応答 → 神からの応え)をとおして「歴史」の建設的な展開を意図する存在者である。
⑤神と人間の応答関係は、両者の間にある存在レベルの深淵を踏み超えて人間との意思疎通をはかるという、人間にとってはきわめて不可思議な、神の積極的活動を前提としている。
　「人格神」：万物の霊長として創造した人間の特質（人格）に合わせて顕現する神のありかた。
⑥神の世界創造という行為には、神みずからを世界のなかに延長してゆくという意味がある。即ち、世界は神を内在させるや、神も世界に遍在して、その全知全能性を発揮するのである。
　「内在者」：他者なる一切に内在し、それに気づく感性と知性に恵まれた人間にはたらきかける存在者（時としてそれは、「内なる声」をとおして「啓示する者」ともなる）⇔ 超越者
　「遍在者」：「内在者」として一切に遍在する存在者（万物に反映してみずからを示す者）。
　「全知全能者」：世界のすべてを知り、その一切に対して、為しえぬことのない存在者。
⑦①〜⑥を統括する端的な語であると同時に、信仰者にとっては最も実感の湧く、親しい表現。
　「生ける神」：生と死を超越している神を、あたかも「いのち」ある者のように捉えたこの名は、「いのち」を創造した神を本源的な「親」（117、134頁参照）として思慕し、幼い頃より心に留めて（コヘレト12：1）信頼する、人間自身の素直な信仰告白にもとづいている。生けるがゆえに安らぎとも畏れともなる神との対話（応答関係）こそ、一神教徒に共通の賜物である。
⑧「心痛める神」：人間の苦しみや悲しみの奥底に分け入る神の内面は測り難いにしても、例えば、イエスの受難を共に負うた母マリアの姿（母の心）に、神の痛める心を推し測ることができる。

第5節　人間の脳裡に蓄積した多次元的時間の還元

　もとよりほんの数頁を占めるにすぎない「一覧表」の空間であらわせる内容にはおのずから限界があり、諸宗教の歴史をめぐる「多因多果」の状況を捉えきれるものではない。「表」の作成にともなう"仕切り"は、推移と変化（動態）を特質とする「時間」の奔流にあって、ただわずかな関心対象をすくい取ってくるにすぎない。それでも、各宗教の世界で経過してゆく「時間」と宗教間で共有される「時間」は、それらを詳らかに識別・比較する人間の脳裡に、多次元的な層を為して蓄積し、記憶にとどまる。「宗教史」の研究とは、そのような「多次元的時間」の各層を一つ一つ経歴(62)しながら、時計の針が刻む「時間」とはまるで違った進み方をする「時間」の多様なありかたを探りあてる作業である。そこでは過去から現在、現在から過去、過去から別の過去、あるいは過去から未来へといった思索の自由な往来がある。「経歴」とは、過去から現在へと経過してきた「時間」をたんになぞることではない。

　人間の思考プロセスで扱われるいくつもの事柄にはかならず考える順序があるため、データ間に先後関係が生じるのは避けられない。しかしそれも、複数のデータを同時的に意識しながら思考することを妨げるものではないだろう。つまり、人間の思考は、異なる段階で思い出した事柄の一つ一つを、同じ「場」（内言のはたらく心の「空間」）において立体的に構成することができるのである。構成が構築となり、或る体系を為せば、思想となる。

　こうして脳裡をよぎってゆく物事の縦横無尽な位置関係は、可視的ではないが、明らかに認識できることである。それと似たようなものをあえて外界（身体外空間）に探すとなれば、どうだろう。現代人なら、さしずめ、パソコンのスクリーンにウィンドウズを重ねながらの作業を連想するのではないだろうか。作業中のウィンドウは、空間的にいちばん手前の位置に映っている。しかしその背後には接続中のウィンドウズが在り、作業者はそれらを心のどこかで常に意識している。必要に応じて、いつでもそのどれかに戻れるし、望めば、作業前のトップ画面にいきなり返ることさえできる。この例は、「多次元的時間」

を体験する人の「時間」感覚を、端的にあらわしているといえよう。ただし、人間の脳は、操作しだいで消えてしまうホームページの接続履歴とは異なり、一度認識した事柄はかならず記憶して、容易には忘れないものである。殊に、何度も反芻したことのある重要事項は、その人の身に付いて離れない。諸宗教が憶念すべき教えの復唱（唱名・念仏、聖典の読誦など）を勧めるのも、それを人の心に響かせればそれだけ、理想的な境地に到達するのを早めると信ずるからであろう。なぜ早めるのかといえば、「いのち」のはかなさを思うからである。しかしそれは「時間」との闘いを意味するものではない。むしろ、「時間」のなかで「時間」と取り組むうちに「時間」を忘れて、「時間」に徹することをいうのである。限りあるこの一生も、「多次元的」に経歴すれば永くなろうし、経歴を休んでも「永遠」は感得できる（36〜38頁参照）。

　人間は、主体的に「時間」の内容を企画・デザインして、そのとおりに考え、信じて行ない、生きてゆくことができる唯一の生命体である。宗教は、その人間の「時間」設計に終生の指針を示す。さらには死後の「時間」にも見通しをつけ、"いまから"の生き方を問いかける。過去世の「時間」は、業報輪廻の世界とは無縁な「預言者の宗教」の知るところではないが、現世と来世の「時間」は、すべての宗教に共通している。そして、すべての宗教は、縁起的生成（縁起性）と啓示的存続（啓示性）の二面性を示しながら、実は何の分岐点もない「宗教史」の「時間」に属している。しかしその「宗教史」もまた、人類の歴史から切り取ってきた部分にすぎない。こうして、物事の性質をいくつも識別して比較するという作業は、もとの不可分な状態に戻す（還元する）という帰結を前提としておこなわれる。それがいかなる「多次元的時間」を実現しようとも、その全過程は、われわれの「現在」（いま）とも交錯しながら、もとより一本の流れを為しているのである。

　「識別 → 比較 → 還元」を繰り返せばそれだけ物事の理解も深まり、「時間」感覚も冴えてくるであろう。"いま"に潜む多次元性は、人間の主体的な「時間」との取り組みによってこそ初めて知られるのではないか。世界の諸宗教が説き教えるのも、有意義な「時間」の過ごし方であるかと思われる。

第3章
比較宗教学の目的と方法

　比較宗教学の成り立ちと基本的立場については、第2章の第1節で概説した。本章ではさらに、諸宗教の比較にあたって、これだけは大切と考えられることをまとめた。なぜ比較するのか、比較の方法、比較のモラルについて順にみてゆこう。

第1節　バランス感覚にもとづく諸宗教の把握

　なぜ複数の宗教をあえて比較するのか。どの宗教でも救われるのかを調べる(63)ためでもなく、いちばん救われそうな宗教を選ぶためでもない。どれか一つの宗教に傾倒したり、救いを求めたりするために比較をおこなうわけではないからである。現代世界の状況に対応すべき比較宗教学の目的としては、

　①　すべての宗教を平等に見渡すことにより、一つの宗教をより正しく理解し、より深く知ること（先入観や偏見の解消、好意的関心の促進など）、

　②　それぞれの宗教に帰依する人々の様々な生き方をとおして、「人間」の生き方を探り、人生の意味や「いのち」について考える機会をもつこと、

　③　①や②の実践的応用として、諸宗教の知識を人間どうしの平和的な相互認識に役立てること、

などを挙げるべきであろう。たんなる知的好奇心を満たすために「比較」するだけでは、その「時間」がもったいない。どうせなら、世の中に役立つような工夫をしたいものである。そのためにどうしても確認しておきたい「バランス感覚にもとづく諸宗教の把握」とは何か。それは、

　①　"マクロの眼"（"諸宗教／人間の生き方"の俯瞰、「いのち」の探究）と"ミクロの眼"（"一宗教／人々の生き方"の追究）、

② 各宗教の普遍性と特殊性、および、諸宗教間の共通点と相違点、
③ 宗教研究の自利行（知識の増加と深化、視野の拡大、思索の進展）と利他行（教養教育や異文化理解への貢献、異教徒間の相互認識への協力）などのバランスを取るように心がけるということである。

第2節　比較するには共通項が必要である

　それでは、いかに比較するのか。ただひたすらに諸宗教の知識を追求するだけでは収拾がつかなくなり、「諸宗教の把握」からは遠ざかってしまう。何か、たくさんの知識をうまくまとめる方法を探す必要がある。

　比較作業の基本条件は、比較対象のすべてに共通する項目を一つでよいから見つけることである。厳密に探れば"共通点"ではなく"類似点"である場合が多い（172頁の6.参照）。それでも、共通項さえあれば、何をどのように比較すればよいのかを様々に考案する道が開けてくる。

　共通項は、様々な点で相違する比較対象の数々を、バラバラにせず、一つにまとめる。まとまるということは、比較対象のすべてが、互いに関わりあい、つながって、それぞれの存在意義を明らかにする要素を既に持ち合わせている証拠である。共通項には、そのような積極的かつ集約的な役割がある。

　それでは、諸宗教を比較する場合、何を共通項とするのか。本章では、以下のように考え、その実例として一覧表を展開することにした。第2章で選んだ8宗教をできるだけ理路整然としたかたちで見渡し、比較の便宜をはかるためには、やはり、"仕切り"を設けた「空間」的把握を試みるのが望ましい。設けるからには、再びそのすべてを取り払うことを前提とする。前章に引き続き、「識別 → 比較 → 還元」のプロセスを再開しよう。

第3節　「聖なるもの」をめぐる宗教の構成要素

1　「聖なるもの」の諸相

　ここにいう「聖なるもの」とは、信仰者およびその共同体が供養・礼拝・奉祀などをおこなう信仰対象とその特性を総括するものである。何を「聖」とす

るのかは、その宗教によって異なる。信仰によって自己変容する（聖化する）人間の特性も、実に多様であることが知られる。

　①　「俗」から隔絶した「聖」（聖俗二分）。これはユダヤ教とキリスト教に共通する考え方で、創造主である神と被造物である人間との間に存する、越えがたい深淵を示唆している。「聖」なる神があまりに完全で圧倒的な威力を有するため、そのほかのすべては「聖」でない領域（「俗」）に畏まるのみ。それでも、ひとたび神の恩寵が降りそそげば、人間は聖化されてゆき、「聖」の領域により近づく。ここでの「聖人」とは、神の意志を実現する道を歩む人（神の人）のことである。特に、神が選んで語りかけた人を「預言者」という。また、迫害に耐えて死に至るまで信仰を捨てなかった人を「殉教者」として尊ぶ。ただし、ユダヤ教の殉教者は崇拝の対象にはならない。“偶像崇拝”を避けるためである。これに対してキリスト教徒の「聖人」は「キリストの似像」であり、キリストは理想的な「神の似像」、そして神は「聖」そのものという思想的根拠から、個人名に「聖〜」（St.〜）を冠して讃える。「聖人」もまた、祈りに応えて人々を守護すると信じられている（「守護聖人」の信仰）。

　②　万物に浸透してやまない「聖」（聖俗不分）。これはイスラームの基本的立場。存在するものすべてに創造主の臨在感とその支配力が底の底まで浸透していると考えれば、「俗」であるべきものも余すなく「聖」なる領域に属するということができる。「来世」や「神の国」が「聖」で、「現世」や「人間の国」が「俗」という見方はしない。「聖職者」か「平信徒」かの区別もないので、修道院制度も存在しない。また、人間の眼から観て「聖」であるものが、かならずしも神に嘉されるとはかぎらない。すべては、神の判断にゆだねられている。それでもやはり、預言者ムハンマドのように神の意志を実現した人は、「聖」なる者として最高の崇敬を受ける。その一方で、「神秘家」（「神秘主義者」）は、万物に浸透する神の存在感をわが身に覚えるうちに、神との一体感が窮まる体験をした人のことである。「我こそ真実在」のような隠喩を用いるために神を冒瀆しているとみられ、極刑を受けた例は少なくない。

　③　「悪」の勢力に対抗する能力の強化につれて高まる「聖」（聖俗一丸）。

これは、ゾロアスター教の神が「善」を代表し、「悪」を駆逐する闘いのためにはすべての善き被造物を動員することからくる考え方。ゆえに(1)神が至聖なるものであり、(2)神の創造した神々がそれに続く。(3)預言者と(4)預言者に倣って火の祭祀を司る祭司は、祭式をとおして浄められた最も「聖」なる人である。そして、(5)信徒たちもまた、祭式に参加し、祈りを唱えることで自己浄化をはかり、それなりに「聖」なる状態を保つことができる。ここには、例えばキリスト教におけるような「聖人」と「俗人」の厳然たる区別がない。祭司を「浄」、その他大勢を「不浄」とする観念も存在しない。なぜなら、「悪」と闘う者はみな、「聖」なる性質を帯びるからである。祭司と平信徒の区別に着目し、両者の協調性を表現すれば、「聖俗一丸」ともいえるだろう。「聖」とは「善」でなければならないという強い信仰を特徴とする。

④　私心なき奉仕を嘉する神の祝福として現ずる「聖」(聖に向かう俗)。これはシーク教の神が、無私の社会奉仕や生業による実直な暮らしを嘉納するからである。日常生活のなかにこそ「聖」なるものを観るため、在俗者がそのままの生き方をとおして、みずからを「聖」化してゆく。イスラームの場合と同様、聖職者は不在である。今生だけではとても「聖」化しきれないとすれば、また次の生涯でその続きをおこなう。そのようにして徐々に「至聖」なる神のもとに近づいてゆく。最も尊いのは、今生のうちに解脱して神との一体感を味わうことである(生前解脱)。神の次に「聖」なるものは、神の意志を体現して教えを説くグルたちである。彼らの言葉を実行する人々は誰でも「グルムク」即ち「神に顔を向ける者」と呼ばれる。いわゆる「聖人」のように崇拝対象とはならないが、敬愛され、世々に模範となる。時の為政者から迫害を受けて殉教した者は、永く記憶される。

⑤　ヒンドゥー教では、(1)「アートマン」(自己原理)ともとより一つである「ブラフマン」(宇宙原理・唯一者)、(2)「ブラフマン」の顕現としての神々(特に、最高神)、(3)神々を聖火壇に勧請するための知識(ヴェーダ)を専有する「ブラーフマナ」(祭司)、(4)輪廻解脱を目標として修行する「サードゥ」(有徳の修行者)などのすべてを尊び崇める。したがって、(1)は、宇宙に遍在しては

たらく理法の「聖」性あるのみの世界であり、(2)も、(1)をあらゆる名称と形態をかりて表現する視覚・聴覚的「聖」性を示す。(3)は、みずからの「聖」性を祭式の執行によって保つという考えのもとに、祭式の知識をもたないほかの人々を区別する。「聖」と分離すべきものは「俗」とみなすが、より正確には「不浄」視するのである。「聖」と「俗」はこの場合、祭司を頂点とする階級社会に存する「浄」と「不浄」の観念を指す。(4)は、祭式の権威に頼らず、自力でみずからの「聖」性を高める場合である。瞑想や苦行に励む修行者の「聖」性は、修行目標の達成度（修行の完成度）によってはかられる。有徳であることが在俗信者の帰依と供養を受けるための条件となるので、「聖」性は「善」性を帯びたものとみてよいだろう。つまり、(1)と(2)は「聖の遍在」、(3)は「聖俗二分」、(4)は「聖に還元してゆく俗」とでもいうべきものである。(3)と(4)は、人間による、人間の生活する世界でのいとなみである。

⑥ 持戒の難度が高まるにつれて窮まる「聖」（聖化しつつある俗）。これは、ジャイナ教と仏教に共通の立場を示している。神の存在を否定し、人間の人間による「聖」化を行ずる場合、すべては、いかに人間の生活を律するかにかかってくる。在俗の生活を送る者には、様々な生業に支障のない、より緩い戒律が与えられる。緩いから、「聖」化の度合いも緩い。それに対して、戒律の遵守に徹することが容易な出家修行者は、厳格な戒律を受ける。彼らのことを「聖者」と呼ぶ時、それは何よりもまず、「持戒者」（戒〔律〕を保つ者）としての徳性を持って行ない、発言し、考える人という意味なのである。では、戒律さえ守っていればよいのだろうか、という疑問が生じてくるかもしれない。もちろん、そうではなく、ジナや仏陀が到達したのと同じ覚りの境地を目指し、ひたすらに修行を続ける必要がある。修行完成者のことを仏教では「無漏」（煩悩の穢れがない浄らかな状態）という。ジャイナ教でも、不滅の霊魂から業物質を払拭した本来清浄な状態を理想とする。つまり、「自己浄化」が「聖」化の究極的なかたちである点において、両教は共通する。

以上は、自己の救済をはかる道を示しているが、それだけで終わってしまうわけではない。さらに、他者をも利する道を進んでゆく時にこそ、「聖」性の

本領を発揮することができるのである。

⑦　利他行の進むにつれて窮まる「聖」（聖俗を超えた聖）。修行の成果を利他行に振り向けるということは、いかなる他者のいかなる状態をも受け容れ、「浄と不浄」や「聖と俗」などの分別（ふんべつ）をしない平等智（無分別智）をはたらかせることを意味する。一切の分け隔てを無くさないと、「衆生済度（しゅじょうさいど）」（迷える生者すべての苦しみを救済し、仏陀の境地に導くこと）にはならないからである。

　例えば、大乗仏教の美術において「凡夫（煩悩のままに生き、自己の向上に励む機会を逸している者）」「声聞（しょうもん）（自己の完成のみを求めて修行する剃髪の出家者）」「菩薩（在家・出家の別を超えて、上求菩提・下化衆生を修行する者）」「仏陀（菩薩の修行を完成して覚りの境地に到達した者）」の姿を別々に創り分けるのは、利他行のはかどり方を規準にした"象徴としての身体"表現を工夫しているからである。"仏像"と総称されるものはみな、ふつうは視えない体験の世界を、慈悲深い顔の表情や手のしぐさ、衣紋の流れなどに置き換えようと試みた、いわば"表意文字"だとみて差し支えない。それに対してキリスト教美術では"人間の形"をした神の独り子（もしくは神の似像）としてのイエスを基準として、そのイエスとの絆を深める"人々の形"を追究する。仏像がただの人体ではないのとは対照的に、イエス像は、人体そのものの讃美と祝福を意図している。だから、「イエス」「諸聖人」「その他の人々」の姿をはっきりと創り分けることはしない。むしろイエスの姿に似せることが、神の恩寵を示す恰好の手段となるのである（78頁の①参照）。このように「聖なるもの」の表現にも、様々な形式と内容がある。

　そもそも、「浄と不浄」も「聖と俗」も、よく考えてみれば、人間の知覚と価値観にもとづく観念である。「浄と不浄」や「聖と俗」の内容を設定して、それを共有してゆく社会が存続しなければ、たちまちにして消散してしまう、はかないものである。「神」の存在や「仏」の教えを「聖」なるものとみなすのは人間のほうであって、「神」や「仏」ではない。人間の創るものはとかく滅びやすいものだが、「清浄なるもの」や「聖なるもの」はいまもなお、人間

社会のなかできわめて重要な意味と内容をもっている。なぜなのか。

「浄と不浄」や「聖と俗」の観念は時として、「不浄」や「俗」の領域へと追いやられてしまった人々を苦しめる。しかしその一方で、「浄」や「聖」に完全なるもの、すぐれたもの、曇りのない晴々としたものを観て憧れ、目指したい、少しでも近づきたい、一つになりたいと望むならば、「浄と不浄」や「聖と俗」の対立観念は、無力にして至らぬ自己を励まして「不浄から浄」「俗から聖」への階梯を上るという目標を与えてくれるものとなるだろう。自己の内面から外の自然界にその場を移せば、聖地巡礼や山岳信仰といったかたちを取ることになる。空を飛ぶ鳥や山頂をよじ登る鹿たちにとっては、「聖」も「俗」もない。人間が決めた結界などとは無関係に生きている。

観念に悩み苦しむということは、裏を返せば、その同じ観念によって救われもするということである。この逆説的な観念の効用を、諸宗教は大いに評価して採用してきたのである。そうすることで、人間の日々切望してやまない「苦しみから安らぎ」への変化を実現できる。苦しくなれば、早く楽になりたいと願う。それは人間だけではなく、すべての「いのち」に共通する特性である。「聖なるもの」に引かれる人間の志向性も、その辺りに起源するのではないか。

2 「一覧表」の解説と提示

「聖なるもの」をめぐる8宗教の構成要素の「一覧表」を展開するにあたり、解説を付しておきたい。視線をどのように走らせることが可能なのかを示し、作表上の意図を明らかにするためである。

この表は、初めの見開きにまず、ゾロアスター教、ユダヤ教、キリスト教、イスラームの4宗教を載せ、次の見開きにシーク教、ヒンドゥー教、ジャイナ教、仏教の4宗教を続けるという順序を取っている。本表の原形は前者と後者がつながっており、8宗教の構成要素を一望のもとに見渡せるようになっていた。本書でのかたちは、スペース上の制約に対応した結果にほかならない。

8宗教の配列方法は、啓示宗教として歴史的により古いもの順にゾロアスター教からイスラームまでの4宗教（預言者の宗教）を並べ、そのあとに他の

4宗教（覚者の宗教）を続けている。シーク教は、ヒンドゥー教的背景をもちながらイスラームからの影響を受けているので、両教の間に位置している。ヒンドゥー教の次には、歴史的に後続する2宗教をもってくる。ジャイナ教のほうを先にしたのは、ヒンドゥー教とジャイナ教が不滅の霊魂を説き、霊魂の実体を否認する仏教とは一線を画することに主な理由がある。

　最上部の1．〜6．に見られる各項目は、各宗教の発祥に関わる根源的なものを指摘し（1．）、その源流が奏でるせせらぎの音（2．）、その音に耳を傾ける環境の整備（3．）、そこに集まる傾聴者たち（4．）、傾聴したことの実践内容や、かの源流に浴して浄まるための方法（5．）、源流の発現や勢いに関わるほかの流れ（6．）について言及している。なぜここで、あえて"水"のイメージを用いるのかといえば、諸宗教間に設けられた"仕切り"を"壁"のように分け隔てるものとしてではなく、歴史的交流の場となる"水門"として捉えたいからである。そして、"音"をテーマにしているのは、各宗教の基礎を為す"教え"の言語的効能が"救い"や"覚り"と深く関わるからである。さらに、「聖なるもの」の名前には、「聖なるもの」の存在を宿した"音"が込められている。その名前を発音すれば、名前の本体を発現することになる。8宗教のなかでそれを畏怖するあまり禁じてしまったのは、ユダヤ教だけである。聖典は、読誦・朗誦・歌詠などにより再生する"音"を凝縮したものであるし（2．）、建築の内部空間はその"音"を響かせる（3．）。響かせる当の本人たち（4．）は、響きの内容を行為であらわし、日々新たに生きてゆくための糧とする。彼らはいわば、「聖なるもの」の"音"に引かれて集まったのである。"音"に耳を傾けるのが先であり、意味の把握や理解は、そのあとのことであろう。子供の頃から聞き慣れた"音"（一宗教の教え）を心に響かせる人は、他種の"音"（他宗教の教え）を好んで聴こうとはしない。異質な"音"どうしが触れあうと、不協和音を出すからである。同種の"音"を聴いて喜びあう人々（信徒たち）が或るまとまった「集まり」を為したものが、世に「教団」と呼ばれる組織体の原形であり（4．）、実相である。以上の譬喩的な解説で「宗教」を柔軟に捉えたあとは、「一覧表」の語るところに任せよう。

「聖なるもの」をめぐる宗教の構成要素（１）

	1.「聖なるもの」の御名 （＝存在）； 宗教的実在・信仰箇条	2.「聖なるもの」からの メッセージ； 口伝・文書による聖典の伝承	3.「聖なるもの」を祀る空間 聖域の至聖所（建築空間）の 演出・装飾
ゾロアスター教	アフラ・マズダー（「叡智なる主」：「アフラ」と「マズダー」は、別々の呼び名ともなる。ほかにも101の異名をもつ）という唯一神。七つの属性アメシャ・スペンタ（「聖なる不滅者」）も、個別に崇拝される。イラン古来の善なる神々は、神に創造された「崇拝に値する者」（ヤザタ）と総称され、悪なる破壊霊・対立霊アングラ・マイニュと闘う神の協働者としてみずからの存在を確保してきた	『アヴェスター』（「権威をもって述べられたもの」「柱」「礎」）。特に、預言者ヅァラスシュトラに対する神の啓示、神への問いかけ、神讃歌『ガーサー』17章を含む最重要の72章を「ヤスナ」（「礼拝」⇒サンスクリット語の「ヤジュニャ」と起源を同じくする）と呼ぶ。アヴェスター語。ヤザタに対する讃歌『ヤシュト』はパフラヴィー語。インドに亡命したパールシーは、グジャラート語も用いる	アギャリ（「火のある所」）。クアーン（祭壇）には六本の香木を玉座のように組み上げ、聖なる火（アータシュ）を「アフラ・マズダーの御子」と呼んで即位式点火の儀式）を行なう。木の香りは火への捧げ物。アファルガニュは、パールシーが15世紀以降に用いはじめた巨大な金属製の容器。火は、生命の根源としての神を観想するための媒体。火の崇拝ではない。拝火教は第三者による呼称
ユダヤ教	神聖四文字（YHWH）に由来するヤハウェという名で知られる唯一神。その名を直に呼ぶことはなく、アドナーイ（「わが主」）、ハ・シェーム（「御名」）、シャマイム（「天」）、ハッマコーム（「場所」）といったヘブライ語の言い換えによって、称名の引き起こす神の畏るべき力の現出が回避されてきた。キリスト教にも受け継がれた「聖なる（神の）威力」という観念は、この「（神の）威力」を起源とする。その「力」が特別に臨んだ人（啓示体験者）は預言者としての任務を追う	『トーラー』（神の意志を示す律法：『創世記』『出エジプト記』『レビ記』『民数記』『申命記』の「モーセ五書」）、『預言書』『諸書』。ヘブライ語、アラム語、ギリシャ語。神の主導する歴史のなかで展開された人類の歩み、とりわけ、アブラハムの召命を起源とするイスラエルの歩みとメシア出現の預言を重視。イエスをそのメシアと信じるキリスト教徒は『旧約聖書』と称する。モーセ以来の律法を守るユダヤ教徒は、いまも理想の「来たるべき世」を待望する	族長時代は、野天に築かれた祭壇。いわゆる「モーセー神教」の成立以降は、聖櫃（預言者モーセが神から授かった「十誡」を書き記した二枚の石板を納めた箱）を祀る（神の現臨する）会見の幕屋。エルサレム神殿を祭儀の中心として繁栄した「祭司のユダヤ教」では、聖櫃を安置するために幕で仕切られた神殿の内陣（至聖所）。神殿崩壊後の離散状態における「ラビのユダヤ教」では、律法の巻物を入れた聖櫃と、それを収納するシナゴーグ内部の壁龕
キリスト教	イエス・キリスト（「主は救い」「香油注がれし者」＝「メシア」）。歴史的には、預言者、教師（ラビ）として活動したナザレのイエス、神学的には、新しきアダム、ヨナにまさる者、人の子、メルキゼデクに等しい大祭司、神と人の仲保者、父なる神の独り子、受肉した神の言（ロゴス）、世の終わりに再臨する最後の審判者、子なる神といった様々な権能を有する。「父・子・聖霊の御名」（三位一体という信仰の神秘）において呼ばれる唯一神	イエスをキリスト（「メシア」）と信じることにより結ばれる神との新しい契約関係を、説話や書簡の形式で綴った『新約聖書』。（成立順に；マルコ、マタイ、ルカ、ヨハネの）『福音書』『使徒行伝』『使徒書簡』『ヨハネの黙示録』の全27巻。「旧約」（新共同訳は全39巻、続編は16巻）は、イエスの登場を預言するものとして尊重。ギリシャ語で伝播し、そのラテン語訳は聖職者や学者が独占。その後、万人の為に自国語による翻訳	教会堂としてのエクレーシア。カトリック教会はミサを司式する祭壇（司祭を媒介者とする秘蹟の場）。東方正教会は奉神礼（リトルギア）を行なう宝座（司祭のみが入場できる至聖所）。堂内には立祷用の広い床と、至聖所との間を区切る聖画（イコン）の壁（イコノスタシス）がある。他宗派では、床一面に椅子を列ねる。プロテスタント諸派は、説教壇や簡素な机型の礼拝壇（牧師を代表者とする会衆の中心）などを設置
イスラーム	アッラー（定冠詞アル＋普通名詞イラーフ＝「アッ＝ラーフ」；神）と呼ばれる唯一神。ユダヤ教における預言者モーセの権威やキリスト教の三位一体などに対する批判から、神が唯一無二の崇拝対象であり、親も子もない永遠の他者であることが強調される。毎日の礼拝で必ず朗誦されるアッ＝ラフマーン（慈悲深き者）、アッ＝ラヒーム（慈悲遍きもの）を初めとする99の属性を列ねた「美しき諸名辞」（アスマーウ・フスナー）がある	『クルアーン』（「読誦されるべきもの」）。全114章。預言者ムハンマドの口を借りて、神が一人称で語るという形式。啓示体験の初期は、神がかり状態の短い韻句（シャーマン的イマージュ）がつづく。中期はユダヤ教やキリスト教の聖典などと関わりのある説話が登場し、後期になると歴史的事実や法律の叙述が始まる。預言者ムハンマドの言行を伝承する『ハディース』と共に、神の意志を探るイスラーム法の淵源。アラビア語	マッカの「カァバ」（「立方体」）と呼ばれる神殿。アラブ諸部族の神殿成立以降は、神々の偶像をすべて破壊し去った後の、「がらんどうの内部空間」が保たれている。マスジット（「ひれ伏す場所」；モスク）は礼拝者の会堂。そのキブラ（カァバ神殿の方角）にある壁龕（ミフラーブ）は、不可視ながら遍在する神に対する礼拝の厳粛さを凝縮した凹型の空間。装飾文様は、聖典のアラビア文字

4．「聖なるもの」に向かって祈り集う人々；信仰生活の共同体；教団・宗団	5．「聖なるもの」をめぐって行なわれること；日々新たに生きてゆくためのお勤め・儀礼	6．宗教史における発祥・成立・展開の因果関係；他の諸宗教との関わりと類型的特質
アンジュマン（「集まり」）。預言者ヅァラスシュトラの導きに従い、神の示す正しい道を選び取った人々の共同体。みずからをマズダー・ヤスニ（「マズダー礼拝者」）と呼ぶ。悪を遠ざけ善を憶念させるスドレー（純白の肌着）とクシュティ（腰の周りに三度巻く聖紐）を初めて身に着ける入信式「ナウジョート」を7~15歳のときに受けた人々。故国ペルシャの血筋を誇りとする祭司主導の社会	祭司による、聖なる火を媒体とする神への奉祀と祈祷、聖典『アヴェスター』や、神々への讃歌『ヤシュト』の朗誦。祭壇の火、太陽の光、燭台の灯などに向かって一日五回唱えるクシュティの祈り（迫り来る悪の勢力を駆逐する呪文となる聖典『アヴェスター』からの抜粋と、懺悔や信仰告白などを含む五種類の祈祷；立祷）では、善い考え（フマタ）・善い言葉（フクウタ）・善い行ない（フワルシュタ）の実践により身を守ることを誓う	原インド・イラン語族の精神文化を聖典『ヴェーダ』の宗教と共有する。ヅァラスシュトラは、聖なる火を祀る祭司階級出身。死者の私審判、天国と地獄、復活、最後の公審判、よみがえった肉体と霊魂の再結合と永遠の生命、救世主の来臨という一連の終末思想（紀元前538年に第二次バビロン捕囚を解かれたユダヤ人たちに影響を及ぼしたと考えられる）を説いた最古層の啓示宗教。イラン民族以外への伝播がない点では、民族宗教
アム・イスラエル（「イスラエル共同体」）。神との契約関係（律法の遵守に対する子孫繁栄の約束）を前提した国民意識をもつ人々。その厳格な唯一神信仰により、周囲の「偶像崇拝者」（多神教徒）から分離（聖別）されていると自認。男子は、生後八日目に契約の印として割礼を受けなければならない。男子は13歳で「バル・ミツヴァ」（戒律の息子）、（19世紀以降の）女子は12歳で「バト・ミツヴァ」（戒律の娘）という成人式に臨む。祭司／ラビ主導の社会。	野天の祭壇や神殿において羊、牛、山羊、鳩などを捧げる燔祭（贖罪・神との和解や交わり・神への感謝を意味する祭儀）、最良種の果実や作物の奉納。シナゴーグでは、夜明けの「シャハリート」、正午の「ミンハー」（=「供え物」⇒神殿における供儀の記憶）、夕暮れの「アルビト」という一日三回の祈り。「シェマー」（『申命記』6:4）に始まる神讃美、懺悔、感謝、救いや平和の祈り求めなどからなる19箇条のテフィッラー（起立の祈祷。アミダー）。ラビの指導で幼少時より『トーラー』（律法）の学習・読誦・解説	神の啓示をただひたすらに信じて約束の地カナンを目指した族長アブラハムは、イスラエルにおいて「ハニーフ」（純正な一神教徒）という最上級の讃辞を受けている。そのカナンで遭遇した多神教を「偶像崇拝」と非難する過程を経ることにより初めて、唯一神ヤハウェの性格が明確になっていった。「十誡」の倫理規定や七日に一度の安息日などは、キリスト教徒により再解釈されつつ普及。普遍的な知恵ある思想を生む一方、選民イスラエルという神の秘儀に与る点では民族宗教としての性質をつよめる
エクレーシア（「集まり」）=「イエス・キリスト」の名において召し出され参集した人々の共同体=教会組織の構成員；会衆）。クリスティアノス（「キリストの弟子たち」）（『行伝』11:26）。ヨルダン川におけるキリストの受洗に倣って、洗礼を受けた人々。受洗の年齢や水による浄めの方法は、宗派や本人の事情により様々。各宗派の歴史を反映した「聖職者」の概念・立場・役割がある。信徒は、特定の教区に所属する	聖餐（パンとブドウ酒、即ちキリスト自身が定めた記念すべき聖体の拝領）。懺悔・主の祈り・信仰告白（クレド）を含む祈り。拝礼の式次第に沿って、着席・起立・跪拝・平伏等の動作を繰り返す。その過程では、聖書（特に『新約』の諸書）の朗読とそれに対する応答・唱和や、伴奏付き、もしくは無伴奏による聖歌・讃美歌の独唱・合唱を行なう。以上の各項目は、すべての宗派に共通するものではない。説教の役割と重要性についても、実に多様な解釈と方針がある。	「神の子羊」による人類の原罪の贖い（十字架上におけるキリストの死）という思想は、エルサレム神殿での動物供犠が贖罪の機能をもつという精神文化の継承である。その神殿に君臨していた祭司のユダヤ教（律法精神の形骸化傾向）に対するナザレのイエスの批判精神は、まさにキリスト教誕生の原点である。キリスト教の信仰や聖母崇拝は、死と再生の神話や地母神崇拝に親しむ諸民族の入信を促した。イスラエル宗教の民族性を超克した普遍宗教（世界宗教）
ウンマ（「集まり」；ムスリム、即ち唯一神に対する絶対帰依＝イスラームを受け入れ、神の使徒・最後の預言者としてムハンマドの啓示に聴き従う人々の共同体）。修道制度、教区、聖職者などの存在しない聖俗不分の社会。『クルアーン』と『ハディース』に通暁した法学者ウラマーによる社会規範の統制（スンニー派）。聖典の神秘的深層に通達したイマームの導き（シーア派）。4~12歳前後までの男子は、割礼を受ける	カアバ神殿における左遶七匝の巡行（タワーフ）。聖典の学習・朗誦。信仰告白（シャハーダ）＝証言；を含む一日五回の義務の礼拝（サラート）；日没後のマグリブ、夜のイシャー、夜明けのファジル、正午のズフル、午後のアスル。起立、最敬礼、平伏、正坐を反復しながら祈る。「アッラー」の称名と念唱（ズィクル）。預言者ムハンマドに対する神の祝福の懇願（ヒズブ）、あらゆることに対する念唱（ウィルド）などの個人的な祈りを「ドゥアー」と総称する	「無道時代」（ジャーヒリーヤ）の批判と改革に始まったイスラームは、キリスト教やユダヤ教以前の「アブラハムの宗教」（純正な唯一神教）の復興であると説かれる。修道院、教区、聖職者の存在しない聖俗不分の社会構造は、キリスト教社会にあるそれらの特徴に対抗した結果でもあった。預言者ムハンマドの用いる商人言葉は、神との取引き、さらには異教徒の駆け引きにも及び、人頭税を徴収したイスラーム帝国の繁栄を招来。アラブの部族意識を超えた世界宗教

「聖なるもの」をめぐる宗教の構成要素（２）

	1.「聖なるもの」の御名 （＝存在）； 宗教的実在・信仰箇条	2.「聖なるもの」からの メッセージ； 口伝・文書による聖典の伝承	3.「聖なるもの」を祀る空間； 聖域の至聖所（建築空間）の 演出・装飾
シーク教	ワーヘグルー（「素晴らしき師」）と呼ばれることの多い唯一神；「イク・オンカール」。特定の名はなく、サーヒブ（御主人様）、サトナーム（真の御名）、カルタール（創造者）、アカール（永遠）などのほか、アッラーやラーマのような異教徒の呼びかける神の名も唯一神の別名として用いる。業報輪廻をみずからの意志（フカム）により支配する超越神は、ナーナクを初めとする10人の歴代グルによる瞑想をとおして観られた	『アーディ・グラント』〔10人の歴代グル、グルたちと親交のあったヒンドゥー教徒の誠信者（バクタ）やムスリムの神秘主義者（スーフィー）などの言葉を収録した「最初の集大成」〕。第11代目のグルとして人格化され、崇敬を受けて、『シュリー・グル・グラント・サーヒブ』との敬称で呼ばれる。聖典の読誦はグルの説法に等しい。パンジャーブ語が主体だが、西部ヒンディー語、プラークリット、ペルシャ語、アラビア語も存する	グルドゥワーラー（「グルに通じる扉」）という聖堂は四方の門戸を開放して、四つのカーストの平等をあらわす。御輿型の祠（パールキー）に祀られた聖典の玉座（アーサナ）を中心として、祈りや瞑想に佇み坐するための床が広がる。夕刻の礼拝が終わると、聖典は別室の「安息の座」（スカーサナ）と呼ばれる寝室まで頭上に担いでゆき、翌朝まで安置する。空になった玉座は、「真の名はワーヘグルー」の掛け声を交わしながら掃き清める
ヒンドゥー教	「唯一なるものを様々に名づく」（『リグ・ヴェーダ』1・164・46）がゆえに特定の名では呼ばれない。宇宙原理ブラフマンと自己原理アートマンはもとから一つ。非人格的根本原理として万物にはたらくブラフマンは、宇宙を創造した最高神にまで人格化されるに及んでも、他宗教の唯一神のように世界経綸的意志を以て預言者を召し出すことはなかった。神々は化身（アヴァターラ）として顕現する（例：ブラフマー、ヴィシュヌ、シヴァの三神一体）	天啓文学『ヴェーダ』〔「祭祀の（聖なる）知識」〕の本集、祭儀書、森林書、奥義書。ヴェーダ語の韻文（祭司ブラーフマナによる暗誦。その吟詠方法は、代々の秘伝）。叙事詩『マハーバーラタ』（「偉大なるバラタ族」）の第6巻に収録されている『バガヴァット・ギーター』（「主なる神の歌」）は、祭司や出家者のみならず、定められた自己の義務を果たす社会人のために寂静なる解脱を説く聖典として普及。サンスクリット語	供物を燃やした煙を天界に届けて神々を勧請するための聖火壇（「アグニ・クンダ」「ヴェーディ」）がヴェーダ時代からの祭儀を司る。原初の神々は名前と文学的形容のみによって示され、絵や彫刻での人態化はされなかった。神話や叙事詩を集大成した後代において寺院（マンディル）に種々の神像が祀られるようになった。火の祭壇は、その傍らに、具象や抽象を超えた唯一者を志向する当初から至聖なる空間を保ちつづけてきた
ジャイナ教	自己の煩悩に対する「勝者」はジナと呼ばれ、「供養に値する者」である。マハーヴィーラ（「偉大なる英雄」）と尊称されるヴァルダマーナ（「栄える者」）は、ジナの祖師ティールタンカラ（「渡し場／巡礼地を作る人」）の第24祖。ジャイナ教の大成者として、特に尊崇されてきた。個々の生きとし生けるもの（個我）に宿る本来清浄なる不滅の霊魂はジーヴァと呼ばれる。独立自存の実体として、唯一者へ帰入することなく個別に存続（多我説）	聖典の呼称としては、「シッダーンタ」（実証された真実／確定した説）、「アーガマ」（教訓／規則／教法）、「スートラ」（①教えを貫く基本線の「タテ糸」②暗誦しやすいように、短い「糸」さながらに区切られた詩句）など。ジナの苦行を讃える修道道徳の綱要書、ジナたちの伝記、在家生活の指導書、説話文学作品など。アルダ・マーガディー語（半マガダ語）、マハーラーシュトラ語、シュラセーナ語、ピシャーチャ語	ジナたちの在世中は、その現前する場所が聖なる礼拝空間であった。それは、古来インドに生きる諸宗派の人徳ある修行者たちに共通の事実。ジナの誕生以後は、それを本尊とする寺院（マンディル）の内陣。像供養に伴う殺生（例：飾り綱の材料としての切り花）はジナ崇拝の精神に反するとの批判から生まれた諸宗派は、無装飾の会堂（スターナク）を持ったり、どこも所有せずに、アシュラム（巡礼宿）の一角に寄留して、説法と教導に専念する
仏教	人の心およびそれをとおして観た現象世界の成り立ち・ありかた・うつろいの真実を明かす法（ダルマ）。さらに、その法を説き伝えるブッダ（真実の法に「目覚めた人」）。確たる歴史的証拠は、シャーキャ国出身の聖者を初めとし、インド本国では、その釈迦牟尼仏を第七仏とする過去七仏の信仰が栄えた。諸外国では、西方浄土の教主・阿弥陀仏や、観世音菩薩などの讃仰が高まった。ブッダ（仏）・ダルマ（法）・サンガ（僧）の三宝は、仏教に帰依する者が唱える、聖なる名	「スートラ」（「経」）。その原義は、ヒンドゥー教やジャイナ教の場合と同様。大乗経典に対する原始経典を「アーガマ」（「阿含」）と称する。宗派により内容と形式の様々な分類法がある。仏教聖典の全体は、経蔵（仏陀の説いた教え「スートラ」の集成書）・律蔵（出家者に対する制戒「ヴィナヤ」の集成書）・論蔵（経を整理・注釈・研究・要約した論書）の三蔵（トリピタカ）。パーリ語、仏教梵語。チベット語、中国語、自国語による翻訳	釈迦牟尼仏の入滅後、仏像誕生直前の紀元後1世紀頃までは、成道と説法を記念して設置された長方体の坐席（空のままの空間）が人々の至聖所・供養・瞑想する人々の至聖所であった。成道処（ボードガヤー）の菩提樹下にある金剛宝座は、現存最古の作例（紀元前3世紀）。仏舎利を祀るストゥーパやその周囲に附設された門や玉垣は仏教徒に限らず、巡礼者の訪れる聖域を形成していた。仏像を祀る寺院建築が理想の仏国土を目のあたりに表現する役割を担ってきた

4.「聖なるもの」に向かって祈り集う人々；信仰生活の共同体；教団・宗団	5.「聖なるもの」をめぐって行なわれること；日々新たに生きてゆくためのお勤め・儀礼	6. 宗教史における発祥・成立・展開の因果関係；他の諸宗教との関わりと類型的特質
サンガト(「集まり」＝グルの「弟子；シーク」たちの共同体)。職場と家庭を活動の拠点とするパンジャーブ出身者中心の在俗集団。グルムク：グルに顔を向け、その言葉「グルバーニー」に聴き従う、社会生活の奉仕者(セーワー)。四海同胞の精神にもとづく一つの理想世界(カールサー；「純粋」)を目指す。甘露水を飲む洗礼式(アムリト・チャカナ)は、有志(アムリト・ダーリー)が受ける。受洗後の規律はさらに細かくなる	パーリカルマ(玉座の聖典に対する右遶礼拝)。通常は、一回だけ巡って床に坐し、グルバーニー(聖典の「グルの言葉」)の読誦と奏楽付き歌唱(キールタン)に耳を澄ませる。「ワーヘグルー」の軽快な称名を伴う起立合掌・平伏、行進。自衛の武術。カースト・身分・職業・性別・国籍などを超えた万人平等の、無料奉仕による会食の実施(ランガル)。早朝から夕方に及ぶ神礼拝の日課(ニトネーム；聖典の管理と読誦)は堂守り(グランティ・ジー)が担当	みずからが獲得した智慧により業報輪廻からの解脱をはかるというインド宗教(ヒンドゥー教・ジャイナ教・仏教)の特徴を継承しながら、その輪廻を支配する唯一神に対する献身を説き、偶像崇拝を戒める点では、初代のグル＝ナーナクが親しんだイスラーム神秘主義者(スーフィー)からの影響を指摘できる。神は歴代グルたちの自発的な瞑想をとおして把捉・認識・表現されるものであり、神の方から預言を迫るということはない。理念的には、普遍宗教を志す
ヒンドゥー(ヴェーダ時代以来の祭司ブラーフマナを頂点とするカースト＝ヴァルナ制度にもとづく社会の構成員。インド古来の生活習慣と文化の伝統を継承してきた者)であり、なおかつ聖仙の霊感(天啓)に拠るヴェーダ聖典の権威と祭司の地位を最高と認める人々、すなわち、ヒンドゥー教徒。天啓の宗教を認めず、みずからの思想と修道方法により解脱の智慧を追求する出家修行者シュラマナとその帰依者も、広義の「ヒンドゥー」として共に生きる	祭司による聖なる火の祭儀とヴェーダ聖典の学習・暗誦・読誦、祈祷。ヤジュナ(牡山羊や駿馬の供犠)・プージャー(動物供犠という殺生を避けて、花綱、灯明、香、植物性の食物、水などを捧げる供養化)。起立・跌坐・敬礼、合掌・平伏等と合掌。伝統的な日常の神讃歌「ストゥティ」と特定の神に捧げる歌「アールティー」は、サンスクリット語。内容も形式も自由な神讃歌「バジャン」はヒンディー語。奏楽付き、もしくは無伴奏による独誦・合誦。舞踊劇の創作と奉納	ヴェーダ時代末期の奥義書ウパニシャッドが説いた、梵我一如(ブラフマンとアートマンの同一説)という最高の知識による業報輪廻からの解脱を説く思想は、自己の探究と鍛錬を促した。それでも供物や呪言の効力に頼る祭祀の意義に疑問を投げかけ、みずからの解脱道を往くための智慧を追求する新興の出家修行者(シュラマナ＝努め励む者)が登場する起因となった。唯一いかなる神々もともに容認する寛容性をもつ、先祖代々のヒンドゥーによる民族宗教
サンガ〔「集まり」＝マハーヴィーラとそれ以前のジナたちに帰依して、みずからの霊魂(ジーヴァ)を本来の無垢なる状態に戻すべく、不殺生を初めとする善行に専心する、独立独行の人々〕。誓戒の保持者。出家者(サードゥー／サードヴィー)と在家者(シュラーヴァカ／シュラーヴィカー)の強固な二層構造をもつ。宗派(裸行派に対する白衣派の一派)によっては、両者の間に、研修生(ムムクシュ)と候補生(サマナ／サマニー)の過渡的段階がある	出家者による五大誓戒(マハーヴラタ)、在家者による小誓戒(アヌヴラタ)の遵守。とりわけアヒンサー(不殺生・非暴力)の実践は、ジーヴァに漏入する業物質を取り除くに最上の方法。他者の生命を摂取しない断食は、その最終段階にして、究極の苦行である。ジナたちと身近の師僧に対する恭敬礼讃(ヴァンダナー)の吟誦(「五聖者」帰依の表明)は、正坐・合掌等の威儀を正して行なう。個々のジナに対する讃歌の奉納。以上は、無伴奏で行ずる。ジナ像の浄めと装飾(プージャー)	ヴェーダ聖典と祭司ブラーフマナの権威、そして動物供犠の殺生に対する確固とした批判精神から、肉体を苛む苦行を主体とした霊魂の浄化を説く教えと修道方法が生まれた(正見・正知・正行を解脱の原因と考え、三宝と呼ぶ)。殺生を慎む戒律の厳格さから、インド国内に留まりつづけた結果、尊像崇拝はヒンドゥー教化し、通過儀礼には祭司を招き入れるようになった。徹底した生命尊重の思想と実践は、異教徒に深い感銘を与えてきた。少数派の伝統宗教として存続
サンガ〔「僧伽」：①4人以上の出家者による和合体、②四衆＝ビク(比丘)、ビクニー(比丘尼)、ウパーサカ(優婆塞)、ウパーシカー(優婆夷)からなる帰依者。20歳未満の出家男子シュラーマネーラカ(沙彌)、同女子シュラーマネーリカー(沙彌尼)、ビクニーとなる直前の2年間を試されるシクシャマーナー(式叉摩那)を合わせて七衆〕。みずからも仏陀と成ることを志す人々。出家者は、法施による在家者の財施に報いるが、ジャイナ僧のように在家集団の強固な組織化を図らない	出家・在家、男性・女性の別に応じ、五戒八戒、十戒、具足戒の実践。大乗仏教では、大乗菩薩のための菩薩戒(大乗戒)の実践。神や霊魂に帰依する代わりに、日々の生き方・考え方を専修する。懺悔(悔過)に六根清浄の祈願が加わるのは、身心の健全に専念するため。ストゥーパでの有遶三匝、五体投地、花綱や灯明の供養。寺院での経文の読誦・諷誦(声明)・書写(写経)、讃仏の御詠歌や舞踊劇の奉納、諸仏(特に阿弥陀仏)の功徳に報いる憶念(念仏)。仏像誕生以後、仏の相好の功徳荘厳を観る観念念仏が発展	仏教成立の背景はジャイナ教のそれと同様だが、ブッダの場合は苦行を捨てることにより心身両面の安らぎをはかり、生きてゆく間のたゆみない努め励みをつうじて生老病死の現実を超克すること(生前解脱・現法涅槃)を第一に考えた(十二因縁の観察と四諦八正道の実践を解脱の原因とする)。中道による戒律の緩和が諸外国への伝道を可能にし、普遍宗教としての特性を発揮させた。創造神、絶対者、宇宙原理、霊魂などの実体を認めない点で他宗教と一線を画するため、実践哲学とみなされることがある

第4節　比較宗教学のモラル

1　地図で色分けできない宗教世界

　いまみた「一覧表」のマス目・タテ軸・ヨコ軸に仮設した事柄は、"仕切り"を取り払えば、ありのままの諸宗教の世界に還元される。はるか上空からその様子を探ったとしたら、どんなふうに見えるのか。地球上の大陸や島々の人間が住むあらゆるところには、寺院や教会堂や森の祠などの屋根や尖塔が点在しているのが判るだろう。周囲には、田畑・牧場・学園都市などが広がるかと思えば、工場の煙突やビルの谷間が目立つ場所も少なくないだろう。あるいは、砂漠や氷原や密林のなかに祈りの家が小さな燈火を点しているのを確認できるかもしれない。人々は、聖域の中心を占める建築物を目指して移動し、集まってくるが、やがてそのなかから出て来ると、至るところに解散してゆくのが、目まぐるしく、あるいは緩慢なテンポで、手に取るように見下ろせることだろう。聖なる河で沐浴する者の水しぶきや、巡礼地を旅する者の長い行列は、水鳥やバッファローの群れにもまして、目的のはっきりした"点と線"である。人々は「〜 教徒」としての共同体に属してはいるが、その全員がどこかに共住しているわけではない。たとえ同じ色の帽子を被ってもらったとしても、大地のどこかが完全なる一色で染まるのを見ることはできないだろう。移民が多く、交易や文化交流の盛んな地域では、まさにモザイク模様を呈するはずである。無宗教を標榜する国家の領土でも古来の聖域は残存していて、ひそかに復興の時機を待つ家々の祭壇の明かりが、どこかで瞬いているかもしれない。人々が「〜 教徒」として行なう祈りや儀礼は特徴ある言語や姿勢や態度で多彩に色づけできるけれども、それらのほんとうに意図するのは、心の平安であり、家族の健康と幸せ、健全なる社会生活、祖国や世界全体の繁栄と平和である。つまり、どの宗教も、特殊な装いはしているが、望むことは普遍的なのである。仮に、祈りの言葉が眼に見えるとしたら、世界中の上空は、実に多彩な言葉が響きあっているのが判るであろう。信仰告白の声、罪を懺悔して赦しを請う声、感謝する歓喜の叫び、苦悩を訴える悲しいつぶやき、天からの声を聴

こうとする沈黙の気配、出会う見込みのない他国の人々のために捧げる黙禱。祈りを聞き届けるべき相手の存在は、肉眼ではどこにも見えないものらしい。天国や地獄のありかも探すことはできない。それでも、多くの宗教は万物の創造主を説き、その祝福は全地を覆うのだから、漆黒の闇に浮かぶ青い地球は、幾重にも神の恩寵に取り巻かれていることになろう。世界の一部分だけしか担当しない神は、全知全能ではない。それがこの地球上にみられる神信仰の論理である。仏陀の慈悲心はどうか。こちらも、一切衆生の救済に向けられて尽きることがないといわれている。すべての救済が終わるまで説かれ続けるのが仏法である。"世界"を"全宇宙"と言い換えれば、よその惑星はどうかということにもなるが、諸宗教の関心事はいまなお、地球人の抱える諸問題に集中している。

　こうして"マクロの眼"をもって俯瞰すると、地図などでは色分けできない宗教世界の領域が観えてくるはずである。世間ではよく、宗教ごとに区分けを試みた世界地図が作られ、「〜教」VS「〜教」の「宗教対立」といった、さもまことしやかな図式が無批判に取り上げられている。"諸宗教の分布"というものの考え方は、もともと境界線などありはしない諸宗教の歴史的背景を度外視するものである。地図の線引きが人と人の対立を生むことは、過去の領土問題に照らしてみれば明らかであろう。宗教の領土は、眼にみえないところにある。それを地理的に捉えるのは、ナンセンスというものではないか。

　確かに世界には、「〜教徒」の多く住む国がある。しかし彼らの生活は精神的にも物質的にも、他者との共存なくしては潤わないし、発展してゆかない。これは、第2章でみた"一宗教"と"他宗教"の歴史的連関からも明らかであろう。

　また、報道機関にとっては恰好のトピックになる「宗教対立」は、しばしば「〜教徒」VS「〜教徒」の反目や闘争を裏づけるかにみえる。しかしその実態を知る現地の人々は、それが宗教的要因のみによって引き起こされたわけではないことを知っている。むしろ、為政者の暴政や失業者の増大、外国の軍事介入や疫病の流行などの諸条件が重なって、人心がすさんでくる情況のほう

が深刻である。あるいは、たった一人の酔漢がわめき散らした罵倒や巷の噂話、聖堂の窓ガラスを割った一個の石ころなどが、思わぬ暴動の引き金となって社会不安を招くことさえある。いままで仲の良かった異教徒どうしが、そのような災厄によって引き裂かれた例も少なくない。お互いに違和感を抱きあうのは人の常であって、「〜教徒」どうしに限ったことではない。だからこそ、諸民族や諸宗教の混在する国では、なるべく"民族"や"宗教"の問題に深入りしないで協調できる方法が講じられたりする。その逆に、相手のことを積極的に知るのが平和の第一歩だと考えて活動する場合もある。いずれも、その時、その場所、その情勢に応じた柔軟な対応を要することであり、どちらのほうが望ましいのかを決定することはできない。両方とも必要だからである。[67]

　たとえどのような衝突が起ころうとも、それはこれまで延々と存続してきた諸宗教の果たしてきた精神的な役割をふいにするものではない。波乱はやがて静かな水面に返る。それは諸宗教の本義が"乱れ"（不安や恐れ）や"破れ"（破壊や殺戮）にはないということの証拠である。もし、宗教が対立を生むためのものであるとしたら、異なる宗教が並び立つ現在の状況はありえなかったであろう。起きる事件の一つ一つにとらわれたままでは、歴史のおおきな波を観ることはできないし、諸宗教の歴史的なつながり、つまりは異教徒どうしの協調性や交流の真実を知ることはないだろう。テレビや新聞の見出しを読む時はよく気を付けて、いかなる意図でそれが書かれているのか、いくつかの可能な推測を試み、真実を確かめる機会を待つことである。現地に行ければよいが、居ながらにして判ることもたくさんあるだろう。そしていつか、現地を観察する機会に恵まれたなら、人々の暮らすところに入れてもらい、どのような日常のなかで宗教生活をいとなんでいるのかを見せてもらうとよい。書物で知っていたことをはるかにしのぐ多様なものの見方・考え方、そして生き方のほんの一部分が観えてくることだろう。たとえわずかでも、誰かの言ったことや書いたことに頼るよりは、ずっと実のある知識を得られるに違いない。人の噂などに惑わされず、自分の眼と耳で得たものを信じるという方法は、学問の基本である以前に、生活の基本である。それにしても、一生はあまりに早く過ぎてゆ

くので、見るもの、聞くものも限られている。ほんとうの知識の足りない状態を補うために、どうしても書物に手が伸びるというのが正直なところであろう。

2 「〜教徒」の生き方・考え方を尊重する

　人は、自分の生まれ故郷、お国訛り、血縁の絆、心をかよわせたことのあるすべての人々、信奉する宗教の聖典などを何よりも愛して、大切にするものである。特に宗教は、誕生から死に至るまで、人の精神生活全般に最も深く関わり、死をも超えた境地にも導く。
　その大切なかけがえのないものは、ほかとは比べようのない無二の存在であるから、それをほかと比較する行為に対しては、批判的とならざるをえない。

　「わたしには、あなたがなぜ、いろいろな宗教に関心を抱くのか、分かりません。わたしは、自分の宗教を最善と信じ、満足して、信徒であることに誇りを持っています。ほかの宗教には関心はありません。」

　いうまでもなく、「〜教徒」とは、ただ一つの宗教に帰依して生きてゆく人のことである。諸宗教が並び立って相互認識の進んでいる社会においても、こちらの知的探究心をコントロールすることなく諸宗教の比較などに及ぶと、相手の信仰心を傷つけてしまうことになる。それに対して、相手の好んで語る信仰体験などにじっと耳を傾け、虚心に問いかけていると、状況はまったく違ってくる。いかにも嬉しそうなその表情は、こちらまで幸せにしてしまう。

　「あなたがそんなにわたしたちの宗教に関心を持ってくれるとは思いませんでした。わたしたちはただ、自分の信じる道をあたりまえのように歩いて来ただけですが、ほかの人たちにとってはどんなふうに見えるのでしょう。いま、ふとそんなことを、いつになく考えてしまいました。」

　このように、相手のほうから比較の作業をうながされた場合は、相手の宗教

と他宗教との共通点に言及するのがよいだろう。いろいろな問いかけに答えてくれるばかりか、こちらの仕事にも理解を示してくれる人への、せめてものお礼になるからである。宗教が違うと判っただけで、出会った相手にそっぽを向くようなことはまずないけれども、無神経な比較によって、他宗教に自分の宗教とは相反するものがあると知らされた人は、やはり、不快になるだろう。比較宗教学の研究内容は、それを信仰の当事者たちに見てもらっても差し支えないように、公平で事実に即した記述を心がけるべきであろう。相違点の扱い方として最も無難なのは、第3節で試みたように、なるだけスケールの大きな共通項のなかにそれを包み容れることである。"ミクロの眼"でくよくよしても、"マクロ"の眼を持つことでふっと違和感がうすれ、世界が一つに見えてくるという体験は、月面から地球を眺めに大気圏を飛び出して行かなくても、身近なところで実現できるはずである。

　そもそも、宗教間の相違点や影響関係を縦横に論じ合ってほんとうに楽しいと思えるのは、インテリの宗教者や宗教研究者ぐらいのものである。「宗教間対話」や「諸宗教の相互理解」を唱える人々は、対話すべきこと、理解しうることを信徒たち自身の必要に応じて慎重に選ばなくてはならない。異教徒どうしがほんとうに知りたいと日頃から思ってきたことを適切なかたちで引き出せるのは、彼らが心を許す第三者（媒介者）の役割である。異なる宗教の信奉者（基本的には二人）が対峙する状況ばかりが「対話」なのではない。実際の生活場面では、三人以上集まる時もあるし、静かな傍聴者のまなざしがその場の雰囲気を和らげることもある。そこには居合わせなくても、話題に挙がった人物の存在感が話の内容を方向づけたりもする。例えば、インド滞在中のある時、スーダンから留学に来ているムスリムの友人が、同じ寮に住むヴェトナムの尼僧（比丘尼）を見ながら質問した。

　「なぜあの人は髪をいつもきれいに剃って、あんな恰好をしているの？」

　なるほど、修道院制度もいかなる聖職者階級も存在しない聖俗不分のイスラ

ーム社会においては、遊行するスーフィーなどの例外を除けば、人はみな日常の生業にいそしむ"在家"の姿をしている（78頁の②参照）。女性でありながら敢えて髪を剃り落とし、粗衣に身を包むとは、どのような人なのかという素朴な疑問が普段から心の隅にあったのだろう……。そのように察するうち、ふと、仏教僧の身なりから或ることを連想したので、さっそく尋ねてみた。

筆者　巡礼衣イフラームを着て聖地マッカを目指すムスリムの非日常的状態、つまり、結婚や狩猟を禁じられた"潔斎の身"を思い出してみて。巡礼が終わった時よりも、イフラーム着用以前に髪を剃り落としたがる男性がいるのはなぜ？（注：「メッカ」は原音の転訛。索引の「マッカ」参照）

友人　それは、普段の生活から脱して巡礼行に専念したいからでしょうね。わたしの伯父さんもそうしたって言ってたわ。

筆者　そういう人が右肩をあらわにしたイフラーム姿で歩む恰好を思い浮かべてみて。わたしたちの大学に通う留学生のなかに、それとよく似た姿の男性がいるのを見たことがあるでしょう？

友人　（少し考えてから、）あなたの学部あたりでしょ？　いつも授業のある教室と中庭を隔てた向かい側だから、よく見かけるわ。……そういえば、あの髪を剃った彼女と同じような恰好をして、確かに右肩を出していたみたい。ただ、衣はオレンジ色で、イフラームの白とは違うけど。腰に〔金品を携行できるマッカ巡礼者の帯びるような〕ベルトもしていないし……。

筆者　彼らもあの彼女と同じ仏教の修行者でね、マッカ巡礼者の禁忌(ハラム)にも似た厳しい生活規則を保ったままの状態で、終生"イフラーム"を纏いつづけるの。髪を剃るのはその決意をあらわし、右肩を出すのは、仏陀に対する恭順を忘れないための作法なの。

友人　そうだったの。……イスラームのイフラームには、神の前で誰もが一つになって、感謝の祈りを捧げるという意味もあるのよ。……仏陀のことは、図書館の本で読んだことがあるわ。仏像も博物館で見たけれど、彼女たちとはずいぶん違うところがあるのね。変わった頭の形をしているし、髪も全然

剃ってないじゃない。どうして？

筆者　ほんとうは仏陀も、弟子たちと同じ剃髪の修行者だったの。後世、その偉大な性質を強調した身体的特徴が出来上がって、彫刻や絵画になったのよ。だから仏像って、仏陀個人の肖像とか、人体を表現したものというよりは、身体言語に近いシンボリックなものなの⁽⁶⁸⁾。

友人　（ふと思い起こして、）さっき食堂であなたと一緒にいたキリスト教徒たちがいつも頭巾を被って制服ばかり着ているのも、いわば"イフラーム"姿の生活を選んだということになるのかしら？

筆者　そのとおりよ。彼女たち修道女（シスター）は、終生あの姿で神に仕えるの。

友人　（感慨深げに目を細めながら、）女性の生き方にも、いろいろなかたちがあるものなのね……。

　その後、この友人は、かのヴェトナムの尼僧と道端で談笑する仲にはなったが、それ以上の交友関係を結ぼうとはしなかった。相手の生き方を尊重するには、何気なく見守るのがいちばん良いことを察したからである。インド人と外国人が入り混じって暮らす学生寮のような所でも、ある程度の住み分けがみられる地域社会においても、互いの宗教に関心をもつよりは、共存してゆくために必要な相手についての情報を正確に仕入れることのほうが大切である。まずは互いの人間性を注視し合ってから、「〜教」や「〜教徒」の認識をもつようにもなるというのがほんとうの順序である。人はみな誰でも、自分自身の生活に追われている。他者の宗教に好意的関心を抱く機会はあっても、それをさらに深めることでプラスになると考えるのは、研究者くらいのものであろう。時には距離をおいて、干渉や介入に及ぶのを避けることもまた"対話"や"理解"の方法である。"話し合い"だけではなく"思慮深い沈黙"⁽⁶⁹⁾の価値も見直されなくてはならない。知ろうとすればそれだけ違和感が強まるかもしれないし、逆に、関心が高まって棄教や改宗に進展するかもしれない。どちらも、健全な信仰生活には望ましいことではない。そうした事態を招かぬように、各宗教の信仰共同体では、他者との無理な接触を避け、他宗教とは異なる精神文化

を育むための配慮を続けてきた。"諸宗教"即ち、同じものが一つとして無い宗教の多様性は、"みずからの分を守りとおす"という行為によって形づくられてきたといっても過言ではない。どの宗教にも、尊ぶべき一個の"人格"（宗格？）がある。"諸宗教"の世界でも、「基本的人権の尊重」や「人間の尊厳」に相当する各宗教に対する配慮が必要である。

　いろいろな宗教を比較して、少しでも人の役に立つのなら、それに越したことはない。知識は、活かされてこそ価値をもつからである。しかし、それにも増して心がけたいのは、各人の、宗教に対する真摯な思いと行ないを誠実に受けとめ、そこから活きた宗教の知識を引き出してゆくことである。それには、長い歳月がかかるだろう。一期一会の積み重ねは、それだけでも記録する価値がある。再会を期しながら別れ別れになったそのあとで思い返せば、同じ空間で同じ時間を共有していたことの幸いにあらためて気づく。異文化体験による比較宗教学は、お互いの「いのち」を燃焼しながらのいとなみなのである。

　研究者のなかには、自分の学問的な関心にうまく対応できないでいる信仰者たちに業を煮やし、「この人たちは、自分の宗教について何も知らない」などと不平をこぼす人もいる。確かに、研究者どうしの議論であれば、必要な知識をあらかじめ取り揃えたうえで始められるので、要領よく宗教を語ることができる。けれども、はたしてそれが「宗教のことをよく知っている」と言い切れる根拠になるのだろうか。ほんとうによく知っているのは言うまでもなく、その宗教に生きる当事者たちのほうである。"研究上の"知識や関心などは、彼らの「いのち」を支える宗教体験をわずかにかすめるだけの"投網"にすぎない。研究者側にとってのみ必要な学問的知識の優越を唱えるのは、大きな誤りである。とかく信仰者の反感を買いやすい「比較」の作業に従事しなくてはならない「宗教学」ではなおさらのこと、この点をおろそかにすると、モラルの欠けた研究に堕するおそれがある。

　誰もが自分の宗教を最上にして完璧なものと信じることにより初めて、その信仰生活も充実してくるし、健全な人格の形成にもつながる。人倫の道をはずさないかぎりにおいて、善い人間性はどの宗教によっても育まれるものである。

誰かが、自分の宗教をほかのどの宗教よりも素晴らしいと讃えるのを耳にした時、その「比較」をどう受けとめればよいのか。今度は、こちらが反感を覚える番だろうか。讃える人の姿をよく観察すれば、それが喜びや幸せのごく自然な表現であって、諸宗教を「比較」したすえの結論ではないことは明白である。いちずな信仰心が最上級の言語表現となってあらわれた時、それを排他的で不寛容な態度と即断することは控えたほうがよい。それが他宗教に生きる人間を誹謗して傷つける「非宗教的」行為と結びつかなければ、ありふれた日常の言葉として、さらりと受け流すべきなのである。

　比較宗教学のモラルは、結局のところ、相手の「いのち」を尊重する態度をとおして気づくべきものなのだといえよう。それは、自分の「いのち」を尊重する人であれば、かならず実践できるものである。少しも難しいことではない。

　そのつど、虚心に返って、傾聴し、慎重に問いかける。相手の意見には同調も反対もせず、そのまま受けとめる。時には沈黙のうちに見守り、見えているもの、あるいは見えないものの意味が明らかになるまで辛抱づよく待つ。そして、聖なるものには畏敬の念を忘れず、相手の望まないことはしない。どんなに貴重な場面に出合っても、撮影禁止と言われたら、千載一遇のシャッター・チャンスも潔く諦め、彼らとともに在る喜びのなかに身を置くほうがよい。況して、彼らが崇敬しているもの（神・人物等）を揶揄するのは、いかなる形においても、「表現の自由」に伴う良識を逸脱した行為というべきである。

　ひとくちに「客観的」とか「価値中立的」とはいっても（第2章；51頁参照）、机上を離れてひとたび現地に趣けば、より柔軟な対応に迫られる。「～教」とは、あるいは「～教徒」とは、こういうものだと考えていたことが、そのまま通用するとはかぎらない。修正に修正を重ねて報告したものも、いずれは書き換える時がくるだろう。そのたびに「比較」もやり直す。際限もないそのようないとなみのなかでも変わらないのは、諸宗教に生きる人々の「いのち」をどのように見据えるべきかという根本的な課題である。これに取り組むには、諸宗教が「いのち」をいかに尊重してきたのかを探究するのが、いちばんの近道であろう。次章では、その実践例として、「いのち」を共通項とする比較宗教学を試みる。

第4章
比較宗教学の実践例

第1節　大切なものは眼に見えない
――諸宗教の至聖所にみられる「空の御座(からみざ)」――　(70)

　本節では、次節で論じてゆく、8宗教それぞれの"至聖所"（いちばん神聖な場所；神殿・寺院・教会堂・会堂などの内部空間において最も重要な部分）とそのシンボリズムについて一覧する。

　唯一神、神々、理法、不滅の霊魂、その他の聖なる礼拝対象は、もともと、眼に見えないものとして礼拝者の内面に君臨する実存であり、いかなる言語的・視覚的形容によってもその全貌を把握することはできない。それを承知しながらも、あえてその在りかを見える形に表現して確かめたいという人間の心理的欲求が、"至聖所"をこしらえてきた。ありとあらゆる"人のかたち"（不可視なるものの擬人化、覚者や救世主などの理想的表現）や"人ならぬかたち"（不可視なるものの記号化、視えるものの暗号化）を考案しながら、信仰生活の拠りどころとなるべき礼拝所の演出に取り組んできたのが、宗教美術の歴史である。美術の本領は、何かを装飾することにあり、装飾内容は、装飾対象の特質を反映する。宗教美術は、いわば礼拝対象を装飾するものであるが、装飾される側の礼拝対象はもともと表現を絶した境地にあるので、結果的には、"空（から）のまま"、"視えないまま"、"表わしえないまま"の状態を保つことになる。諸宗教の"至聖所"は、いかに聖画や聖像などで囲まれていようとも、かならず何らかの方法で「空(から)の空間」を残している。その「空間」を含めた"至聖所"の本質をあえて象徴的に表現すれば、「空の御座(からみざ)」というのがよいかと考えられる。そこには各宗教の礼拝対象が鎮座し、周囲には、礼拝者が心の

安らぎを求め、心から跪ける環境が整っているからである。
　したがって、本節に引用する「一覧表」の最上部には、「空の御座」の表象につながる「高御座、玉座、王座（宝座）」の欄がある。8宗教のなかで、まさに「御座」と呼ばれて機能しているのは、ゾロアスター教、キリスト教、シーク教、仏教の場合であり、あとの4宗教においては、君臨するものの権威をとおして「御座」と呼べる様相を呈しているにとどまる。終末世界に再臨するといわれるキリストの即くべき座[71]と、釈迦牟尼仏のあと、次の仏陀が出現するまでの座は、ともに「空座」として最適の例を示している。
　続く「椅子、座席、坐席」から「食卓」までの項目は、「空の御座」の多様なシンボリズムを検討するためのものである。
　「椅子、座席、坐席」では、説法者を崇敬する宗教（ジャイナ教、仏教、シーク教）の説法座を挙げることができる。一方、預言者エリヤの「空の椅子」[72]（ユダヤ教）は、割礼を祝う際にその視えない臨席を示すためのものであって、神の君臨する「空の御座」とは同格ではないため、括弧内に記した。
　「祭壇」は、唯一神／神々を祀る宗教には欠かせないものである。シーク教は、ヒンドゥー教における祭式の形骸化を批判する宗教なので、唯一神を信奉していても、"至聖所"を"祭壇"視しない。"祭壇"において生け贄の血を流すことがあるのは、祭司のユダヤ教と、ヴェーダ祭式を実施するときのヒンドゥー教である。イスラームにおいてもマッカ巡礼の完了を祝って感謝の生け贄を捧げるが、それには特定の屠場があって、"祭儀の基礎"であるカァバ神殿では行なわれない。不殺生戒を説くジャイナ教徒と仏教徒、その精神に共感するヒンドゥー教徒やシーク教徒は、供犠には強く反対する。一方、ラビのユダヤ教とキリスト教、そして、火の神聖さを遵守するゾロアスター教でも、動物の犠牲による祭儀は行なわない。
　「保護聖域、避難所、安全地帯」としての"至聖所"を約束し、「神の家」に集う人々を祝福するのは、ユダヤ教とそれに後続するキリスト教とイスラームである。唯一神の君臨する場所が「いのち」をかばい、守り、休ませる機能をもっていることが分かる。人間の支配者が、時として「いのち」を虐げて苦

しめ、殺めようと迫ってくるのとは対照的である。「いのち」の創造主としての神の威厳が最も端的にあらわれている。

「墓」は、神でも神の子でもない、一個の人間として当たり前に「いのち」を終えたジナや仏陀の教えと生涯を記念する建造物（遺骨や遺灰を納めたストゥーパ）の本来的な機能である。しかし、彼らの死は、修行完成者のめでたい大団円であったから、墓参りというよりは、彼らの功徳にあずかろうとして訪れる人々の集う場であった。キリスト教でも、磔刑後のイエスを葬った墓がエルサレムの聖墳墓教会のなかに祀られている。これは、彼の死を悼むための場ではなく、死者のなかから復活したことを証言するための「空の墓」である。

「モニュメント、追憶の場所」は、"至聖所"において憶念すべき歴史的出来事がある場合。繰り返し思い出して、信仰の原点を見失わないようにする。

「食卓」としては、最後の晩餐を記念して行なわれるキリスト教の祭儀がその好例として挙げられる。祭儀の場は教会堂の"至聖所"にある祭壇であり、その祭壇は、昇天後のキリストが、祭儀をとおして現臨する"御座"である。ユダヤ教では、「食卓」といえば過ぎ越しの祭りを連想させる。家庭での「食卓」なので、括弧内に記した。シーク教の"御座"では、その周辺で参詣者全員に無料奉仕の食事が振る舞われる。万人平等の会食は、歴代グルの大切にしていた行事なので、"御座"との一体感が常にある。

「シンボルとして欠かせないもの」では、各宗教における「空の御座」の特質を担うものを指摘している。つまり、見た目には「空」のようでも、そこにはその宗教に固有の精神がはたらいており、礼拝者はその具現化にあたって聖典の言葉を唱える。なかでも、仏教徒の読経は仏陀の説法を再現することであり、シーク教徒による聖典の朗唱や歌唱も、グルたちの言葉をよみがえらせるいとなみにほかならない。

「視覚的なシンボルとして重要なもの」とは、一般的に、その宗教の特質をあらわすと考えられてきた代表的なものである。

「視覚的なシンボルを必要としない『空の御座』」は、「空の空間」が文字通りのかたちで保たれている例である。イスラームのカァバ神殿と、仏像誕生以

8 宗教における「空の御座(からのみざ)」のシンボリズム（※ 84〜87頁の象徴論的再考）

	ゾロアスター教	ユダヤ教	キリスト教	イスラーム
高御座(たかみくら)、玉座、王座(宝座)	神の御子としての火を、香木を積んで作った祭壇の「玉座」(105頁①のような)炉に即位させる	神の臨在を表象化する場；野天の祭壇、神殿の至聖所、シナゴーグで律法の巻物を納める聖櫃(カーテンで保護)	最後の審判者キリストの即くべき玉座(終末の日に出現？)。教会堂の内陣における、聖餐の行なわれる祭壇	神の臨在を表象化するカァバ神殿。マスジットにおける礼拝の方角に空いた壁龕ミフラーブ
椅子、座席、坐席	───	(再臨するといわれる預言者エリヤを迎えるための椅子)	───	───
祭壇	火を祀る場	会見の幕屋・神殿に設置した至聖所、贖罪の供犠(鳩、羊、牛)を行ない、農作物や果実の最良種を供える	キリスト再臨まで、パンとブドウ酒の祭儀により、キリストとの絆を深め、浄罪の機会を得られる場 ⇒ 食卓	祭儀の基礎(スーラ5：98)
保護聖域、避難所安全地帯	火の祭壇がある部屋の壁に剣を飾り、危急に備えたりする	祭壇の四隅にある角(つの)を握る者の命を保証(列王記上1:50-53)	心から罪を懺悔して赦しを請う者を赦し、かばい、かくまう	絶対の安全を保証(スーラ2：119)
家	───	神の家	神の家	神の家
墓	───	───	キリストの復活を証言する空(から)の墓(エルサレムの聖墳墓教会)	───
モニュメント追憶の場所	火を神礼拝の媒体に選び取った預言者ヅァラスシュトラの言葉を追想する場所	苦難と救済の歴史を心に刻みつけて、神に祈り、感謝する場所 → メシア到来の待望	最後の晩餐に込められたキリストのメッセージを想い起こす場所 ⇒ 食卓 ⇒ 祭壇	偶像破壊後の一神教(アブラハムの宗教)復興を記念する場所 → 預言者の追想
食卓	(火の祭儀中、植物系の供物を並べるが、食事はしない)	(過ぎ越しの祭りを家族で祝うための食卓。安息日の食卓)	最後の晩餐(過ぎ越しの食事)の行なわれた場所 ⇒ 祭壇	(マッカの郊外では、巡礼の最終段階の供犠祭で感謝の食事)
シンボルとして欠かせないもの	神礼拝の媒体となる火 ⇒ 火や太陽の光などに向かって念じ、唱える祈りの言葉：「アータシュ・ニヤーイシュン」の祈り	律法(二枚の石板。後世は巻物)の言葉とその読誦。神の指導により創られた七枝の燭台メノーラー。シナゴーグに常時点す燈火	最後の晩餐以来、キリストを記念して分かち合うパンとブドウ酒(聖体)。福音書や詩編などの言葉とその読誦。聖歌・讃美歌も重要	神の声が充満する聖典の言葉とその読誦。啓示が下った当時そのままの言葉(アラビア語)の響きであるがゆえの神秘
視覚的なシンボルとして重要なもの	各人の守護天使にして不滅の魂をあらわすフラワシ、預言者で祭司であるヅァラスシュトラの(古代彫刻をヒントにした)肖像画など	律法の聖櫃を覆う蓋(贖罪の座)に象られた一対の熾天使ケルビム(会見の幕屋・神殿において神の臨在する場所を守護する装飾モティーフ)	キリストの贖罪死と復活を象徴する十字架。キリストの言行を記した四つの福音書(マルコ：獅子、マタイ：人、ルカ：牡牛、ヨハネ：鷲のシンボル)	アラビア語による神の啓示(聖典の言葉)を雄渾な筆致で描いた装飾文字(様々な書体を使いこなして仕上げたカリグラフィー)
視覚的なシンボルを必要としない「空の御座」：信仰対象の造形化を慎んだ空間	───	───	[キリスト再臨に備える「空の御座」。これはビザンティン美術のモティーフだが、座上には福音書がある。註の(71)参照]	預言者ムハンマドが偶像を破壊して以降、がらんどうになったままのカァバ神殿。その外壁を覆う布の装飾も、聖句のみ

シーク教	ヒンドゥー教	ジャイナ教	仏　　教
神の高御座。歴代グルの即くべき場。玉座：聖典の鎮座する坐席「スカーサナ；安息の座」	神々もしくは至高神の臨む火の祭壇は、三神一体(トリムールティ)に拠る全世界をあらわす(145 頁の③参照)	過去に現われ、未来に出現するジナたちの坐すべき所(世々に説かれる法のシンボル)⇒ 法を実践する人の心	過去に現われ、未来に出現する仏陀たちの坐すべき所(世々に説かれる法のシンボル)⇒ 法を実践する人の心
歴代グル(137 頁の③参照)の説法する場所 ⇒ 聖典の玉座	―――	成道時の坐席。説法のための坐席(法座)⇒ 経典を読誦する坐席	成道時の坐席(金剛法座)。説法のための坐席(法座)⇒ 経典を読誦する坐席
―――	供物の煙を天に昇らせ、神々を勧請する火を祀る場。供犠も行なう。生け贄を焼き尽くす贖罪の観念はユダヤ教と類似	―――	―――
聖典の玉座に向かって飾られた剣は、警備や防護の備えでもある	―――	―――	―――
(人種・職業・身分・性別を超えた四方の門)	―――	―――	―――
―――	―――	(ジナを祀るストゥーパ。その遺跡は、皆無。浮き彫りに、その図像がみられる)	仏舎利を祀るストゥーパ(仏塔)がその役割を担う(161 頁の①はその好例)
聖典の読誦に歴代グルの声と姿を追想するための場所(137 頁の①・②)は、素な一例	祖霊たちを祀る祭儀においては、父祖の追憶(特に崇敬する聖者を写真や絵で追慕)	(ジナたちの成道や説法を記念する「空の御座」は残存す。彼らの史的実在は、第 23 祖まで確認)	諸仏、特に、釈迦牟尼仏の成道と説法を記念する場(仏蹟)→ 遠い将来に下生する弥勒仏の坐席も造形化
万人平等の会食を実践する場(87 頁の項目 5.、138 頁(3)、142 頁参照)	祭司たちによる供犠(ヤジュニャ)の共食。他の階級には開放せず。	―――	―――
歴代グルや、彼らと親しく対話した聖者たち(ムスリムや、ヒンドゥー教の聖者)の言葉を記した聖典とその朗誦・奏楽の調べ	祭壇の火(145 頁③参照)。聖典の言葉とその吟誦。讃えられるべき神々の名とはつねに憶えておくための場である寺院空間は重要	ジナとの交わり(応答関係)を求める祈りは為されないが、ジナ礼讃の言葉(155 頁の①参照)は、宗教を超えた至って日常的かつ象徴的なものとして、普及している	仏陀との交わり(応答関係)を求める祈りは、仏力にあずかる密教的儀礼に際しては有りうる。讃仏の言葉や、経典の読誦(仏説法の再現)は、至って日常的
「唯一神」をあらわすパンジャーブ文字(グルムーキー)を象った装飾(例：金属板)。共同体の結束を示す旗(ニシャン・サーヒブ)。剣を束ねた「カンダ」	姿形を仮に現わす神々・至高神の、想像による絵画や彫刻(ムールティ)；聖像。瞑想を助ける視覚的媒体としても活用。破壊すべき"偶像"として観る異教徒も在る)	本来無垢な霊魂を想起させるジナ像(過去に出現した 24 人のジナたちの坐像には、各々ののシンボルが附属する)。特に右巻きの卍は、ヒンドゥー教と仏教と共通の吉祥文である	成道の菩提樹、説法の諸場面を記念する坐席、聖樹、法輪、仏足跡をあらわす三宝印：トリラトナ。仏法を具現化した仏像の姿と、仏説法の再現である経典の読誦は、ともに法灯を継承
―――	―――	(聖像崇敬に伴う供花などを、本来の修行に不必要と考え、本尊を祀る寺院を持たない宗派では、説法の声が響く空間を重視。154 頁の 1451 年参照)	空の坐席；1) 現存最古の作例は、成道の菩提樹下に存する金剛宝座(161 頁③)。2) ストゥーパを装飾するインド古代初期仏教美術の浮き彫り(161 頁②)

前には一般的であった仏陀の坐すべき「空座」のみが、それに相当する。偶像破壊の思想において徹底しているイスラームと、聖像崇敬の文化を豊かに発展させていった仏教が、このようなところで出合うのは興味深いことである。仏像の「台座」となった仏陀の「空座」は、歴史的忘却の彼方にあるといえる。それでも、インド本国の仏陀成道の地（Buddhagayā; Bodhgayā）ではいまも、主人の去った坐席（Buddhāsana）が菩提樹の下に残され、巡礼者たちは、その誰もいない席上の空間に向かって合掌する。仏陀在世時のものではなく、紀元前3世紀のモニュメントではあるが、仏滅後も仏陀の坐席を「空座」として設置する必要が生じたのは、成道の地に久住すべき仏法の権威をはっきりと後世に伝えるためであったと考えられる。人間としての仏陀は亡くなっても、仏法の説かれるかぎり、仏陀の「いのち」は滅びない。『法華経』に登場する霊鷲山で説法する久遠のほとけは、仏法に対する滅後仏教徒の堅い信仰心によって出現したものである。では、それほどまでに大切な仏法とは何を拠りどころとするのだろうか。不思議なことにそれは、神でも不滅の霊魂でもなく、個我の帰入すべき宇宙我でもない。そのような常住不変の実体をむしろ認めない方へと向かう、因縁生起の理法（縁起法）を深く信じるのである（深信因果）。

つまり、かの「一覧表」で挙げた8宗教のうち、「空の御座」の表象に現象世界のなりたち、しくみ、ありかた、うつろいの真実（諸法実相）を明かす縁起法の空性（śūnyatā）をありのままに映し出しているといえるのは、仏教だけである。絶えず移り変わる事象のすがたを「御座」の上に固定したイメージとして留めることはできない。

そのほかの諸宗教は、不滅の霊魂（ジャイナ教）、唯一神（ゾロアスター教、ユダヤ教、キリスト教、イスラーム、シーク教）、神々とその根源である唯一者（ヒンドゥー教）などの視えざる実体こそが、「御座」に現臨すると信じる。「空」の空間は、本体の神秘性を示唆している。仏教のそれとはまったく別の意味をもつ「空の御座」の様相を呈することになるのである。

それでは、仏教とほかの諸宗教の間には、越えがたい溝があるのかといえば、決してそうではない。なぜなら、「空の御座」（"至聖所"の空間）に向かって集

い、祈り、懺悔して、朝、目覚めてからの生活を新たな心持ちで始めたいと願う人間にとっては、「御座(みざ)」に君臨するものが何であろうとも、生きてゆくための活力を得る場としては、何の変わりもないからである。宗教の違いは"生き方・考え方"の違いを生むかもしれないが、それは望ましい「いのち」の燃焼方法に様々な可能性があることを示しているのである。"諸宗教"とはいわば、人間が生きてゆくにあたって取り組まざるをえない「いのち」のありかた (the Ways of Life) を、歴史的に、時と場所を異にしながら、提示してゆくものだといえる。各人の"一生"が、神から与えられた一度限りの賜物であったり、際限もない輪廻転生の一過程であったりすることの矛盾などは、大して重要ではない。"この世での生涯"（「いのち」ある間）こそが、"諸宗教"の課題だからである。

　虫の「いのち」、魚の「いのち」、樹木の「いのち」、獣の「いのち」、バクテリアの「いのち」など、「いのち」の形態にもいろいろあるが、たんなる本能からではなく、自分の「いのち」をはっきりと意識し、価値づけることができるのは人間だけであろう（第1章参照）。"諸宗教"は、その価値観が決して一様ではないことを示しながらも、「いのち」を尊重する思想と実践においては、足並みを揃えて歩んできた。前章での「聖なるもの」も本節での「空(から)の御座(みざ)」も、"諸宗教"を比較するための共通項であると同時に、「いのち」をめぐる"諸宗教"の問題意識を引き出すための準備段階として有効なキーワードであったといえる。

　次節では「いのち」をキーワードとして、第2章で選択した8宗教の解説をする。まず(1)その宗教に対する誤解や偏見を指摘し、(2)基礎知識とすべき事柄を図版とともに紹介する。そのあとで(3)略年表や系図で歴史的変遷や他宗教との関わりなどを把握し、(4)「いのち」の問題を論じるうえで基本的かつ最重要と考えられる聖句の文字とローマ字表記・翻訳・註釈を施す。宗教思想の命脈は、聖句の音声・文字・意味をとおして保たれるからである。(5)続く後半部分では、その宗教的特質を端的に示す事柄を論じる。この順序により比較宗教学の基礎資料を整え、8宗教を公平に俯瞰するのである（53頁の①〜③参照）。

第2節　初めに、8宗教を俯瞰する

1　ゾロアスター教：「いのち」の創造と破壊をめぐる闘いに挑む

　"Zoroaster"は「金色に輝く星」を意味するアヴェスター語"Zarathuštra"の英語訛りである。およそ3200年前に唯一神の啓示宗教を説き広めた古代イランの預言者の名前であり、"Spitama"(「純白」)という祭司職の姓や、"Ratu"(「義人」即ち「預言者」)の尊称を冠することが多い。よく「紀元前6世紀」の成立と記した書物を見かける。それは、この宗教を信奉したアケメネス朝ペルシャの歴史的影響力が強大であったがために、預言者の活躍時期と重なるかのような錯覚を後世の人々に与えたまま、その誤りが訂正されずにきたからである。実際に預言者のパトロンとなったのは、周囲に政敵の多い小国の一つを統治していたカウィ朝のウィーシュタースパ王であった。後のアケメネス朝とサーサーン朝の専制君主たちは王権神授説を強調するあまり、「神と王」の関係ばかりを碑文に刻み、「神と預言者」の関係にはただの一言も触れなかった。預言者の権威は、王の威厳を妨げると考えたからである。

　一方、預言者の説く道を忠実に実践する信徒たちは"Mazdāyasni"(「マヅダー礼拝者」)と名乗り、「拝火教徒」という他者の付けた呼称を退ける。火は神を「叡智なる主」(Ahura Mazdā)と呼んで礼拝するにあたって預言者自身が選んだ祭儀上の媒体である。「火の神」を崇拝しているわけではない。

　彼らがいわゆる"沈黙の塔"で"鳥葬"を行なうというのも、いまだに根強い誤解の一つである。"沈黙の塔"はスリ鉢状に傾斜して中央の坑に向かう構造をしており、男性、女性、子供に分けて亡骸を安置する。それは、邪悪な破壊霊に因る死の穢れから神聖なる火や大地を遠ざけ、亡骸を日光で浄めて風化を早めるための"風葬"と考えて差し支えない。例えば、酸素が希薄で薪になる枝も乏しく、凍土を掘るにも労力がかかりすぎるチベット高原などでは、火葬できない亡骸を砕いて猛禽にほどこし、死者の魂を天空に昇らせる。これは文字通りの"鳥葬"である。ゾロアスター教徒の"風葬"は、"火葬"や"土葬"の代わりではない。上空を飛ぶ猛禽が"沈黙の塔"に舞い降りることを待ち受けた葬法ではない点に注意したい。火葬後の遺灰を河に流して再生と再死を繰り返すというインドの輪廻思想とは相容れぬ、一度限りの生涯を説く一神教だが、インド・イラン文化圏の交流（67、106頁参照）は、今も健在である。

①右端：預言者ヅァラスシュトラとその頭上で飛翔するフラワシ。守護天使であると同時に、その人の魂を象徴する。片手にもつ光輪は、神から王に渡った世界統治の恩寵フワルナ（ペルシャ帝国時代における「王権神授説」の具体化）。中央：祭壇の炉（アファルガニュ）に玉座のように積んだ香木のうえで勢いよく燃えつづける聖なる火。左端：預言者を宮廷に召し抱えたウィーシュタースパ王の父親で、在位中の善政を讃えられる有徳者ロウラースパとそのフラワシ。背景は、王宮の庭園。

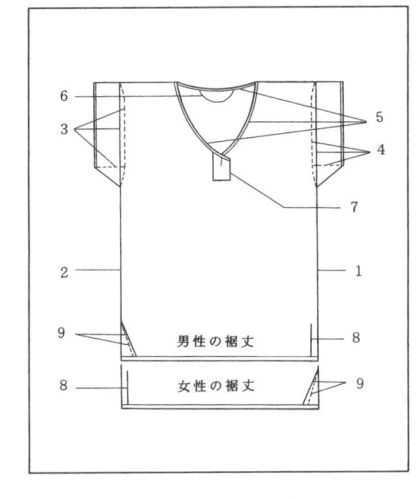

②左端：7歳から15歳の間に受ける入信式「ナヴジョート」。白いモスリンのシャツ「スドレー」と純粋な羊毛のより糸72本で編んだ聖なる紐「クシュティ」を初めて身に付ける子供たち。"72"は、聖典の枢要部『ヤスナ』の章数。この紐を腰の周りに3度巻いて結び目を作りながら祈りを唱え、悪の攻勢に対抗する。紐の巻き直しは、日に3度。3という数字は、「善思・善語・善行」の三徳を象徴する。人生の終了後、肌身離さず着つづけた「スドレー」で亡骸を包んでもらい、風葬の場所「ダフマ」（"沈黙の塔"）で風化にゆだねる。死の穢れを火から遠ざけ、太陽の光で浄めるためである。
③右側：「スドレー」の解説。1～9は、縫い目。6は、まだ実行していない善行。7は、「善行のポケット」（＝キセェ・イ・ケルフェ；ギレバーン）。8は、物質世界の不完全さを憶念させる部分。

インドに亡命したゾロアスター教徒（「パールシー」）の歴史的背景・略年表

B.C.4000 代	インド・ヨーロッパ語族の一分派である原インド・イラン語族、ヴォルガ河の東岸、ロシア南部のステップ地帯で遊牧生活を営む。祭司・戦士・牧畜民の階級社会。
B.C.3000 頃	原インド・イラン語族、言語的要因から二手に分かれる。インド系は ārya、イラン系は airya（「部族の宗教を遵奉する者」⇒「同族の者」⇒「異民族を支配する高貴な者」）と自称して、行く先々の住民を征服しながら勢力を拡大。自然の運行に法則(Vedic: ṛta, Avestan: aša) を観て、その摂理に従う徳行の一環として、水と火に捧げる祭式 (Ved.: yajña, Ave.: yasna) を重視。虚偽や裏切りには、神判による裁決を施行。
B.C.1500 頃	アーリヤ系イラン人、石器時代から青銅器時代に移行(~B.C.1200 頃までの間)。聖なる火を屍体の穢れから遠ざける風葬、死後に渡る彼岸への橋で行く先（冥府落ち／楽土での復活）が決まるとする他界観、「アフラ」(主)と呼ぶ「契約」のミスラと「誓約」のヴァルナをはじめ「正義」「勇気」「友情」「祈願に対する恩恵」(王や英雄などに恵まれる)栄光／恩寵」などの抽象概念を神格化して崇拝・奉祀するイラン的傾向、あらわれる。
B.C.1200 頃	祭司階級スピタマ家のポウルシャースパを父として、ヅァラスシュトラ（「金色に輝く星」）誕生。長じて故郷を離れ、放浪しながら世の中の不正や暴力を見聞。30 歳の頃、新年祭の禊(みそぎ)をした川の岸辺で「善い意図」(Vohū Manah)と名乗る唯一神アフラ・マズダー（叡智なる主）の分身から啓示を受ける。アシャ(天則・正義・公正)を司る神との対話をとおして力ある詩句(Ave.: monθra; Skt.: mantra)を創作、神讃歌『ガーサー』の形成。神の創造した生命を脅かす破壊霊アングラ・マイニュに対する最終的勝利を確信。カウィ朝のウィーシュタースパ王に祭司として用いられながら、預言者の活動を開始。聖務としての結婚は三度行ない、末娘のポウルチスタは王の宰相ジャーマースパの妻。77 歳の頃、聖火の祭祀中に、カウィ朝の政敵が送った刺客によって命を落とした。
B.C.9 世紀頃	青銅器時代から鉄器時代への移行。「石でできた天空」という古来の観念、修正を受ける。
不明な数世紀~	聖典『アヴェスター』の正典が成立する B.C.6 世紀までの間は、イラン各地の伝道が徐々に進展。聖典は口誦により伝承。終末観にもとづく救世主(Saošyant)信仰の発展。
B.C.8~7 世紀	ペルシャ人、南西イランでアンシャン王国(後代のパールス)を統治。宗主国メディアの東端にある都市ラガ、ゾロアスター教徒の聖地となる（王族の庇護による伝道の成果）。
B.C.559	メディア王の婿でアケメネス家のキュロス、ペルシャ人を率いて反乱を起こし、最初のペルシャ帝国(アケメネス朝ペルシャ:~B.C.331)を建設。パールス北部のパサルガダエを都とする。その治世下(B.C.559~530)、マズダー礼拝の聖火は国家儀礼の祭壇に君臨を始める。
B.C.522	ダリウス大王、即位(~B.C.530)。ペルセポリス宮殿を建設。アフラ・マズダーによる世界統治の委任（王権神授説）を宣言する碑文を残す。預言者の名には言及せず（サーサーン朝も同様）。
B.C.404~	アルタ・クセルクセス 2 世(~B.C.359)、女神アナーヒターの像を祀る神殿を築造。人間の作った偶像の崇拝に対抗し、初めて「火の殿堂」を建立（「拝火教」という呼称の起源）。
B.C.331	マケドニアのアレクサンドロス大王、ダリウス 3 世を破り、アケメネス朝滅亡。
B.C.312 頃	マケドニア人の将軍セレウコス、旧ペルシャ帝国の大半を支配(セレウコス朝:~B.C.248)。ペルシャ人の書記、ギリシャ文字を習得（日常生活は従来のアラム文字）。地域主義文化。
B.C.248	パルティア人アルシャク、セレウコス朝から独立してアルサケス朝を創始(~A.D.224)。ミスラダテス 2 世(B.C.123~87)、インド辺境からメソポタミア西端までを支配。
A.D.45 頃?~	ペルシャ系の遊牧民、クシャーナ朝を創始(~450?)。ローマと海上交易。諸宗教の保護。
A.D.224	パールス出身のアルダシール(~240)、アルサケス朝を倒し、サーサーン朝ペルシャ(~652) を創始。祭儀長タンサールの補佐によりゾロアスター教を国教化（異端のズルヴァン教を排除）。祭儀での聖像崇拝を禁止し、王家の偉大なる火として君臨するĀtarš Vahrām を建立・維持。アケメネス朝の暦(1 年 360 日・12 ヶ月。毎月、4 日間は神に奉献)を 1 年 365 日(増えた 5 日を『ガーサー』に奉献)に改定。
A.D.240~	シャープフル 1 世(~272)、預言者マーニを祭司長キルデールから庇い、逗留させる。
A.D.309~	シャープフル 2 世(~379)の治下、聖典の抜粋(The Khordeh Avestā)を編纂。
A.D.661	ウマイヤ朝(661~750)のウマル 2 世(717~720)、ゾロアスター教徒を初めて迫害。
A.D.881 頃	サッファール朝の教徒で学者のザードスプラム、宇宙創成論、預言者ヅァラスシュトラの生涯、人間の心理学と生理学、終末論を主題とする『ザードスプラムの選書』を著作。
A.D.917 頃	サーマーン朝(874~999)の治下で迫害激化に伴い、サンジャーン出身の教徒集団、船で亡命。ディウ島で 19 年間を過ごし、936 年、インドのグジャラート州に上陸（「パールシー」の呼称）。シーラハーラ朝の藩王ジャダヴ・ラナ、①武装解除、②グジャラート語の使用、③インド人の服装（男性は白い・黒い円筒型のターバンと長衣／女性はサリー）、④日没後の宗教儀礼（特に結婚式）を条件に定住を許可。祭司長は「ミルクを美味にする砂糖のように、インドに溶け込み、貢献すること」を誓約。上陸した漁村を「サンジャーン」と命名。Ātarš Vahrām の灰を取り寄せ、正統の聖火を継承。

① 　　　アシャは〔善なる神からの賜物のなかでも〕最高の善にして、こよなき幸せ。　　＊1）
　　　　アシャをアシャの〔もつ特性の〕ゆえに行なう人にとって、こよなき幸せ。　　＊2）

Ašəm Vohū vahištəm astī
uštā astī, uštā ahmāi
hiiat ašāi vahištāi ašəm.

聖典『アヴェスター』のなかでも、預言者ヅァラスシュトラ自身の神讃歌『ガーサー』(Yasna 28~34, 43~46, 47~50, 51, 53 の 5 部)を含む全72章の『ヤスナ』は、アフラ・マズダーの啓示を最も直接的に顕現する神聖な詩句として崇められてきた。ここに紹介するのはその一節(Yasna 27.14)。主なる神マズダーは、世界創造に先立って万物の運行と調和を司るアシャ(森羅万象を正しい軌道にのせて幸いをもたらす「法則」「正義」「徳」などを包括する概念)を創ると、みずからそれに従う最初の模範者になったという。正義を実行したがゆえに苦しむこともあるが、生きとし生けるもののためになるのなら、それこそがこのうえない幸せであると考える。ゾロアスター教神学の要点を凝縮した最も短い文章である。アヴェスター語によるその神聖な言葉は、邪悪な力に対抗する強力なモンスラ(＝マントラ；呪文)として唱えられる。
＊1）神は生命の創造主であるから、生命あるものを育み守ることが「善」であり、神の本質だという思想。
＊2）報酬や賞讃を期待する人は、アシャのもたらす本当の幸いを味わうことができない、という意味。

② 　　わたくしを助けに来てください、マズダーよ！　　　　　　　　　　　　　　　　＊1）
　　　わたくしは、マズダーを礼拝する預言者ヅァラスシュトラの信奉者であることを告白します。　＊2）
　　　わたくしは、善い考え、善い言葉、善い行ない〔による生き方〕を讃美します。　　＊3）
　　　わたくしは、争いと暴力を拒絶し、神にすべてを委ね、神と心を一つにする正しい道を啓示する
　　　マズダー礼拝〔の宗教〕にみずからを捧げます。　　　　　　　　　　　　　　　　＊4）
　　　かつての宗教、これからの宗教のなかで、〔唯一にして永遠の神〕アフラの意志を体現する
　　　預言者ヅァラスシュトラの教える宗教は、とりわけすぐれて崇高なものです。　　　＊5）
　　　わたくしは、アフラ・マズダーに由来するすべての善いものを信じます。　　　　　＊6）
　　　以上が、マズダーを礼拝する宗教に帰依する者の信仰箇条です。　　　　　　　　　＊7）

humata　（フマタ）
hukhta　（フクタ）
huuaršta　（フワルシュタ）

Jasa mē auuaŋhe Mazdā!
Mazdāyasnō ahmī, Mazdāyasnō Zaraθuštriš
fravarānē āstūtasca fravarətasca.
āstuye humatəm manō, āstuye hūkhtəm vacō,
āstuye huuarštəm siiaoθanəm.

＊1）マズダーに敵する破壊霊アングラ・マイニュ(中世ペルシャのパフラヴィー語では「アーリマン」)の攻勢は絶え間なく、その悪しき軍勢と一生涯、闘う者にとっては、ぜひとも神の加勢が必要なのである。
＊2）「ゾロアスター教徒」とは第三者による呼称であり、本人たちは Mazdā-yasni(マズダー礼拝者)と自称することを好んできた。Zoroaster は、ギリシャ語訛り Zoroastrēs をさらに訛った英語読みである。
＊3）humata (善思)、hukhta (善語)、huuaršta (善行) は、Mazdā (叡智) そのものともいえる Ahura (〔全幅の信頼を寄せられる〕主) なる神の意志を具現する人倫の枢要。信仰内容のシンボルとして名高い。
＊4）正しい道とは、daēnā、すなわち、神の声が心のなかに響いて為すべきことを教える「啓示」体験にもとづく宗教を指している。マズダーの分身 Vohū Manah は「善い意図」とも訳せるが、人を善に導く「良心」の声として捉えることも可能である。「良心は人間の最奥であり、聖所であって、そこでは人間はただひとり神とともにあり、神の声が人間の深奥で響きます」(『カトリック要理』改訂版、中央出版社、1972年、26頁) との観察は、啓示宗教に共通するものである。誰もが聴く心の声 (internal speech) には、神秘性と道徳性が潜む。「マズダー礼拝」の宗教は、その声に耳を澄ませよ、と示唆する最古層の思想。
＊5）「最も崇高で優れた」と訳す教徒が多い。しかしそれは、自分の宗教に絶対の信頼を寄せる誇り高い信仰心を告白するための言語表現であって、他宗教に対する優越感や排他的な思想をあらわしているのではない。このような聖典テキストの文脈理解は、宗教間の交流と平和のためにも深めておく価値がある。
＊6）悪しきものの根源は、「神」ならぬ破壊霊アングラ・マイニュにあるという「神」主導の倫理的二元論。「アフラ」と「マズダー」は各々単独に用いられたり、結びつけて神のフル・ネームにしたり、様々である。
＊7）死後の審判や復活、世界の終末とその後の新しい世界のことは言及せず、専ら現世の改善を志す。

預言者ヅァラスシュトラは、イラン人が石器時代から青銅器時代に移行した時期に生きた人である。青銅器の発明は、鋭利な剣を帯び戦車で疾駆する戦士階級を生み出した。平和な農村社会が武力の脅威にさらされるようになった時、「いのち」の安全と繁栄を願い求める者と、それを乱してみずからも破滅に向かう者との対立が始まった。当時の多神教にはすでに、「アシャ」（天則・正義）を護持する「ミスラ」（契約・忠実の擬人化→火の神）、「ヴァルナ」（誓約・真実の擬人化→水の神）、「マヅダー」（アシャと直結する叡智の擬人化）の三神を「アフラ」（主）と呼び、「マヅダー」を最高位に即ける傾向がみられた。けれども、これら三神の実体は、戦利品や農作物を嘉納すべき名前でしかなく、戦争の悲惨をまのあたりにして世の不正や悪徳を厳正に罰する世界経綸的意志を示す実在者として立ち現れることはいまだになかったのである。

　祭司階級スピタマ家に生まれたヅァラスシュトラは、長じてからの使命を予感してか、ゆりかごのなかで輝くような笑みをもらしたという。それを見て恐れをなした邪悪な者たちは、さっそく魔の手をかざしはじめた。早くも、悪の勢力と闘う日々が始まったのである。モーセやイエスの幼少期は、イスラエルの強力な指導者の出現を恐れた時の権力者によって脅かされたが、ヅァラスシュトラの場合は、大祭司の姿をかりた悪魔の長（もしくは邪心ある呪術師）ドゥーラースラウによって、六度も「いのち」をつけねらわれたという。初めは悪魔みずからが幼児を抱えて突き落とそうとし、次には牛や馬の蹄で、さらには狼の牙で、ついには炎や毒薬の力で害そうと試みるが、いずれも奇跡に阻まれ、母親ドゥグダーウの知るところとなり、失敗に終わる。この説話は、祭司ヅァラスシュトラが神の預言者として選ばれ、たんなる祭式に終始していた従来の神礼拝を改革するであろうことを物語っている。

　成人したヅァラスシュトラは父親のポウルシャースパが悪しき呪術師に追従していることを非難して、ついには故郷をあとにする。真実の道を求める放浪の旅を何年も続けながら、行く先々で眼にしたのは、ダエーワ（悪霊）を信奉する略奪者たちの暴力にさらされる弱者の姿であった。古来の「アフラ」たちを礼拝する祭司としては、神々の正義が下ることを切望せずにはいられず、自

分自身の為すべきことが何なのかを考えつづける日々を送っていた。そうした内面の暗中模索に劇的な終止符を打ったのは、30歳になって、新年祭の聖水を汲みに川へ入り、身も心も清浄のきわみにあった瞬間の出来事であった。川岸に光り輝く者を観た彼は、みずからも光を放っているのを見て、これが悪魔の仕業ではないことを確信した。この時、「ウォフー・マナ」（善い意図）と名乗った神の分身は、神が唯一であり、いくつもの名前とはたらきによってその意志を実現するということを啓示した。唯一神アフラ・マズダーは、みずからの聖なる霊スペンタ・マイニュをとおして六種の属性を表現し、人間社会に対するメッセージを明らかにしていった。神自身とそれらの属性は「アメーシャ・スペンタ」（聖なる不死者たち）と呼ばれ、神の創造物を一つずつ分担する守護者でもある。世界創造の順にそれを示すと、以下のようになる。

(1)　空　　　　　　　← クシャスラ・ワァイルヤ（望ましい統治・王国）
(2)　水　　　　　　　← ハウルワタート（健康・完全な心身）
(3)　大地　　　　　　← スペンタ・アーラマイティ（聖なる献身）
(4)　植物　　　　　　← アメレタート（長寿と安泰・不滅の生命）
(5)　動物（特に、牛）← ウォフー・マナ（善い意図；良心）
(6)　人間　　　　　　← スペンタ・マイニュ（聖なる霊）
(7)　火　　　　　　　← アシャ・ワヒシュタ（神の正義・理法・天則）

観たところ、これらは神自身の特性であると同時に、神が人間に分け与えようと欲する性質でもあることが分かる。つまり、当時の社会において希求されていながら、なかなか達成できずにいた理想の状態を反映しているのである。それは、現代に至っても果たしえないでいる夢ではあるが、それをあえて啓示した古代イランの宗教は、後続する諸宗教の先駆けとして、重要な位置を占めている。神の王国、永遠の生命、心に響く神の声としての良心、聖霊、神の掟などは、ユダヤ教・キリスト教・イスラームにおいても繰り返し現れる啓示宗教のモティーフである。また、終末思想（死後の私審判、救世主の来臨、魂と肉体が再結合する復活、最後の公審判、永生）を説いたのも、預言者ヴァラスシュトラが最初であった。最古の啓示宗教とみなされる所以である。

それにしても、先述の(1)〜(7)を見て、それらが「理想的な状態を反映している」と判断したのは、何を根拠としているのであろうか。それは、アフラ・マヅダーの創造したものの安寧を脅かす勢力に対する闘争本能が人間のうちにはたらいて、現状の改善を願うからだとゾロアスター教徒は考える。ゾロアスター教といえばかならず"善悪二元論"の問題が持ち上がるが、聖典『アヴェスター』は、悪に対する善の勝利を確信する宗教倫理の書である。善と悪を同等の対立概念として並置するわけではないので、哲学者のいうような厳密な意味での二元論ではないのである。

では、何を善とし、何に対して悪を認めるのか。聖典の枢要部『ヤスナ』の第30章3〜4節は、それを宇宙開闢の神話として語る。

はじめに二つの霊があり、対を為すものとして顕現した。思考と言葉と行動において、これら二つはそれぞれ善と悪である。これら二つの霊のうち賢明なほうは正しく選択するが、賢明でないほうはそうではない。
さて、これら二つの霊が初めて遭遇した時、それぞれが生と非生を創造した。[79]

善と悪は、起源の異なる二つの霊が別個に具えていた本有の性質であった。両者が遭遇することによって対立関係が生じたのであって、同起源に発する対(つい)の存在という意味ではない。アケメネス朝後期に発展したとみられる異端思想のズルワーン教は、これら二つの霊を、善の神アフラ・マヅダーと悪の神アーリマンの双生児と解釈し、その生みの親を「時(Zurvān)」と呼んで崇拝した。いまでも、「善神と悪神の闘争」を説く宗教としてゾロアスター教を紹介する場合があるのは、このズルワーン教を国教として全盛を誇ったサーサーン朝の影響をぬぐいきれないでいるからである。正統のゾロアスター教は、アフラ・マヅダーを善の根源にして唯一の神として信奉する。

二つの霊をなぜ"善"と"悪"に識別できるのかといえば、「それぞれが生と非生を創造した」とあるからである。どちらの霊が"生"(「いのち」)を創造したのかについてはまったく言及がないけれども、現代のわれわれが観ても、

"生"を創造したほうが"善"なのだと判る。その逆ではありえないと確信するのは、われわれ自身の「いのち」に照らして考えるからである。

　「いのち」に敵対して"非生"を創造した霊とは、言い換えれば"生"の破壊霊にほかならない。破壊行為は、創造行為を前提として可能になるのだから、ほんとうの意味での"創造"ではない。神と呼びうるのは、この"創造"を完全に為しうる者（善の霊）のみであって、"破壊"という、完全を脅かす不完全な行為に終始する者（悪の霊）は、神の敵対者として滅びの道を往くしかない。世界の終末は"善"なる神の勝利によって幕を閉じ、万有歓呼のうちに新たなる共生が始まる。「いのち」あるものは、創造神（「いのち」の根源）に対する絶対的信頼のうちに、滅びない道を、善き「思考と言葉と行動」によって選択するはずだという信念が、ここには貫かれている。

　「いのち」を創造するか破壊するかという根源的な問いかけが「善か悪か」の価値規準になっているために、時と状況によって相対的に変化する善悪の関係を超えた絶対的な「善」の君臨が可能になる。「神は善」というよりも先に「善は神」というべき神観は、アフラ・マズダーという神の唯一性を特徴づけるものといえる。イラン古来の神々は、この神の創造したヤザダ（礼拝に値する者）として、「悪」と闘う「善」の陣営に加えられており、いわば"多神教の加勢を受ける一神教"ともいうべき、ほかの一神教（ユダヤ教・キリスト教・イスラーム）にはない特徴を示している。

　「善い意図」によってだけ創造し創造物と接するこの神は、正しい生活に努める人間を試みに苦しめることなく[80]、専ら、無知、虚偽、貧困、病気、自然破壊などの状況を排除する、「いのち」を守り育む一切のいとなみ（教育、医療、福祉事業、司法行政、自然保護など）を統括する「正義」そのものである。

　ゾロアスター教徒は、日々、神に敵する破壊的勢力との闘いに挑みながら、聖なる火を信仰生活の糧としている。祭司たちは香木を継ぎ足しながら火の維持に尽力してきたが、火それ自体は、人の創作を超えて生き生きと燃えさかる神の作品であり、滅びざる神の「いのち」を想起させる天然の媒体なのである。彫像や絵画にはないダイナミックな象徴性を帯びている点で、抜きん出ている。

2 ユダヤ教:「いのち」の創造者に対する応答責任を自覚する

　そもそも、ユダヤ教とは、イスラエルの信仰共同体を基盤とする宗教であり、血縁のつながりを神聖視するという意味での民族宗教ではない。父祖アブラハムの時代から遊牧の渡来民（ヘブライ人）であった彼らは、寄留先の諸部族との混血を繰り返しながら、唯一神ヤハウェの信仰をとおして同族意識を強めていったからである。ユダヤ教徒である母親から生まれた人、もしくはユダヤ教に改宗した人を「ユダヤ人」と呼ぶ。血筋は母方をたどり、姓は父方を継ぐ。髪や目や肌の色は様々で、「ユダヤ的」な顔立ちなどというものは存在しない。

　「ユダヤ」とは①イスラエル諸部族の支配をエルサレム神殿を拠点として確立したのがユダ族のダヴィデとソロモンであったこと、②彼らの統一王国（北イスラエルと南ユダの連合王国）が分裂して、アッシリアの征服により北イスラエル王国（北方十部族）が滅び、南ユダ王国の人々が古代イスラエルの宗教の唯一の継承者になったこと、③その南ユダ王国もバビロニア捕囚に遭って、亡国の民「ユダヤ人」の苦難が始まったこと、などの歴史的経過を踏まえた名称である。彼らが消滅せずに結束してこられたのは、かつてエジプトでの奴隷状態から救い出してくれた神に対する感謝と忠誠のゆえである。彼ら「ユダヤ教徒」は、この「出エジプト」にあたって指導者となり、神の祝福と律法をもたらしたモーセを預言者たちのなかでも特に崇敬し、律法の遵守をもって神に対する報恩のしるしとする。もともと、神がモーセを介して結んだといわれる「シナイ契約」は、「どの民よりも貧弱」であった彼らになぜか「心引かれて」、無条件の愛をそそいだ神の神秘的な決断に起源しており、「律法を遵守するなら、祝福しよう」といった交換条件を突きつけるものではなかった。ただ、この民は、度重なる異民族支配の時代を経るうちに神の祝福を見失い、神に対する罪の意識から、「律法を遵守しなければ、祝福してもらえない」と考える傾向を生じた。キリスト教徒の福音書が当時のパリサイ派に属していた律法学者を教条主義的な偽善者と断じているのは、そのような一面を曲解しているのである。彼らはエルサレム神殿陥落後も生き残った唯一の宗派として、知恵あるラビたちを輩出しながら、その後のユダヤ教を支えた。行動を義しく律しつつも、思想の自由は尊ばれるので、独創的な個を生みやすいが、偶像崇拝（アイドル化）にもつながる個人の言行録や伝記文学は創らない。神の啓示（預言の内容）にも盲従せず、問い続けて議論するその主体的な態度は、今に到る繁栄の源である。

①会堂シナゴーグで律法の一節を読誦する人々。預言者モーセに下った十誡の刻まれた二枚の石板をモティーフにした刺繍のある幕の内側には、律法の巻物を納めた聖櫃(オロン・ハコデーシュ)がある。聖書を立てかける書見台(オムド)には、「汝の前に在ます者を知れ」「われ、つねにわが主を念頭に置く」などの言葉が刻まれている。神の臨在を忘れないために、円蓋型の帽子キッパーをかぶる。天井からは、昼夜をとおして灯るランプ(ネール・タミード)が下がり、永遠なる神の現臨をあらわしている。

②預言者モーセに率いられてエジプトでの奴隷生活を脱する直前の食事を追想し、神の恩寵に感謝する「過ぎ越しの祭り」(ペサハ)。その食物は、専用の皿に盛りつける。これは、オランダのアムステルダムで造られた陶器。ヘブライ語と英語で、「羊の骨」(脱出時の供犠)、「苦味の薬草」「ワサビ」(苦難の味)、「(四角い菓子)ハロセット」(奴隷として運んだレンガ)、「卵」「パセリ」(希望・新しい生活)とある。このほかに、「塩水」(涙)や「マッツァ」(発酵させずに急いで焼いた「種なしパン」)、メシアの到来を告げる預言者エリヤに捧げる杯などを用意して祭りの七日間を過ごす。

③エルサレム神殿の至聖所を照らしていた純金の燭台を想像して描いた絵(イスラエルの国家紋章)。神の指示するデザイン(『出エジプト記』25:31-40)に従い、七枝の燭台にはそれぞれ、「アーモンドの花の形をした萼と節と花弁」と「ともし火皿」をほどこした。神殿破壊後、その正確な復元は敬遠され、左右に四枝、中央に補助ロウソク用の小枝がある模造品を用いる。セレウコス朝シリアから都と神殿を奪回した際に、八日間、奇跡的に燃えつづけたという燭台の火に倣い「宮清めの祭り」(ハヌカー)で毎日一枝ずつ点す。

「ラビのユダヤ教」形成期までの略年表

B.C.19～18世紀	アブラハムを族長(「イスラエルの民」草創の父祖)とするヘブル人のカナン(パレスチナの古名)への旅立ち。「アブラハム契約」⇒ イサク ⇒ ヤコブ ⇒ ヨセフ…
B.C.17世紀頃	ヤコブ、神の使いと一晩中格闘を続けて勝ち、「イスラエル」という名を授かり、祝福を受ける。以後、その名が子々孫々の呼称になる。兄たちにエジプトへ売られてのち頭角をあらわし、ファラオの宰相になったヨセフ、父ヤコブを呼び寄せる。
B.C.1290～1250	エジプト第19王朝(B.C.1305～1200)におけるラメセス2世の統治(～B.C.1224)。モーセの率いるヘブル人の「出エジプト」。十誡を初めとする「シナイ契約」⇒「モーセ一神教」の成立。モーセ、約束の地カナンを目前にして亡くなる。
B.C.997	ベツレヘム出身の牧人ダヴィデ、イスラエルの王となり、エルサレムを都とする。
B.C.965	ダヴィデの息子ソロモンが王位に即き、エルサレム[第一]神殿の建設を開始。20年後に完成。神殿祭儀を中心とする「祭司のユダヤ教」時代、始まる(～A.D.70)。
B.C.928	ソロモン王の死後、統一王国、南ユダ王国と北イスラエル王国に分裂。
B.C.750頃	南ユダの小村テコア出身の牧人アモス、最初の記述預言者として活動を始める。
B.C.722	アッシリア捕囚でユダヤ人と入れ替わりに、異郷の民をサマリアに連行(⇒サマリア人)。
B.C.720	アッシリア王のサルゴン2世の反乱鎮圧により、北イスラエル王国、滅亡。
B.C.597	バビロニア王ネブカドネツァルによる第1次バビロニア捕囚。その5年後、預言者エゼキエルの召命⇒「メシア(救世者)待望」の高揚。「ユダヤ人」という呼称、使われ始める。
B.C.586	エルサレム陥落、ユダ王国滅亡。ソロモンの建てた第一神殿、破壊される。第二次バビロニア捕囚(～B.C.538)。預言者エレミヤの活動。亡国の嘆きと苦悩。
B.C.538	アケメネス朝ペルシャのキュロス大王、捕囚民の「ツィオン(=エルサレム)帰還」を許す勅令を発布(大王の寛容を讃える無名の預言者「第二イザヤ」の思想には、ペルシャ人をとおしたゾロアスター教の影響)。帰還できない多数の民は、自由意志で外国に居住する「離散民」(ディアスポラ)となり、オリエント・地中海世界へ拡散。
B.C.430頃	バビロニアから派遣された書記官のエズラ、「モーセの律法」を朗読。後のユダヤ教における「ミドラシュ」(聖書註解)の始まり。「シナイ契約」の更新により、エルサレム神聖共同体を確立。"民族"純化のため、外国人妻をエルサレムから追放。
B.C.400頃	「トーラー」(律法)の結集。特に、「申命法典」(『申命記』12～26章)は重要。
B.C.331	マケドニアのアレクサンドロス大王、パレスチナ征服。ヘレニズム時代始まる。
B.C.330	アケメネス朝ペルシャ滅亡。アレクサンドロス、欧亜にまたがる大帝国を建設。
B.C.164	ユダヤ教徒に①ゼウス神崇拝、②皇帝崇拝、③豚肉の食事を強制したセレウコス朝シリアのアンティオコス4世エピファネスに対する、ユダ・マカビーの乱(一時的勝利。神殿の宮潔め)。迫害の激化に伴い、死後の来世に望みを託する思想が発展。
B.C.2世紀初頭	サドカイ派の結成。成文律法(「モーセ五書」)のみに従う。A.D.70以降、消散。
B.C.129	パリサイ派の結成。律法と口伝律法(ミシュナ)に従い、死者の復活・天国と地獄・天使と悪魔・メシアの存在を信じる。俗世を厭わず、民衆のなかに留まり、律法研究。
B.C.125頃	クムラン宗団(エッセネ派)創設。死海のほとりで修道院的共同体を営みながら、世の終わりに備えた禁欲主義的結社。A.D.66年に始まる対ローマ反乱で消滅。
B.C.20	B.C.40年、ローマの属州パレスチナの支配者として、ローマ人により「ユダヤ王」の称号を受けたヘロデ大王、エルサレム第二神殿の大改築を開始。重税と強制労働。
A.D.30頃	ナザレのイエス、ローマ総督ポンティウス・ピラトゥスにより十字架刑に処せられる。
A.D.66	ローマ皇帝への納税を拒む「(神のための)熱心党」(ゼロータイ)、エルサレムを制圧。
A.D.70	ティトゥス帝、エルサレムを占領。第二神殿を破壊。マサダ要塞の陥落(73年)。パリサイ派の指導者ラバン=ヨハナン・ベン・ザッカイ、棺桶で運ばれ、ローマ軍の陣営に潜入。子孫の教育権を主張。ユダヤ教の本拠をエルサレムから地中海沿岸の町ヤブネに移す。シナゴーグを拠点とする「ラビのユダヤ教」時代、始まる(～現在)。
A.D.90	ヤブネにおいて、正典聖書(律法・預言者・諸書)の結集。19の祈祷、日課。

① 主なる神は、土（アダマ）の塵で人（アダム）を形づくり、その鼻に命の息を吹き入れられた。＊1）
人はこうして生きる者となった。＊2）『創世記』2：7。

＊1) נִשְׁמַת חַיִּים (nišmat ḥayyim) ＊2) נֶפֶשׁ חַיָּה (nepheš ḥayyah)

最古の"イスラエル民族史"は、ソロモン王時代の著作と考えられる。神名にヤハウェを用いるため「ヤハウィスト」と呼ばれる著者はここで、人間存在の二面性について語る。すなわち人間は、土くれのように微小で脆い存在であるが、神の息で呼吸するという点では、神の意志を体現して「生きる」ことの可能な唯一の被造物である。このような神の恩寵に、人間は応えるべきだという責任感が生じる。

② 神は言われた。「我々にかたどり、我々に似せて、人を造ろう。そして海の魚、空の鳥、家畜、地の獣、地を這うものすべてを支配させよう。」神は御自分にかたどって人を創造された。神にかたどって創造された。男と女に創造された。 ＊1) 同、1：26-27。

＊1) בְּצַלְמֵנוּ כִּדְמוּתֵנוּ (beṣalmēnû kidemûtēnû)「我々」は、人間の存在レヴェルとは隔絶した神の権威を表現する語。天使らを従える天のイメージもある。多神教の名残りではない。バビロニア捕囚民の間で編纂された民族史「祭司典」は、神々のために労役に服する奴隷として創られた人間、というバビロニア神話の思想と真向から対立するものである。イスラエルの神は、奴隷を使役せずに世界創造を展開する全知全能の超越神であり、その創造活動の協働者として、人間を必要とする。いわゆる「神の似像」(Imāgō Dei)とかの「土の塵」('adāmāh)はともに「いのち」ある人格体（人間の尊厳）を成立させる不可欠の要素。肉体を「魂の牢獄」として卑下しない。聖書の人間観を支える根本思想。

③ 殺してはならない（あなたは、殺しはしないであろう）。＊1)『出エジプト記』20:13。括弧内は逐語訳。

＊1) לֹא תִּרְצָח׃ (lō'tirṣāḥ) 神の愛（①～②、④参照）に気づいた人間ならば、その愛をだいなしにする行為〔神の創造物という意味では同胞にあたるほかの「いのち」（息の根）を止めること〕にはしるはずがない、という信念。預言者モーセに下った十誡の第六誡にみられる生命倫理。文法的には、パアル態・未完了形の男性・2人称単数形である。たんなる禁止命令ではないことに注意したい。

④ 聞け、イスラエルよ、我らの神、主は唯一の主である。＊1）あなたは心を尽くし、魂（＝生命）を尽くし、力を尽くして、あなたの神、主を愛しなさい。 ＊2)『申命記』6:4-5。括弧内は著者の補足。

＊1) שְׁמַע יִשְׂרָאֵל יְהוָה אֱלֹהֵינוּ יְהוָה ׀ אֶחָד׃

(šemā' yiśrā'ēl yhwh 'elohênû yhwh 'eḥād) 注）神聖四文字の"yhwh"は"adonāi"と発音する。
＊2) 唯一神信仰（一神教）の告白。朝夕の立祷(amidah)に先立ち唱えられる聖句（「シェマー」）の冒頭部分。朝の祈祷では、「シェマー」を記した羊皮紙を革の小箱(tefillin)二つに納め、額と左上腕に縛りつける。縛った紐の力は、肉体をとおして魂の根柢へ聖なる言葉の意味を伝える。なぜ、神を信仰し、愛さなくてはならないのか。それは何よりも、「あなたの（創造）神」が「あなた」を愛するからである（①～③参照）。神への従順は、この「みずからの創り主」に対する絶対的信頼感を出発点としている。セム語族の宗教として後続するキリスト教とイスラームもまた、この精神文化を継承（とりわけ②は、その原点） 。
（本書での聖書の引用は、共同訳聖書実行委員会『聖書 新共同訳－旧約聖書続編つき』日本聖書協会、1993年から）

王も国家もなく、離散民（Diaspora）のままで存続することは、異教徒にとっては文字通りの流浪と映るかもしれない。しかし彼らにとって王国の有無は、イスラエルの存亡を左右する要素ではなかった。なぜなら、真の王権は神に帰するのであって、人間の王を立てればかならず不手際が生じるはずだからである。王を欲しがった民によって選ばれた初代の王サウルも、その後継者ダヴィデも、人間ゆえの弱さや過ちによって王政の秩序を乱した。バビロニアやペルシャが王権神授説によって王の神格化をはかったのとはきわめて対照的である。つまり、イスラエルの民は、つねに神を直接の支配者と仰ぐことによって、この地上のどこに在っても存続できる人々なのである。近代になって国家としてのイスラエルを再建してからも、彼らの多くが"帰国"することなく、異教徒の国々に留まり続けるのも、地上の王国や帝王とは別次元の「神の国」や「救済者(メシア)」の到来を期待しているからであると考えられる。

　そもそも「イスラエル」（「神と闘う」）とは、「神の人」がヤコブに格闘を挑み、夜明けまで闘ってヤコブの勝利を認め、祝福を請われて授けた新しい名前であった。(85) 老父イサクを欺いて兄エサウの長子権を騙し取った彼も、この勝利の直後に兄と和解して、「イスラエルの十二部族」の祖となる十二人の息子に恵まれた。末子は、エジプト王の宰相にまで出世したヨセフである。彼ら一族は、「アブラハム」「イサク」「ヨセフ」のそれぞれに語りかけ、行く先を示し、子孫を富ませた神と向き合い、信じて従う応答関係を築いていった。いわゆる「選民イスラエル」は、カルデアのウルに居たアブラムが神の召命を信じたことに起源する。『創世記』（12：4）はごく簡単に「アブラムは、主の言葉に従って旅立った」とだけ記しているが、その従順さが後の繁栄をもたらしたことを考えれば、それは至って非凡で稀有なる態度であったと観なければならない。神が彼をアブラハム（「諸国民の父」）と改名させ、「永遠の契約」を結んだのは、(86) 神自身の意志によるとはいえ、神に寄せられた絶対的な信頼に対して報いるためでもあったのである。アブラムが初めて神の言葉を聴いた時、それを「神の思いにして、わが思いにあらず」と確信したことから、すべては始まったといっても過言ではないだろう。

では、なぜ、それほどまでに、この神を「主」として信仰することができるのか。どこから顕れたのか定かではない、まるでよその星から来たエイリアンのような、どこまでも素性の知れない相手であったならば、いかに純粋無垢な信心を持った人といえども、全身全霊をもって帰依するまでには至らなかったであろう。聖書は、神が誰であるから信じるに値するのかを、きわめて簡潔で意味深長なる表現で説明する。即ち、ほかでもない、この〔唯一の〕神こそがあなたの創り主であり、人間であるあなたには、神の息吹と神の似像が宿っているのだから、というのである（聖句①〜②参照）。神から与えられたこれらの恩寵に対し、人間はただひたすらに感謝して、神の愛に応えるほかはない。

あたかも隔絶した超越者であるかのようにみえて、実は同時に「いのち」の親としてわが身を活かす内在者でもある神を実存的に受け容れる時、人は神との絆を回復した（神のもとに立ち帰った）といえるのである。神と人の間を執り成す仲保者は必要ではない。人は神に背く罪を負っても、個々に悔い改めて神と直接に和解することができる、祝福された存在である。罪を贖うのは自分自身であって、来たるべき救済者(メシア)なのではない。その罪も子々孫々に烙印を押す原罪ではなく、神の赦しによってそのつど解消すべきものである。かの楽園を追放されたアダムとエバの話にしても、親である神の言いつけを守らなかった子供たちの成長神話として読めば、その後の経過を見守る神の慈愛を見失わずに済む。子供は親の思うようにならないとはいえ、親を喜ばせようと懸命に努めることもあり、それがうまくゆかなくても、親は喜ぶものである。そのうえ、子が親になることがない人と神の関係では、子を導く親のはたらきに際限はない。

イスラエルの神は、それがいかなる応答関係であれ、"打てば響く"ような人間からの反応を期待する神である。人間の心がかたくなになり、神の声に応えなくなる時、神もまた、人間の叫びに沈黙し、人間が悔い改めるのを待つようになる。そうした神の意志を代弁する歴代の預言者たちは、「悪の道を離れて主に立ち帰れば、主も人間のもとに立ち帰るであろう」と呼びかける[87]。では、どうすれば善の道に入れるのか。それは、選民イスラエルの繁栄と幸福だけを追求するのではなく、神の創造した全人類に及ぶ善行に励むことである。

「万軍の主はこう言われる。
正義と真理に基づいて裁き、互いにいたわり合い、憐れみ深くあり
やもめ、みなしご、寄留者、貧しい者らを虐げず、
互いに災いを心にたくらんではならない。」
ところが、彼らは耳を傾けることを拒み、かたくなに背を向け、耳を鈍くして聞こうとせず、心を石のように硬くして、万軍の主がその霊によって、先の預言者たちを通して与えられた律法と言葉を聞こうとしなかった。こうして万軍の主の怒りは激しく燃えた。
「わたしが呼びかけても彼らが聞かなかったように、彼らが呼びかけても、わたしは聞かない」と万軍の主は言われる。「わたしは彼らを、彼らの知らなかったあらゆる国に散らした。その後に、地は荒れ果て、行き来する者もなくなった。彼らは喜びの地を荒廃に帰させた。」(88)

　神の「呼びかけ」に対する応答責任を放棄することによって、いかに重大なる代価を払わなければならないか。預言者のもたらした律法に聞くことが、神との応答関係においていかに大切な行為であるか。そして、イスラエルの民がよその国々の民に先んじて、神の嘉する「喜びの地」を実現する使命をいかに担うものなのかを、ここに読み取ることができる。民の災厄は、民みずからが招いたのであり、神からの一方的な罰によるのではない。
　こうしていったん突き放された人間のほうも、黙ったままではいられない。「わたしの神よ、わたしの神よ、なぜわたしをお見捨てになるのか。なぜわたしを遠く離れ、救おうとせず、呻きも言葉も聞いてくださらないのか」(89)と嘆きの叫びをあげながら、その嘆きのただなかで、神に立ち帰る態勢を整えてゆく。

わたしたちの先祖はあなたに依り頼み
依り頼んで、救われてきた。
助けを求めてあなたに叫び、救い出され
あなたに依り頼んで、裏切られたことはない。(90)

つまり、峻厳と思われた神の沈黙も、その中身は、人間との応答関係を求める熱情に満ちたものなのである。ローマ人によって徹底的に破壊されてしまったエルサレム第二神殿の西壁は「嘆きの壁」と呼ばれ、律法を朗唱する場となっているが、ユダヤ教徒にとってそこは神の救いを観る「希望」(Hatikvah)の空間でもあることを忘れてはならないだろう。黒い山高帽子に黒いコート、もみあげを長く垂らした敬虔派(ハスィディーム)の出で立ちなどを見れば、厳格な律法主義者という印象ばかりが先に立つかもしれない。しかし彼らのほうからすれば、そのように生活することが何よりも間違いのない神への立ち帰りになるのである。律法は、人間を縛りつけるものではなく、むしろ、精神の自由をかなえるための鍛錬になるのだと、友人のラビは言った。神、律法、偶像崇拝の罪などに関する義務律が248、適正食品規定(カシュルート)や司法などに関する禁止律が365、合計613の戒律が『モーセ五書』のなかに示されているけれども、これらの戒めよりも、戒め以外に許されている行為のほうがはるかに、というよりは無限に多く認められる、という事実にも注目すべきであろう。律法の精神は、実にその律法を超えたところで発揮される。「いのち」を創造した神に対する「いのち」自身の応答責任を全うするには、それが最も容易で無理のない道なのである。

　主はあなたの先祖たちの繁栄を喜びとされたように、再びあなたの繁栄を喜びとされる。あなたが、あなたの神、主の御声に従って、この律法の書に記されている戒めと掟を守り、心を尽くし、魂を尽くして、あなたの神、主に立ち帰るからである。　／　わたしが今日あなたに命じるこの戒めは難しすぎるものでもなく、遠く及ばぬものでもない。それは天にあるものではないから、「だれかが天に昇り、わたしたちのためにそれを取って来て聞かせてくれれば、それを行うことができるのだが」と言うには及ばない。海のかなたにあるものでもないから、「だれかが海のかなたに渡り、わたしたちのためにそれを取って来て聞かせてくれれば、それを行うことができるのだが」と言うには及ばない。御言葉はあなたのごく近くにあり、あなたの口と心にあるのだから、それを行うことができる。(91)

3　キリスト教:「いのち」のよみがえりにあずかる

　キリスト教といえば、「十字架」を連想する人が多いかもしれない。たんなる十字の形だけなら、信徒以外でも装身具として愛用する人は少なくないが、キリストの身体を付した"磔刑像"ともなれば、話は別であろう。

　両手〔首〕・両足を釘で打たれ、息絶えてからも脇腹を槍で刺されて傷だらけになった十字架上の人を、なぜキリスト教徒は崇拝するのか。たとえ無実の罪であっても、刑死者の姿をわざわざ教会堂の最も神聖なる場所に画像や彫像として祀るのは、一体どんな意味づけをするからなのか。キリスト教文化に触れたことのある人なら、一度はそのような疑問を抱いたはずである。これに答えるには、キリスト教の母体であるユダヤ教の贖罪思想にまで遡る必要がある。

　そもそもアブラハムの昔から遊牧の民は、神との交わりにおいて、放牧している大切な動物の「いのち」を捧げるという祭儀の方法を取ってきた。神の恵みに気づいて感謝する時も、神に背いたと自覚して罪を償う時も、生け贄の血を流し、火で焼き尽くして香ばしい煙を天に届けることによって、神を喜ばせ、神の赦しを得られると考えたのである。キリストを「神の子羊」(92)と呼び、その死に「罪の贖い」を観るのは、この族長時代から神殿時代にかけての伝統的な神礼拝のありかたを踏まえているからにほかならない。この"犠牲獣(いけにえ)に人間の罪を負わせる"という観念は、特に農耕を中心とする生活文化に慣れ親しんできた民などにとっては、知らなければ一向に理解できないものといえるだろう。

　キリストがその死によって全人類の原罪を贖い、その復活によって罪の滅びを脱却して「永遠のいのち」をもたらしたというキリスト教の根本思想は、ユダヤ教徒の待望する"人間としての救済者(メシア)"に"唯一の主である神"のイメージを重ね合わせた「救世主(メシア)＝キリスト」像を、ナザレのイエスという歴史的人物の教えと生涯に凝縮させることによって成立している。各自が主なる神と個別に和解して各自の罪を贖うと考えるユダヤ教徒にとって、イエスを「主(しゅ)」と呼び、「原罪」の陰影を「神の似像」たるべき人間の根柢に見据え、神の御子イエスによる救済を告知するキリスト教は、異端を通り越した異教なのである。多様な啓示宗教の文脈(コンテキスト)では、「預言者としてのイエス」(ヨハネ14：10参照)が対話への扉となろう（53〜63、170〜173頁も、敢えてこの視点を導入）。

①これは、ローマ・カトリック教会でのミサ。司祭が聖体拝領の用意をし、列席する修道女(シスター)の一人はその心構えに十字を切っている。イエスは受難の前夜に祝った過ぎ越しの祭りで、パンを「わたしの体」、ブドウ酒を「(十字架上での贖罪死で流される)わたしの(新しい契約の)血」と呼び、弟子たちと分け合った。これを記念する聖餐式では、丸いウェハース状の種なしパンを用いる。かつて神の使いは、エジプト人の長子と家畜の初子を滅ぼし、イスラエル人の家は過ぎ越した。この故事をキリスト教徒は、「新約」による「死から(永遠の)生命への過ぎ越し」として継承。救世主イエスの復活に自らもあずかる。

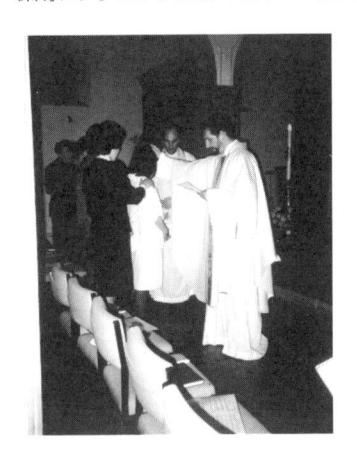

②例えば、ローマ・カトリック教会での洗礼式。白い服に着替えて聖水を額に受けるのは、原罪を浄めて新しい「いのち」を授かるため。写真の司祭は、受洗者のよみがえりを祝福している。この儀礼は、メシアの到来に先立つ悔い改めの必要を叫んだ荒れ野の聖者ヨハネがヨルダン川でほどこしていた洗礼を起源とする。イエスは公生涯の直前にこれを受け、伝道活動に臨んだ。

③ローマにある「ドミティルラのカタコンベ」に描かれた3世紀頃の壁画「ラザロの復活」。友人の病死に涙を流したイエスは、葬ってから4日もたっている墓所へ向かった。大声で呼び出すと、顔や手足を布で覆われたままのラザロが出て来たという。ここに登場するイエスは、ひげのない青年の姿。長い杖で繭玉のように白い友の覆いに触れ、「いのち」のよみがえった瞬間を指し示す。

キリスト教会の形成・確立までの略年表

B.C.7~4 ?	ローマ皇帝アウグストゥス、全領土で住民登録を施行。そのため、ガリラヤの町ナザレからユダヤのベツレヘムへ上った大工ヨセフの許婚マリア、初子（イエス）を出産。
A.D.4	ヘロデ大王(ユダヤ王即位：B.C.37~)死去。エルサレム、ガリラヤ、ペレアの反ローマ叛乱。
A.D.26	ローマ人のポンティウス・ピラトゥス、ユダヤ総督となる（~A.D.36年）。
A.D.10頃から、A.D.30頃まで。	イエス、養父ヨセフの生業を営みながら成長。幼少より律法に通暁。当時の神殿祭儀に疑問。ヨルダン川でヨハネから洗礼を受け、荒れ野での試練を経たのち、伝道開始。祭司の権威に拠らず、みずから神の名において病人を癒し、悪霊を払うという行為は、律法生活に対応しきれない貧者や弱者を救った。イエスの十字架刑は、大祭司を頂点とする聖職者たちの策謀と、反ローマ勢力を危惧したユダヤ総督の決断によるもの。
A.D.30以降	キリスト・イエスの「復活」信仰、芽生える ⇒ 原始キリスト教団の発生。
A.D.32頃	ステパノ、石打ちの刑により最初の殉教。パリサイ派のパウロ、キリスト教徒を迫害。
A.D.34頃	パウロの回心。伝道旅行（第1次：48~49年頃、第2次：50~52年頃、第3次：52~56年頃）に赴く。その間、アンティオキアの教会で初めて「キリスト者」という呼称、用いられる。
A.D.57頃	パウロ逮捕。その2年後にはローマ市民として皇帝に上告し、ローマに護送される。
A.D.64	ネロ帝の治世下、ローマに大火。キリスト教徒迫害される。ペテロとパウロの殉教？
A.D.70	ティトゥス帝率いるローマ軍のエルサレム占領。第二神殿消失。パリサイ派のみが存続。
A.D.90	ナザレのイエスを待望の救世主（キリスト）とする教会組織、ユダヤ教団から永久追放。
A.D.95~96	「主にして神」と自称したドミティアヌス帝による迫害。五賢帝時代始まる（96~180年）。
A.D.135	バル＝コホバの叛乱鎮圧。エルサレムを「アエリア・カピトリーナ」と改称。ユダヤ人の立ち入りは死刑。その200年後、アヴ月9日のみに「嘆きの壁」での祈祷を許される。
A.D.193	セプティミウス・セウェルス即位。セウェルス王朝始まる（~235年）。ユダヤ教の寛容令。
A.D.200頃	アレクサンドリアのクレメンス、「哲学はギリシャ精神をキリストに導く養育係」であると論じる。キリスト教神学におけるギリシャ哲学の援用、進展（→スコラ哲学への道程）。
A.D.225頃	初期の聖餐についての規準書、編集・執筆。この頃、カタコンベ（墓窟）美術の展開。
A.D.249	デキウス帝下の迫害（~251年）。神々と皇帝の崇拝、および、神殿での供犠を強制。
A.D.253	ウァレリアヌス帝治下の迫害（~260年）。供犠の命令、墓地の使用や集会の禁止。
A.D.260	ガリエヌス帝の勅令により、会堂の再建・墓地の再開・礼拝の自由が認められる。
A.D.303	ディオクレティアヌス帝の第1~3勅令による大迫害。翌年には第4勅令発布（~305年）。
A.D.305頃	アントニウス、エジプトで禁欲生活開始（「修道院」設立の起源）。529年に。
A.D.308	マクシミヌス帝治下のローマ宗教復興運動（~311年）。神聖な森や神殿祭儀の再興。
A.D.313	コンスタンティヌス帝とリキニウス帝の連署によるミラノ勅令 ⇒ 「教会の平和」
A.D.325	コンスタンティヌス帝、第1ニケーア公会議召集。キリストの人性のみを認めたアリウス派の単性論を異端とする。アタナシウス派の両性論、優勢。ニケーア信条、成立。
A.D.361	ユリアヌス帝のローマ宗教復興政策。国家と結びついた教会の特権を剥奪。信仰は放任。
A.D.374頃	エチオピアのキリスト教化、終了。451年の公会議以降、単性論派に転じる。
A.D.381	第1コンスタンティノープル公会議で三位一体論確定（アウグスティヌスの貢献）。
A.D.392	テオドシウス帝による異教禁止令。キリスト教、ローマ帝国の国教に ⇒ 「教会の勝利」
A.D.396	アウグスティヌス、ヒッポの司教となる（~430年：ヴァンダル族の攻囲中に死去）。
A.D.397	第3カルタゴ教会会議、新約聖書の27巻（執筆は、60年~150年頃）を正典と認める。
A.D.400頃	ヒエロニムスによるギリシャ語聖書のラテン語訳（「ウルガータ」）、完成。
A.D.431	エフェソス公会議。マリアを「神の母」（テオトコス）ではなく、「キリストの母」（クリストコス）と考え、キリストの人性を強調したネストリウス、退けられる。
A.D.451	カルケドン公会議で両性論（「キリストは真に神であり、真に人であること、神性によれば父なる神と同質で、人性によれば我ら人間と同質であること」＝「両性は一つの人格、一つの本質の中に併存すること」）をキリスト教の正統思想として確定。
A.D.529	ヌルシアのベネディクトゥス、モンテ＝カッシノに修道院を開く。修道会の草創。

＊ 新約聖書は、ナザレのイエスをキリストとする信仰にもとづき、およそ100年余りの歳月をかけて、徐々に形成されていった。特に「マルコ」(60年代)、「マタイ」「ルカ」(80年代)、「ヨハネ」(90~110年代)の四福音書は、聖言集「ロギア」(50年代)などの原資料をもとに成立(「ヨハネ」以外の3書＝「共観福音書」)。『使徒行伝』、使徒たちの書簡集、『ヨハネの黙示録』を合わせた全27巻。最古層のパウロ書簡(50~56年頃)、なかでも、『コリント人への第一の手紙』『コリント人への第二の手紙』『ガラテア人への手紙』『ローマ人への手紙』は「四大書簡」と呼ばれ、異邦人への使徒パウロの思想を要約した文書として重要。

① (あなたがたが祈るときには、人知れず、簡潔に述べなさい) あなたがたの父は、
願う前から、あなたがたに必要なものをご存じなのだ。だから、こう祈りなさい。
『天におられるわたしたちの父よ、御名が崇められますように。 ＊1)
御国が来ますように。御心が行なわれますように、天におけるように地の上にも。 ＊2)
わたしたちに必要な糧を今日与えてください。
わたしたちの負い目を赦してください。
わたしたちも自分に負い目のある者を赦しましたように。
わたしたちを誘惑に遭わせず、悪い者から救ってください。』 ＊3)
(『マタイによる福音書』6:8-3。冒頭の括弧( )内は、同、6:5-7を筆者が要約したもの)
〔御国と力と栄光は、限りなく、あなたのもの。アーメン〕 ＊4)

　　Our Father which art in heaven, Hallowed be thy name. / Thy Kingdom come. Thy will be done in earth, as it is in heaven. / Give us this day our daily bread. / And forgive us our debts, as we forgive our debtors. / And lead us not into temptation, but deliver us from evil: For thine is the kingdom, and the power, and the glory, for ever. Amen.
(Authorized by King James Version; ジェームス1世が47名の学者に邦訳させた『欽定英訳聖書』。1611年に公刊。近代イギリス散文に影響)

＊1) 神はみずからを特定の名で明かさない無限定の存在(「わたしはあるという者だ」:『出エジプト記』3:14)である。ここではイエスみずからが、その神に対する祈り方を指導している。
＊2) 「御国」も「御心」も、この世界にはたらきかける神の意志を凝縮する語(「ゾロアスター教」の項参照)。
＊3) 人を試みにあわせる神の側面を示す。聖典『クルアーン』の「開扉の章」6~7節(本書131頁)参照。
＊4) 「主の祈り」として唱えるときの最終行。「アーメン」は、賛同を示すヘブライ語・アラム語。

② 愛は忍耐強い。愛は情け深い。ねたまない。愛は自慢せず、高ぶらない。礼を失せず、自分の利益を求めず、いらだたず、恨みを抱かない。不義を喜ばず、真実を喜ぶ。すべてを忍び、すべてを信じ、すべてを望み、すべてに耐える。(『コリント人への第一の手紙』13:4-7) ＊1)
それゆえ、信仰と、希望と、愛、この三つは、いつまでも残る。＊2) その中で最も大いなるものは、愛である。(同上、13:13) ＊3)

＊1) 神の意志を命がけで伝えたイスラエルの預言者たちの生き方が、ここに要約されている。歴史上、神の啓示が途絶えて聖書を拠りどころとする各人の生き方に任される時代においては、ここにみるような簡潔で普遍的な解説が望まれる。「信・望・愛」は、キリスト教精神のエッセンスであると同時に、信仰をもつ誰もがうなずける人生のありかたを示唆している。
＊2) $\pi\iota\sigma\tau\iota\varsigma, \epsilon\lambda\pi\iota\varsigma, \alpha\gamma\alpha\pi\eta$　　　　(pistis, elpis, agapē)
＊3) $\mu\epsilon\iota\zeta\omega\nu\ \delta\epsilon\ \tau o\upsilon\tau\omega\nu\ \eta\ \alpha\gamma\alpha\pi\eta.$　　　(meizōn de toutōn hē agapē)
使徒パウロは、ヘブライ語を知らない離散ユダヤ人やローマ人(ヘレニスト)にも解るように、このコイネー(B.C.300年頃からA.D.500年頃までのギリシャ世界における共通語)で書簡をしたためた。

③ わたしたちは、自分が死から(永遠の)生命へと移ったことを知っています。兄弟を愛しているからです。愛することのない者は、死にとどまったままです。(『ヨハネの第一の手紙』3:14。括弧内は、15節による補足)

＊十字架上で命を捨てたイエスに神の愛を観て(同上、16節)、それに倣う人類愛を志す言葉(同、17~18節)。イエスの復活にあずかるという希望によって、死で終息する命はすでに超えられている。

"よみがえり"とは、それまでの自分が新しく生まれかわる喜びをともなうものである。死んでから再び息を吹き返すことだけを意味するのだとしたら、生きている間に救われたい、少しでも幸せになりたいという希望はすべて空しくなるであろう。

　福音書の記述を観るかぎり、ナザレのイエスが「いのち」のよみがえりを体験したのも、かの「復活」の時が初めてなのではなかった。ヨルダン川のほとりでヨハネから洗礼を受けた時、イエスは「あなたはわたしの愛する子、わたしの心に適う者」(93)という天からの声を聞き、神の聖霊がみずからに降って来るのを見た。元来は、すべての人間が神の息で活かされ、神の霊に親しく接していたはずであったが、その恩寵に対して鈍くなり、神から遠ざかってしまった時代にあっては、聖霊降臨は特別の賜物なのである。「復活」後のイエスが弟子たちを祝福し、「聖霊を受けよ」と言って「息を吹きかけた」とあるのは、(94)イエスが「キリスト」（救世主）としての権限をもつにとどまらず、人間を創造した神の権威をもって世に現れたことを象徴的にあらわしているのである。

　キリスト教では、イエスを「人間の姿」をした神に等しい者として捉え、(95)その言動に注目する。現に、受洗後のイエスは、荒野で悪魔の試みに打ち克ち、「神の国」の福音を宣べ伝え、民衆の病や患いを癒すという活躍の日々（公生涯）を送った。年の頃はおよそ30歳を過ぎたあたり、宣教活動にその最晩年を捧げたイエスは、もはや青年ではなかった。聴衆はおおかた彼よりも年下であり、10年以下の余命しか望めないはずであった。(96)平均寿命が40歳にも満たなかった当時、若さは「いのち」の輝きを発する憧れの的であり、60代にも達した年輩者（新生児の約3％）は尊敬の的となった。だからといって、彼らが青春を謳歌し、老年の余生を楽しんでいたわけではなかった。

　イエスを含めたユダヤ人の社会は、ローマ帝国の統治下にあり、エルサレム神殿での祭儀を司る祭司階級のサドカイ派は「十分の一税」と呼ばれる重税を民衆から取り立て、営利を貪っていた。邸宅には沐浴用の部屋を何室も備え、神殿への専用道路を高い所に渡して"不浄な他者"との接触を避けるといった、高慢この上ない暮らしぶりであったことは、発掘調査によって判明している。

神殿や王宮の修復工事には多くの労働力を必要としたから、その苦役によってはかない「いのち」をさらに蝕まれる人々も少なくなかった。一方、民衆のなかにあって律法の遵守に専念していたパリサイ派も、神殿祭儀に参加できるとはかぎらない漁民や農民、祭司に忌避されていた病人や悪霊に憑かれた人、取税人、異郷出身のサマリヤ人などを悉く軽蔑して、顧みることがなかった。神殿での生け贄にする羊や鳩を買うこともできず、神域に近づくのも禁じられていた人々や、神殿詣でをしたくてもままならない旅の商人や辺境の住民などは、律法の定める諸規定を守れない「地の民」（'am hā 'āreṣ）というレッテルを貼られ、来たるべき「神の国」には入れないと信じられていた。イエスが漁師（ペテロとアンデレ、ヨハネとヤコブの兄弟）や商人（ピリポ）や取税人（マタイ）などを弟子に選んで活動したのは、神を本来の主権者とする「神の国」が人間の造営する神殿の領域に縛られない、万人に開放された正義と救いの世界に属していることを示すためであったと考えられる。祭司の権威に真っ向から挑戦し、「神の国」に政治的な革命思想を詮索するローマ当局の疑念を退けようとしたのである。それでも、政治犯として十字架刑に処せられる受難の運命を免れることはできなかった。イエスはむしろそこに、神の計画（預言の成就）を観て詩編の一節（22：2）を口ずさみ、従容として息絶えたのだった。

　当時の宗教的権力や世俗的権力に絶望した人々は、世を厭うか、世を騒がすかの極端な傾向を示した。例えば、祭司たちの堕落を批判してエルサレムを離れたエッセネ派は死海のほとりで一団をなしていたが、他者との接触を穢れとして嫌う隠遁者であったから、民衆の苦しみに聴くことはなく、乱世の終焉ばかりを祈り求めていた。ローマ人の支配に反抗して納税を拒否していた熱心党は政治的な過激派であり、「いのち」の平安からは程遠い闘争に明け暮れて、同胞のユダヤ人からもその不穏な動向を恐れられていた。熱心党のシモンがイエスの弟子集団にいたことは、イエスの刑死と無関係ではなかっただろう。

　同じユダヤ人社会の成員でありながら、一丸となって異教徒の統治に対抗することも、隣人を愛して律法の精神を全うすることもなかった彼らは、紀元後70年のローマ軍による神殿破壊と離散の運命を直前にしながら、相変わらずの

分裂状態を続けていたのである。仮に、イエスが登場しなかったとしても、ユダヤ教の歴史的歩みは続いたであろうが、キリスト教国で起きたようなユダヤ人の迫害は免れたことであろう。「イエスを十字架に付けたユダヤ人」という倒錯した観念は、ユダヤ人イエスが当時の社会を覆っていた貧困や差別や病苦と向き合い、同胞と共に喜怒哀楽の起伏に富んだ日々を送ったことを無視するものである。イエスは、婚礼に招かれると酒宴で朗らかに興じ(97)、病人を見れば、病をもたらした世の不正に怒りを覚え(98)、悪霊の憑いた息子に手を焼く人には信仰が薄いと叱り(99)、友が死ねば激しく心を傷めて涙を流し(100)、野の花が咲けば、その美しい装いを愛でる(101)、感受性の豊かな人であった。今日のわれわれも、公害病で苦しむ人々の闘いに共鳴し、戦争孤児のつぶらな瞳を目にしては、戦乱の愚かさに憤りを感じるであろう。イエスの時代にも、社会の抱える諸問題に取り組もうとしていた人々はいたに相違ないが、イエス以上に影響力を持った人物はほかに出現しなかったのであろう。"病は罪の報い"という観念が定着していた世の中にあって、イエスの癒しを受けて健やかになり、正気に返った人々は、死人がよみがえったにも等しい喜びを体験した。たんに身体の機能が良くなったというだけではなく、人間性の回復がはかられたのである。かつての状態から脱却し、救い出されてゆく人間の幸いと、神の愛を体現する人間にそそがれる祝福については、「山上の垂訓」が余すなく詠じている。

「心の貧しい人々は、幸いである、天の国はその人たちのものである。
悲しむ人々は、幸いである、その人たちは慰められる。
柔和な人々は、幸いである、その人たちは地を受け継ぐ。
義に飢え渇く人々は、幸いである、その人たちは満たされる。
憐れみ深い人々は、幸いである、その人たちは憐れみを受ける。
心の清い人々は、幸いである、その人たちは神を見る。
平和を実現する人々は、幸いである、その人たちは神の子と呼ばれる。
義のために迫害される人々は、幸いである、天の国はその人たちのものである。(102)」

イエスがこのように教えたのは、聴衆がこれらの幸いを幸いとしてはっきりと自覚していなかったからであろう。それまでは、律法を守れる「義人」の列から疎外された「罪人」としての意識に沈むばかりだった民衆にとって、イエスの説く幸いは、ありのままの自分がそのままの姿で、いま・ここでの"よみがえり"を体験できるという"喜ばしい知らせ"（福音）にほかならなかった。老齢に達することなど思いの外(ほか)であった彼らにしてみれば、余命わずかなこの「いのち」がそのような"よみがえり"にあずかるとは、思いがけない神からの恩寵であったに違いない。イエスはその神にアラム語で「父よ(アッバ)」と呼びかけ、感謝と信頼の態度を率先して示した。神殿の至聖所で「万軍の主」とか「審判者」などと呼ばれていた畏怖すべき神のイメージをあえて取り払ったのである。

今日は生えていて、明日は炉に投げ込まれる野の草でさえ、神はこのように装ってくださる。まして、あなたがたにはなおさらのことではないか、……。(103)
明日のことまで思い悩むな。明日のことは明日自らが思い悩む。その日の苦労は、その日だけで十分である。(104)

各自が負っている人生の重荷を軽くし、心を楽にさせるような言葉である。明日の「いのち」も定かではないのは植物も人間も同様であるけれども、毎朝、目を覚ました時に"よみがえり"を体験し、その日一日を大切に生き抜く自由を恵まれているのは人間だけであろう。死んでからの希望ではなく、生きているうちの幸いを説くことが何よりも必要な時代であった。現代でさえそうなのではないか。イエス自身の"よみがえり"はキリスト教信仰の原点となったが、その原義は、生前におけるイエスの言動が死をもって終わらない永遠の価値を有することにあった。それが世界の終末に眠りを覚まされる死者の先駆けとして讃えられ、信仰告白(クレド)の条文に謳われるのは、「ナザレのイエス派」が神殿も律法も、食物規定も割礼も不要とし、キリスト・イエスのみによる救いを唱えて、ユダヤ教団から完全に独立してからのことであった。イエスその人は、律法の廃止ならぬ完成を志す生涯を貫きながら、新しい将来を啓(ひら)いたのである。(105)

4　イスラーム:「いのち」のなかに神の徴を観る

　他宗教の呼称に準じて「〜教」としない理由は、「イスラーム」それ自体が預言者ムハンマドの宣言した新しい宗教の名前だったからである。唯一神に対する心服の態度を徹底させたその語意(131頁参照)を思想的に支えているのは、「一化」(タウヒード)という概念である。それは「神の唯一性」を意味するだけではなく、民族・言語・階層・肌の色などの多様化した人間のすべてを等価値に置く「人間の唯一性」にも及ぶものである。それを社会的に応用すれば、戦闘よりも平和、反目よりは協調を求める行為を選ぶことになる。

　人間のなかでも、唯一神を信仰するユダヤ教やキリスト教などの信徒を啓典の民と呼び、イスラームを最後の啓示宗教とする。啓典の起源に同一の神を観て他宗教とのつながりを積極的に認めるのは、他の一神教にはない特色である。一度限りの生涯を強調する聖典の教えは、実直な庶民の暮らしを支えてきた。

　イスラーム教徒、即ちムスリムの政治的優勢が統治の範囲を拡張していた時代、その支配をやむなく受け容れ、従来の居住地で生き延びる道を選んだ人々には、信教の自由と財産の所有が保証されていた。「ズィンミー」(庇護民・協約の民)としての義務は、成人男子の支払う「ジズヤ」(人頭税)に集約する。相手を活かし、共に競い合って収益を上げようとする商取引にも似たその合理主義は、相手もまた神の創造物であるから、心して接しなくてはならないという一神教徒のモラルを基礎としている。アラビア数字の普及をはじめとして、天文学、化学、医学、哲学、文学、装飾美術、建築術などの諸領域にわたり、ムスリムがヨーロッパ世界に与えた影響は計り知れない。その彼らが「剣か、クルアーンか」と挑んで攻め寄せてきたというのは、和議を拒んで戦い、統治権を奪われた者の無念さを記憶に留めた歴史上の一解釈なのである。

　ムスリムの男性は4人まで妻を持ってよいというのも、世間の誤解を招く見方である。一夫多妻制度は、部族間の戦役が続いた社会において孤児や寡婦の扶養を指示する啓示が、預言者ムハンマドに下ったことに由来する。経済的にも愛情面でも公正に接するという負担がかかるため、一夫一婦が常態である。法的にも平等な妻たちはみな正妻であり、"第〜夫人"の序列は存在しない。

野町和嘉著『カラー版・メッカ ‐聖地の素顔‐』岩波新書、2002 年、114 頁。左廻りに七回、カァバ神殿を巡る「タワーフ」を行じる人々。男性の巡礼衣は、仏教僧の偏袒右肩を連想させる(93 ～ 94 頁参照)。
① かつてはアラブ諸部族の神像を祀っていたこのカァバ神殿は、西暦 630 年の偶像破壊(次頁参照)を境に、三本の支柱や香油壺、壁ぎわに掛けた黒布キスワなどのほかは何の装飾もない、がらんどうの空間を保つようになった。聖典『クルアーン』には「神の家」や「祭儀の基礎」といった呼称がみられるものの、もとより無限定であり、創造主として万物のなかにみずからの徴(アーヤ)を刻する神に対しては、どこからでも祈ることができる。それでもなお、日常生活の場を離れてはるばるマッカ巡礼の旅をするのは、その途上でムスリムの同胞と合流しながら、イスラーム共同体(ウンマ)の絆を実感し、聖なるカァバにおいて一体感を味わうためである。聖地マッカを礼拝の方角(キブラ)とする一つの理由がそこにある。

② ムガル帝国時代に建てられた、首都デリーのジャーマ・マスジット。インド・ムスリム建築は、古代から数々の名品を生み出してきた赤い砂岩を活用する。華美ではないが、連続文様による重厚な壁面装飾のあるこのミフラーブ(キブラを示した壁龕)は、簡素であるがゆえの落ち着いた礼拝空間を実現している。祈りのテンポは人によって違うため、集団礼拝の時以外は自然とこのようになる。

③ イスタンブールで建築家ミマール・シナンが設計したソクルル・メフメット・パシャ・ジャミー(1571~72 年頃)のミフラーブ。壁龕上部にある細かな凹凸のデザインはトルコ人が発展させた。周囲には、製法の至難なブルー・タイルの粋を尽くして聖典の言葉と植物文様を配置している。右側には、説教壇(ミンバル)。明かり窓に輝くステンド・グラスは、教会建築からの採用。

預言者ムハンマドの生涯・略年表

A.D.356頃	アラビア半島のイェーメンで、キリスト教の伝道が始まる。
A.D.5世紀末	クライシュ部族がマッカを征服し、そのまま定住。
A.D.6世紀中頃	クライシュ部族民、遠隔地通商に乗り出す。
A.D.570頃	ムハンマド、誕生。マッカのクライシュ部族に属する父のアブドゥッラーをまもなく失い、6歳のときには母アーミナを亡くした。祖父アブドゥ・ル・ムッタリブに引き取られ、その死後は、叔父アブー・ターリブに養育された。
A.D.595頃	25歳の頃、裕福で高潔な寡婦ハディージャから隊商の引率を頼まれ、シリアへ。その誠実な人柄を見込まれて結婚。商人として幸福な家庭を築く(3男4女)。
A.D.610	当時、修道主義が支配的であったシリア・キリスト教会の慣行にならい、マッカ郊外にあるヒラー山の洞窟に籠もって瞑想することがアラブ庶民のあいだでも流行。その一人として独居していたムハンマドに大天使ジブリール(ガブリエル)が現われ、神の啓示を下す。ハディージャ、最初の信徒(ムスリム)となる。
A.D.614	マッカで、唯一神への帰依を説く「イスラーム」の預言者として布教を開始。
A.D.615	マッカでの迫害。ムハンマドを擁護していた約83名の信徒、エチオピアへ移住。
A.D.616	クライシュ族によるハーシム家(ムハンマドの所属する一族)の同盟排除(~618)。
A.D.619	叔父アブー・ターリブと妻ハディージャが相次いで病没。迫害激化。先祖伝来の多神教を公然と否定し、血縁の絆ではなく敬神の念にもとづく共同体を組織するようになったムハンマドに対して、ハーシム家、保護を取り消す。
A.D.620	マディーナ(ヤスリブ)から来たカァバ神殿の巡礼者6名とひそかに会見。
A.D.622	9月24日、ムハンマドとマッカの信徒、マディーナに移住(ヒジュラ=聖遷)。その17年後、第2代カリフのウマルは、この年をイスラーム暦の元年と定めた。
A.D.623	啓示体験当初よりの教友アブー・バクル(サハーバ)の娘、アーイシャとの結婚。
A.D.624	キブラ(礼拝の方向)をエルサレムからマッカのカァバ神殿の方角に変更 ⇒ ユダヤ教やキリスト教からの完全なる決別。バドルの戦い(イスラーム軍の勝利)。
A.D.625	ウフドの戦い(イスラーム軍の苦戦 ⇒ 75名の戦死者。孤児と寡婦の生活保障を命じる啓示、下る。いわゆる「一夫多妻制度」の起源)。ザイナブとの結婚。
A.D.628	クライシュ族と向こう10年間の休戦条約(フダイビーヤ協定)。ハイバル遠征。
A.D.629	マッカ巡礼(3月)。ムウタ遠征。
A.D.630	マッカ側、降伏(1月)。ムハンマド、カァバ神殿に祀られていたアラブ諸部族の神々の偶像や画像をことごとく破壊。「無道時代(ジャーヒリーヤ)」の終了と「イスラーム」にもとづく新しい時代の開始を宣言。血縁者の絆から信仰者の絆への価値転換。アラビア半島の諸部族、ムハンマドに使者を送り、盟約を結ぶ。
A.D.631	健康を害し、教友アブー・バクルが代わってマッカ巡礼を指揮。
A.D.632	2月に最後のマッカ巡礼(別離の巡礼)を終え、6月8日、妻アーイシャに看取られて殁す。アブー・バクル、初代のカリフ(神の使者である預言者ムハンマドの代理人)となる(~634)。正統カリフは、叔父アブー・ターリブの息子で、ハディージャとの間にできた娘ファーティマと結婚した、第4代アリーまで; ~661)。
A.D.642	第2代カリフ=ウマルの時代(A.D.634~644)にペルシャ人と交戦(ネハバントの戦い)。サーサーン朝ペルシャ滅亡。イランがイスラームの支配下に。
A.D.650	聖典『クルアーン』、第3代カリフ=ウスマーン(A.D.644~656)のもとで現行の形に編纂される(「ウスマーン本」)。

＊ 啓典『クルアーン』は、ユダヤ教の『律法』や『詩編』、キリスト教の『福音書』など、人類に下ったすべての啓典における唯一神の意志を余すなく凝縮したものと考えられている。預言者ムハンマドの言行録『ハディース』（「クルアーン解釈の書」）冒頭によれば、そのような『クルアーン』の思想全体をさらに要約したものが、この「開扉」（*al-Fātiḥaḥ*）の章であり、「聖典の母」と呼ぶべきものであるという。ムスリムは、1日5回の礼拝時（日没後のマグリブ、夜のイシャー、夜明けのファジル、正午のズフル、午後のアスル）にこれを朗誦して神と一対一で向き合う。信仰共同体（Ummah）の連帯感を高める集団礼拝は、個人礼拝よりも功徳があるといわれるが本質的には、神への絶対無条件的な自己委託（自我を放棄して神の意向に任せる絶対帰依）の態度、すなわち、「イスラーム」（Islām; 引き渡し）の精神が問われる。人は神の慈悲と慈愛に感謝して、ただ一度かぎりの人生を大切にする。「いのち」あるうちに、お互いを愛し育むことこそ、こよなき幸せ。

　　　　　「ラヒーム」「ラフマーン」
　　　　　慈悲ふかく慈愛あまねき神の御名において ......　　　　　＊1）
　　　1．讃えあれ、〔唯一の〕神、万世の主、
　　　2．慈悲ふかく慈愛あまねき御神、
　　　3．審きの日の主宰者。　　　　　　　　　　　　　　　　　　＊2）
　　　4．汝をこそ我らはあがめまつる、汝にこそ救いを求めまつる。＊3）
　　　5．願わくば我らを導いて正しき道を辿らしめ給え、
　　　6．汝の御怒りを蒙る人々や、踏みまよう人々の道ではなく、
　　　7．汝の嘉し給う人々の道を歩ましめ給え。　　　　　　　　　＊4）
〔井筒俊彦訳『コーラン』上（全3巻）岩波文庫、1957年、9頁。括弧内は、補足〕

＊1）　بِسْمِ اللهِ الرَّحْمَٰنِ الرَّحِيمِ

朗誦時には "Bismillaahir-Raḥmaanir-Raḥiim" と発音されるこの一行は『クルアーン』の各章に先立ち、神の言葉に対する畏敬と感謝の念を表明する。"al-Raḥmān"（分け隔てなく、あらゆるすべてのものにそそがれる慈愛）も "al-Raḥīm"（その相手にふさわしいかたちでそそがれる慈愛）も、全部で99ある神の属性においては、筆頭に挙げられている。人間の救いや癒しを約束する神性。
＊2）　神には、もともと不完全な人間のすることを赦し、愛してやまない側面（jamāl）と、己れの罪を省みず、赦しを神に請わない人間（罪深き人々）をことごとく、厳正に裁かずにはいられない側面（jalāl）がある。これらジャマールとジャラールの対比を先の第2節から第3節への移行にみることができる。神の意志により到来する現世の終末には、生者も復活させられた死者も、ともに己が一生の所業を裁かれる。神の正義が行なわれる日。それがいかに恐るべき終末世界の警告であっても、その発信源が、悔い改めを待つ神の愛であることに変わりはない。かの一行（＊1）参照）を、各章の冒頭に唱えるほかに、手紙の冒頭に書いたり、人前で話をする際に唱えたりするのはそのため。
＊3）　「神は汝ただひとりである」という信仰告白。イスラーム以前から奉祀と崇拝の対象であったアラブ諸部族の神々の存在を否定し、イブラーヒーム（＝アブラハム）の純正な唯一神信仰を讃えて、その復興をはかるイスラームの基本的立場を表明する言葉。ムスリムは、この絶対帰依で迷いを拂う。
＊4）　六信（唯一の神、天使たち、諸啓典、預言者たち、来世、天命）にもとづく五行（信仰告白、礼拝、断食、喜捨、巡礼）の実践は、迷いのない正しい道を往くための指標。なかでも断食（Ṣawm）は、人間の煩悩を抑制し、飢えや渇きに苦しむ貧者の心労を体験するために行なう一カ月間の勤行（斎戒）であり、年末の公共福祉税（Zakāt）は、収入資産や貯蓄が一定額に達している者が支払う定めの喜捨。義務ではない、自発的な寄付や施しは慈善（Ṣadaqah）と総称する。天国に近づくための道。

「イスラーム」とはもともと、アラブ人が商取引にあたって貴重な品物や家畜を買手に「引き渡し」する行為を意味していた。とりわけ、手塩にかけて育てた駱駝、なかでもお腹にもう一つの「いのち」を宿した牝駱駝は、売手である飼い主にとっては自分の「いのち」と同様に掛け替えのないものである。それを思い切って手放すのだから、より良い買手を探したいと切望する。しかし相手も人間だから、こちらの望むような条件を満たしているとはかぎらないだろう。いったん委ねてしまったら、もう二度とその行方を知ることはできないし、どのように扱われるのかも分からない。それでは、自分の「いのち」は何／誰に委ねるのか。イスラーム成立以前のアラブ社会においてそれは、血縁の絆で結ばれた部族共同体であり、各人は、個人としてではなく、部族の一員として生きていた。ゆえに他部族の者が同族の誰かを殺めた場合は、その復讐（同害報復）を成し遂げる義務を負わなくてはならなかった。部族間の抗争を裁く公権力はいまだ存在せず、過酷な砂漠で窮乏に陥れば、持てる者から家畜や生活用品を略奪することは当然の権利として認められていた。流血を避けるために、対峙する両部族の詩人が即興の作品を吟じて勝敗を決めることもあったが、戦いの強さを競う闘争精神は、それをはるかにしのいでいた。同胞のために示す勇敢な態度や、旅の客人をもてなす気前の良さは部族の誇りとして讃えられた。そうした男たちの活躍の陰で、成長しても戦いに参加しない女子の嬰児は間引きされ、寡婦、孤児、奴隷といった弱者の処遇は甚だ冷酷なものだった。人間の「いのち」はよるべなき運命の定めに従うはかないものと考えられ、その価値を見直させるような宗教者は登場していなかった。当時の宗教は聖地マッカのカァバ神殿を諸部族の共同礼拝所とする多神教であり、なかでも「アッラー」（神）とだけ称する最高神とその娘たち「アッラート」（女神）、「マナート」（運命の女神）、「アル・ウッザー」（強力なる者）を特別視するものだった。「ハッジ」（巡礼）の時期に限り、他部族に対する復讐や略奪は取り止められ、しばしの平穏な日々が続いた。しかし、そうした古来の習慣が恒常的な平和をもたらす公共の宗教倫理へと発展してゆけるような、指導力ある権威を神々の誰からも期待することはできなかったし、人々の信仰心も形骸化して

久しかったのである。なかには、「ハニーフ」（純正な一神教徒）と呼ばれる人々もいて、刹那的な歓楽に耽る同胞から離れ、ひたすら万物の創造神に天国での歓待を乞い願う終末論的な信仰生活を送っていた。イスラーム以前の「ジャーヒリーヤ」（無道時代）と称されるアラブ社会の精神史を概略すると、以上のようになる。先の見えないようでいて、どこか新しい変化の兆しが隠されているような状況。神の預言者となるムハンマドが生まれたのは、そんな矢先のことだった。出身部族のクライシュ族がマッカを支配し、カァバ神殿の鍵を預かる最有力者であったことも、後の展開を思えば"啓示"的であるといえよう。何の兆しもないのにいきなり神の啓示が下ったわけではなかった。

　孤児として人の世の辛さを知り尽くし、長じて信望の厚い商人となったムハンマドに圧倒的な神の力が臨んだということは、イスラームが社会の弱者を保護し、誠実に生きる人々の得るべき報酬を約束する、神の経綸を説く宗教であることを示唆している。あたかも妖霊ジンが憑いたかのように、神の声が耳に響きだすと外套などを頭からすっぽりと引っかぶる。ふと我に返ると、意識の底から湧き上がってくるサジュウ調の不思議な言葉。それを聴いた周囲の人々が「これは神の啓示に違いない」と信じるようになったのは、ひとえに、啓示内容に高い倫理性を認めたからである。そうでなければ、イスラームが世界宗教（普遍宗教）とみなされるまでに版図を拡げ、栄えることはできなかったであろう。人間個人が自分自身を神に「引き渡し」て、その「いのち」を完全に委託するという、主体的かつ絶対的な帰依の態度。それを「イスラーム」と称し、人間は唯一の主なる神に仕える奴隷であるとまで、神の絶対性・人格性・全知全能性を強調した預言者ムハンマド。勇敢で独立不羈を旨とする誇り高きアラブの男たちが、いったいどうしてそんなことを許容できたのか。

　人間社会での奴隷ならば、主人に鞭打たれながら、目的の明かされない労役にさえ駆り出されることもあろう。身も心もボロボロになれば、まるでゴミのように捨てられてしまう。主人と奴隷との間には、断ちがたい何の絆も存在しない。これに対して、神が主だと、どうなのか。何よりもまず神は万物の創造主であり、とりわけ人間に対して啓示という特別の恩寵を降り注ぐ存在である。

その啓示によって世界に満ちあふれている恵みの「徴(しるし)」(āyah, pl.: āyāt)[121]に眼を開かせ、善行に励むように勧め、死後の公正なる報酬を約束する。つまり、神は人間を創造した「いのち」の親であるだけではなく、「いのち」の在り方と行く末について責任感をもって対処する、正義の主なのである。ゆえに、ここでの"主人"は"奴隷"を卑しめる暴君ではないし、"奴隷"のほうも卑屈な態度で"主人"に仕えるということがない。むしろ、全幅の信頼をもって、自らを無条件的に引き渡し、相手の裁量に委ねることができるのである。「主(しゅ)」と呼べるのは、このような神ひとりであって、ほかには存在しないと考える。ムスリム（絶対帰依者；イスラームの信徒）といえば、集団礼拝の平伏と起立を繰り返す一糸乱れぬ動きを連想させるかもしれない。彼らをあのように統率するのは、地上のいかなる支配者でもない、「いのち」の主(しゅ)なる神なのである。

　たんに創造するだけではなく、創造物をとおして、自らが存在し、活きて働いているということを表現してやまない神。その「徴(しるし)」は、修行のすえに観えてくるものではなく、奇跡が起こらなければ確かめられないものなのでもない。有ることそれ自体がすでに、奇すしきことなのである。そのためであろうか、イスラームの預言者は、一度も奇跡を行なわなかった。

　我ら（神的一人称）は人間を創造した者。人の魂がどんなことをささやいているのか、すっかり知っているのだぞ。我らは人間各自の頸(くび)の血管よりもその人に近い。[122]

　「頸の血管」とは、いちばん身近で親密なものの譬え。創造主と被造物という、存在レヴェルの無限に隔絶した関係にあるにもかかわらず、同時に万物を根柢から知り尽くす神。「魂」のささやき（いわば「内言」[123]）が神の耳に筒抜けだと聞いて恐れをなすのは、良からぬ企みを抱く者。「いのち」の根源たる神のもとに思いが届いていると知って喜び、感謝するのは敬神の念深き者。しかし、前者も後者も神の「徴(しるし)」であることに変わりはない。万物は、そのあるがままの姿で神を讃美している。「存在即讃美」[124]というイスラーム特有の思想。

確乎たる信仰もった人々には、この地上にさまざまな徴(しるし)がある。それから
お前たち自身の中にも。お前たち、それが見えないのか。(125)

　「お前たち自身の中」とは、肉体的に観れば臓器のことだし、精神的に解釈
すれば心の内を指していることになるだろう。いずれにしても、いま、生きて
いるこの自分が、身体の内も外もすべて余すなく、神の恵みにどっぷりと浸っ
ていることを思い知らされる、きわめて端的な表現として受け取れる。

　我ら（神的一人称）はあの者（無信仰者）どもに我らの徴(しるし)を示すであろう、
　遠い空の彼方にも、また彼ら自身の内部にも。やがていつかは彼らにも、
　これが真理だということのわかる時が来よう。(126)

　神の「徴(しるし)」を見て信じる人々は、決して楽ではない人生の道すがらにあっ
ても、世の中のためになる善行の道を選び取る。例えば、

　奴隷を解(と)いてやることよ。
　饑(ひも)じい時に食い物出して、孤児や縁者、哀れな貧者を助けることよ。
　それから信仰ぶかい人々の仲間入りして、互いに忍耐すすめ合い、
　互いに慈悲をすすめ合うこと。
　さ、こういう人が右手の人々。
　左手にならぶのは我らの徴(しるし)を信じなかった人々で、頭上を劫火(ごうか)が蓋(ふた)をする。(127)

　「右手の人々」が天国行きの御褒美を頂戴し、「左手」の人々が地獄落ちの
劫罰を受けるというのは、ほかの啓示宗教と共通の終末観。私利私欲に任せず、
社会的正義を追求する生き方こそが、神の嘉し給う最上の捧げ物。それは自他
の「いのち」を尊重して「いのち」を与えてくれた神の恩に報いることである。
「いのち」のなかに神の「徴(しるし)」を観る商魂たくましいムスリムには、善行は
「神への貸し付け」、信仰は「失敗のない商売」と映り、日々の生き甲斐となる。(128)

5　シーク教：「いのち」の浄化につれて成長する

　この宗教は、世界中で誤解や偏見を生じるほど紹介されてきたわけではない。信徒自身も、海外の居留地に礼拝所を建立しながら、その精神文化がいかなるものなのかを知ってもらおうと努力してきたわけではない。ただ、インド本国や居留先を訪れた外国人が研究目的から、あるいは旅行者の好奇心から、彼らの大切にしている聖典の調べを耳にし、聖堂内のたたずまいを眼にすることで深い感銘を受けるというケースは、少なくないだろう。「シーク教」という馴染みのない名称を聞けば、ほかのインド宗教（ヒンドゥー教、ジャイナ教、仏教）とは異質なイメージが漠然と浮かび上がってくるかもしれないが、実際は、それらの先行する諸宗教と基本的な思想構造を共有している（56〜57頁参照）。

　「シーク」というパンジャーブ語は、個人および共同体がその人徳に信頼して指導者と仰ぐ「グル」(師)[129]に相対する言葉で、「弟子」という意味である。欧米人が"Sikh"と綴るため、その音写として「スィク」とか「シク」などの表記が為されるけれども、現地での慣用的発音は「シーク」と聞こえる。また、男性の姓に用いる"Singh"は「シン」、女性の姓"Kaur"は「カゥル」（索引参照）だが、これらも「シング」、「コール」などと、本人たちには通じないような発音で綴られているのをよく見かける。表記上の誤りがなお後を絶たないのだから、語意に関してはなおさらのことであろう（139頁(10)参照）。実際の肉声に耳を傾ける誠意があるかどうかが、異文化の理解度を測る、第一の規準となる。英語圏で転訛した非英語圏の諸言語を、原語に直せる国際人でありたいものだ。

　それから、「インド人」といえば、「ターバン」を頭に巻いた強そうな男性の姿を想い浮かべる人もあるだろう。"インド・カレー"と称するインスタント食品の箱には、「ターバン」姿の顔が描かれていたりする。「ターバン」はラージャースターン州などの砂漠地帯に住む民も着用しているが、穀倉地帯のパンジャーブ州でも一般的であり、シーク教徒は、第10代のグル＝ゴービンド・シンによる"5 K"[130]の取り決め以来（同上）、これを同胞の固い結束をあらわすシンボルとしてきた。あの、反り返るような巻き方が可能なのは、長く伸ばした髪を髷にまとめてあるからである。一方、女性の普段着（サルワールとカミーズ；パンタロンと上長衣）は活動的で、全インド的な人気を博している[131]。

①歴代グルの史蹟に建つわけではないが、地域に溶け込みながら点在するグルドゥワーラー・シン・サバ。1873年の設立以降、キリスト教の影響に対抗してシーク教徒の育成やパンジャーブ語による出版活動などに励んできた。聖典『アーディ・グラント』は、グランティ・ジーと呼ばれる堂守が早朝に「スカーサナ」(安息の座)から「パールキー」という天蓋付きの台座に運んで安置する。夕方まで絶え間なく堂守をはじめ有志のメンバーが日課(ニトネーム)の読誦を担当。その傍らでは、ラーギー・ジー(「奏楽の技に熟達した楽士」の呼称で親しまれる3人がタブラという古代からある太鼓とハーモニウム(アコーディオン式オルガン)で聖典の言葉「グルバーニー」を歌う。参拝者は聖典の前で平伏・合掌し、供物や賽銭などを置くと、床のどこかに坐って堂内に響きわたる調べにじっと耳を傾ける。左側の状景では、スカーサナのある仕切られた小部屋の戸はまだ閉まっている。② 右側のほうでは、開け放たれたなかに小型の寝台が見える。日課を終えたグランティ・ジーは聖典を頭の上に持ち上げ、パールキーの周りを一巡する。その後ろには、払子を振って敬意をあらわす長老を先頭に、楽器を奏する子供たちやその母親などを含めた長い行列ができ、聖典が安息の場に入ってゆくのを見送る。そのあとは有志が集まり、空になったパールキーを床に下ろして清掃。その間、神の呼称「ワーヘ・グルー」を唱えつづける。語尾を唄うように伸ばすパンジャーブ語の発音に、彼らの精神性が宿る。

                               Ik Oṅkār

              (2)   (1)   (6)

              (3)   (7)
        ⇒   (11)
              (4)   (8)

              (5)   (10)   (9)

③歴代グルの10人と、11人目のグルとして現在まで君臨する聖典を描いた絵画。ポスターや暦などで、よく見かける図像。右側の数字は、何代目のグルかをあらわす(年表参照)。グル=ナーナクの頭上にあるのは、「唯一の神」(イク・オンカール)のパンジャーブ文字。白髪や童顔のグルたちが目立つ。

シーク教における11人の「グル」たち

（1）グル=ナーナク（1469年4月15日生。1539年9月22日没。以後、歴代グルの任期は終身）
インドの西北部、ラホールのタルワンディー村に、ヒンドゥー教徒(ｸｼｬﾄﾘｱ階級)の両親(父は村の徴税官)の子として出生。幼少よりペルシャ語やアラビア語を習得。イスラームについても造詣を深める。30歳の頃、沐浴場に出かけたまま行方不明になり、3日後に帰宅。瞑想をつうじて、「ヒンドゥーでもムスリムでもない」(唯一の)神の道を説きはじめる。四姓の平等を唱え、家庭人(グリハスタ)、勤勉・奉仕(セーワー)、生前解脱(ジーヴァン・ムクティ)の徳行を奨励。神の言葉(ｸﾞﾙﾊﾞｰﾆｰ)をムスリムの朋輩バイ・マルダーナーの伴奏で歌い広め(ｷｰﾙﾀﾝ)、シーク教音楽のスタイルを確立。多くの弟子(ｼｰｸ)を育成。

（2）グル=アンガト（1504年3月31日生。グル在位：1539~1552年）
もとはヒンドゥー教のドゥルガー女神を崇拝。ナーナクの献身的な弟子となり、師(グル)の教えを「グルムーキー」と名付けた新しい文字で記録。シーク教聖典の作成と編纂につながった。

（3）グル=アマル・ダース（1479年5月5日生。グル在位：1552~1574年）
73歳の時、先代グルが後継者として指名。教団(サンガト)と巡礼地を創設。ムガル朝第3代皇帝アクバルの訪問を契機に、無料奉仕による万人平等の会食(ランガル)というナーナク以来の伝統を再認識。

（4）グル=ラーム・ダース（1534年9月24日生。グル在位：1574~1581年）
アクバル帝との親交が縁となり、聖地アムリトサルを建設。巡礼の中心地となる。火葬場における寡婦の殉死を禁じてその再婚を認めたり、婦人の身体をヴェールで覆う習慣を廃止するなど、地域社会の改革を行ない、教団と教義の確立に尽力。グルの地位を実子に譲った最初の人。

（5）グル=アルジャン・デーヴ（1563年4月15日生。グル在位：1581~1606年）
聖地アムリトサルの池の中央に「ハリマンディル」(=神の寺院；現在の通称は「ｺﾞｰﾙﾃﾞﾝ・ﾃﾝﾌﾟﾙ」)を完成。1604年、その至聖所に聖典『グラント・サーヒブ』を安置。教団の繁栄を庇護したアクバル帝の死後、後継者争いで第4代となるジャハーンギールを支援しなかったことにより、ラヴィ川で入水の刑(宗教者に対する極刑)に処せられた。シーク教徒で最初の殉教者。

（6）グル=ハルゴービンド（1595年6月14日生。グル在位：1606~1644年）
第5代グルの子。ジャハンギール帝の友人として王侯貴族に等しい暮らしをしたが、次の第5代皇帝シャージャハーンがイスラーム以外の宗教を弾圧したため、ムガル政府に対抗するヒンドゥー教系勢力の代表者として活躍。二本の剣「ミーリー」(武装による統率の象徴)と「ピーリー」(宗教的権威の象徴)を帯びるようになった最初のグル。シークの武装集団を育成し、軍旗を作製。

（7）グル=ハル・ラーイ（1630年1月30日生。グル在位：1644~1661年）
狩りの獲物を殺さず放し飼いにしたり、自家製の薬草で人の病を癒したりする「心優しい人」として慕われた。シャージャハーン帝の息子たちが帝位を争った時、人格の優れた弟のダーラー・シーコーに味方したが、兄のアウラング・ゼーブが勝利し、第6代皇帝となった。帝のシーク教弾圧は、聖典『グラント・サーヒブ』の一節「ムスリムの土は、陶工により焼かれて壺や煉瓦になる」の解釈(死者を火葬せず、土葬して来世に臨むイスラーム信仰に反する)をめぐって始まった。

（8）グル=ハル・クリシャン（1656年7月7日生。グル在位：1661~1664年）
第7代グルの息子。兄は上述した聖典解釈の一件でアウラングゼーブ帝の喚問に出かけたが、聖典の言葉を誤りとし撤回したため父から勘当され、ムガル朝の人質に。弟は5歳で第8代グルの位に即いてすぐパンジャーブからデリーに呼び寄せられ、帝の監視下に置かれた。天然痘で夭逝する直前にみずから、バーカーラーに住む大叔父(「バーバー・バカーレー」)を後継者に指名。

（9）グル=テーグ・バハードゥル（1621年4月1日生。グル在位：1664~1675年）
アウラングゼーブ帝によるイスラーム化政策(イスラームへの強制的改宗、ヒンドゥー教徒の寺院や学校の取り壊し、非ムスリムに課す人頭税の復活など)が進むなかで、西北インドにおける反ムガル朝勢力の中心人物として活躍。「イスラームこそ真の宗教であり、唯一の宗教である」という帝に対し、「すべての宗教は、唯一の神の教えである」と答え、政治犯として斬首の刑に処せられた。

(10) グル=ゴービンド・シン （1666年12月22日。グル在位: 1674~1708年）
第9代グルの息子。9歳にして父の後継者となる。パンジャーブの政情不安のなかで、1699年以降、シーク教徒全員をメンバーとする軍隊という構想のもとに「カールサー」と呼ぶ新しい組織を結成。男性には5つのシンボル（剃らない頭髪を包むターバン、櫛、鉄製の腕輪、剣、短いズボン下）を着用するように命じた。男性には「シン」(=ライオン)、女性には「カゥル」(=王女)という共通の姓を付けるようになった。ムガル朝との戦闘で幼い2人の息子は人質に取られ、イスラームへの改宗を拒んだため、餓死刑により殉教。1708年、刺客に襲撃された瀕死の床で、聖典『グラント・サーヒブ』を第11代のグルに任命。

(11) グル=グラント・サーヒブ （1708年~現在に至る）
聖典『アーディ・グラント』(=「(10代にわたるグルたちの言葉の)初めての集成」)のこと。歴代グルの言葉は、唯一の主(「サーヒブ」)である神の意志を具現したものとして崇拝を受けてきた。

* グル=ナーナクによる神讃歌『ジャプジー・サーヒブ』からの抜粋。早朝に唱える。

① 神は唯一にしてその名は真実、(万物の)創造主。怖れなく、害意なし。　　　＊1）
永遠に存し、生死を超えている。みずから光り輝き、グルの献身をとおして悟られる。　＊2）
その名を繰り返し唱えよ。　＊3）

＊1）ੴ ਸਤਿ ਨਾਮੁ ਕਰਤਾ ਪੁਰਖੁ (Ik Oṅkār, Sat Nām, Kartā-purakh) みずからの創造物に対して惜しみなく恩恵を施し、不条理な災いを下すことのない神のイメージ。
＊2）神の性質は、グルの瞑想によって明らかになる。神のほうから預言を迫るのではないことに注意。
＊3）ਜਪੁ (Jap) この唱名に日夜励む人は、神の意志(Hukam)により業報輪廻の苦を免れる。

② 人は、自分が蒔いたものを自分で刈り取る。　　　＊1）
ナーナク曰く、「神の意志によって人は生と死を繰り返す」　＊2）
巡礼に出かけ、罪を悔い、憐れみを示し、施しをせよ。

＊1）ਆਪੇ ਬੀਜਿ ਆਪੇ ਹੀ ਖਾਹੁ (Āpe bīj āpe hī khāh) いわゆる自業自得の道理を説いた言葉。
＊2）生と死の繰り返し、すなわち輪廻転生の掟を支配するのがシーク教の神である。先行きの定まらない運命を憂うることなく、害意のない神に信頼をおいて善行に励む、迷いのない道が示されている。

ਨਾਨਕ ਹੁਕਮੀ ਆਵਹੁ ਜਾਹੁ (Nānak hukmī āvah jāh)

* 聖典『アーディ・グラント』(; A.G.982) からの抜粋。

③ バーニーはグルであり、グルはバーニーである。バーニーは甘露に満ちている。　＊1）
グルのバーニー(教えを説くグルの言葉)に聴き従う人に、グルは恩恵を施す。　＊2）

＊1）ਬਾਣੀ ਗੁਰੂ, ਗੁਰੂ ਹੈ ਬਾਣੀ, ਵਿਚਿ ਬਾਣੀ ਅੰਮ੍ਰਿਤੁ ਸਾਰੇ ॥ (Bāṇī Gurū, Gurū hai Bāṇī, vich Bāṇī Anmrit sāre) 「バーニー」をたんに「言葉」と訳すと、パンジャーブ語独特の響きが失われてしまう。原語を聴き、発音して初めて、なぜ「甘露」(Anmrit) の味がするのかを知ることができる。

＊2）ਗੁਰੁ ਬਾਣੀ (Gur[u] bāṇī) シーク教の聖堂「グルドゥワーラー」に一歩入るとそこは絶え間なく流れる「グルバーニー」の"雨"のなか。広々とした床には、その"雨"に打たれて坐す老若男女の姿。歌い、太鼓(タブラ)とハーモニウムで伴奏する3人組の楽師(ラーギー)と、堂内の中央に鎮座する聖典に向かう担当者(グランティ・ジー)の朗唱は、「グルバーニー」の音楽性を遺憾なく発揮する。

祈りの場を訪れて、その環境に身を置き、たとえしばしの間でも時を忘れられる人は、心をリフレッシュして、いつもの生活に戻ってゆけるだろう。どの宗教にもそのような空間があるものだが、シーク教の聖堂「グルドゥワーラー」(神に通じる門)は、まさに"心のシャワー"もしくは"いのちの浄化"と呼ぶにふさわしい"六根清浄"の機能をそなえている点で、注目に値する。仏教用語にいう"六根"とは、色・声・香・味・触・法の対象(六境)が入って来る場所としての眼・耳・鼻・舌・身・意を指す。では、「グルドゥワーラー」の提供する「色・声・香・味・触・法」とはどんなものなのか。

インド社会に生きる誰もが免れることのできない階級制度(カースト・ヴァルナ)のなかでも、四姓の平等を唱えて精神の自由を実践するシーク教では、聖堂の扉も四方に開け放ち、どこからでも出入りできるようになっている。信徒はまず、尊ぶべき人(同族の年長者や村の長(おさ)などを含む「グル」、および、ナーナクを初めとする歴代グル)の足に右手を触れて挨拶するのと同じ所作を、扉の敷居に対して行なう。いったん中に入れば、そこは聖典の言葉を朗唱し、奏楽に合わせて歌う声が響きわたる、いつ果てるとも知れぬ音の海である。そのただなかに、聖典の鎮座する場所がある。歴代グルの誰かと所縁(ゆかり)のある場所に建つ「グルドゥワーラー」では、黄金色に光り輝く天蓋(チャンドア)を戴いた台座(アーサナ)があり、宮廷の玉座のように色鮮やか。その他の所では、簡易で木目のあらわに浮き出たようなものが愛用されている。見上げれば、天井や壁に飾りの綱が外気の風に揺れていたり、「イク・オンカール」(唯一の神)のパンジャーブ文字(137頁の②～③参照)が画かれていたりする。参詣者は堂内の空気にどっぷりと身を浸しながら、音曲(おんぎょく)の波間に乗ってゆくかのように聖典の座へと歩み寄り、合掌・平伏する。起き上がるや、右廻りに聖典を一巡。一瞬のためらいもない流れるような動き方である。あとは、床のどこかに坐するや「グルバーニー」の調べに聴き入り(139頁の聖句③参照)、"動"から"静"の姿勢に落ち着く。堂内に反響して頭上に降ってくる音楽の雨は、聖典に収録されたグルたちの説法であると同時に、グルとしての聖典が人の歌声をとおして語る生(なま)のメッセージでもある。グル崇敬の精神文化を最重視して、グルを介しての神礼拝を説くシーク教では、グル

のバーニーを心のなかに響かせることが、自己浄化の第一歩なのである。

　ゆるやかに、ゆるやかに、降りつづく、甘露(アムリト)の雨が。
　グルの御言葉(シャバド)により、まさにその御言葉によって、
　人は神を心のなかに観る。
　神の御名により、まさにその御名によって世は救われ、
　神を讃えることになる。(133)

　様々な神名はすべて唯一の神に帰するという思想にもとづき、神を特定の名で呼ぶことはない。ヒンドゥー教の「ブラフマー」や「パールヴァティー」でも、イスラームの「アッラー」でもよいとさえいわれるが、日常の礼拝に際して合誦するのは「サトナーム、ワーヘグルー」(真の名〔は〕素晴らしきグル)であり、「サーヒブ」(御主人様)と呼びかけたりもする。「グル」の中の「グル」である神を瞑想のうちに覚った人間としての「グル」は、ちょうど、法を覚った人間としての仏陀と同様に、覚(さと)りの智慧を言葉によって解き明かす。グルの教えもまた、インド思想史の伝統に連なる「ダルマ」の一つなのである。
　ヴェーダ聖典以来、"amṛt"は、神々が大海を攪拌して取り出した「不死」の霊薬を意味し、「甘露」という意訳(134)が一般的。シーク教では、砂糖の結晶を溶かした水を飲む入信の儀式を「甘露を食する式」(amṛt chhakana)と呼び、宗教的法悦を甘味で譬えるのを好む。上記の詩句での「甘露」は、業(karma)による生死の繰り返し(saṃsāra)から人間の魂を救い出す神の"甘美なる恩恵"を象徴している。神は「いちばん初めの業(ごう)を創った者であり、宇宙の根源であるが、業の破壊者にもなる」。(135)この世での行為は神に覚えられ、報いられたり罰せられたりするが、グルたちの導きに生き、神の名を繰り返し唱える修行をとおして、現在までの宿業を解消することができる。たとえまた輪廻するとしても、そのつど浄められ、人間として何度も生きるうちにゆくゆくは神を覚り、神に帰入する解脱の境地に到達すること。それがシーク教徒の究極的な目標である。しかしそれは決して形而上学的な神秘体験なのではない。

むしろ、平凡な「グリハスタ」(家庭人)として生業にいそしむ日々を神への「セーワー」(奉仕)とする過程で生前解脱(ジーヴァン・ムクティ；「いのち」あってこその覚り)に到達した「サント」(聖者)たち、なかでも初代のグル＝ナーナクを最上のお手本にする。そもそもナーナクは、難解な理屈や形式的な宗教的実践(罪を浄める儀礼としての沐浴、断食、苦行、ヴェーダ祭式、心の散漫な状態でアッラーを礼拝する場合、礼拝の方角にばかり拘泥する人(ムスリム)のマッカ巡礼など)を厳しく批判し、勤勉で実直に生きることが神を知る何よりの近道だと信じる人であった。ある時、貧しい大工ラーローが作った粗末なチャパティを賞味したナーナクが右手でその一枚を巻いて絞り出すと、ミルクが滴り落ちた。一方、左手で押しつぶした強欲な地方役人バーゴーのチャパティからは、血のしずくが流れてきたという。人をほんとうに"もてなす"のは、物資の豊かさではなく、暖かい真心である。グル＝ナーナクは、バーコーが蔑んでやまない低カーストのラーローを讃え、その歓待によって大いに安らいだのだった。

　「グルドゥワーラー」に足を運んで来た有縁の人々を手ぶらで帰さず、いわば"六根清浄のもてなし"をするのも、日々の暮らしに励むすべての人々を休ませ、癒すという意味があるのである。身も心も浄められたと自覚できれば、それが明日への成長につながるであろう。

　堂内で香を焚くことはないが、嗅覚(鼻)と味覚(舌)を満たす"もてなし"は積極的に行なわれている。その一つは、訪れた人すべてに分け与えられる「ハルワー」。小麦粉と砂糖を等分に取り「ギー」(精製バター)で練り合わせた柔らかい食べ物で、聖典の座に捧げられた供物を"お下がり"(プラサード)として頂戴するという意味がある。もう一つは、聖堂の境内で空腹の来訪者たちに振る舞われる無料奉仕の会食(ランガル)。生まれや人種や宗教の違いを超えた四海同胞の社会を夢見るグル＝ナーナクが創始した伝統的行事である。今日も、シーク教徒に限らず、「グルドゥワーラー」の開放的かつ音楽的空間でのひとときを愛する者(主として、ヒンドゥー教徒、ジャイナ教徒、そしてムスリム)は、そのただなかに身を置きつつ、自らの信仰に思いを馳せることがある。「ここに来て礼拝するのは、やはり私の神なのです」と或るムスリムの会

社員は言った。教義の相違にもかかわらず、異なる信仰を持つ常連の訪問者が少なくないのは、特定の神像を祀ることがない堂内において、各自の過ごす時間が個別に流れることを許すからなのであろう。誰もがそこにシーク教の神を観なくてはならない掟があるわけではない。むしろ各自の信仰にとどまり、真実の探究を為すべきだと勧める。他宗教に対する優越を主張することもなく、伝道も望まない。だから、パンジャーブ語で歌い、説法するだけでよいのである。言語が何であれ、「甘露の雨」(アムリト)(神の祝福)は万人に降りそそぐと考える。夜も更け、日課の勤行が終わると聖典は別室に運ばれるが(137頁②)、聖典の言葉「バーニー」は決して休んだり眠ったりしないのだと信じられている。(136)

　シーク教の神は、真実、言葉、名前となって顕現するが、その絶え間ないはたらきは、ほかでもない「いのち」あるもの、とりわけ、神の言葉を解する人間自身の内面において感得される。ゆえに、折々の啓示現象による預言活動や、出現の時機を特定する化身(アヴァターラ)の起こりうる余地はない。(137)各自が神と直に心を通わせる"器"になるからである。自分の心に導かれる「マンムク」ではなく、グル(神の言葉を説く師)たちの導きを受ける「グルムク」として、①「ナーム・ジャプナー」(唱名によって神に満たされてゆく瞑想修行)、②「キラット・カルナー」(私心なき仕事ぶり)、③「ヴァンド・チャクナー」(金銭や食物の施し、親身な手助けなどの慈善)を実践することが神礼拝の基本である。

　グル＝ナーナクは『ジャプジー』(138)のなかで、「いのち」の浄化につれて成長してゆく階梯を五段階の領域(カンド)に分けて説明する。即ち、①宗教的目覚めに始まる「ダラム・カンド」(敬虔の領域)、②宇宙の神秘と人生の尊さに気づき、利他的精神をそなえる「ギャーン・カンド」(智慧の領域)、③グルの言葉を実践して生まれながらの素質を鍛え上げ、過去の宿業を浄めて、知性と感性を完成させる、自力的な意味での最終段階である「サラム・カンド」(精進の領域)、④祈りと実践のうちに神の恩恵を受け、死を恐れぬ至福の心境に入る「カラム・カンド」(恩恵の領域)、⑤①〜④の総決算として神との一体感に到達する解脱の境地「サッチ・カンド」(真の領域)は、こつこつと日々の暮らしに励む信徒にとって、一歩一歩の階段となるのである。

6　ヒンドゥー教：「いのち」の帰入すべき理法にゆだねる

　"Hindū"とは、「インダス河」を意味するサンスクリット語"Sindhū"のペルシャ語訛りであり、インド本国に逆輸入されてからは、改めてその由来を問い質す必要のないほどポピュラーな単語になった。その"Hindū"がさらにギリシャ語において"Indos"となり、"India"などに変化したのである。いずれにせよ、インドの宗教文化は、インダス河流域で発展した未だ謎の多い文明と、それに次いで渡河・進入してきたアーリア人、その到来に抗しながらも交流・混血・融合をはかっていった先住民のドラヴィダ人、という言語的にも民族的にも多様な歴史的背景をもった人々の集合体によって形づくられてきた。例えばそれを「ヒンドゥー社会」と呼ぶ場合、それは先祖代々、あるいは外国からの移住以来、インド亜大陸での伝統的な「生活法」(Hindū dharma)を継承し、①アーリア人のもたらした階級組織（カースト＝ヴァルナ制度）の枠組みのなかで、②村落共同体を基盤とする③大家族制度の絆を頼りに生きる「ヒンドゥー」（インド人）を成員としているという意味になる。ゆえに、祭司階級とヴェーダ聖典の権威を至上とする人々（最狭義におけるヒンドゥー教徒）だけが「ヒンドゥー」なのではない。仏陀も「ヒンドゥー」として生きながら、新しい生き方(dharma)を説いたのである。仏教もジャイナ教もシーク教も、業報輪廻からの解脱を求めるインド在来の宗教としては、最広義における「ヒンドゥー教」の文化圏に属している。渡来宗教のキリスト教、イスラーム、ユダヤ教、ゾロアスター教も、ひとたび「ヒンドゥー社会」に根を下ろせば、中東や欧米での状況とは異なる"インド化"された様相を呈してくる。つまり、「ヒンドゥー」としての生活意識や同郷の連帯感が、しばしば宗教間の"壁"を度外視するほどに強く現れるのである。公用語としてのヒンディー語も、同じく公用語化している英語に対しては、旧宗主国（英国）からの文化的浸食に抗する、全インドの砦となりえている。そのように、多種多様なはずの言語・血筋・慣習・教説・芸術文化などの諸要素を、相違や矛盾もそのままに包み込んでしまう社会構造を追究するにはやはり、"インド宗教"の正統派を自認してきた最狭義における「ヒンドゥー教」の特質を観るのがいちばん良いであろう。多様なるものを一つにまとめるダイナミックな原動力とは何なのか。

145

インダス文明圏のモヘンジョ・ダロ遺跡での発掘品(模写により線刻部分を明確化)。①左: 台座の上でヨーガ(瞑想、静慮、心統一)のポーズをとる、神とおぼしき者を象った印章。頭上には神威を示すためか、冠状の突起を戴く。その先端には菩提樹の葉らしきものが生い茂り、「いのち」の力を顕現。開脚の膝に置いた両腕には、腕輪がぎっしりとはまっているのか、人体のそれとは異質な構造が表現してあるのか。顔の左右にはそれぞれ横顔らしきものが見えるため、三相(トリ・ムールティ)を有するシヴァ神の起源と観られている。ほかにも、この神格者(?)が「獣の主」(パシュ・パティ)との呼称をもつシヴァ神さながら、槍で獣を狩る人の傍らに坐す構図の印章が見つかっている。②右: 考古学者が「神官王」と呼ぶ男性像。胸像ではなく、神(?)に向かい敬度に膝まづく全身像であったと想われる。頭の形や顔立ちなどは非アーリア系。額と右の上腕には、聖職者の飾りか。神々や聖者たちに対する最敬礼をあらわす偏袒右肩の着衣方法は、その後のインド宗教文化史にも引き続きみられるものである。古来、彫像は、かならず色を付けるという決まりがある。衣は紺地、赤い縁取りの三つ葉文様との説に従い、着色した。

③神々の像を祀る空間とは離れた場所にあるのは、ヴェーダ時代からその方形を継承している祭壇(ヴェーディ)。真ん中に聖なる火(アグニ)を燃やす丸い穴(クンダ)があることから、別名「アグニ・クンダ」ともいう。寺院の奉祀者たちが、火勢を強める灰を撒くしぐさをしているところ。

④ヴェーディの下段(シヴァ神)、中段(ブラフマー神)、上段(ヴィシュヌ神)は、三神一体(トリムールティ)により成立する全世界を表現。それを人のかたちで描くと、このような構図になる。左から創造神ブラフマー、維持神ヴィシュヌ、破壊神シヴァ。蓮華は、仏陀の坐所としても知られる。

グプタ王朝時代までのヒンドゥー教史・略年表

B.C.2300頃	インダス文明の繁栄と衰退(~B.C.1800頃)。火葬、牛の崇拝、吉祥の卍などの証跡。
B.C.1300頃	アーリア人の一群、西北インドへの移住を始める。アーリア系イラン人との分離。
B.C.1200頃	『リグ・ヴェーダ』成立(ゾロアスター教の『アヴェスター』との共通性あり)。
B.C.1000頃	アーリア人、ガンジス河流域に進み、征服者として定住を始める(~B.C.800頃)。ヴェーダ聖典; サンヒター(本集)、ブラーフマナ(祭儀書)、ウパニシャッド(森林書)の暗誦による集成と編纂(~B.C.500頃) ⇒ インド・アーリア人の宗教 先住民ドラヴィダ人との混血・融和もすすむ(樹木・聖石・蛇神・リンガの崇拝)。
B.C.600頃	ヴェーダーンタ(; ウパニシャッド)哲学、梵我一如(自己と絶対者の本来的一致)の知識により業報輪廻を解脱する道を説く。やがてそれが、供犠や呪言を要する祭式に頼ることなく、ほかならぬ自己の探究と精神的鍛錬をとおして成道する人々(シュラマナ:「努め励む人」;「苦行者」)を輩出することになる。
B.C.521頃	アケメネス朝ペルシャのダレイオス王、インダス河流域を侵略(±~480頃)。
B.C.500頃	王族階級、武力と交易の富により、祭司階級をしのぐ勢力。ガンジス河下流域を中心に、コーサラ国やマガダ国などの君主国家が成立。祭式万能の宗教を疑問視する出家修行者(シュラマナ)たち、各々の解脱道を説き始める。自由思想の展開。
B.C.400年代	ゴータマ・ブッダ(B.C.463頃~383頃)、マハーヴィーラ(B.C.444頃~372頃)の登場。
B.C.300頃	ガンジス河上流域を本拠とする「正統派バラモン」(祭司; ブラーフマナ)、『ダルマ・スートラ』(『律法経』)を集成(B.C.600~)。4ヴァルナの秩序立てで、まとまる。
B.C.390頃	マガダ国のアジャータシャトル、即位。ブッダの晩年にコーサラ国を滅ぼす。
B.C.372頃	パーニニ、サンスクリット文典を著わす(B.C.250年頃、カーティヤーヤナの補修)。
B.C.327	アレクサンドロス大王、西北インドに侵入。ガンジス河畔へは進攻せず。
B.C.317頃	チャンドラグプタ、即位(~B.C.293)。マウリヤ王朝始まる。初のインド統一。
B.C.300頃	セレウコス王朝シリアの大使メガステネース、インド社会の実際を見聞して報告。
B.C.268	チャンドラグプタ王の孫、アショーカ、即位(~B.C.232頃)。B.C.261年頃、仏教に帰依(傾倒)。 カリンガの武力制圧(B.C.259頃)を機に「法による征服」への政策転換。法大官を設けて「(仏教)サンガ」「バーバナ(=ブラーフマナ)」「ニガンタ」「アージーヴィカ」などの諸宗派を管轄(「七章石柱法勅」の第七章参照)。
B.C.200頃? ~100頃?	ヴェーダ時代から特定の姿形では造形化されなかった神々や精霊、本尊や象徴として寺院に祀られるようになる。シヴァ・リンガやヤクシャ像などの制作すすむ。
B.C.180頃	将軍プシャミトラ、マウリヤ王朝を滅ぼし、シュンガ王朝を創始。祭儀宗教を復興。王国の繁栄豊穣を誇示する馬祭り(アシュヴァメーダ)の二度にわたる施行。
B.C.150頃	『バガヴァッド・ギーター』の原形成立。『マハーバーラタ』の一部を成して、広く愛唱される。この頃、もう一つの叙事詩『ラーマーヤナ』も形成。
西暦紀元前後	この頃、ブラーフマナの南インドへの勢力拡大。多肢の神像、盛んに造られる。
A.D.200頃	『マーナヴァ・ダルマ・シャーストラ』(『マヌ・スムリティ』;「マヌ法典」)の成立(B.C.200頃~)。 カースト=ヴァルナ制度の理論、成立(課題としての施行)。
A.D.3~4世紀	『アルタシャーストラ』(『カウティリヤ実利論』)成立(権謀術数の帝王学)。
A.D.320	チャンドラグプタ、パータリプトラを都としてグプタ王朝を創始(~605)。次代のサムドラグプタ王(330頃)、インド亜大陸の大半を征服してマウリヤ王朝以来初めての統一国家を建設。5世紀中頃に侵入してきた匈奴の攻撃により衰退。
A.D.400頃	『マハーバーラタ』の現形成立。ヴェーダーンタ学派の根本聖典『ブラフマ・スートラ』形成(~450頃) ⇒ シャンカラ(700~750頃)の不二一元論(アドヴァイタ)。吟遊詩人スータによるプラーナ(「古譚」「古伝説」)聖典、寺院や巡礼地で披露。ヴィシュヌ、シヴァ、クリシュナ、ドゥルガー、ガネーシャなどの神々、英雄、聖者などの活躍を題材にした叙事詩の吟誦をとおして、民衆の人生哲学を形成。現代に至るまで、インド人の日常生活に影響を及ぼし続ける。ヴィシュヌ神の化身(アヴァターラ)や三神一体(トリムールティ)の思想。シヴァ派(シャイヴァ)とヴィシュヌ派(ヴァイシュナヴァ)の二大勢力 ⇒ インダス文明、ヴェーダ聖典の宗教、ブラーフマナの祭儀宗教と哲学体系を背景とする「ヒンドゥー教」の発展。

① ガーヤトリー頌
願わくは、サヴィトリ神のめでたき光明を〔われらに〕そそぎ、
われらを啓発し成長させ給え

GĀYATRĪ MANTRA　　　＊1)
oṁ, bhūh-bhuvaḥ-svaḥ ｜　　＊2)
तत्सवितुर्वरेण्यं ॥　tat savitur-vareṇyam ‖
भर्गो देवस्य धीमहि ।　bhargo-devasya dhīmahi ｜　＊3)
धियो यो नः प्रचोदयात् ॥　dhiyo yo naḥ pracodayāt ‖　＊4)

＊1) Ṛg-Veda III.62.10.　"gāyatrī" とは、8音節3行の韻律からなるヴェーダ聖典の呪願（聖典の音韻とその意味に潜むはたらきにより、望ましい変化を生じさせることを目的として唱える短い聖句「マントラ」→「真言」）。至聖なる詩形として神格を与えられ、民衆の描く絵においては、五つの頭と十の腕を持って蓮華のうえに坐す女神の姿を取る。女神としてのガーヤトリーはブラフマー神の妻。ブラフマー神の持物（蓮華・数珠）、ヴィシュヌ神の持物（法螺貝・円盤・棍棒）、シヴァ神の持物（矛）などを握り、さまざまな名称と形態 (nāma-rūpa) を示す神々も、究極的には、ヴェーダ聖典に帰一することを表現する。ガーヤトリー頌は、その聖典の神サヴィトリを讃美して、恵みを求める呪文である。十回も唱えれば、一日の罪が浄められ、百回だと一カ月、千回なら一年の罪が赦されるという。要は、繰り返し唱える過程による自己浄化。
＊2) これら3語の連なりを "mahā vyāhṛti" という。大地と空と天界への呼びかけ。
＊3) 無知・未熟の闇を照らす神の光明が降りそそげば、智慧と成長の機会が与えられる。瞑想のなかで観る、いとも尊き光の不思議。明るさは心を安らかにし、瞑想者の思念をはかどらせる。
＊4) 最も狭義には、ヴェーダ聖典を天啓 (inspiration) によって誦した往昔の詩仙たちの如く「詩想が湧くように鼓舞してください」という意味。『マヌ法典』(2:81) は、このガーヤトリー頌を「ヴェーダの入口」あるいは「ブラフマンへの門戸」と呼び、最勝の讃歌とする。朝夕の薄明時と日中の三度にわたり、身を浄めたあとで厳粛に念誦される。節をつけて吟詠するのも楽しい。

② 　　　ガンガーの水はこの心をとらえて離さず、
　　　　そはヴィシュヌ神の足もとより流れくだり、
　　　　シヴァ神に敵する者の頭上に落ちゆくなり
　　　　願わくは、罪を除くその水がわれを浄めんことを

गाङ्गं वारि मनो-हारि ।　gāṅgaṁ vāri mano-hāri murāi-caraṇa-cyutam ｜
पाप-हारि पुनातु माम् ॥　tripurāri-śiraścāri pāpa-hāri punātu mām ‖

サンスクリット語による伝統的な神々への讃歌 (stuti) の一つ。①と同じく、朝の祈り。ガンジス河での沐浴による浄罪を聖なる務めとするヒンドゥー教徒の心情を要約している。マントラも河の水も、心を浄めて生きるために必要な「いのち」のリズムを整えるもの。

③ わが師こそ〔創造の神〕ブラフマー、〔維持の神〕ヴィシュヌ、〔破壊の神〕シヴァなり。
わが師は、最高原理ブラフマンの体現者。その彼にわれは帰命す。

गुरुः साक्षात् परब्रह्म,　gururbrahmā gururviṣṇuḥ gururdevo maheśvaraḥ ｜
तस्मै श्रीगुरवे नमः ॥　guruḥ sākṣāt parabrahma tasmai śrī-gurave namaḥ ‖

唯一者としてこの宇宙に遍在すると考えられるブラフマンには、言語的形容で捉えうる有属性ブラフマン (saguṇa brahman) と、一切の表現を超越して人知の遠く及ばぬ次元に存する無属性ブラフマン (nirguṇa brahman) の二面性がある。ここでの師（グル）は、詩句の示すその両面を知る者として讃えられている。このブラフマンが自己原理アートマンともとより一つ（梵我一如）であるとすれば、師の弟子もまた同じ体験を成しうるであろう。宇宙大の神秘を内包するわが身。

ヒンドゥー教寺院の内部にも外部の壁面にも、境内の至るところにも、様々な名前と姿形を持った神々の画像や彫刻が祀られているので、よそからの訪問者は、その「多神教」的世界がヒンドゥー教のすべてであるかのように思うかもしれない。さらに、祈願の内容に応じて主神を取り替えるのは「交替神教」、シヴァ派やヴィシュヌ派のように神々のなかの一神のみに帰依するのは「単一神教」などと呼ばれているのを知れば、容易には類型化できないその捉えどころのなさに、収拾のつかないもどかしさを覚える人も少なくないだろう。

　しかし、いま一度、寺院のなかをよく観察すれば、"神々の賑わい"から離れた一角に、三段に分かれたピラミッド状の聖火壇（vedi；agni-kuṇḍa）が設えてあるのを見つけることになろう（145頁③参照）。いかに神々の様相が多様化しようとも、それらが「唯一なるもの」(141)の種々なる顕現であり、聖火の煙が昇りゆく天空には、万有（神々・自然・人倫・祭祀などを含む宇宙の一切）を統合する正義の秩序・理法（ṛta；天則）が超越者として実在するという認識は、ヴェーダ時代の当初より現代に至るまで、何ら変わることがない。詩的霊感の豊かな往昔の祭司たちは、それを「（天から）聴かれたもの」（Śruti）すなわち「天啓聖典」として師から弟子へと口承伝誦していった。記譜法に頼らない暗誦の旋律は、いまなお祭司階級の秘伝である。

　　実に天則の〔もたらす〕報酬は多し。天則の洞察は邪曲を滅ぼす。天則の
　　呼び声は、聾いたる耳をもつんざけり、アーユ（人間の祖先）のもとに
　　目覚め、輝きつつ。(142)

　「天則」に目覚めたというこの体験こそ、インド宗教の原点である。「覚者」(buddha)の起源は、きわめて古い。目覚める感受性は、ある日突然、神から賜わるわけではなく、神の恩恵に浴しながらも、人間みずからの鍛練と祈願によって磨きあげるものであることに注意したい（147頁①の註3）～4）参照）。「天啓」とはいえ、一方的で有無を言わせぬ神威に動かされる「預言者」の召命体験とは本質的に異なる。「天則」は、目覚めた者の主体性に応じて顕れる。

霊感の言葉を解するミトラ・ヴァルナよ、〔みずからの〕規範に従い、汝ら〔両神〕は掟を守護す、アスラの幻力によりて。天則により汝らは万有を支配す。
(143)

　神々は、それぞれの分を守って活動し、"ṛta"を守護すると同時にみずからもそれに服従する。"ṛta"に適った行為を誓願する時、それは"vrata"（掟）としてかならず実行に移されなくてはならない。諸宗派の立てる自発的な戒め（śīla）もまたこの掟に倣うものであり、「秩序」「慣習」「法則」「美徳」「教説」などを総括する"dharma"の概念は、"ṛta"のより具体的なあらわれと観ることができる。自己の本務を果たす者の「美徳」は、「実利」（artha）や「享楽」（kāma）と並んで「人生の三つの目的」（trivarga）に属し、インド人の精神文化に多大なる影響を及ぼしてきた。彼らのなかには、寺院の外壁パネルに"享楽主義"かと思えるほどの奔放な男女像（mithuna）を奉納する者もいるが、それもまた"ṛta"の軌道から逸脱するものではない。寺院の内奥には、群像の尽きたあとの本源的な"無"もしくは"空（くう）"に相当する空間が確保され、尖塔（シカラ）全体は天の彼方を指し示す。喧噪も寂静も"（人格的）一者"さらには"（非人格的）一元"に帰することを表現する寺院建築の構造はまさに、相反するかのように見える諸要素を包容するインド思想の総体を具現している。
(144)

　あらゆる神格を超越して君臨する理法の存在は、ゾロアスター教という一神教を発展させたアーリア系イラン人によっても"aša"と呼ばれ、唯一神アフラ・マズダーの分霊（属性の一つ）として崇拝されてきた。インド・アーリア人のほうは"ṛta"それ自体を神格化することなく過ぎたが、ヴェーダ時代末期のウパニシャッド哲学においては、万有を創造・支配し、その一切に遍満するとともに万有そのものでもある、万有の帰入すべき根本原理を"Brahman"（梵、宇宙我）と呼びなして、"ṛta"の洞察を深めるに至った。それはたんなる抽象概念なのではなく、ほかならぬこの気息・生気（prāṇa）に充ちた自分自身の本体"ātman"（我、個人我）ともとより同質にして一体であるという実感をともなうものであった。「我はブラフマンなり」（Ahaṃ brahmāsmi）とは、
(145)
(146)

この「いのち」が大宇宙と一致・合一する小宇宙であることに目覚めた人間の感興を要約した言葉である。「アートマン」とはそもそも、「いのち」の活力源たる呼吸であり、その供給源としての風を意味する語であった。風は、一切万物に遍満する宇宙精神をあらわしている。そのただなかで活かされているのだから、「いのち」を「ブラフマン」たる理法にゆだねることに、何の怖れも疑いも抱かずに済むわけである。いわゆる「梵我一如」の境地に到達した覚者は、もはや「苦の巣窟である無常なる再生」(147)すなわち業報輪廻に煩わされず、解脱することができる。ヴェーダ祭式の果報として天に生まれること(deva-janman)も迷いでしかない。天界もまた生滅流転するからである。(148)再生しないことへの強い憧れは、インド古来の輪廻思想に一貫してみられる顕著な心性といってよい。輪廻苦の自覚は、多生涯の遍歴を欲界での妄執と捉えるのである。

　何度も生まれる苦しい旅路を終えて、不生不滅の境地に安住するに到るこの解脱体験は、かつては森林に師と共住して、その秘伝を授かるごく少数の哲人だけが成しうるものと考えられていた。やがてそれが、階級や職業の厳然たる区別をそのままに、(149)誰もが「ブラフマン」を知り、「ブラフマン」への帰入を達成できるという社会人の福音として新たに説かれる時代が到来する。

　即ち、叙事詩『マハーバーラタ』第6巻に編入されている『バガヴァット・ギーター』(神の歌)での「ブラフマン」は、ヴィシュヌ神の化身クリシュナの姿を借り、その本体さえも現じてはばからない、積極的にしてきわめて大胆な行動に出る人格的存在である。例えば、キリスト・イエスも「真に人にして真に神」(150)なる存在として信じられているが、「父・子・聖霊」の三位一体においては「子なる神」の位格(ペルソナ)を占めるにすぎず、歴史上のイエスは自らを「神」だとは言っていない。それに比べクリシュナは「私は一切の本源である。一切は私から展開する」(151)と明言しつつ、人間の姿で語りかけるという離れ業を当たり前のようにやってのける。しかも最期は、猟師に踵を射られて死ぬのである。

　王国の領土をめぐる争いで親族や師や友人たちが敵軍に立ち並ぶのを見て、戦いの空しさに悲哀を感じた王子アルジュナは戦車の御者クリシュナに戦意の喪失を告げる。するとこの神人は、王族階級の本性に従う行為は無為にまさり、

願望成就を期待せず、行為の結果に執着しない「自己の義務」(svadharma) の遂行は罪に至らず、ブラフマンとの一体化に導かれるであろうと、励ましの教えを説く。この道理は、信仰とその実践に生きる祭司階級のブラーフマナ、農業・牧畜・商業を営むヴァイシャ、他の階級に仕える奴隷のシュードラにも通用する。(152) ヒンドゥー社会の秩序を乱さずに万人の解脱を適えるのは、宇宙の本源たる最高神にすべての行為を捧げ尽くす信愛の道（bhakti-mārga）である。それは万物の内に存する内在神である以前に、万物を自らの内に包摂する超越神であるはずのクリシュナが、直々に伝授する人間救済の要点にほかならない。

　私に意を向け、私を信愛せよ。私を供養し、私を礼拝せよ。あなたはまさに私に至るであろう。私は必ずそうなると約束する。あなた（＝アルジュナ）は私にとって愛しいから。(153)

イスラエルの宗教に特徴的な神と人間の契約関係をインド宗教に観ることはできないが、ここでの神（Hari; Bhagavat）は確信を持って、献身的な信愛(バクティ)を寄せてくる信者（bhakta）の輪廻解脱を予言している。"彼"を信愛する者は誰もがアルジュナであり、最高神がアルジュナだけに現じて見せた神本来の姿にも接することができる。それは芸術家の創作意欲を湧かせる源泉でもある。

　アルジュナよ、見よ。幾百、幾千と、神聖にして多様なる私の姿を。
　種々の色や形を持つ姿を。(154)
　見よ。今日ここに、私の身体の中に一堂に会している、動不動のものに満ちた全世界を。そして、その他あなたが見たいと望むものを。(155)

すべてがその口に呑み込まれてゆく、いとも恐ろしい姿を垣間見た王子は心を乱すが、温和な人の姿に戻ったクリシュナを見て平静に返る。自己を取り戻した彼は迷わず戦いに趣いて行った。世間の各人もまた、それぞれの"戦場"で奮闘する智慧と勇気を得て、「いのち」の帰入すべき理法に従うのである。

7　ジャイナ教:「いのち」の清浄なる本性を取り戻す

「ジャイナ」(Jaina) とは、「ジナ (Jina) に由来する〔教えを信奉する者〕」(ジャイナ教徒) のことである。それはちょうど「バウッダ (Bauddha)」が「ブッダ (Buddha) に由来する〔教えを信奉する者〕」(仏教徒) を意味するのと対応する。とはいえ、「ジナ」(一切の煩悩という敵に対する勝者) も「ブッダ」(目覚めた人) も、仏教とジャイナ教に共通の尊称として、修行完成者には誰にでも冠せられていた。ひとたび出家すれば、祖師を先達者とする理想の境地を目指すのであるから、到達者さえ続出するなら、何度でも用いて惜しむことのない呼称だったのである。両教は、正統派を誇るブラーフマナの祭儀宗教 (婆羅門教) に対抗する異系の二大宗派として、ほぼ同時代に出現した「シュラマナ」(śramaṇa；沙門) の宗教である。"śrama"とは、宗教的もしくは学問的な「努め励み」のことであり、祭司階級の専有する祭祀の知識 (veda) を拠りどころとせず、自らの精進工夫によって解脱道を開拓してゆく自由思想家たちの態度を指し示している。これを「苦行」の意味に取って訳す場合があるが、それは瞑想思惟に起因する衆生済度の利他的要素を抜かしているので、適当ではない。覚りの智慧を行ずる「道の人」と観るのがよいだろう。その道は、中途半端に終わらせなかった「修行完成者」にしか味わえない、さわやかな達成感を、後続の人々にも約束する。ジャイナ教も仏教と同様、実践する全ての者たちに開かれた教えなのである。

辞典などにみられるジャイナ教関係の写真は大抵、ものの「いのち」を底なわぬように口を覆い、箒で地面の虫などを掃き除けながら、裸足の一歩一歩を運ぶ白衣派のジャイナ僧を写したものなのではなかろうか。口覆いはもちろんのこと、まったく身を覆わない裸行派であればなおさら、初めて見る人には奇異な印象を与えてしまうであろう。それはいかにも「アヒンサー」(ahiṃsā；不殺生、不傷害、非暴力) という否定形の誓戒 (vrata) を最重視するがゆえの苦行主義を強調しているかのようにみえる。だが、彼らにとってはそれこそが、精神の自由を得るための身体的工夫なのである。在家者集団に対しても戒律の遵守を徹底させ、彼らの打ち明ける日常生活の諸問題にも親しく関わりながら采配を振るうその姿は、きわめて積極的である。インド本国に留まったシュラマナの宗派としては唯一であり、「いのち」の尊重においては比類がない。

①インドの首都デリーにある鳥類の病院。1926年の創立以来、傷ついた鳥たちを無料で治療している。どんな鳥がいるのかを示す絵の看板が外壁に掛かる。その下に置いてあるのは、浄財の寄進を願う箱。鳥カゴを壁ぎわに並べた2階の小部屋では、一人の老医師が患者のカルテを書いていた。その日は、鳩が数羽だけ入院している様子だった。「赤い寺院」という名称で知られる裸行派の建造物に隣接しており、裸行(動植物の「いのち」を素材とする衣服をまとわない行為)の修行僧マハーヴィーラの遵守した誓戒(ヴラタ)のなかで最も重要なアヒンサー(不殺生・不傷害)を実践する道場であることを示している。はかない「いのち」をかばい、励ます布施の精神。翼で天翔る鳥は、煩悩を除去した身軽な魂の象徴。

②左側：裸行派のアーチャーリヤ(法主)と他派の高僧たち(周縁部)の写真をレイアウトした、大法会のポスター。裸行派と、白衣派のなかでも寺院をもつ一派の僧は、空気中の虫や眼に視えない生きものを吸い込んでしまわないためのマスク(ムクゥ・ヴァストラ)をしない。但し、聖典の言葉を吟誦する際に布などで口を覆うことはある。ほかの諸派では、得度すると終生にわたりマスクを常用。③右側：他方、在家者がジナ像の埃を払い、花輪を捧げて供養したり、師僧(ムニ)のお目にかかるときには、浄からぬ自分の吐く息がかからないようにする。像供養のために花を摘むのも殺生だと考える人々は、分派して寺院から離脱(年表参照)。説法の聴聞と瞑想に専心する。寺院を拠点とする人々は、こちらをまっすぐに見据えるジナ像のつややかな白い姿を瞑想の媒体とする。どの宗派にも共通するのは、出家者が在家者集団を統率して、戒律の実践をこまかに指導する点である。仁徳あるムニは親のように慕われ、仰がれる。

ジャイナ教の形成と分派に関する略年表

年代不明	ジャイナ教の祖師は、ジナ(煩悩に対する「勝利者」)もしくはティールタンカラ(悟りへの「渡し場を作る人」)(⇒ 信奉者の集う「巡礼地を作る人」)(⇒「祖師」)と呼ばれ、その帰依者を「ジャイナ」という。マハーヴィーラ(目印の標識と色: 獅子・黄金色)以前に23人のジナがいたと伝えられ、第23祖のパールシヴァ(幾つもの頭をもつコブラ・青色)の実在は認められている。<u>A.D.1世紀末頃からジナ像の制作始まる</u>。第1祖のリシャバ(牡牛・黄金色)、第16祖のシャーンティ(; カモシカ・黄金色)らと共に、寺院の本尊となる。頭部の肉髻相、入定相の半眼、衣文を特徴とする仏像と異なり、両眼を見開き、裸形で、胸部中央に吉祥文様を付す。
B.C.444頃	マハーヴィーラ(〔煩悩という敵に打ち勝った〕偉大なる英雄)の尊称とニガンタ・ナータプッタ(ナータ族出身の離繋者)の呼称をもつヴァルダマーナ(「栄える人」)、ヴァイシャーリー市・クンダ村の王族階級から出生(~372頃没)。結婚して娘もいたが、父母の死後は兄の許しを得て、30歳頃、出家。ニガンタ派で苦行に専心。その2年ほど後、マッカリ・ゴーサーラに出会い、6年間共住修行。やがて分派し、その4年後に完全知を得てジナ(「勝者」)と成った。およそ30年間教化を続け、ナーランダーに近いパーヴァー村でニルヴァーナに入ったといわれている。<u>本来無垢なる霊魂(ジーヴァ)に業物質が漏入するのを止めて輪廻解脱するには、苦行(断食・裸形・沈黙)という努力が必要と考え、その実践を説いた</u>。苦行の徹底をはかれない在家者には、誓戒(ヴラタ)の緩い中道の教えを示した。出家者の指導による在家集団の組織化、すすむ。
B.C.438頃	シャーキャ族出身のゴータマ・シッダッタ、ブッダ(「目覚めた者」)と成る。その後、ジャイナ教徒やアージーヴィカ教徒とは出会っていたが、各々の祖師との会見は知られていない。
B.C.300頃	マハーヴィーラと婚姻関係にあったマガダ国のビンビサーラ王、ジャイナ教を厚く庇護。
	インド中央部であった大飢饉のために南方へ移ったジャイナ教徒の一派は、マハーヴィーラ以来の裸形を続け、残った一派は白衣を着用するなどの変更を迫られた。
B.C.388頃	<u>アージーヴィカ教</u>の開祖マッカリ・ゴーサーラ、コーサラ国の都で没す(生年不詳)。<u>輪廻転生のあらゆる過程は業報によるのではなく、無因無縁の宿命によって決定されている。ゆえに、自由意志の行為を活かして解脱に到達することはできないが、この世で生きている間は、苦行という強固な姿勢で宿命に臨むべきである</u>と考えた。
紀元後~14世紀間	南インドのカルナータカ州に、裸形・白衣両派の中間に位置する<u>ヤーパニーヤ派</u>、存続。
B.C.1世紀後期	マトゥラーのクシャトラパ王朝時代に初期の<u>ジャイナ教美術</u>、展開。ジナ像・聖樹・ストゥーパ・種々の吉祥文様などを刻んだ奉献板が見つかっている(~A.D.2世紀後期)
B.C.3世紀頃	ジャイナ教(白衣派)の聖典、パータリプトラでの集会において結集(編纂)。裸形派の聖典は散逸したといわれており、後代はその要綱を伝承する文献に帰拠。
B.C.3世紀中頃	アショーカ王碑文に「アージーヴィカ」と共に「ニガンタ」の名が挙がり、繁栄を示す。
B.C.2世紀中頃	カリンガ国のカーラヴェーラ王、東南インドを平定。ジャイナ教碑文を残す。
A.D.80~83	B.C.300年頃から始まっていた裸形派(ディガンバラ)と白衣派(シュヴェターンバラ)の対立が明確になり、根本分裂。ほかにも、聖典には記述のない分派があったらしい。
A.D.4~5世紀	裸形派のクンダクンダ、教義の綱要書を著わし、聖典をもたない同派の要請に応える。
A.D.5~6世紀	白衣派のウマースヴァーティ、<u>正見・正智・正行(自制の「三宝」)による解脱</u>を説く。苦行と同様にヨーガ(瞑想思惟・心統一)の効力を重視。その『真理証得経』は、ジャイナ教を代表する正統説として認められてきた ⇒ 7世紀、サマンタバドラによる註釈書。
A.D.1451	イスラーム思想の影響を受けたカビールらに始まる偶像批判説が白衣派でも生じる。
	アーメダバードの商人ローンカー・シャー、保存状態の悪い諸聖典の筆写に取りかかるうち、ジナ像崇拝の教義がみられないこと、当時の宗旨と一致しないことに気づき、改革派を発足。1467年に在家者のバーナが僧と成り、ローンカー派を設立。さらに15世紀末には、寺院や巡礼行を捨てて会堂(スターナカ)に集まり、得度しても俗名を名乗る<u>スターナカヴァーシー派</u>が分派(尊像を祀る寺院派と相対する「会堂派」)。
A.D.17世紀	ヤショーヴィジャヤ(1624~1688)、苦行主義を離脱した裸形・白衣両派の統一を主唱。
A.D.18世紀	白衣派のビカンジ・スワミ(1726~1803)、1761年に<u>テーラーパント派</u>を創始。寺院も会堂も所有せずに遍歴。特に19世紀以降は、ジャイナ教の近代化・国際化に貢献。
A.D.1949	テーラーパント派の第9代アーチャーリヤ=トゥルシー、インド各地で小誓戒(アヌヴラタ)を応用した自己改革運動を指導、国内外に賛同者を得る。生命尊重の思想と実践。

＊ ジャイナ教では、この世界を創造して支配・守護する主宰神の存在を認めない。それは神の全面的な支配力が、自由意志によって善業を積もうとする人間の倫理道徳的生き方を阻害すると考えるからである。世界経綸的意志をもつ神が人間に自由意志を与えてその行為に期待すると信じる一神教の論理とは対照的である。したがってジャイナ教徒は、神のごとく敬うジナに対しても、その加護を祈願するということはしない。その代わり、悟りの先達者であるジナの境地に近づくため、ジナ礼讃の詩句を心を込めて吟誦する。以下に紹介するのは、裸行・白衣両派に共通の讃頌。ジナを「アルハット」（供養に値する人）として敬礼（きょうらい）するので、『アルハット礼讃』（Arhat Vandanā）と呼ばれる。

① 仰ぎ敬われるべき修行者に合掌敬礼いたします。　　　　（namo arahaṃtāṇaṃ,）
　修行を為しとげた方に合掌敬礼いたします。　　　　　　　（namo siddhāṇaṃ,）　＊1）
　教えの規範をお示しになる師に合掌敬礼いたします。　　　（namo āyariyāṇaṃ,）
　親しく教え導いてくださる師に合掌敬礼いたします。　　　（namo uvajjhāyāṇaṃ,）
　世にあるすべての善き修行者たちに合掌敬礼いたします。　（namo loe savvasāhūṇaṃ,）
　これら五つにわたる合掌敬礼は、すべての罪業を滅ぼすこよなき善。　　　　　　＊2）

＊1）業物質（ghātikarman）の漏入を苦行で止めた人の本来無垢な靈魂（jiva）は、肉体が滅びると身軽になって世界空（loka-kāśa）の頂点に上昇・到達するといわれている。ここにいう"siddha"とは、そのようなジャイナ教に特有の修行完成者を意味している。
＊2）

एसो पंच णमुक्कारो, सव्वपावपणासणो ।

Āyāradasāo の第8節、すなわち、Kalpa Sūtra (by Bhadrabāhu) の冒頭を飾る聖句。
(eso pañca namukkāro, savvapāvapaṇāsano/ maṅgalāṇaṃ ca savvesiṃ, paḍhamaṃ havai maṅgalaṃ/)「五つ」(pañca) のうち、最初の二つは往昔のジナたち、次の二つは師僧（gurdev）の率いる僧団の聖者（muni）たち、最後は、過去から現在までのジャイナ僧すべてに向けられている。ジナは人間の罪を赦したり贖ったりする神ではないが、合掌敬礼という善因によって浄罪の功徳を積ませる役割を担ってきたのである。これは、仏教でも同様。

② 人よ！ 汝が殺めようとする者は、〔実は〕「汝自身」にほかならない。　　　　＊1）
　　いかなる生きものをも傷つけてはならない！　　　　　　　　　　　　　　　＊2）
　　それが〔不傷害の〕掟（dhamma）であり、確固として、常に存し、変わらない。＊3）

＊1）「いのち」の尊さを思惟してゆくと、自他の区別が無くなって一つになる。163頁②参照。
＊2）　सव्वे पाणा ण हंतव्वा　 (savve pāṇā ṇa hantavvā,) = "ahiṃsā"（不傷害）
聖句＊1）は、Āyāraṃga-sutta (= Āy.) I,5,5,4、＊2）〜＊3）は、Āy. I,4,1,1 からの抜粋。

③ すべての生きもの〔の罪〕を赦します、〔その〕すべての生きものもまた、　　＊1）
　　わたくし〔の罪〕を赦してくれますように。
　　すべてのものに善意をかたむけ、〔何ものにも〕悪意をいだきません。　　　＊2）

　　　　　　khāmemi savvajīve, savve jīvā khamantu me /　　　　＊1）
　　　　　　mittī me savvabhūesu, veraṃ majjha na keṇai /

＊1）　सव्वे जीवा　　savve = Skt.: sarva. "jīva" の原意は、〔呼吸する〕「いのち」。
＊2）　例えば、カトリック教会における「主の祈り」の最終節；「...われらが人にゆるすごとく、われらの罪をゆるしたまえ、われらを試みに引きたまわざれ、われらを悪より救いたまえ」（本書123頁の①参照）と比較すると、神の力に頼まないジャイナ教徒が、おのずと「いのち」相互のつながりに専心していることがわかる。いわば、「いのち」を本尊にする宗教である。①〜③はすべて、古代マガダ語の跡を残す半マガダ語（Ardha-Māgadhī）に拠っている。

インド思想に特徴的な輪廻解脱の方法論は決して一様ではない。解脱できるのが生前なのか死後なのか、解脱してどんな境地に到達するのか、その体験を自己のためだけではなく他者の救済にも活かせるのかどうかについては、宗派ごとの見解がある。だが、なぜ輪廻するのか、その根本的理由については概ね共通の考え方をしている。すなわち、心に浮かぶ考えであれ、口に出した言葉であれ、動作に移したことであれ、人間の「行為；業」(karman) が自己および周囲に及ぼす影響力は、行為の完了とともに消滅せずに累積しながら持続してゆく。そうした業の余力が潜在的に作用して、死後は自らが図らずも作り出した業因業果の世界に生まれてくる。いわゆる"自業自得"の苦しみは、善行の楽しみも束の間、悪行の罪穢れを自覚するところから始まり、それを取り除く方法を確立・実践・完遂した時にこそ初めて解消されうるものである。まさにこの自覚がなければ、宗教的発心はありえないだろう。業苦から解脱するための互いに異なる道が諸宗派を生んだといっても過言ではない。

なかでもジャイナ教は、業それ自体を「いのち」の本体 (jīva；命我；霊魂) の清浄無垢な本性を阻害する微細な粒子 (ghātikarman；業物質) として捉える。個々の霊魂（個我）は、その宿る身体と同じ大きさに充満する無形体の精神的実体であり、象も蟻も、実質的には等量の単子(モナド)から成る。業の主体として業報を受けて輪廻しながら、その途上で霊魂相互が影響し合って向上に努める社会性をも有している。それでも"個我"はどこまでも個別に存続するので（多我説）、常住遍在の一者に帰入した「我はブラフマンなり」との感興とは無縁である。宇宙の万象は無始無終の縁起的運行を続けているという自然観察にもとづき、そこにいかなる超越者の介入をも認めない点では、神や霊魂や宇宙原理も含めたあらゆるすべての実体を否定する無我説の仏教と軌を同じくする。

霊魂に付着し、浸透してくる業の流れをせきとめさえすれば解脱できるとの見解は、古代インドでは先駆的であった原子論をいまに伝えている。創造神の存在や祭司の呪術的権威を否認して、専ら独立独行の効力を説く合理主義的立場は、自己と周囲に拡がる宇宙の一切を「実在体」(astikāya) と観て、刻一刻と作られて積もり続ける業の塵埃を払拭した霊魂の解放感を至福の境地とす

る。それは生前においても体験できるが、肉体の有るうちはまだ完全ではない。肉体を捨てた（命終した）解脱者の霊魂は業の重みが無いため、おのずと上昇して世界空間の頂点を突き抜け、虚空の果てにある非世界空間（aloka-kāśa）に達するといわれている。そのような修行完成者は"siddha"（成就者）と呼ばれ、ジャイナ教徒の吟誦する聖句（155頁①参照）のなかで崇敬を受ける。

宇宙世界は生気ある霊魂（jīva）と非霊魂（ajīva）という二種の実在体で構成され、後者は①色、味、香り、可触性（形状を為すための性質）などを以て場所を占有する物質（pudgala）、②魚にとっての水流のように、何かを動かす条件であるダルマ（dharma）、③落ち葉に対する地面のように、動くものを静止させる条件であるアダルマ（adharma）、④霊魂などの実在体に場所を与える虚空（ākāśa）、⑤存在の継続、変化、運動、新旧の差異などから知られる時間（kāla）などの特性を有する。霊魂はそのただなかで物質的身体（肉体）を着用しつつ活動するが、解脱してニルヴァーナ（nirvāṇa；絶対の安らぎ）に到る自由を阻止する業の穢れは、とめどもなく覆いかぶさってくる。

では、そのような状況に対抗する最良の方法は何なのか。呼吸にしろ、知覚に因る感情や思考にしろ、一瞬たりとも行為せずには生きてゆかれないのが人間の性であるから、やはり行為することをとおして解脱に歩み寄るしかない。そこでまず出家者に向けて説かれるのが ①「いのち」あるものを傷つけないこと（ahiṃsā）、②偽りを語らないこと（satya）、③盗みをはたらかないこと（asteya）、④性的欲求を断つこと（brahmacarya）、⑤何も所有しないこと（aparigraha）を徹底的に実行させる五大誓戒（mahāvrata）である。特に①は、業物質の流入を最も効果的に遮断する最勝の善業となり、修行の全行程を貫く根本精神として至高の価値を持つ。在家者は、具体的な生活場面に応じてこれらを緩やかに説いた小誓戒（anuvrata）を守る。仏教では万人向けの「中道」（苦と快楽の両極端を離れた生き方）が在家倫理として勧められるのに対し、断食の苦行は、誰もが大いなる功徳を積める福田として奨励される。なぜなら、もはや他者の「いのち」を栄養源として摂取しない状態は、不殺生・不傷害の究極的な実践と考えられるからである。家庭生活では、一定期間に限って行な

い、断食死を達成したというニュースは、現代では稀になった。むしろ、身心の健康を維持して衆生の教化に尽力することを重視する出家者集団のほうが、諸宗派のなかでも対外的に発言権を持ち、優勢である。

では、それほどまでに「いのち」を尊重するのは、ひとえに、自己原理たる霊魂の清浄無垢な本性を取り戻すためなのであって、解脱という目的の手段にすぎないのだろうか。ジャイナ教の大成者といわれるかのマハーヴィーラは、そのような形而上学的な精神世界に心酔して道を説いたのではない。出家修行の出発点はどこまでも、かけがえのない「いのち」の価値を訴え、「いのち」を損なうあらゆる行為を批判するところにあったからである。ヴェーダ祭式の供犠における動物殺害を難じて、そのような供物を要する神々の崇拝から極力遠ざかっていったのは当然の成り行きであった。その結果として、「いのち」の実体たる霊魂（ジーヴァ）の存在を信じる「正見」(samyag-darśana)、事物の真相を見極める「正知」(samyag-jñāna)、誓戒を保ちつつ用心する「正行」(samyak-cāritra)の「三宝」(triratna)を解脱の原因と信じるようになった。

あらゆるすべての生きものは、「いのち」を愛し、悦楽に耽り、苦痛を憎み、破滅を嫌い、生きることを愛し、生きようと欲している。生きものはみな、「いのち」をこよなく愛するのである。(161)

誰／何かに諭されたり、命令されたから「殺さない」あるいは「傷つけない」のではない。ほかならぬ自己自身の「いのち」に引き比べて、他者の「いのち」を思いやるからである。その実践によって何らかの見返りを期待するのでもなく、まして、神の祝福や子孫の繁栄が約束されるわけでもない。ただひたすらに、「いのち」を愛するがゆえに尊ぶのである。それが功徳として作用するといった考えは、無条件の慈しみにあっては付随的なものにすぎなくなる。

こうした思想は仏典にもみられるとはいえ（163頁②参照）、ジャイナ教聖典のほうが徹底した実践を説くのだという信徒たちのプライドは、なかなか高い。よく知られているように彼らは菜食主義であり、収穫時に掘り起こしながら

地中の虫などを殺すおそれのある根菜は摂らない。出家者は、微生物さえも呑み込まないように飲み水を濾過しておく。剃髪の時も、剃刀で頭にたかっている生物を傷つけぬよう、一本一本、引き抜く。在家者はそこまでは無理だとしても、生きものの捕獲や加工などに携わる農林水産業や、去勢を行なう牧畜業、火や刃物を用いる大工、左官、鍛冶、木こり、車輪で何かを轢き殺してしまう運搬業など、殺生や傷害に直結すると考えられる職業を避けてきた。現代では、金貸や小売商のほかに、出版、著述、学問、教育、医療などの方面で活躍する人々が多い。芸術においては、木材や石材を切り出して素材を得る必要のある絵画・彫刻・建築よりも、この身一つあれば足りる声楽を高く評価する傾向にある。[162] 寺院にジナの尊像を祀るのも、灯明の火で微生物を損ない、装飾用に野の花を摘み取る殺生をともなうからという理由で行なわなくなり、新たに分派した例もあるほどである（154頁の「1451年」および「A.D.18世紀」の二大分派参照）。

　倫理的には、あらゆる観点（naya）から「相手」の理解に努め、差別・敵意・偏見・先入観などにもとづいた言葉や行ないを慎むことで、不傷害を実践する。いかなる物事に対しても一方的な断定を下すことを避け、すべての見方を「ある点から見れば」（syād）承認しうるものとする不定主義（syādvāda）は、他者の立場を尊重する相対的かつ多面的な理解を可能にする。他宗教の論客たちは、真理を確定しない懐疑論としてこれを批判する。しかし元来の真意は、見解の相違から憎み合い、傷つけ合う人間どうしの争いをなくし、真理の[163]多様な展開によって物事の可能性をひろげることにあったと観るべきだろう。

　ジャイナ教では宗団を率いる高僧（ācārya）のレヴェルに達すると、もはやマハーヴィーラの教説にも執着しない、ジャイナ教徒としての特性をも脱した一個の人間に還るという人が少なくない。それをはっきりと会衆の前で説くことさえある。その気張らない態度には、安心立命の境地が窺われる。或る特定の"立場"を絶対視しないでいられるのは、彼らの強みである。すべてを受容しても動揺しない精神の自由。それはどこまでも静かで安らかな心境である。

　心の平静（sāmāyika）こそは、聖者の常に宣する真実の法（dhamma）である。[164]

8　仏教：「いのち」の充実に徹して生きてゆく

　眼で見られるもの、耳で聞けるものをとおして仏教のことを知ろうとする人は、実に多種多様な、おびただしい仏菩薩の彫像や画像に圧倒され、難解なる読経の調べに眠気をもよおしてしまうかもしれない。仏教徒にとっては、それそのままが有り難いのであるが、傍観者ならば、それだけで敬遠したくなるか、魅力を感じて、きちんと勉強したいと思うか、反応はいろいろであろう。

　仏陀は剃髪の出家修行者だったが、その死後は次第に神格化されていった。とはいえ、それが直ちに"仏像"の創作と崇拝につながったわけではない。仏滅後のインド仏教徒は紀元後１世紀末頃に至るまで、仏蹟地のモニュメント（菩提樹、法輪、ストゥーパなど）をとおして仏陀の遺徳を追想・讃歎する日々を送っていた。仏陀の造形化が始まった当初より、その身体には僧形の仏弟子とは異なる覚者固有の特徴（頭頂部の肉髻相、眉間の白毫相、手足網縵相や千輻輪相などの相好、禅定印・降魔印・転法輪印・与願印・施無畏印などの印相）が付与された。そうした芸術的作為の記憶もやがて忘れられ、"仏像"は仏陀の生き写しとの信仰が仏教の東漸とともに浸透していったのである。

　菩薩のほうは、出家以前の悉達多太子（シッダールタ）をモデルとしているため、肌身に幾重にも瓔珞（ようらく）（珠玉や貴金属をレース状につなぎ合わせた装身具）を飾っている。大乗仏教興隆後は、衆生済度を誓願して世間の声に耳を傾ける救済者として信奉されるようになった。様々な表情を浮かべ、蓮華、水瓶、剣、輪宝、錫杖などの持物（じもつ）を握る多面多臂の"菩薩像"（十一面観音、千手観音、不空羂索観音など）は、その活動内容を一覧できる好例である。しかしその視覚的印象から"仏教は邪悪なる偶像崇拝教"と誤解した異教徒がいたことは否めない。或る思想的内容を多様な色形や名称によって現前化するのは、ヒンドゥーの精神文化を継承しているからである。あらゆる姿形を現じても、究極的にはただ一つの本体に還る。仏教の場合、それは歴史上の仏陀にほかならず、彼を中心とする三世十方の諸仏・諸菩薩があたかも、同じ物体（object）を鏡面に映して千変万化の映像を創り出す万華鏡のごとく展開するのである。それらは悉く、菩提心を発（おこ）して自利利他の修道（諸仏同道）にいそしむ仏教徒の理想像といえる。その理想は遠く届かぬものなのではなく、他ならぬ日々の暮らしの中で誰もがこの世の一隅を照らしあう灯火（ともしび）であることに気づかせる"はたらき"を持つ。

①ブッダは、老木が自然と倒れるように、80歳の生涯を終えた。荼毘に付されたその骨と灰は、在家の信奉者たちがストゥーパ(伏鉢型の塔)に納めて祀るようになった。生前に一切の煩悩から解脱して、心も身体も清々しくなり、その目覚めた境地から衆生済度に趣いた人は、その死後もやはり清々しい環境を遺すものである。サーンチーの丘に建つこのストゥーパは、アショーカ王のマウリヤ朝時代に造られ、シュンガ朝の治下に補修を受けた(年表参照)。仏蹟ではないこの地が、現存唯一のほぼ完全なストゥーパの形を保存していた。周囲には右遶三匝する巡礼者のために遶道と玉垣が、それを囲むように四方の門が次々に建った。ストゥーパ本体は白、門は赤に塗られていたらしい。仏教徒であるか、どうかにかかわらず、王族も庶民も、外国人も、ついには僧尼さえも、石材を寄進して功徳を積ませてもらった。当初はこのように開放的だった仏教施設も、仏像を本尊とする寺院の時代になると、礼拝に訪れるのは、「仏・法・僧」の帰依者に限られていった。その傾向は、インド本国よりは諸外国でみられる。

②左側: ①に写る東門の南柱(東面)にある浮き彫り。ブッダ成道の地に建つ当時の祠堂は、天窓から菩提樹(アシュヴァッタ樹)の枝を伸ばしていたのか。先の尖った葉は写実的。その両脇にあるアームラ樹やパータリ樹は、ここがウルヴェーラー村の林にあることを示す。天からは飛天が供物と花綱を携えてきたところ。地上では、王(左から2人目)とその同族とおぼしき4人が合掌する。ブッダ亡きあとの坐所は空のままとはいえ、牛角形の ω を載せた蓮華文様の法輪(ダルマ・チャクラ)をあえてそこに奉安するのは、正覚に到ったブッダの偉業を讃嘆するためであろう。③右側: それからおよそ二千年は経過した同じ場所で合掌する巡礼者たち。仏像のほうには向かず、菩提樹を参拝するその姿は、インドならではの情景。紀元前3世紀頃の金剛宝座は、現存する仏教美術の作例としては最古のものである。

インド仏教の精神文化史・略年表

年代不明	"Śākyamuni Buddha"（釈迦牟尼仏）とは、「シャーキャ族から輩出した〔往古よりその出現が讃えられてきた〕ブッダ（即ち"真実に目覚めた人"たちの一人）」という意味で、「ブッダ」はジャイナ教のジナなど、インド諸宗教における覚者の呼称。釈迦牟尼仏を第七仏とする過去七仏（Mānuṣi-Buddha: 人間である仏）の観念は、ヴェーダ時代に起源をもつ。
B.C.463頃	ゴータマ・シッダッタ（= Pāli.Skt.: ガウタマ・シッダールタ）、シャーキャ国の太子として出生（~B.C.383頃没）。生後まもなく母を失い、父王の後添えとなった母の妹に育てられた。その叔母はのちに最初の比丘尼として出家。太子は世の無常（生老病死）を想うにつけ、その苦しみからの救いを希求。息子の誕生後まもなく、ひそかに出家。初めは苦行者に師事したが、最終的には独りで樹下に端坐して禅定に入り、35歳の頃、正覚に到り成道。ブッダとして説法する遊行遍歴の生涯。マガダ国やコーサラ国などの王族、僧侶を庇護して精舎（ヴィハーラ）を寄進。過度の努力でも放逸でもない生き方（中道）のなかにこそ、揺るぎない心の平安（nirvāṇa; 煩悩の火を吹き消した状態）が得られると考え、縁起の法則にもとづく四諦八正道などのたゆみない実践を説いた。
B.C.383以前	ゴータマ・ブッダの晩年、故郷のシャーキャ国が宗主国コーサラの進攻により滅亡。そのコーサラも、まもなくマガダ国によって滅びた。ブッダの入滅後、ラージャグリハの七葉窟にて、直弟子たちの合誦による仏典の第一結集。記憶（暗誦）による師資相承。
B.C.280頃?	ヴァイシャーリーにて第二結集。托鉢における金銭の受理をめぐる論争を発端として律（シーラ）の解釈が分かれ、長老派（上座部）と大衆派（大衆部）に分裂（「根本分裂」）。
B.C.261頃	マウリヤ朝のアショーカ王、仏教に親近してストゥーパの増築や僧伽の管轄にあたる。
B.C.244頃	パータリプトラにて第三結集。上座部系の長老を王師として、仏教の勢力、拡大。
B.C.3世紀中頃	アショーカ王、過去七仏の第五仏にあたるカナカムニ（拘那舎牟尼仏）のストゥーパを増広して巡礼（ニガーリー・サーガルの小石柱法勅）。ほかの過去仏たちの奉祀を示唆。
B.C.180頃	シュンガ王朝の治下、アショーカ王時代のストゥーパを改修・装飾する事業が進む。ストゥーパの周囲にめぐらした門や柵に仏教的主題の浮き彫りをほどこす作業が展開。マウリヤ朝以下にその萌芽を見出すインド古代初期仏教美術の明らかな形成。
B.C.155頃~	シャーカラに都したギリシャ人のメナンドロス王、比丘ナーガセーナと討論（~130頃）。
B.C.1世紀代	シュリーランカー（セイロン島）の僧伽、マータレー地方のアル＝ヴィハーラにて暗誦口伝の三蔵（経・律・論）およびその註釈書を史上初めて書写。正法の久住を願う。
A.D.1世紀初頭	デカン高原西部（アジャンタ、エローラなど）で塔院窟・僧院窟や神殿の開鑿開始。
A.D.1世紀代	仏道修行に専心するために出家した者のみならず、世俗の営みにいそしむ大多数の在家者も「ブッダ」に成るための修養を積むことができると主張する大乗仏教運動が活発化。ストゥーパ供養、写経、念仏などの功徳を説く。『般若経』『法華経』『阿弥陀経』などの初期大乗経典（"久遠のほとけ"の説法）、作られる。仏教、中国に伝来（紀元前後）。
A.D.1世紀末~	ガンダーラとマトゥラーでほぼ同時期に、仏像の制作開始。初期の「仏伝図」成立（A.D.2世紀前期／1世紀末期~2世紀前期）。寺院の本尊となる単独像の出現（2世紀前期）。功徳荘厳としての仏身、視覚化。それまで姿なしでブッダを追慕していた仏教徒、仏像の姿にブッダそのものを観想。
A.D.128~	クシャーナ朝・第3代カニシュカ王による治世（~A.D.153）と仏教保護。第三結集の頃(?)に上座部から分かれた説一切有部、カシュミールで栄え、第四結集（伝承のみ）。
A.D.150頃~ 250頃没	アーンドラ地方の祭司階級にナーガールジュナ（龍樹）、出生。長じて『中論』『大智度論』『十住毘婆沙論』などを著わす。事象は縁起するがゆえに無自性であり空に帰結すると考え、諸法無我にもとづく仏教の本質を空観により深化。その実践論は中観派の典拠。
A.D.2世紀中頃	サータヴァーハナ王朝の本拠が西デカン地方からアーンドラ地方に移り、ストゥーパを中心として精緻で華麗な浮き彫りをほどこす仏教美術、アマラーヴァティーに開花。
A.D.3世紀前半	クシャーナ朝、衰微。イクシュヴァーク王朝興り、首都ナーガールジュナコンダーに仏教および仏教美術栄える。セイロン島に大乗方広部の進出、上座部と対立。
A.D.320	グプタ王朝、興る。アサンガ（無著）とヴァスバンドゥ（世親）の兄弟（~400年頃）、唯識説にもとづく論書を著わし、大乗仏教の思想的支柱を確立。仏像の様式、後世の模範となる。
A.D.399	東晋の法顕、律蔵の収集と仏蹟巡拝のため、インドとセイロン島に渡る（~413年に帰還）。
A.D.520頃	南インド出身のボーディダルマ（菩提達磨）、梁代の広州に到着。禅宗の開祖となる。
A.D.7世紀	唐代、玄奘は陸路（629~645年）、義浄は海路（671~695年）インドへ。訳経家として大成。仏教の密教化は義浄の滞在時には進展。『大日経』や『金剛頂経』の成立（~8世紀）。

① 35. 心は、捉え難く、軽々とざわめき、欲するがままにおもむく。その心をおさめることは善いことである。心（citta）をおさめたならば、安楽（sukha）をもたらす。 ＊1）
37. 心は遠くに行き、独り動き、形体なく、胸の奥の洞窟（guhāsaya）にひそんでいる。 ＊2）
この心を制する人々は、死の束縛からのがれるであろう。 ＊3）

(*Dhammapada*: Dhp.35,37. 中村元訳『ブッダの 真理のことば 感興のことば』岩波文庫、1978年、15頁。)

＊1）「安楽世界」(Sukhāvatī) といえば、かの法蔵菩薩が衆生済度を誓願して成就した理想の仏国土（阿弥陀仏の西方浄土）を指すが、本来の安楽とは、ほかならぬ自らの心に実現するものなのである。仏教思想は時として壮大なる心象世界を表現しては、心の本性を追究する。
＊2）ウパニシャッドの成立以来、アートマンのありかは心臓内の空間と観られていた。
＊3）死にとらわれていた心の解放がもたらす安楽こそは、仏教者の求める境地でもある。

② すべての者は暴力におびえる。すべて（の生きもの）にとって生命は愛しい。己が身にひきくらべて、殺してはならぬ。殺さしめてはならぬ。(Dhp.130. 前掲書、28頁)

सब्बेसं जीवितं पियं। अत्तानं उपमं कत्वा, न हनेय्य न घातये॥

(Sabbe tasanti dandassa, sabbesaṁ jīvitaṁ piyaṁ, attānaṁ upamaṁ katvā, na haneyya na ghātaye.) 呑みがたい自己愛を前提として、共感による慈悲心への転換をはかるという実践道。この不傷害の掟（ahiṁsā）については、ジャイナ教の項（155頁②）参照。

③ 身の装いはどうであろうとも、行ない静かに、心おさまり、身をととのえて、 ＊1）
慎みぶかく、行ない正しく、生きとし生けるものに対して暴力を用いない人こそ、
〈バラモン〉とも、〈道の人〉とも、また〈托鉢遍歴僧〉ともいうべきである。 ＊2）

(Dhp.142. 前掲書、29頁。 裸形、螺髪、断食などの苦行も、自己浄化にはならないと説く第141節の続き)

＊1）「言葉おだやかに」を行間に観るならば、「身・口・意」の三業を浄めよとの一節となる。
＊2）順に、"brāhmaṇa"（婆羅門）、"samaṇa"（沙門）、"bhikkhu"（比丘；托鉢の出家修行者)。ブッダは、当時活動していた諸宗派の宗教者たちに共通の生き方を、自らの教説にしている。

④ 人間の身を受けることは難しい。死すべき人々に寿命があるのも難しい。
正しい教えを聞くのも難しい。もろもろみ仏の出現したもうことも難しい。 ＊1）
すべて悪しきことをなさず、善いことを行ない、自己の心を浄めること、
― これが諸の仏の教えである。 (Dhp.182-183. 前掲書、36頁) ＊2）

＊1）これらの難関を突破してブッダと成るには、幾多の輪廻転生を経る必要があろう。しかし、この詩句を聞く者は誰でも、その縁を結ぶことができる。それが読経の功徳である。経文の内容をどのように活かすか捨てるかは、その人の自由。罰則を伴う戒めではない。
＊2）Sabbapāpassa akaraṇaṁ, kusalassa upasampadā, sacittapariyodapanaṁ, etaṁ Buddhāna sāsanaṁ. 「諸悪莫作、衆善奉行、自浄其意、是諸仏教」⇒「七仏通誡偈」（漢訳『法句経』）

⑤ 7. 「さあ、修行者たちよ。お前たちに告げよう、
『もろもろの事象は過ぎ去るものである。怠ることなく修行を完成なさい』」 ＊1）
これが修行をつづけて来た者の最後のことばであった。 ＊2）
10. 「心の安住せるかくのごとき人にはすでに呼吸がなかった。欲を離れた聖者は
やすらいに達して亡くなられたのである。ひるまぬ心をもって苦しみを耐え忍ばれた。
あたかも燈火の消え失せるように、心が解脱したのである。 ＊3）

(*Mahāparinibbāna-suttanta* 6:7,10. 中村元訳『ブッダ最後の旅・大パリニッバーナ経』岩波文庫、1980年、158,161頁)

＊1）appamādena sampādetha. 過ぎ去る人生の時間を成すべきことに活用せよ、との教え。
＊2）ブッダとは、悟りの内容を絶えず実践によって証明してゆく人のことである。
＊3）仏教における涅槃（nirvāṇa）とは、臨終には既に成就している「心解脱」のことをいう。

仏像の顔貌には、最初期のマトゥラー仏（2世紀頃）にもみられるように、明朗快活なる微笑を浮かべているものが多い。それは、一切の煩悩を滅ぼして生きる者が享受する心の余裕と揺るぎない自信を表現しており、仏法の特徴である四法印（以下の①〜④）の実践的効能が積極的で無碍自在なる人生の充実に現れることを連想させる。

良い馬が鞭をあてられると、勢いよく熱気をこめて走るように、勢いよく努め励め。信仰あり、また徳行をそなえ、精神を統一安定して、真理を確かに知って、知慧と行ないを完成し、思念をこらして、このような境地に達した人は、すべての苦しみを捨て去る。[169]

物も心も、一切の現象界は変化してやまず（①諸行無常；sabbe saṅkhārā aniccā）、そのどれもが互いに関わりながら縁起している（②諸法無我；sabbe dhammā anattā）。絶えず移り変わる物事を惜しみ、悔やみ、憂い悲しむ一方で、「もっと」「いつまでも」との執着に駆られて行動しては、思い通りにならない結果に迷い悩む凡夫の心境（③一切行苦；sabbe saṅkhārā dukkhā）。仏教があえて人の世の現実を指摘し、四苦八苦（生苦・老苦・病苦・死苦・求不得苦・怨憎会苦・愛別離苦・五陰盛苦）や無常観を説くのは、それらを離脱してからの喜ばしい生き方へといざなうためである。静寂なる無苦安穏の境地（④涅槃寂静；santaṁ nibbānaṁ）は、燃え盛る炎の消え去った清涼感に譬えられる。そこに到るまでには、馬を調練する御者のような心がけが大切である。いったん苦しみを脱すれば、この現象界も苦境ではなく、「いのち」尽きるまで感慨深く過ごしてゆける安住の地となる。「涅槃」と漢字で音訳すると、あたかも動きのない、成長を止めた状態であるかのような印象を与えてしまうが、パーリ語の"nibbāna"（Skt.: nirvāṇa）は、実践して生きる者の行動力を含意している。世間一般には「涅槃図」や「涅槃会」などと、仏陀の死を指して用いることが多く、仏教の理想が「涅槃」ならば、それは「いのち」終えた時の状態ではないかと誤解する人はいまだに後を絶たない。翻訳が原語の新鮮な音感を削ぎ落と

し、原意の会得を妨げている例が、漢訳仏典には少なくない。原始仏典のパーリ文を暗誦するインド人の軽快なる音声を聴けば、仏教に対するそれまでのイメージは変わることであろう。ましてや仏陀自身の人柄と肉声は、いかなる想像や創造も及ばない、清々しい生気に満ちていたはずである。インドの風土にこの身を寄せてみると、それが五感をとおして伝わってくる。この道理は、ほかの諸宗教についても当てはまることであろう。

そもそも、あの読経の調べは、僧侶の勤行である以前に、見仏聞法のかなわない滅後仏教徒のために経典中の仏説法を再現しようとしているのである。経文に触れる機会さえあれば、誰にでも覚えのあるような人間生活の諸問題とその解決方法が説かれているのを目にする。それを日常の言語で普及・定着させ、諸宗派共通の旋律にのせて歌う伝統が育まれてこなかった点は惜しまれるが、世界の諸宗教における仏教の意義については、確固たる評価が為されてきた。

仏教は悲観的な厭世主義でもなければ、虚無的な怠惰を誘うものでもなく、不信心や不道徳と同義の無神論などとは無縁のものといわなくてはならない。ならば、宇宙創造の主宰神や最高原理ブラフマンを否認するのはどうなのか。やはり無神論や懐疑論に相当するのではないかとの反論も予想できる。確かに、仏陀はこれらの生滅変化を離れた永遠不滅の実体を、現象界では経験・認識できない、解決・証明のかなわないものと判断し、論議することを禁じた。それはひとえに仏陀が、現象の動きすべてに因縁生起の理法を観察し、その究明と解説によって、人間の心に起因する諸問題の解消に専念していたからである。輪廻苦は受けるが人界よりはましな天界の神々も、教化の対象となっている。

「道の人」ゴータマは成道後、遊行遍歴する弘法の生涯を送ることによって、神や原理の介入を許さぬ現象界そのものの働きを信仰する態度(深信因果)を徹底させていったものと考えられる。いかに仏陀の覚りといえども、それをあらゆる性質・能力の人々に日々説き明かし、実践してゆかなければ、覚った内容の普遍妥当性を証明することはできない。仏陀と成りたての彼が"われこそは唯一の正覚者"との自信に満ちて五比丘の修行する鹿野苑へ向かう道すがら、初めて出会ったアージーヴィカ教徒(154頁の B.C.388頃参照)のウパカは、彼の

見かけや受け答えだけでは"正覚"体験の是非を確かめられず、"あなたが煩悩の勝者であるというのも、ありうる話かもしれない"と言うにとどめたという。金色(こんじき)に輝く"仏像"の姿はまさに、このような現実を払いのけた理想像なのである。たとえ仏陀とすれ違っても、その説法をじっくり聴いて親しく接する機会を作らなければ、それと判らず通り過ぎてしまうのが本当なのだろう。人間の体験というものが個別的で、開示するには歳月がかかるという真実を、ここに観ることができる。姿形や一時(いっとき)の会話で人の本質はつかめないのである。

ジャイナ教のように不滅の霊魂を説かないまま、潜在的な業の作用によって刻々と変化しつつ一個の人格を連続させてゆくものを輪廻の主体と認めたのは、無我説を唱える仏教としては苦肉の策であった。しかし実践的には、"変化"の様態に改善や向上の可能性を求める本来の立場が守られていった。望ましく"変化"させるには、善い行為を心がけ、繰り返し、積み重ねることである。では、何を善とし、何を悪とみなせば、迷いなく行為できるようになるのか。

　ある行為をして、後で後悔し、涙して嘆きながら苦い報いを受けるなら、
　それは善い行為ではない。
　ある行為をして、後で後悔することなく、喜び、心楽しく報いを受けるなら、
　それは善い行為である。

「善因楽果、悪因苦果」の理(ことわり)は、人間の内面に、不善の行為を後悔する良心の声を期待すればこそ成り立つのである。仏教が性善説を取ることがこれで判る。「善い行為」の主要な部分は戒律で示されるが、仏教で「五戒」といえば、在家者のための生活規定である。ジャイナ教でいう「五大誓戒」の第五「無所有戒」を「不飲酒戒」に替え、「小誓戒」をさらに緩くした形になっている。

「善い行為」のなかでもいちばん大きな喜びをもたらすのは、何と言っても自他の「いのち」を尊び、慈しむことであろう（不殺生戒）。なぜならそれは、美徳だからというよりも、自分自身の強烈な生存本能にもとづく自衛手段でもあるからである。どんなに立派な慈善家でも、こればかりは否定できまい。

どの方向に心でさがし求めてみても、自分よりもさらに愛しいものをどこにも見出さなかった。そのように、他人にとってもそれぞれの自己が愛しいのである。それ故に、自分のために他人を害してはならない。
すべての者は暴力におびえている。すべての（生きもの）にとって生命は愛しい。己が身にひきくらべて、殺してはならぬ。殺さしめてはならぬ。(173)

自我（ego）の肯定から出発すれば、「暴力」を振るう者の利己心にも訴えることができる。彼らは「いのち」を損なう怨みや怒りを、それと知らずに、もしくは自暴自棄の態度で燃え盛らせるのである。

実にこの世においては、怨みに報いるに怨みを以てしたならば、ついに怨みの息むことがない。怨みをすててこそ息む。これは永遠の真理である。
「われらは、ここにあって死ぬはずのものである」と覚悟をしよう。―このことわりを他の人々は知らない。これを知りさえすれば、争いはしずまる。(174)

限りある「いのち」の充実に徹して生きてゆくには、「いのち」の終わらぬうちに一刻も早く目覚めたほうがよい。たとえ完全な目覚めではなくとも、散漫な心が澄み渡り、そわそわしなくなるのは、こよなき幸せである。自己が幸せでないのに、他者の幸せを喜ぶのは難しいだろう。しかし、その自己に、心の余裕さえできれば、たとえ無一物でも祝福の言葉をかけることはできる。

目に見えるものでも、見えないものでも、遠くに住むものでも、近くに住むものでも、すでに生まれたものでも、これから生まれようと欲するものでも、一切の生きとし生けるものは、幸せであれ。(175)

心の余裕においても比類無き仏陀は、当時の政情不安定な状況下で平和の秘訣を説きつづけた。その晩年には故郷の王国も滅亡したが、教えの趣旨には何の変更もなかった。苦しみから自己を救う可能性を万人に観たからである。

第3節　8宗教にみられる影響関係・共通点・相違点
——諸宗教の「いのち」を育むもの——

　前節で概説した8宗教を振り返ってみると、実に多様な「いのち」の見方が可能であることを知る。だからといって、「いのち」そのものに差異があるわけではない。ただ、宗教的立場の違いがあるのみである。

　死後に往く来世や他界に関する教えは様々だが、いま生きている"この世"での「いのち」がいちばん大切であることに変わりはない。それをおろそかにすれば、"この世"でも"あの世"でも幸せになれないと説く。幸せとは何か。それは、自己のためだけではなく、他者および社会全体のためになる生き方・考え方をすることによって、人生の喜びや悲しみを共感し合い、苦悩を軽減・解消できるという安心感があることであり、死後の応報を恐れなくてはならない悪意・悪口・悪行に身を染めていないことをいうのである。手を伸ばせばいつでも飲み食いでき、望むことが何でもかなう楽園に往ったり生まれたりするのがほんとうの安楽ではないことを、(176) どの宗教も力説する。それだけ人間世界の欲望が醜く、破壊的で、自他の「いのち」を尊重しない状況を呈する場合が余りにも多いからである。"楽園"の妄想により自省の時を失い、罪の意識に駆られなくなる人は昔から後を絶たない。そのただなかにあっても、心がけ次第で幸せになれる道を示すのが宗教の本領であろう。社会状況の変革はかならずしも必要ではない。不満の多い民衆が為政者を倒す革命行為や制度改革などを目的としないからである。真の支配者は人間ではなく、「いのち」を創造した神、あるいは、「いのち」の順応すべき理法であると信じる。どこまでも不完全な人間の行為を恥じ、懺悔して赦される機会を求めるのは、苦や暗愚や罪穢れのない完全な状態に憧れるからこそである。不満の原因を自己の内に観て現状からの脱却をはかろうと努めながら、神仏の慈悲や恩寵にすがる安らぎを体験してゆくのが"宗教的人間"の特性であるといえよう。諸宗教は万人の救済を唱えるが、実際には、救いの必要性を痛感する者だけが救われてゆくのである。それでもなお、「いのち」の尊さだけは、誰でもの真実として変わる

ところがない。できるものなら身も心も日々新たに生まれ変わり、「いのち」永らえたいと願うのは"〜教徒"であろうとなかろうと同じであろう。また、特別に信心していなくとも、その行ないが神仏の意に適っているという場合があることも忘れてはなるまい。"〜教"と呼ばれてきたものだけが"宗教"なのではない。その人の宗教性は、「いのち」に対する考え方と態度によって測られる。「いのち」をほんとうに愛する人の生活は、"宗教的"である。

　宗教が「いのち」を基本的テーマとして、その保護・育成を説くものであるなら、発祥・成立・展開のプロセスを経る宗教それ自体もまた、「いのち」の存続に努めるものであるといえよう（第2章参照）。諸宗教の「いのち」を育むのは、各宗教の信仰内容ばかりではない。歴史的に先行・並行・後続する他宗教との関係において見出される共通点・相違点や、それを望むかどうかにかかわらず生じる影響関係などによって、それぞれの個別性が鍛え上げられるのである。ほかとは異なるものを追い求めてゆく「いのち」のありかた。それは、この地球上で生まれた多種多様な生物の発展状況を連想させる。絶滅種もあれば、たくさんの種類に分かれて繁栄するものもある。諸宗教がこの地球上で発祥し、地球上の、とりわけ人間世界の救済に当たっている以上、やはり地球的かつ人間的な「いのち」の傾向を示すのではないか。これが仮に人間の感覚器官とはまるで違う機能をそなえた知的生物ならば、地球の諸宗教とは別の方法で「いのち」の尊さを教える必要があるだろう。"水の惑星"と呼ばれる地球から生まれたそれぞれの宗教は、"水瓶"から生長して咲き誇る、色形の個性的な花である。(177)"水"のなかで根が一つになっているかどうか（宗教多元論が正当かどうか）は論議の外に置き、一つでも多くの"花"について知ろうとするのが宗教学の立場である。第4節ではさらに3つの宗教を観て宗教の多様性を追究するが、その前に以下の一覧表を掲げ、8宗教の比較を試みておきたい。

　限られたスペースのなかでは十分には記述できないが、各宗教の最も基本的な特徴を重点的に挙げたので、宗教間の相対的関係を明らかに眺められるだろう。まずは、「凡例と趣旨」や「コメント」を見ずに「表」を参照してほしい。各項目の意義を読者自身が考え、批評するためである。

8 宗教間（「預言者の宗教」と「覚者の宗教」）の影響関係・共通点・相違点

	ゾロアスター教	ユダヤ教	キリスト教	イスラーム
ゾロアスター教からの積極的影響（▽）・消極的影響（▼）／との共通点（△）・相違点（▲）	———	▽世界の終末における応報思想 △唯一神の啓示に拠る預言者の宗教 △「救世主」信仰 △偶像否定	▽東方の三賢者（マギ）の伝説 △唯一神の啓示 △聖霊の重視 △神に起源する良心の声を傾聴	△唯一神の啓示に拠る預言者の宗教 △偶像否定 ▲多神教的背景を厳格に排除した一神教
ユダヤ教からの積極的影響（▽）・消極的影響（▼）／との共通点（△）・相違点（▲）	△迫害に因る移民 △堅い結束。勤勉 △聖典の言語の学習と朗誦を重視 ▲多神教的背景を排除しない一神教	———	▽同一の唯一神。聖典の継承と解釈 ▽人間は神の似像 ▼神殿祭儀を批判 ▼三位一体の神への神学的展開	▽族長アブラハムの信仰を復興 ▽人間は神の似像 ▼ラビ（「我等が主」）の権威を批判 △厳格な一神教
キリスト教からの積極的影響（▽）・消極的影響（▼）／との共通点（△）・相違点（▲）	△学校教育 △救世主信仰 ▲原罪の否定 ▲預言者は人間 ▲新生に満ちた万有歓喜の終末論	▼三一神に対する唯一神の主張 ▲「メシア」の解釈 ▲原罪を否定し、神に立ち帰る個人自らの贖罪を説く	———	▽預言者イエスの言動を評価 ▼修道院制度を批判。聖俗不分 △唯一神の啓示 ▲原罪の否定
イスラームからの積極的影響（▽）・消極的影響（▼）／との共通点（△）・相違点（▲）	▼多神教的起源の神霊たちを天使と改称すべき状況 △一日五回の礼拝（⇒「終始、起立」） ▲祭司の宗教	△厳格な偶像否定 △聖典の言語の学習と朗誦を重視 △聖典の法制化 △神の名を唱えるのを畏れ、禁じる	▽東方イスラーム哲学のスコラ哲学への影響 ▽聖画像破壊運動（イコノクラスム）の一因 ▲聖俗不分に非ず	———
シーク教からの積極的影響（▽）・消極的影響（▼）／との共通点（△）・相違点（▲）	▲神の主宰する世界の終末を待望⇒業報輪廻の思想を否定（この他の「インド宗教」に対しても同様）	△霊魂の肯定 △聖典を尊崇して奉祀する文化 △神の主宰する「歴史」の観念 ▲終末思想	△霊魂の肯定 △讃美歌の発展（⇒和声による合唱） △洗礼式の重視（⇒信徒全員の受洗） ▲終末思想	▽スーフィーのグルたちとの交流 △霊魂の肯定 △聖典の言葉の音楽性を重視 ▲終末思想
ヒンドゥー教からの積極的影響（▽）・消極的影響（▼）／との共通点（△）・相違点（▲）	△多神教的起源を保持したままで統合を実現・維持・発展 △聖なる火の祭祀 △口承伝誦の重視	△個人の自由より共同体の連帯と繁栄を重視 △神殿時代の供犠。祭司を至上とみなす階級社会	▽ヴェーダ時代以来の万物帰一的思想は、神学者の宗教多元主義を促した一因 ▲終末思想	▼多神教的な社会環境との対立 △神の名を唱えることを奨励 ▲終末思想 ▲厳格な偶像否定
ジャイナ教からの積極的影響（▽）・消極的影響（▼）／との共通点（△）・相違点（▲）	△散逸した聖典の集成と出版の努力 △少数派としての結束の強さ。勤勉 ▲（唯一）神信仰 ▲終末思想	△食事を含む生活習慣の一切に清浄さを求め、心身の浄化をはかる戒律 ▲（唯一）神信仰 ▲終末思想	▽インド独立運動にも影響を与えたアヒンサーの思想 ▼禁欲・独身の徳 ▲（唯一）神信仰 ▲終末思想	▲断食の奨励 △清浄さを尊ぶ生活習慣 ▲（唯一）神信仰 ▲終末思想 ▲巡礼中の供犠
仏教からの積極的影響（▽）・消極的影響（▼）／との共通点（△）・相違点（▲）	△倫理の枢要として、善思・善語・善行を奨励 ▲（唯一）神信仰 ▲実体ある霊魂 ▲終末思想	▲（唯一）神信仰 ▲実体ある霊魂 ▲終末思想 ▲メシアは弥勒仏と異なり、先ず特定の民に到来	▲（唯一）神信仰 ▲実体ある霊魂 ▲終末思想 ▲キリスト復活による死の滅び ▲聖典増補の禁止	▼仏像破壊 ▲実体ある霊魂 ▲神の全知全能にもとづき、因果律（縁起説）を否定

シーク教	ヒンドゥー教	ジャイナ教	仏　教
△唯一神を様々な呼称をとおして信奉 △偶像否定 ▲聖職者の不在 ▲自発的な瞑想に拠る覚者の宗教	▽／△原インド・イラン語族時代に遡る精神文化の共有 △祭司主導の宗教 △一元論的多神教 ▲業報輪廻の思想	△生命尊重の行為（アヒンサー）を最高善とする思想 △不滅の霊魂 ▲神の啓示に拠らない覚者の宗教	△身口意の三業の浄化を呪術的にも祈念する（三密の加持祈祷）、護摩 ▲神の啓示に拠らない覚者の宗教
△唯一神信仰 △聖典の言語の学習と朗誦を重視 ▲聖職者の不在 ▲自発的な瞑想に拠る覚者の宗教	△聖典の言語の学習と朗誦を重視 △浄・不浄の観念 △民族宗教の傾向 ▲一元論的多神教 ▲業報輪廻の思想	△食生活に関する諸規定の遵守 △不滅の霊魂 ▲神の啓示に拠らない覚者の宗教 ▲業報輪廻の思想	△死後の応報よりも生前の生き方を最重視する現世志向 ▲神の啓示に拠らない覚者の宗教 ▲業報輪廻の思想
△唯一神信仰 △為政者の迫害に対抗した教団形成 ▲殉教の歴史 ▲覚者の宗教 ▲業報輪廻の思想	▽最高神の化身或いはグルとしてキリストを受容 △三神一体の観念 ▲一元論的多神教 ▲業報輪廻の思想	△不滅の霊魂 △修道者と在俗者の強固な二層構造 ▲神の啓示に拠らない覚者の宗教 ▲業報輪廻の思想	▼福音の宣教活動に対抗する弘法・教化 △創唱者の一生涯に帰拠する教義内容 △仏像・キリスト像不在の初期美術
▽唯一神信仰 ▽偶像否定 ▽スーフィーの神秘思想を継承 ▲覚者の宗教 ▲業報輪廻の思想	△不二元論や無属性ブラフマンの思想において唯一者を志向 ▲一元論的多神教 ▲業報輪廻の思想	▽ジナ像供養の批判を一因とする分派 △不滅の霊魂 ▲神信仰せず、自己の霊魂の浄化に専念 ▲業報輪廻の思想	△縁起・空・無自性の思想は実体のない偶像を解消する ▲神の啓示に拠らない覚者の説いた深信因果の宗教
———	▽グルたちとの交流 △唯一者への帰入 △覚者の宗教 ▲多神教（輪廻に介入しない神々） ▲聖像崇敬の繁栄	△業報輪廻の主体としての霊魂を肯定 △覚者の宗教 ▲神信仰しないため、グルは、専ら先達の僧尼たち。	△輪廻解脱を志向現世での救いを重視 △覚者の宗教 ▲神信仰しない ▲業報輪廻の主体としての霊魂を否定
▽グル崇敬の文化 ▽輪廻解脱を志向 ▽瞑想による啓発を天啓として信奉 ▲バクティの思想運動を継承	———	▽輪廻解脱を志向 ▽通過儀礼を委託 ▼動物供犠を含む祭儀の権威を否認 △神信仰しない ▲多我説	▽輪廻解脱を志向 ▽神々を仏法の守護者として受容 ▼祭儀の権威や沐浴による浄罪を否認 ▲霊魂否定の無我説
△瞑想による啓発を智慧の源とする △少数派としての結束の強さ。勤勉 ▲(唯一)神信仰 ▲出家者の不在	▽アヒンサーを第一の法とする思想の形成 △霊魂の肯定 ▲祭儀の神聖視 ▲梵我一如説	———	△神信仰しない △輪廻解脱を志向（⇒ ▲生前解脱） △出家者の修道道徳 △苦行を否む中道説 ▲霊魂否定の無我説
△瞑想に拠る啓発を智慧の源とする △覚者の説法を代行する聖典読誦 ▲(唯一)神信仰 ▲出家者の不在	▽ヴィシュヌ神の化身としての仏陀 △異教徒を殊更に迫害しない寛容性 ▲神信仰 ▲梵我一如説	▼仏像の形式との相違を示すジナ像 ▲霊魂の浄化をはかる苦行の奨励 ▲霊魂の個別的永存を説く多我説	———

8 宗教間（「預言者の宗教」と「覚者の宗教」）の影響関係・共通点・相違点

凡例と趣旨

1．"▽"は、継承・復興・発展・受容・好意的評価などの積極的影響（もしくは反応）、"▼"は、否定・批判・抵抗・反発・対立などの消極的影響（もしくは反応）を意味する。ある宗教の信徒による他宗教の信徒の迫害は政治・経済的事情と関わるため、"▼"としても言及していない。
2．比較する2つの宗教は、相互の影響関係を探るために2コマずつのスペースを要する。積極的・消極的影響（▽・▼）が乏しいか、皆無である場合、欄内の余白は共通点（△）や相違点（▲）で占められることになる。2コマが連携して"▽→▼"に"△→▲"が続くという言及順序。
3．相違点（▲）だけで占められているコマは、もう1つのコマに積極的・消極的影響（▽・▼）や共通点（△）が挙げられていることを意味する。
4．共通点（△）は、比較する2つの宗教が共有する2コマのどちらにおいても同じ記述や共通の表現が可能であるから、内容的な重複を避けるように配慮した。それに対して相違点（▲）は、各宗教の立場からの記述や表現を要するため、（2つの宗教を比較する）2コマのそれぞれには、対照的な意味をもつ内容が盛られている。つまり、相違点（▲）には、相対するもう1つの宗教の特質を読み取ることが可能である。例えば、キリスト教の仏教との相違点における「▲聖典増補の禁止」は、仏典がキリスト教の聖典と異なり、正典と偽典・外典などの峻別をせず、経典作者の思想を仏説として加えてきたことを示すための表現である。
5．比較する2つの宗教にはかならず共通点（△）がある。また、積極的影響（▽）のなかには、共通点（△）ともなりえているものが少なからず認められる。
6．共通点（△）は、①2つの宗教が歴史的に共有する信仰対象や思想内容、②歴史的には直接の結びつきはないが、思想的・儀礼的・文化的・社会状況的に通じ合う点や、類型的に同じ1つのグループに属する場合においてみられるものである。つまり、①文字通りの共通点と②類似点という2通りの意味をもつ。同じ様にみえても、異なる点に言及する必要のある場合は、共通点（△）に相違点（⇒ ▲）の但し書きを添えた。それぞれに解説を付せば、以下のようになる。
　1）ゾロアスター教のイスラームとの共通点「△一日五回の礼拝」。礼拝の回数は同じでも、平伏の姿勢を嫌うゾロアスター教徒は、おのずと「⇒ ▲終始、起立」というスタイルを取る。
　2）キリスト教のシーク教との共通点「△讃美歌の発展」。それは、シーク教の神とグルたちを讃美する歌グルバーニーの発展や（異教徒の間での愛好という意味での）普及と一脈通じる。しかし、和声（ハーモニー）による合唱曲を発展させてこなかったインド音楽との明らかな違いも指摘できる。ゆえに「⇒ ▲和声による合唱」とした。そのすぐ下の行にある「⇒ ▲信徒全員の受洗」とは、シーク教徒の場合、より厳格な戒律で生活しようと決意した者が甘露（アムリト）の水を拝飲する、志望者のみの洗礼式を執り行なうという意味。
　3）仏教のジャイナ教との共通点「△輪廻解脱を志向」。仏教では、肉体の束縛から霊魂を解放することを究極の境地と考えて苦行を行なうジャイナ教とは異なり、生きている間に一切の煩悩から心が解脱することを切望する。それを「▲生前解脱」（もしくは「▲現法涅槃」）という。
7．それぞれの宗教は、他宗教との歴史的接点や共通点をもつが、発祥・成立・展開のプロセスにおいて独自の歩み方をしているので、相違点（▲）はその必然的結果といえる。それだけに、相違点（▲）が積極的影響（▽）や共通点（△）と併存しているのをみるのは興味深い。
8．1コマにつき6行という限られたスペースに入る項目は、最も顕著な事柄ということになる。
9．比較する宗教の数をさらに増せば、もっと多くのことを展望できる。あと8つの宗教を加えようとすれば、表のヨコ軸をもう2ページ延長し、タテ軸のほうは紙を継ぎ足す必要がある。
10．本表を構成したのは、文章によっては部分的にしか言及できない諸宗教の相関関係を、空間的に示して一望するという視覚的作業をつうじて、比較研究のさらなる可能性を探究するためである。既に見えているものや分かっていることの向こう側に、新しい発見があるはずであり、本表で言及したすべての事項は、そのささやかな道標なのである。

コメント

1．ゾロアスター教、ユダヤ教、キリスト教、イスラームを「預言者の宗教」、シーク教、ヒンドゥー教、ジャイナ教、仏教を「覚者の宗教」として捉える立場は、本書の第2章・第2節(2)の説（53～57頁、62頁の表、63頁の註釈32））にもとづいている。神からの一方的な啓示によるか、目標をもった自発的な瞑想修行の果報としての智慧によるか、の違いである（本頁の7．～8．参照）。
2．「預言者の宗教」と「覚者の宗教」のそれぞれを別々にみても、合わせてみても、どれ1つとして他宗教と同様の特徴を示すものはない。つまり、各宗教が互いに異なる特性を分かちもつに到ったという歴史的事実には、ほかにはない独自性の追究、いわば"啓示的"・"一回的"成立状況の意識的継続、さらには、先行・並存・後続する他宗教との思想闘争を読み取ることができる。
3．「終末思想」という「預言者の宗教」の共通点は、「覚者の宗教」との相違点（▲）として言及した。それは、「覚者の宗教」の「預言者の宗教」との相違点「▲業報輪廻の思想」と相対している。
4．「預言者の宗教」とジャイナ教・仏教との相違点「▲（唯一）神信仰」は、神の数にかかわらず、ジャイナ教と仏教が、神信仰に拠らない宗教であることを表明している。
5．「預言者の宗教」とシーク教との共通点「△唯一神信仰」は、シーク教をタテ軸に取る欄に配した。
6．「預言者の宗教」とシーク教との共通点で「△霊魂の肯定」とし、「△不滅の霊魂」としなかったのは、シーク教の説く霊魂が神への帰入を志向して、霊魂の個別性を追求しないからである（ヒンドゥー教の梵我一如説に類似）。それとは対照的に、個々の霊魂がいかなる絶対者とも一体化せずに永存すると考える多我説のジャイナ教では、「△不滅の霊魂」という表現が望ましい。
7．「預言者の宗教」とシーク教およびその他のインド宗教（業報輪廻の苦からの解脱に導く智慧の獲得と実践を説く種々の道）との基本的な違いは、シーク教のゾロアスター教（最古層の啓示宗教）との相違点「▲自発的な瞑想に拠る覚者の宗教」において示した。それに対して、いわゆる「啓示宗教」（預言者の宗教）の「インド宗教」（覚者の宗教）との顕著な相違点は、ゾロアスター教のシーク教との比較における「▲神の主宰する世界の終末を待望」により表現した。
8．ヒンドゥー教・ジャイナ教・仏教のシーク教との共通点「△覚者の宗教」は、シーク教のグルたちが自発的な瞑想のなかで感得した一神教を説く覚者であって、唯一神からの一方的な啓示を伝達する義務を負った預言者とは本質的に異なることを意味している。だからといって仮に「△神の啓示に拠らない覚者の宗教」という表現にすれば、神によって啓発されて悟りの智慧を得たと自覚するグルたちの信仰を示せなくなる。たんに「△覚者の宗教」とするのが至当なのである。
9．ゾロアスター教のキリスト教からの影響に「▽学校教育」とあるのは、近代以降、インドや欧米に住む信徒たちが、ミッション・スクールで聖書にもとづくキリスト教社会の規範や習慣を学ぶと同時に、己が宗教の歴史や文化の重要性を再認識したという事実を指す。
10．スペースの制約上、重要でありながらあえて省略したのは、次の2点である。
① ユダヤ教・キリスト教・イスラームを起源的に結ぶ共通点「△セム語族の宗教」。
② イスラームのゾロアスター教・ユダヤ教・キリスト教との相違点「▲人間社会の現状を専ら批判し、この現世の未来に起こるべき歴史的事件を予告しない啓示内容」。
11．「ユダヤ教」は、古代イスラエルの宗教 ⇒ 祭司のユダヤ教 ⇒ ラビのユダヤ教を総括する。
12．「ヒンドゥー教」は、ヴェーダの宗教（バラモン教）を含める。
13．これら8つの宗教のなかでは、一般的に知られていないゾロアスター教とシーク教が、立場のまったく異なるようにみえる他宗教との様々な関わりを示していることに注目したい。
14．各宗教は、ある特定の民族において発祥し、成立と展開の途上では、人類もしくは人類全体の幸福や救いを説く普遍的思想を生むようになる。民族性と普遍性は1つの宗教に併存するという観点から、いわゆる「民族宗教と普遍／世界宗教」という対比にもとづく類型論は採用していない。
15．神の采配で歴史が動くと考える神学的立場に対し、宗教学・宗教史学では、諸宗教の歴史を切り拓いてゆく担い手として、人間のほうに関心の焦点を絞る。「～教」という名称は、かならず「～教徒」の存在と活動を示唆している。本表は、解説のために字数を要する具体的な事項よりも、決まった表現に落ち着く抽象的な事項を優先することにより、スペースの節約をはかっている。それでもやはり、「～教徒」を主語にして読むべきものが多くみられることに注意したい。

第4節　続いて、3宗教と比較する

1　儒教：「いのち」あるかぎり道を求める

　古代中国の史書には、個性豊かな神々が競い合ったり人間の女性を愛したり、死後世界の審判を担当したりといった神話世界の叙述がない。至上の神格は「上帝」（殷王朝）さらには「天」（周王朝）として君臨し、天下の人間世界を啓蒙する燧人、伏羲、神農の三皇に引き続き最初の帝王となった黄帝、その孫の顓頊、その曽孫の嚳、嚳の子の堯、その位を譲られた舜の五帝を嘉する存在である。いずれも伝説的人物とはいえ、天に代わって恵み深い公正無私の治世を実現した理想の天子として仰がれる。なかでも舜は悪心ある親族にも真心で応えるような孝行の人であり、その後を継いだ禹も、黄河の治水工事に失敗した父親の無念をはらすべく、寝食を忘れて働いた努力の人であった。天子として人の上に立つ身ではあっても、贅沢な暮らしになずむ貴族的なところは微塵もなく、ひたすら天意にかなう徳の高さを示す人格者なのである。禹の子孫は世襲制の夏王朝を続けたが、十六代目の暴君・桀は殷の湯により追放された。殷王朝の繁栄も、放蕩と暴虐の悪天子と聞こえた二十八代の紂に至ってはその命運も尽き、周の発が天子の位に即いた。その徳を讃えた死後の諡を武王という。発の弟・旦は、補佐役として周王朝の道徳・文化・制度の確立に貢献し、魯国の始祖となった。孔子が夢にまで見るほど敬愛してやまなかった周公旦その人である。周の治世が始まってからおよそ250年間（B.C.722〜481）の歴史を編集した孔子がこれに「春秋」（「年代記」の意）の題名を付けたので、春秋時代といわれる。孔子の生きた春秋末期には、周の宗法秩序（王室の宗廟の祭祀を中心とする血縁的な序列）は既に崩壊していた。富国強兵を図り、弱小国の兼併に躍起となっていた諸侯は、国益になる有能な人材を下級の士人や民衆からも採用した。孔子もまたその時勢に乗ってみずからの思想と実践を世に問うた。それは栄枯盛衰の武運に頼まず、君子（自己修養に励む有徳の社会人）の育成により道徳世界の秩序回復を志す（古礼を復する）ものであった。群雄割拠して、英雄どうしの才知と武勇を共栄に活かさない人の世を生きる仁者の理想。

① 左側： 宋代の朱熹『論語集注』から。「子の曰わく、吾れ十有五にして学に志す。三十にして立つ。四十にして惑わず。五十にして天命を知る。六十にして耳順がう。七十にして心の欲する所に従って、矩を踰えず」(「為政」、四)の全文に注釈がほどこされている。最晩年の孔子がその生涯を振り返って述懐した言葉である。後世の人々は、これを自分自身の人生に当てはめるようになった。もうそんな年齢かと慌てたり、なるほどその通りだと感心したり、あるいは、とてもこのようにはいかぬと諦めたり、人さまざまな思いを年齢に応じて抱かせる一節である。みずから率先して道の実践に努めた孔子の生き方がそのままお手本になったというところに、教育者の余徳があらわれている。意訳を試みれば、このようになろうか。「わたくしは父の顔を知らず、母のもとで清貧の幼年時代を過ごしましたが、士大夫の子弟と同じく、十三歳には、詩書礼楽を学び始めておりました。ただの人まねではなく、みずからものを考えながら教わるという学問の第一歩に踏み込んだのは、十五歳の時でした。それからの十年余りは、貧しさのおかげで、いろいろな仕事に就きながら、世間の雑事に通達するようになりました。そして、かねてよりお慕い申し上げてきた魯国の祖、周公旦さまの治世を復興しようとの使命を自覚したのが三十歳。礼の知識を深めながら、楽の音に親しみ、奏でる喜びを知ったのもこの頃のこと。音楽は、その後の苦難を乗り越える際の元気を湧かせてくれました。四十代からは、人材の育成にいそしむ日々が始まり、己れの歩んでゆく道に惑いを覚えることはなくなりました。理想とする王道を政治に活かすという志は、諸国遊説の旅をとおして鍛えられてゆきましたが、ようやく魯の政を行なう機会に恵まれたのは、五十を越した時でした。その六、七年の間で明らかになったのは、理想はなお現実を超えて余りあるということ。ついに魯を去って諸国遍歴の旅に労するうち、ふとこれまでの歩みそのものが天から与えられた使命であったことに気がついたのです。かつての理想には、いまだ私心のはたらく余地があり、ありのままの現実にしっかりと眼を据え、耳を傾けるところが足りなかったのかもしれない。そう省みて魯に戻ってきたのは、六十代もほとんど終わりに近づいた頃でした。わたくしの学団がほんとうに充実した共同生活を送るようになったのは、七十を過ぎた今に至るまでの十年間だったといえます。現在は、心のままにふるまっても、道に違わぬ生き方をしているのだという自信に支えられております。」(山河を望む窓辺にて)
② 右側： 明時代の戴進筆と伝えられる孔子の画像。東京、湯島聖堂蔵。若い頃から、袂のたっぷりした衣を着用し、宋の国では黒い「章甫の冠」を冠ったという。それが儒服の手本となった。

孔子の生涯・略年表

B.C.770 ~403	春秋時代、始まる。富国強兵に励む戦国諸侯たちは、我こそは天下に号令する覇王とならんと、武力制覇の野望（覇道）を追求）⇒ cf.「王道」（孟子）
B.C.552	魯襄公21年（1歳）※ 司馬遷の『史記』では、翌年の誕生。 孔子（「孔」は父の姓、「子」は尊称）、魯の昌平郷の陬邑（現在、山東省の曲阜の南東）にて生まれる。名は丘、他人からの呼称である字は仲尼。 「丘」は、子宝を願った母が尼丘という山の神に祷ったことに由来する。 「仲尼」の「仲」とは「伯（あに）・仲（なか）・叔（おとと）・季（すえ）」の「仲」で、次男という意味。 父は叔梁紇。敵軍の攻勢に窮した味方を幾度も救った勇敢な武人であった。母の顔徴在は、夫の死後、認知されることのなかった息子の丘を貧しくもしっかりと、思いやり深く、感受性豊かに育てたらしい。その伝記は不詳。
B.C.550	魯襄公23年（3歳）父、亡くなる。母、その墓所を黙して語らず。
B.C.537	魯昭公5年（15歳）魯国の祖・周公旦を追慕して、志学の決意を固める。
B.C.534	魯昭公8年（19歳）宋の开官氏の娘を娶る。その後の逸話などは記されず。
B.C.533	魯昭公9年（20歳）子の鯉（伯魚）生まれる（50歳の時、父の孔子に先立つ）。
B.C.529	魯昭公13年（24歳）この頃に母、亡くなる。父の墓所を教えられ、合葬。
B.C.525	魯昭公17年（28歳）魯に来朝した南方の小国の君である郯子に請うて、古代の官制を学ぶ。この頃までに魯に仕えて、委吏や乗田という職に就く。
B.C.517	魯昭公25年（36歳）君権回復運動に失敗して斉に亡命（斉の景公31年）した昭公のあとを追って斉に外遊。都で古代の舜の雅楽として伝わる韶という曲の調べに魅せられ、肉の味も忘れるほどに傾倒。自らも習い楽しむ。
B.C.513	魯昭公29年（40歳）血縁地縁を最重視する宗族制社会にあっては至って稀な、一個人としての孔子を師と仰ぐ「朋友」集団（孔子学団）の共同生活を開始。人間の完成を期する門弟たちの必須課目は、「徳行・言語・政事・文学」の四科に加え、振舞いを磨く祭式の礼儀と、情操を豊かにする奏楽の習得、『詩経』や『書経』をはじめとする古典の研究など。全人的な幅広い教養を身に付けた逸材を輩出し、仁徳に基づく人倫秩序の社会的貢献を目指す。 この頃、斉の景公は孔子を登用しようとしたが、儒家の政治思想を疎んじる宰相晏嬰の諫言により思いとどまる。景公に謁見の後、早々に魯へ帰る。
B.C.510	魯昭公32年（43歳）昭公が亡命地の斉で死没。
B.C.501	魯定公9年（52歳）この頃、魯に士官。中都の宰、司空、大司寇を歴任。
B.C.500	魯定公10年（53歳）魯と斉が夾谷（山東省萊蕪県）で和睦の会を開いた際、儀礼に明るい孔子が介添え役（相）として抜擢され、随行。会議中、礼を失して魯を威嚇した斉の夷人を大喝。魯の有利に導き、名声を博す。
B.C.498	魯定公12年（55歳）魯の公室を脅かす三桓氏の勢力を抑えようとして失敗。翌年、魯を去って外遊。衛にゆく。この後、14年間、曹、宋、鄭、陳、衛、陳、蔡、楚、衛と遍歴して遊説。流浪の旅で種々の危難に遭遇。天に信頼す。
B.C.492	魯哀公3年（61歳）この頃、孫の伋（子思）が生まれる。
B.C.484	魯哀公11年（69歳）魯に帰り、落ち着いた学団生活に入る。
B.C.482	魯哀公13年（71歳）門弟の顔回、41歳で急逝。孔子、慟哭す。
B.C.481	魯哀公14年（72歳）魯の哀公が捕獲した瑞獣の麟に自らを観て、嘆く。
B.C.480	魯哀公15年（73歳）門弟の子路、仕えていた衛の内乱に赴き、戦死。
B.C.479	魯哀公16年（74歳）4月、孔子死す。曲阜の北郊泗水のほとりに埋葬。

① 「子の曰わく、朝に道を聞かば、夕べに死すとも可なり」（里仁、八）

孔子は、その「いのち」あるかぎり、人間としての生き方を求め、実践するための歩みを続けた人である。そのたどる「道」すがら、出会った人々から学んだことはすべて「論語」について語った孔子の言葉を伝えるものである。
ひとたび聞けば、その日のうちに死んでもよいと言い切れるほど、深い喜びと安らぎをもたらす神の道でもなかった。わずか数語（「子曰、朝聞道、夕死可矣」）のうちに、諸宗教における儒教の独自性があらわれている。

② 「子貢問うて曰わく、一言にして以て終身これを行なうべき者ありや。子の曰わく、其れ恕か。己の欲せざる所、人に施すこと勿れ」（衛霊公、二四）

「人にしてもらいたいと思うことを、人にもせよ」（ルカ六・三一）とは、律法と預言者の精神を要約したイエスの言葉である。いったい、どちらが実行に移しやすいであろうか。いずれにせよ、己れを規準にしたモラルの組み立て方は、我が「いのち」に引き比べて他の「いのち」を害してはならぬという仏陀の趣旨（一六三頁②参照）とも通じている。自己愛の肯定から始まる思いやりの心。

③ 「顔淵死す。子の曰わく、噫、天予れを喪ぼせり、天予れを喪ぼせり」（先進、九）

後継者としてその将来を楽しみにしていた愛弟子の顔淵が、夭折した。取り乱すことのないはずの孔子が慟哭してやまないのを見て、人々は驚いた。前途ある「いのち」を亡くすのは、ほんとうにつらい。眠りについた顔淵を呼び覚ませるものなら、どんな代価も惜しまないかもしれない。育てた人材の喪失は、「道」半ばにして天命の不可解なあらわれを見せつけられた出来事であった。思えば仏陀もまた、二大弟子の舎利弗と目連の死して葬られた友のラザロに涙したイエスの姿を想起させる（一二二頁③参照）。それもまた天命なのかと嘆く聖人の姿は、「いのち」に希望をつなぐ者は、悲しみを乗り越える。

④ 「子、川の上にて曰わく、逝く者は斯くの如きか。昼夜を舎めず」（子罕、一七）

天の意志は、水の流れにも、人の去来にも、等しくはたらきつづけるだろう。それは、人格神のように語りかけることはなかったアナロジーなのではない。森羅万象の運行を支配する永遠の天則。それが孔子の心に育てていった確信を、孔子はそのまま日々の言葉に違わぬ道を歩んでいるのだとうい（天地の神々）を礼拝しようとは欲しなかった（述而、三四）。己れになっていたから、ことさらに「上下の神祇」はたらきかけてきた天の存在は、山や川や、空のかなたを見れば、いつでもこの眼で観ることができたのである。

（原文と書き下し文は、金谷治訳注『論語』岩波文庫、一九六三年を参考にした。）

祀事(しじ)　孔(はなは)だ明(つと)め　　　　先祖(せんぞ)　是(こ)れ皇(ゆ)く
神保(しんぽ)　是れ饗(う)け　　　　　　孝孫(こうそん)に慶(けい)有り
報ゆるに介(おお)いなる福を以(もっ)てし　万寿疆(ばんじゅかぎ)り無し　(179)

　一族の霊廟で厳粛に行なう祖霊降臨の祭祀。祭主が祖霊の憑依した尸(かたしろ)を饗宴でもてなせば、子々孫々の幸福と長寿が与えられ、誰もが心安らかに暮らせるであろう。血縁の絆を乱すのは、親族の「いのち」を危うくする戦乱の世。春(180)秋末期の頃、宗廟の祭事を絶たれてしまった亡国の民は祖霊以外の神霊を拝し、(181)日月星辰などの自然現象を観て吉凶を占う慣習に傾いていた。世の動乱に流され、下克上の野望に引き摺られる人々のなかで、かつての伝統的秩序の威風を慕い、「いのち」の安寧をもたらす人間らしい生き方を求める気運もまた高まりつつあった。太平の世が到来するのを待ちほうけるよりは、ほかならぬこの自己を修養し、周囲との調和をはかることから始めようとする道徳心の覚醒。家族、近隣、朋友、師弟、君臣の間柄を誠実と親愛の絆で固めれば世の中は治まるという理想。いかなる苦難のなかでもそれを見捨てず、朋友の一団と分かち合うことができたのは、当時もその後も、孔子ただ一人であったようである。

　人間世界の問題は人間自身の力で解決する。それには「人間としての正しい道に努め励み、鬼神は敬してこれを遠ざけるのが知である」と考えた孔子も(182)先祖の遺徳を懐かしみ、その加護を願う儀礼については、むしろ従順であった。上に引用した中国最古の詩集『詩経』（紀元前4世紀中頃）は、彼の創設した学団では『書経』と並ぶ教養書である。古(いにしえ)の歌心に学び、竹簡に文字を刻み、儀礼とその音楽に習熟する「詩書礼楽」の嗜(たしな)みに、弓術や馬に引かせた戦車の操縦、役所や店舗で役立つ算術などの実学を加えた「六芸(りくげい)」（礼楽射御書数）は、早くに両親を亡くした孔子自らが刻苦勉励の途上で熟達したことを、全人教育の必須科目として編成したものである。門人のほとんどは師と同じ下級の士人や、自作農民、清貧の書生などであったが、共に学ぶ朋友ならびに師弟の絆は「恕(じょ)」（思いやり・まごころ）にもとづく精神的な意味での血縁関係を築き上げていった。孔子の死に際して親の喪と同じ三年の「心喪(しんそう)」に服した弟子たちの心情は、遺された子供の嘆きにほかならなかった。孔子の親族が服した喪よりもむしろ懐かしく語り伝えられているのは、興味深いことである。

孔子が門人たちの仕官に利するような封建道徳を教え込んでいたのなら、そのようにしめやかな追慕の念には恵まれなかったであろう。思慮深く人を愛し、親身になってその成長を助けた仁者の遺徳は、永く余韻をとどめたのである。

儒教の「儒」とは元来、雨乞いの表意文字であり、葬儀の招魂儀礼も執り行なう巫のことを意味している。死すとも祖霊になって子孫を訪れ祝福するという信仰は、血筋をとおした「いのち」の永続性を約束するものとして、漢民族の精神生活を支えてきた。孔子の母が所属していたのも、この「儒」であった。息子の探究した道を往く人を儒者と称するのは「需」が、物腰も穏やかに人を教え諭す「ヒゲのしっとりした学者」という意味を持つから、という解釈もあるが、乱世で疎んじられた血縁関係を敬愛の念（孝）で整え、直系男子を中心とする家系の存続をきわめて重く視る「儒教」は、「儒」の原意とその精神を忠実に継承している。弔いを依頼する村々を旅して廻る見聞の広い「儒」は、世人の相談に乗る仁者としては、儒者の祖なのである。

「述べて作らず、信じて古えを好む。」伝統の尊重はそのまま子孫の繁栄につながる。孔子はそれをみずからの亡きあとに続く孔家の系譜によって証明した。現在は、七十九代目の直系子孫にあたる孔垂長（1975〜）氏が御健在である。孔子以前の先祖は遙か遠く、かの黄帝にまで遡るといわれる。[183]

シャーキャ族出身の太子であったシッダールタは、ブッダと成って帰郷した際、一人息子のラーフラのみならず、同じ王族の男子を出家させたから、その子孫は生前に断絶したといってよい。彼は隣国コーサラの進攻を予見していたので、王統の空しさよりも法脈の確かさに「いのち」を託したのだった。

ナザレのイエスは神の道を唱えることに専念していたから、結婚して子孫を残すことなど考えもしなかったであろう。その代わり、自分の「いのち」を「ひと粒の麦」として捨てた十字架上の死は、永遠の「いのち」を与える救い主の信仰を育み、広範囲にわたる教会の発展をもたらした。[184]

クライシュ部族出身のムハンマドには3男4女があったが、男子はいずれも夭折している。アラブ諸部族が神聖視していた血縁の絆に代わって信仰の絆を打ち建てたイスラーム共同体にとって、旧来の部族意識はもはや無効である。

血筋以外の権威あるものを信仰した彼らとは対照的に、血筋の伝達を基礎とする家族倫理をさらに社会倫理（政治理論）へと展開させた孔子の態度には、

たんなる常識を超えた人間の「いのち」に対する畏敬の念が読み取れるように思われる。儒教は倫理道徳であって宗教ではないとする見方もあるが、「いのち」あるかぎり天意にかなう道を求めたその生涯は、祈りそのものではなかったのか。病の重くなった孔子が「上下神祇」(天地の神々)に祈禱したいと申し出た子路に「丘の禱ること久し」(185)(自分はいままでずっと祈ってきたのだから、その必要はない)と言えたのも、彼の「道」というものが祈る対象を必要としてきたからなのであろう。あるいは「道」こそがそれであったというべきか。努力して歩むたびに「道」は拓ける。「信じて古えを好む」とはいえ、その思想を語ればやはり、孔子の創意が冴えわたる。

　子曰わく、人能く道を弘む。道、人を弘むるに非ず。(186)

　もとからある「道」に依存するのではない。試行錯誤するから成長できるし、人に教える自信もつくのである。「道」の達人としては及ぶべくもない古代の天子たちを模範と仰ぎながらも、天子を遣わした天の領域に深入りすることは厳に慎んだ。しかし、あるべき正しい「道」を行なう自分を天はかならず嘉するとの信念は、いかなる逆境のなかでも動じなかった。

　天、徳を予れに生せり。桓魋それ予れを如何。(187)

　孔子に師事する司馬牛に桓魋という名の兄がいた。宋国に滞在していた孔子の一団が大樹の下で礼を学んでいると、軍務大臣をしていたこの兄がやって来て、樹を倒した勢いで孔子を殺そうとした。孔子の徳治主義を憎んでいたらしい。恐れる弟子たちのなかでこの師は、天から賜わった徳によって人心を導く使命(天命)を負っている自分を妨害できはしないと宣言する。世間でその役割が既に知られていたイスラエルの預言者たちとは異なり、孔子の使命感は、世間に知られ認められることを望みながら地道に行動する途上でこそ培われてゆくものであった。天を仰いでも声が聞こえるわけではない。天意は我れに在

りと自覚するのみ。神秘や超越や死後の永生は一切問わなかった。「未だ人に事うること能わず、焉んぞ能く鬼に事えん。〔季路〕曰わく、敢えて死を問う。曰わく、未だ生を知らず、焉んぞ死を知らん。」人の道に徹しても、世の無常や不条理には、人の思惑を超えてはたらく天の采配（運命）を観た。乱暴このうえない兄のことを憂えた司馬牛が、同じ孔子門下の子夏に言うには、

　　人は皆兄弟あり。我れ独り亡し、と。子夏曰わく、商これを聞けり。
　　死生、命あり、富貴は天に在り、と。君子は敬して失うことなく、
　　人に恭しくして、礼あらば、四海の内、皆兄弟なり。君子は何ぞ
　　兄弟なきを患えんや、と。(188)（註：「商」は名。子夏は字である）

　「子夏」となければ、孔子の言葉と見間違えるほどの名言である。それだけこの応答者の人間的成長が目覚ましいのであろう。師の権威に萎縮することもない、自信に満ちた態度で発言している。それがさりげなく『論語』の一節としてあらわれるところに、孔子学団における朋友の交わりが偲ばれる。
　人間に努力の徳行を勧める孔子の「道」は同時に、いかなる努力も及ばない「死生」「富貴」の運命を教えるものでもあった。孔子はそれを我が子・鯉と愛弟子・顔淵の早世をとおして痛感した。一生貧乏で、仕官にも恵まれなかった顔淵が病死した時、「噫、天予れを喪ぼせり」（177頁③）と叫んだ孔子ではあったが、イスラエルの義人として名高いヨブのように神を呪うに等しい感情を天に対してぶつけることはなかった。呼びかけても言葉では決して返さず、運命で応えるのが天だと解かっていたからなのか。ただ運命を嘆くより、他人とも兄弟になれるという幸いを喜ぼうではないか、と子夏は言う。

　　子曰わく、天を怨まず、人を尤めず、下学して上達す。我れを知る者は天か。(189)

　いちずに自己の修養に努め、身近な事柄から学び始めて、次第に高遠なる理想に近づいてゆく。この「いのち」あるかぎり、天はその道を見守るのである。

2　道教:「いのち」を超えて生きる

　儒教にとっての「道」とは、世事に関わる社会規範のことであり、いわゆる「克己復礼」(己の行動を利己的にならぬように制して、他者との調和を保つ態度)を勧めるものであった。社会秩序の安定をはかるという効用をもつことから、為政者の政治倫理として支持されるようになり、紀元前136年に漢の武帝が国教としてからは、儒学を官学とする王朝が続いた。しかしその一方で、人間の作為(人為)によってこの世界が治まると考える儒家の人間中心主義を批判する道家の思想も大きな潮流をなしていた。なかでも、老子の筆録と伝えられる『道徳経』と荘周の説を含む『荘子』は「老荘」の思想と並び称される。

　『道徳経』の説く「道」とは、無為自然にして形容不可能、時空を超越した常住不変の存在だが、同時に万物の根源として人間存在をも可能にする活力に満ちたものである。ゆえに人為を捨てて自然の大道に任せれば、天下も治まると考える。殊に「小国寡民」が良い。出世や功名の野心を以て世人と争わず、謙虚に「知足安分」の境地にとどまれば、かえって自由自在な生き方になり、本当の「道」を体得することができるという。社会人としての成功よりも個人としての安心立命を重んじるその立場は、『荘子』においてさらに展開した。[190]

　荘周もまた努力という人為的修養を退け、無為のまま「道」に達することを考えたので、達成に向けての修行法は説かなかった。坐ったまま、好悪などの差別をする心を亡くし、儒家のいう仁義・礼楽などの分別知識を忘れたところに「道」の奥義を観想する「坐忘」[191]の境地も、道家の心境を象徴的に述べたものと考えられる。また、古の真人は踵で呼吸したというのも(185頁④参照)、深くゆっくりとした呼吸と安らかな精神の相関を明らかにしているのであろう。後世の神仙説やそれをうけた道教はこれらを不死長生の方法と解したが、もとは生死の分別を超えて死すべき運命に随順する「万物斉同」の悟りをあらわすものだった。天から授かったこの身体を傷つけることなく自然の変化にゆだね、[192]人為的に「いのち」を延長しないこと。それが唯一の養生法だと荘周は語る。[193]不老長寿の欲求とはもはや無縁な、「いのち」を超えて生きる「真人」の姿。

①上海版『道蔵』巻首。『雲笈七籤』巻三は老子の『道徳経』をもとに宇宙の生成を説く。それによると、無の妙一なる状態が三元に分かれ、三気、三才と派生して万物が生じた。この三元から化生した「三宝君」(「天宝君」「霊宝君」「神宝君」)は、「三清境」(「三天」)にあるという。ゆえにこの「三宝君」を「三清」とも称し、三人の姿を以て描かれる。この図では、左から「太清」「玉清」「上清」。別々に見えるが同一であり、「元始天尊」の異なる現れかたを示すにすぎない。老子を「太上老君」として神格化し、「元始天尊」の傍らに描くこともある。こちらに背を向けて坐るのは、人々の願い事を取り次ぐ神。頭の背後にあるべき光輪の表現に注意したい。老子の説いた万物の根元は余りにつかみどころがなく、このような形にしなければ落ち着かぬのが、人の常。

東京国立博物館蔵

② 左側: 背中から翼をひろげる仙人を刻した、後漢時代の画像石(模写)。これは、もとからの神仙なのか、修行を積んで神仙と成った人なのか。細く強靭な両脚で軽々と宙を蹴るその身体は、孵化したばかりの羽にも似たこんな翼など要らぬ、といった気迫に満ちている。トンガリ帽子に半ズボン、ピノッキオかと想わせる横顔、空をかきわけてゆく両腕の力。戯れにしては、余りに慎重な線刻の配慮。彫刻師の神仙への憧れがあらわれているのである。③ 右側: 明時代の李在が描いた「山水画」(15世紀)。老荘の思想にみる広大無辺の世界観も、神仙説を中心とする後代の道教も、中国の雄大なる自然環境、殊に深山幽谷の神秘性なくしては生まれなかったであろう。

道教・略年表

B.C.1600	このころ湯、殷王朝を創建する。甲骨文字などによる占卜の時代。禍福や自然を支配する「上帝」の崇拝が行なわれる。
B.C.1050	武王、このころ殷の紂王を討ち、周王朝を建てる。周公、召公、成王、康王らの治世がつづく。宗族制、しだいに崩壊。
B.C.770	平王、成周(=洛邑)に遷都。春秋時代はじまる。
B.C.513	このころ孔丘(孔子)、魯の曲阜に学団を形成。仁に基づく倫理を説く。
B.C.424?	このころ楚国苦県厲郷曲仁里の人、老耼(老子)、函谷関の令である尹喜に上下二篇の五千余言に及ぶ「道徳」論を書き与え、消息を絶ったとの伝説。
B.C.403	群雄割拠の戦国時代はじまる。普遍的な兼愛を説いた墨翟(墨子)の死。
B.C.372	このころ孟軻(孟子)、曲阜に近い鄒邑に生まれる(~B.C.289年)。
B.C.369?	荘周(荘子)、河南省商邱県近くの蒙に生まれる(~)B.C.286年)。
B.C.219	秦の始皇帝、泰山で封禅を行なう。徐福などの方士たちに斎戒させたのち、三神山に不死の薬を探しに行かせた。その後も試みたが、果たせず。
B.C.212	始皇帝、みずからを真人(;養生術を窮めた不死身の人間)と称する。
B.C.133	漢の武帝、儒学による思想統一とともに、鬼神の霊を求めて竈を祀り、深山幽谷に遊ぶという神仙に逢って不死の秘訣を探ろうと試みる。
B.C.2年頃?	仏教、中国に伝来。大月氏の使者の伊存、景廬に浮屠(=仏)経を口授。
A.D.65頃	後漢の明帝、西域に仏教を求め、経典や仏像を積んできた使節を連れて帰った後(67年)、洛陽に白馬寺を建立。帝の異母弟・楚王英、黄帝や老子とともに仏陀を神仙のごとき者として信奉(漢字の「佛」=「人ならぬ者」)。
A.D.165	後漢の桓帝、老子を苦県に祀る。楚王英と同様、黄老浮屠の合祀を行なう。
A.D.166	このころ老子化胡説(老子はインドに去って釈迦仏となり、或いはその師として仏教を唱えたという、仏道二教の同源論)説かれる。
A.D.184	干吉に始まる太平道を組織化した張角、黄巾の乱を起こし、討死。
A.D.215	五斗米道(後に天師道、正一教と改称)を完成した張魯、曹操に降伏。
A.D.239	呉の孫権、天台山に桐柏観を建て葛玄を住まわせる。葛玄、金丹の製造。
A.D.288	西晋の魏華存に太極真人らの神仙が降り、31巻の道書などを授ける?
A.D.317	葛洪の『抱朴子』成る。内篇20巻は神仙思想、外篇50巻は儒学を扱う。
A.D.400	北魏の太祖・道武帝、仙人博士をおき、金丹の製造を試みる。
A.D.415	太上老君、寇謙之に降り、天師の位を授ける。新天師道の成立。
A.D.440	北魏の太武帝、太平真君と号する。6年後には、仏教を弾圧。
A.D.450	廃仏の黒幕、崔浩が刑死。太武帝が崩御してまもなく復仏令の発布(452年)。滅罪のため、雲崗に石仏を造りはじめる。
A.D.505	現存最古の道像、作られる。仏像の影響を受けた造形。
A.D.573	元始天尊像、作られる。それを取り巻く神々の図像、展開。
A.D.666	唐の高宗、老子に太上玄元皇帝の号を贈る。2年後、『化胡経』を焼却。
A.D.674	『道徳経』、科挙の一課目となる。その9年後には、全国諸州に道観が建つ。

「道教とは、古代の民間の信仰を基盤とし、神仙説を中心として、道家、易、陰陽、五行、讖緯、医学、占星などの説や巫の信仰を加え、仏教の組織や体裁にならってまとめられた、不老不死を主な目的とする呪術宗教的傾向のつよい現世利益的な自然宗教である」(窪 徳忠著『道教史』世界宗教史叢書9、山川出版社、1977年、42頁)

① 「物有り混成し、天地に先駆けて生ず。寂たり寥たり、独り立って改わらず、周行して而も殆れず、以て天下の母たる可し。吾れ其の名を知らず、之に字して道と曰う。』(『老子』第二五章)

形はなくとも完全なる何ものかが天地よりも先に生まれた。それはまったくの静寂に包まれ、何の気配もない空っぽな状態で、独り変わらず、万物にゆきわたって倦むことがない。あえてその名を付ければ、「道」といおうか。人も天地も「道」を模範とし、「道」は「自然」を規範とする。

② 「道は之を生じ、徳は之を畜い、物ごとに之を形あらしめ、勢いもて之を成す。是を以て万物は、道を尊び徳を貴ばざるは莫し。道の尊く、徳の貴きは、夫れ之に命ずること莫くして、常に自ら然り。故に道は之を生じ、徳は之を畜う」(同、第五一章)

「道」は万物を生み、「徳」がそれらにふさわしい形を与えて育成した。だからといって、万物を支配するわけでもない。何の命令も受けないのに、「いのち」あるものはみな、その「道徳」を敬愛してやまない。孔子が天を仰ぎながら人間社会の道徳を追究したとすれば、老子は天から地を一望し、人為を超えた「自然」のはたらきに任せるのが最善と考えた。「無為自然」は治世の理想でもあった。

③ 「信言は美ならず、美言は信ならず。善なる者は辨ぜず、辨ずる者は善ならず。知る者は博からず、博き者は知らず。聖人は積まず。既に以て人の為にして、己れ愈々有り、既に以て人に与えて、己れ愈々多し。天の道は、利して害せず、聖人の道は、為して争わず」(同、最終の第八一章)

真ある言葉は率直であり、善人は言葉巧みではなく、本当の知者は博識ではない。聖人はその所有物を蓄えぬうちから人に施してしまうが、自分は愈々豊かになってゆく。天の道は利益を与えて害することがない。聖人の道もそれに倣い、行動してしかも争うことがない。「道」の実践を要約した名文。

(小川環樹訳注『老子』中央公論社、一九七三年に所収の原文にもとづき、書き下した。)

④ 「古の真人は其の寝ぬるや夢みず、其の覚むるや憂いなし。其の食うや甘しとせず、其の息は深深たり。真人の息は踵を以てし、衆人の息は喉を以てす」(大宗師、二)

眠ればその懐に安らい、覚めているうちは憂いなく過ごす。食事の甘さに心うばわれることもない。真人はせわしなく喉元で息をするばかりである。

「死生存亡、窮達貧富、賢不肖、毀誉、飢渇、寒暑は、是れ事の変にして、命の行なわるなり。日夜、前に相代わりて、知も其の始めを規ること能わざる者なり。故に以て和を滑すに足らず、霊府に入る可らず。之をして和予にし、通じて兌びを失わず、物と春を為す。是れ接して時を心に生ずる者なり。是れ之を才全しと謂う」(徳充符、七)

人間世界の現象もまた、測りがたい運命のあらわれであるから、ことさらに心を乱すべきではない。運命に順応すればあらゆるものを暖かく受け容れる心境になる。それを称して完全な才能という。

(書き下し文は、森三樹三郎訳注『荘子 内篇』中公文庫、一九七四年、一四〇—一四一、一五二頁からの引用。)

道教では、ほかならぬ現世でこの身のまま、いまの人生をより一層望ましい状態でいつまでも続けてゆきたいと願う人間の飽くなき生存欲に応えるため、ありとあらゆる手段を講じる。(1)不死や昇天を特性とする神仙に成ることを最も望むが、(2)それがだめでも、神仙に会って不死の薬かその製法を授かろうとし、(3)日常生活でも除災招福、治病、魔除け、護身、延命長寿などを祈願する方術（卜筮、おふだ、お祓い、叩歯法、禹歩法など）にいそしむ。(4)五穀を断ち、棗などを食べる辟穀、呑むと寿命が延び、背中から翼が生えて飛行でき（183頁②参照）、鬼神を使えるという上薬の金丹をはじめ、草根木皮や鉱物で精製した薬を服する服餌、体内の気を保ち充実させる調息、調息・叩歯・按摩を組み合わせた柔軟体操の導引、陰陽の二気を両性において調和させる房中などの養生術は、仙道修行には欠かせない階梯であった。こうしてみるかぎりでは、いかにも現世の俗臭にまみれているかのようであり、宗教としての倫理性がどこにあるのか、すぐには分からない。

　では、先の超俗的な老荘思想とは断絶しているのかといえば、決してそうなのではない。『道徳経』は『老子道徳経』、『荘子』は『南華真経』として道教の根本聖典となり、毀誉褒貶や寒暖飢渇にもとらわれず、泰然自若の境涯に遊ぶかの「真人」こそ、得道して神仙に成るにふさわしいのだと釘を刺す役目を果たしている。深山幽谷のどこかに神仙が住むという伝承は、老荘以前からあったと思われるが、栄耀栄華の快楽と治世の永続を望んでやまない諸候や帝王たちが実際に蓬萊・方丈・瀛州などの神山を探させるようになったのは、斉の威王や宣王、燕の昭王の頃（前4世紀前半から前3世紀前半）以降のことであったらしい。なかでも天下統一を敢行した秦の始皇帝は、ことさらに不死の霊薬を求めた。いずれにしても、権勢を振るう人のなかで神仙に成れた者はなく、秘薬と称するものを服用した諸王はみな短命に終わっている。清貧にして有徳の士に成仙の例話があるばかりである。つまり、神仙説というのは一見、凡俗の欲望をかき立てるようでいて、実はほとんど不可能ともいえる不老長生の夢を、眼前に迫る現実の死によって終わらせるものなのである。それでもなお神仙の言い伝えはリアルな臨場感で人々の心を魅了し、生きている間の見果てぬ

夢を結び続けた。古来、生死は天命によるとの思想がしみついているはずの彼らがあえて延命の方途を追求したのは、何とも切ない気がする。だがそれもまた、はかない「いのち」を超えて生きる一つの良策なのであろう。永生の願いは、それだけでも生きてゆく人々に元気を与えることができるからである。

　神仙の実在を信じる志の堅固な人ならば、世務も兼ねながら仙道を修することができると説いた西晋の葛洪(せいしん)(かつこう)（283〜343〔363〕）は、彼自身も役人の生活を続けながら、とくに最上の不老長生薬である金丹の効用を力説した成仙志願者(196)だった。貧しかった青年時代から儒書をはじめ多種の文献を独学し、やがて師について仙道に入った。35歳の頃、『抱朴子』を著わした際に、神仙思想研究の集大成である内篇二十巻とともに儒学に関する外篇五十巻をも加えたのは、道教を究めるために儒教もまた必要な素養と考えたからであろう。第三巻の「対俗」（世人の仙を得るための手引き）(197)には、忠、孝、和、順、仁、信の徳を修め、善行を積むことが仙道の第一歩であるという戒めがみえる。ただの一度でも悪事を為せば、それまでの修行は御破算になってしまい、どんな仙薬を服しても無駄だという。積善(しゃくぜん)の人なら何も呑まなくても、おのずと長生の福が得られるともいい、葛洪が仙道だけに心酔して他を顧みない狂信的な人物ではなかったことが知られる。かつて孔子が大切にしていた親しみや慈しみの教えを文字通りに活かすのは、儒家に対抗した道家の態度とは対照的である。

　有徳の士がその道に向いているのなら、聖人君子はみな長生きするはずだし、神仙にもかならず成れるのであろうが、現実にはそうではない。これについて第七巻の「塞難」(そくなん)（仙縁の有無についての論書）(198)は、成仙の可否も寿命の長短も、賢愚や貧富も、生まれた時の星宿（聖宿、賢宿、富宿、仙宿などの組み合わせ）に因るのだと説明する。生星に属すれば仙人に成れるが、死星に巡り合わせると仙縁がないのだという。人生の不条理を天体の運行に帰する諦念は、無為自然なる天道に順応する道家の宿命観に類するものの、観測可能な対象を問題にしているだけに、合理主義的な思想傾向を示しているといえる。しかし星宿に恵まれないからといって、前途ある自分の将来を捨てられる者がいるだろうか。実際に生きてみなければ、宿命をつかむことさえできまい。仙道は、万人に仙

性ありと認めることで、人心に活力を与えてきたのである。第二巻の「論仙」（仙についての論書）[199]には、神仙に成るための心得が記されている。

(1)　仙法は、常に静寂無為にして形骸のことを忘却する。
(2)　仙法は、羽もないような虫の類いまで愛し、生き物すべてをいたわり、傷つけないようにする。
(3)　仙法は、生臭いものを退け、穀類を摂らず、腸のなかにカスを溜めず、清浄な状態に保つ。
(4)　仙法は、ひろく万民を愛し、他人に対しても自分と同様に考えて差別しない。[200]

(1)はあたかも荘周のいう「坐忘」のようであり、(2)や(3)は、まるでジャイナ教の不殺生戒を訳したかのようである。(4)もやはり、ジャイナ教や仏教の聖句を観るようだが、古代中国の聖天子たちの治世を連想するのが至当なのだろう。[201]ならば(2)と(3)も、道家もしくは仙道みずからのうちから生じた思想と解するべきなのかもしれない。諸宗教兼学の気風を漂わせても、他宗教からの影響があるとはかぎらない。葛洪の博学については、さらなる究明を要するであろう。いずれにせよ、神仙の倫理的性格を確立することは、道教の枢要部を占める神仙思想が淫祠邪教や低俗な迷信の類いではないことを証明するためにぜひとも必要なプロセスであった。道教を清虚なる形に整えようとする動向は、南北朝時代の寇謙之（こうけんし）（363〜448）が成立させた新天師道において明確になった。老子の神格化した太上老君が彼の前に現われ、仏教側から非難されていた男女合気の術（房中術）や諸々の偽法を粛清するように命じたというのがそれである。ただ彼の場合は葛洪とは違い、太武帝のもとで権勢を振るって道教を国教的位置に押し上げている。446年の廃仏令も、帝の側近・崔浩（さいこう）の企みであったとはいえ、仏教に対抗して台頭した道教の優勢が引き起こした暴挙であった。[202]

　仙道修行を完成した道士であったという寇謙之は、死んで尸解仙（しかいせん）に成ったと噂された。尸解とは、遺骸そっくりに化けさせた刀あるいは木や竹を棺に葬り、

実際は死んでいない自分をそれまでの人間生活から解き放つ方法のことである。神仙のランクとしては下士の部類に相当する。中士は地上の名山に遊ぶ地仙として神出鬼没の境涯を楽しむが、人間界に紛れる時は凡庸に見えるので誰も気がつかないという。そして上士は、その身のままで白日昇天する天仙と成る。⁽²⁰³⁾いずれにしても、その実在は信じるよりほかはない、まさに雲をつかむような話であることに変わりはない。それが中国人の大陸的な気質におおらかな潤いを増し加えた好例は、天下の民衆をみな救うまでは昇天しないと誓願して地仙と成った呂洞賓（呂祖）であろう。五代から宋の初めにかけて出現した実在の道士で、後には全真教の開祖として信仰された。⁽²⁰⁴⁾ちょうど観音菩薩のように、人々の祈りに応える「有求必応」の功力をそなえている。観音の三十三身さながら、あらゆる姿に変化するといわれ、慈悲深い人に出会えば、呂祖の化身かとも思う。変幻自在の仙術がたんなる不思議にとどまらず、巷に生きる有徳の士に気高い神仙の面影を慕い求める心豊かな生活態度を育んだのである。

　道教の倫理観で興味深いのは、邪悪な力を発揮するために神仙を目指しても、積善を重要な条件とする仙道の掟そのものが厳然としてその行く手を阻むという点である。だから天下の名山を舞台に、善い仙人と悪い仙人が闘争を繰り広げるといった話は流行らない。神仙境を描いた山水図が澄み切った静寂の気に包まれているのもその御蔭なのであろう。ならば、人間の染まりやすい悪事についてはどう対応するのか。それは体内にいる厄介な三尸のせいだから、駆除するに越したことはないと考える。三尸とは、人の死を早めることをもくろむ霊的な妖虫で、庚申の晩に就寝中の身体から抜けだしてその人の罪や過失を天⁽²⁰⁵⁾の神に報告する。それだけならば、お祭りして福を授かる竃の神も同様なのだが、三尸は頭部の上尸・腹部の中尸・足の下尸に分かれて身体機能を低下させ、五情を騒がせる。悪事に駆られるのは、中尸の仕業。安らかに長生きするには、庚申の晩に徹夜して、三尸の上天を阻止することが最善と信じられた。清朝では善行も報告すると考えられたが、夜通しの勤行にいそしむ老若男女は減らな⁽²⁰⁶⁾かったという。罪悪を追放可能な災害と観るこの合理主義は、原罪意識に苛まれるのとは別の次元において「いのち」の幸いを実現する道を拓くものである。

3　神道:「いのち」の清らかなる幸いを願う

　神代の昔から延々と営まれてきた日本人の生活。顔も名前も知らないはるか遠い祖先から子々孫々、いまの自分に至るまでの「いのち」のつながりは同時に、血縁のみにとどまらない村や町や都市、さらには國全体(207)という生活共同体のなかで見守られ、海の幸、山の幸に満ちあふれた國土の自然によって養われてきたものである。その恩恵を物語る國じゅうの苗字を見渡せば、実に彩り豊かな景観が拡がる。四方の海の彼方から渡来し、この島國の建設に取りかかった人々は何よりも、共に生きる者どうしの絆を重視し、共同体全体の「いのち」をつないでゆくための神祭りを絶やさないように心がけた。漁撈や農作の日常は決して楽ではないから、村人たちは生気の衰えるケガレ（褻枯れ・褻離れ）た状況を体験する。再び活気を取り戻すためには、神の威力に与る(あずか)、非日常的なハレ（晴）の祭日が必要である。皆が元気で幸せに暮らせるように、何事も皆にとって良かれかしと願うその情感を「清明心」と呼び、「明き浄き直き誠の心」（曇りなく穢れなく曲がらず偽らない、真実の心）とも表現する。この心がけを祭りをとおして受ける相手こそ、神道の神なのである。

　カミ（迦微）は語源的には、人間の容易に近寄れぬ「隠れた本源の存在(208)」を意味する。そして、水源に近い上流など、聖なる力の発信源もまたカミ（上）ということから、祭られるカミはおのずと上位に奉るべきものとなったという。隠れているのだから、すでに成りませる（出現した；255頁参照）カミのほかに、いまだ知られざるカミが随所に住まい、人間の生活にも影響を及ぼしているはずである。闇夜の暗黒さえも、カミ宿る場となれば、「浄闇(じょうあん)」となる。そうしたカミの気配を察し、カミの"はたらき"を知るたびに、古代人はその一つ一つに名前を奉り、祭りの対象としていった。それが祖霊の恩恵であれ、天津神・國津神の威徳であれ、奇しき雷鳴、森の大木、鳥や獣や、功しき(いさお)武人の魂であれ、悪しく賤しき神であれ、「其餘何にまれ尋常(よのつね)ならずすぐれたる徳のありて、可畏き(かしこ)物(209)」の"はたらき"はすべて社(やしろ)（仮の祭場）で迎えられ、歓待を受けた。これらの神霊には平安・秩序・親愛などを司る和霊(にぎみたま)、勇気もあるが狼籍にも及ぶ荒霊(あらみたま)、奇跡を起こす奇霊(くしみたま)などの作用がみられる。悪しき状態にある神でも心和めば幸い（幸霊(さきみたま)の恵み）をもたらすので、神々を善玉と悪玉に峻別することはできない。天使と悪魔の闘争をみない、神話の國土。

①左側：神社にお参りする人は、御祭神の名を知らずとも、そのゆかしい居住まいに引かれて鳥居をくぐる。社殿へとつづく参道は、川のほとりや山のふところに広がる神域をつらぬいてゆく。橋があれば渡り、石段になれば上る。神拝は、拍手を打つまでの歩みからすでに始まっている。境内の手水舎で心身を浄め、神前で鈴緒を振る。鈴の音は邪気を祓い、神を呼ぶ。神の気配は形をなさぬまま、吹く風や木漏れ日のなかに感じ取られる。しんとした拝殿の奥には、実際の広さをはるかに超えた神聖な空間がどこまでもつづくかのようである。②右側：お社に詣でた人が清々しくなれるのは、神域の自然に触れて、その恵みにあずかる「いのち」の鼓動が、普段にも増して感じられるからでもある。「いのち」が母体に宿った時は、どの生物もほぼ同じ形をしている。ここにみる勾玉は、日本人の先祖がそれを「いのち」の形とみなして尊んでいたことを示している。勾玉は管玉とともに糸をとおして首飾りとした。古墳の副葬品に選んだのは、「いのち」のよみがえりを願ったのであろう。

③江戸幕府の保護を受けた伊勢神宮の御師（布教専門の神職）が全国に頒布した「天照皇太神宮」のお札（「神宮大麻」）。庶民も神棚を設えるようになったのはそれ以降のことである。これは、神社を模した宮形の神棚。神宮大麻、氏神社、諸社の神札を順に、中央・右側・左側、あるいは手前・真ん中・最奥の位置関係で祀る。南か東を向いた、明るい高所に板を渡して宮形を安置する。その上に紙垂を垂らした注連縄を掛ければ、神域の出来上がり。神札や神鏡など、御神体の分霊は宮の中に納めるか、扉の前に据える。榊の枝を活けて神を招き、灯明を点し、御神酒や神饌を供えておもてなしをする。家人もその御相伴にあずかり、日頃から守護し給う神々との饗宴を心ゆくまで祝い、楽しむのである。

☆ 神々の系図

※ 高天原（タカマノハラ）に初めて現れた最尊の五神「別天つ神」（コトアマツカミ）

※ 次に現れた十二柱の神々から選ばれ、「天の沼矛」（アメノヌボコ）で淤能碁呂島をつくって天降り、「國生み」を担当した二柱の神々。
（男神）伊邪那岐命（イザナギノミコト）
（女神）伊邪那美命（イザナミノミコト）
→火神を産み黄泉國へ。

※ 「國生み」「國造り」「國讓り」の過程には、たくさんの神々が関わっている。一柱の神でも、その働きによっては多くの名前で呼ばれ、分霊して祭られる。

☆ 黄泉國から帰還したときの禊祓い（ミソギバライ）で成りませる三柱の神々。
黄泉比良坂（ヨモツヒラサカ）での別

（左眼を洗うと、）天照大御神（アマテラスオオミカミ）が誕生して、高天原を治めるようになった。

（右眼を洗うと、）月讀命（ツクヨミノミコト）が誕生して、夜の國を治めるようになった。

（鼻を洗うと、）素戔嗚命（スサノオノミコト）が誕生して、海原を治めるようになった。

※「天孫降臨」のとき、←「八咫鏡」（ヤタノカガミ）「天叢雲剣」（アマノムラクモノツルギ）「八坂瓊曲玉」（ヤサカニノマガタマ）（＝三種の神器）と稲穂を、豊葦原中國（トヨアシハラノナカツクニ＝地上の人間世界）にもたらした。

※ 孫の瓊瓊杵尊（ニニギノミコト）に「國讓り」をするため、

経津主命（フツヌシノミコト）を使者として派遣。
建御雷之男神（タケミカヅチノオノカミ）と
　　説得・力比べ
荒々しい建御名方神（タケミナカタノカミ）、諏訪湖に籠もる。
思慮深い事代主神（コトシロヌシノカミ）、青柴垣に隠れる。
→息子たちに委ねる。

大國主命（オオクニヌシノミコト）による「國造り」は、別天つ神・神産巣日神（カミムスビノカミ）の子、少彦名神（スクナヒコナノカミ）との協働作業。

曾孫の葦原色許男（アシハラノシコオ）を「大國主命」として祝福

大國主命の一門に代わり、みずからの子孫を國の主（ヌシ）に

祓詞

掛けまくも畏き 伊邪那岐大神 筑紫の日向の橘小戸の阿波岐原に 御禊祓へ給ひし時に生り坐せる祓戸の大神等 諸諸の禍事 罪穢有らむをば祓へ給ひ 清め給へと白す事を 聞こし食せと 恐み恐みも白す

略拝詞

祓へ給へ 清め給へ 守り給へ 幸へ給へ

参拝の作法

一拝
二拍手
二拝

神前に進んで軽くお辞儀をする
深く二度お辞儀をする
手を二回打つ
もう一度深いお辞儀をする
最後に軽くお辞儀をして退く

① 伊邪那岐命（伊奘諾尊）は、火神・軻遇突智を産み火傷して死んだ妻の伊邪那美命（伊奘冉尊）が住む黄泉國へ降りてゆき、その懐かしい声を聞いた。既にここでの食物を摂り、穢れを受けてしまった身ではありますが、帰してもらえるように頼んでみましょう。ですから、わたくしの就寝中は、この姿を覗かないでと、女神は懇願した。待つ男神は、約束を破るという罪を厭うひとまもなく、櫛の親歯を折って火を点し、その変わり果てた醜悪なる屍体を見た。恥をかかされ怒り狂う妻の追手を逃れ、阿波岐原の川辺だった。そのとき生まれた多くの神々のなかでも天照大御神、月讀命、素戔嗚命は最も重要な任務を与えられた。人間も、神の浄めに倣って罪穢れを祓うのである。

② 「略拝詞」は、天孫降臨後の地上世界に生きる人間たちの罪穢れを、大海原や地底の國に運び去ってくれる神々に言問う「大祓詞」を約めた略式の祝詞。

③ 「二拝二拍手一拝」は、社に鎮まる神々の前に立ち、清々しく敬虔な気持ちでおこなう礼の作法。この「拝」は、背中が大地に対して水平になるまで深々と頭を下げる最も恭しいお辞儀。「拍」は、両の掌を打ち鳴らすわが國固有ともいえる敬礼の作法。この「拍手」を打ったあとそのまま合わせて黙禱して、言挙げして願い事などを申し上げてもよい。退出の「拝」をしたあとは、おみくじを引いたり、お守りやお札、奉納用の絵馬などを受けたりする。往き返りの道を踏みしめて聞く玉砂利の音は、参拝者を爽快にする。

（例えば、竹生島神社〔都久夫須麻神社〕の寿恵廣には、上段にみられるような祝詞や作法の案内が書かれている。）

つまりそれは人間もまた、善人と悪人、あるいは義人と罪人などに分けられないということである。約束を破ったり、破った者を呪ったり（193頁①参照）、あとでそれを後悔したり、過失に気づかなかったりといった様々な生活の歪みは、神にも人にも起こる。ここでの罪や悪とは基本的に、共同体の営みを壊そうとする行為を指す。逆にそれを回復し、栄えさせるのは善いことである。かの神祭りは、その最も確実な方法として、参加者たちの「誠の心」を試す。

奥城に　すめ神たちを　斎ひ来し　心は今ぞ　楽しかりける　(210)

「奥城」は神霊の鎮まる所。「オク」とは、川の上流や大海原の遠方、地下深くを意味する。「皇神」は、その地域に住まう最高位の神。禊で身を清め、祓で心の穢れを除いて、神々を恙なく祭り終えれば、神意の嘉納を得たという証になる。たとえ禊祓をして臨んでも、神のほうがそれを認めないこともある。祭りのさなかに何事も起こらず、いまこうしてくつろげる幸い。この神楽歌は、心晴れ晴れと日々の暮らしに戻ってゆける楽しみをよく表わしている。現代においても、何かが滞りなく終わると「お蔭様で」と感謝する。思えばこれもまた、お世話になった人々の力だけではなく、眼には見えないけれども蔭ながら見守る何ものかの存在を意識した言葉である。あらゆる御縁に因って生じてきた結果なのだという仏教の縁起思想に由来する解釈だけでは、日本人のよく用いる言語表現の深みを味わうことはできないだろう。

個人および社会全体の「いのち」に恵みをほどこす神々に対し、あえて物を「白す」／「申す」奏上体の祝詞は、報告・感謝・祈願などを内容とする。「祝詞」の「のり」はもともと、神霊が巫女に乗り移るという意味。祭りの参加者に神の御言や天皇の詞を宣り聞かすので「宣り詞」といわれ、「宣る」が文末にくるので宣命体あるいは宣下体という。現存最古の例は『延喜式』巻八にみられる。特に「大祓詞」には、天津罪・國津罪、そして知らず知らずのうちに染まった罪穢れの一切を清めてしまう威力ある言霊が宿ると信じられてきた。國全体の蘇りをはかるため、六月と十二月の晦日に朗々と唱えられる。

彼方の繁木が本を焼鎌の敏鎌以ちて打掃ふ事の如く、遺る罪はあらじと
祓給ひ清め給ふ事を高山の末短山の末より佐久那太理に落多岐つ速川の
瀬に坐す瀬織津比売と云ふ神大海原に持出でなむ。⁽²¹¹⁾

　鎌で打ち掃うかのようにすっかり取り尽くした罪穢れは、急流に住まう瀬織
津比売が大海原へと持ち去る。それを八潮道に坐す速開都比売が呑み込むや、
息吹戸主が根國底國（地底の國）に吹き放ち、速佐須良比売が地底で持ちさ
すらって罪と云う罪を悉く無くしてくださる。山、川、海、地下深くと、大自
然のなかをくぐり抜けることで清まるというのは、"人間と自然"といった対
立概念のない世界でこそ成り立つ考え方である。「遺る罪はあらじ」との滅罪
宣言は、自然の息吹きを新たに深呼吸した時の爽快な心持ちをあらわしている。
それだけになおさら國土の自然環境を失えば、人間の身心もまたその回復力を
無くしてゆくことになるだろう。現代人への警告としても傾聴に値する。
　心に思うだけではなく声に出す「言挙げ」は、言葉の宿す神威（言霊）を畏
れて軽々しくは物を言わない慎みの心にもとづく行為である。神々による祓い
を願う先述の祝詞はその最も代表的かつ模範的な例だが、人間どうしにおいて
も言霊の威力を活かした歌のやりとりは大切だった。

　葦原の　瑞穂の國は　神ながら　言挙せぬ國　然れども言挙ぞ吾がする
　事幸く　ま幸くませと　恙なく　幸くいまさば　ありそ浪　ありても見むと
　五百重浪　千重浪しきに　言挙ぞ吾がする⁽²¹²⁾　（『万葉集』巻13・3252番歌）

　大和人は神意のままに暮らし、あえて言葉にして物を言い立てることのない
民ではあるが、相手の無事を祈り、再会を願う人間らしい心根から、言挙げせ
ずにはいられなくなるのである。相手もまたそれを受けて、言霊の加護により
無事の来訪をかなえようとする。返歌にいわく、

　敷島の大和の國は　言霊の助くる國ぞ　ま幸くありこそ⁽²¹³⁾　（同上、3253番歌）

言挙げも、心のあり方によっては災厄をもたらす。伊吹山の神を征するのはいともたやすいと、太刀も帯びずに登山した倭建命。白猪の姿で現れた山の神を「神の使者にこそあらめ」と言挙げした慢心により、命はみるみるその生気を失い、疲労困憊してついには病を得て亡くなってしまう。我が非を悔いたものの、時すでに遅かった。「いのち」の終わりに臨んで詠んだのは、

　　倭は　國のまほろば　たたなづく　青垣　山隠れる　倭しうるはし　(214)

　いま見えるこの顕世（中津國）は、眼に見えない幽世（神々の高天原・死者の往く黄泉國・祖霊の安まる常世などの他界）や見晴らせぬ遠方の世（海神の宮・韓郷）とともに進行する時空である。過去世・現世・来世という時間的に分離した空間を個々人がそれぞれに転生するという思想は存在しない。各領域間には断絶もなく往来可能だが、なお「いのち」ある者にとってはほかならぬこの世こそが、いちばん願わしく良い所ではないかと上代の日本人は考えた。倭建命も見渡すかぎりの山野を望み、いまさらながらも國土のうるわしい様子を愛でずにはいられなかったのである。日本神話では、かの高天原も荒ぶる神が悪事を行なったり、喧嘩をしたりする世界であり、何ら理想化された形跡がない。「ヤマトタケルノミコト」すなわち大和國の建設にその生涯を捧げた神にとってはなおさら、この世界がすべてなのであった。いま・この時（中今）を重んじるという意味での現世志向は、神道の基本である（37頁参照）。よく神社の絵馬やお守りにみられる「厄除け」「家内安全」「商売繁盛」「交通安全」「心願成就」「健康隆運」「金運招福」などを現世利益の祈願とはいうが、それもまた、現世よりもましな来世を視野に入れているのではないことはもちろん、いまさえ良ければいいのだという刹那主義でもない、この世に専念する古来からの生活意識をいとも素直なかたちであらわしているのである。
　日本國の神々は「八百万」というほどに、ありとあらゆる"はたらき"を示してはそれにふさわしい名前を人間から奉られてきたが、その姿形は一向に特定のイメージを結ばないで今日に至っている。平安朝の中頃からは画像や彫刻

の試みが始まったものの、神像礼拝は神礼拝の形式としては発展しなかった。何の禁令も敷かれなかったのに、不思議なことである。おそらくそれは、神名の言霊に対する信仰が神道の中軸を為してきたからなのであろう。例えば「尊」や「命」と書く「ミコト」は「御言」または「御事」であり、言動して活躍する神々の活発さを映している。人間はその名を心に覚え、口に唱えるだけで、神の活力を賜わるのである。神話の世界では耳鬘を結い、勾玉を身に飾る人の姿で活躍しても、天孫降臨の折には、神籬（常緑の榊などを依り代として立てた場所）や磐境（神霊の憑く祭官が坐す岩の高台）で迎えられている。神殿に鎮座するようになってからも、御神体の鏡・玉・剣や幣帛、あるいは自然の山そのものを御霊代とする無色透明なる神霊としての性質は変わっていない。神像や仏像のように見たり触れたりできないが、その気配を察する感受性に恵まれた日本人は、ただ参拝するだけで清々しい気分になれるのである。

　何事のおはしますかはしらね共かたじけなさに涙こほるゝ　(215)

　伊勢神宮を詣でた西行法師は、そこに天照大御神が鎮座していることは承知している。それでもいざその場に来ると、神威に打たれて感窮まるのであった。祖先神（皇祖神）と自然神（太陽神）を兼ねるこの女神は神道の最高神として君臨する。以下、並み居る神々の"はたらき"によって日本の國は形づくられたと神話は説く（192頁参照）。それにしても、天地創成における別天つ神を初めとする天津神・國津神は、それぞれの"はたらき"を為し終え、引き継ぐ神々が成りませるや直ちに、身を隠し給う潔さを示してきた。伊邪那美命は死から再生を経ても黄泉國に留まったし、夫の伊邪那岐命も近江國の多賀に隠れ、日本の守護神になった（多賀大社）。かの功績目覚ましい大國主命も、地底深くまで宮柱を据えた御殿（出雲大社）に隠退した。その主だった子息たちも同様である。没落や追討の身でもないのに惜しみなく世代交代に協力する日本の神々からは、共同体の「いのち」が常に新鮮な活力を失わないように配慮する智慧の"はたらき"と、清らかなる幸いを願う「いのち」の鼓動が感じられる。

4　神道をめぐる諸宗教

　神秘的で本源的な何ものかの実在を「カミ」と呼んで畏れ尊ぶその信仰には、もともと特定の名称がなかった。民の誰もが生まれながらにしてそれを受け継いでいるということもあり、「〜教」といった画一的な呼称によって様々に異なる信仰体系をまとめる習慣もなかったから、それでよかったのである。

　大和言葉には仁も義も礼もなく、確固たる"神の経綸"も説かれなかったが、それらに相当する人間のありかた・生き方は、古くから伝わる神々の在り方・生き方のなかに学びうるものと考えられた。世界の一切を超越した絶対者を観なかったということは、その分だけ自然神や祖先神からの教示に全身全霊を傾けてきたということである。聖典の伝承と教団の基礎固めに余念のない大部分の成立宗教に比べ、大自然の掟に眼を凝らし耳澄ませる原始的な諸宗教はいまでも、この神道と同じような特質をよりはっきりとした形で保ちつづけている。

　神ながら（惟神；神世に神々のかく為したもうごとく、神世のままに）[216]、神の子孫として神習う（神に習った、神意に違わぬ）伝統の道（神ながらの道）[217]を「神道」と呼ぶようになったのは自然の成りゆきであった。『日本書紀』の用命天皇の詔に「天皇、佛法を信けたまひ神道を尊びたまふ」[218]とあるように、もとは仏教と区別するための名称だった。「神教」や「本教」などの異名もすでにありはしたが、よりふさわしいと考えられた「神道」のほうが残ったのである。なぜふさわしいのか。

　神道は、ある時代に確立された教義や、過去の記念すべき出来事などを世々に追憶し、一字一句の間違いもなく伝承してゆくことを最重視する"歴史宗教"ではない。古式ゆかしい神祭りに永い"歴史"はあっても、祭りというのはいつも、御祭神と氏子たちの絆をつよめ、新生をはかるためのいとなみである。これまでの"歴史"よりも、いま・これからの暮らしを見据えている。祭りの伝統は、それが古いから尊いのではない。いまもなお新しくなれるからこそ、それを行なってゆく価値があるのである。神を祭る人間の活気によって、神もまた息づく。神輿をかついで心躍り、祭り囃しの音色に心はなやぐのも、神主の祝詞を聴いて威儀を正すのも、神棚にお灯明を上げるのも、"いま"の

新しさを喜び、体験するためであって、過去を偲び、未来を夢想するわけではない。神代に立ち返る古式ゆかしい祭典も、「中今」の出来事なのである。

　因みに、伊勢神宮の式年遷宮では、御正殿を新築するたびごとに、すべての神宝を新調して御祭神の新生を祝う。年々歳々の塵挨は、「いのち」あるものすべてに関わる気枯れ（穢れ）を象徴する。それを拭き取るよりも、そのままそっくり取り替えて、常に新たなる清らかな状態（常若）によみがえる幸いを寿ぐ。清新を期して、日々掃き浄められるのが神道の「道」なのである。

　以上のように素描できる神道という宗教についてさらに考えようとする時、ほかの諸宗教との対比が役に立つ。本章で論じてきた合計11の宗教のうち、ジャイナ教・仏教・儒教を除く諸宗教はみな神信仰なくしてはありえないものである。それらについて記述するのに"神"の字はどうしても有用であったけれども、日本人だけに馴染み深い「カミ」の音を以て諸宗教の"神"（というより"信仰対象"もしくは"宗教的実在〔者〕"とでもいうべきもの）を考察するのは、思えば、それそのままが比較宗教の作業なのであった（226頁の註記参照）。

　神道の神は、"預言者"や"覚者"を求めず、祭司（神職）のみを媒介とするのでもなく、神社の拝殿、海山、祭りのなかでふと気づかされる存在である。神祭りをして神の意思を問い、神懸かりの言葉を得ても、それが聖典にまとめられて啓示宗教を形成することにならなかったのは、神性と人性がもともと対立せず、人は神の子孫、神は恵み深い生みの親として、ともに國の暮らしを営んでゆくべきものと信じられたからであろう。預言者だけが神の声を聴かされ、かならずしもそれに従うとはかぎらない民のただなかで懊悩し、ついにはその民によって落命することもある、という場合（例：ナザレのイエス）とは異なり、民全体が祭りのなかで神意を伺い、生活共同体の指針にしていったのである。人でありながらかつ現神として君臨する天皇の位も、天津神に属するものであるから、皇祖神・天照大御神の前ではすべての國人たちが一体となって拝礼するわけである。天命により帝位を授かったとされる天子が天に代わって治世に取り組むという古代中國の場合だと、天意に添わなくなった天子は位を追われ、弑逆の憂き目にも遭う。それに対し天皇の場合は、歴代の御代と

いうものを延々と継続することそれ自体に國の繁栄が託されたので、その実質的権力が衰退していった武家社会の世にあっても、皇位の神聖さに変わりはなかった。天皇の宣命(せんみょう)や神職の奏する祝詞(のりと)は、天地創成の初めから日本誕生を経て天孫降臨に至る神話時代を起源とする言霊(ことだま)の神威を発揮するものであった。

　口に出した言葉がその内容に応じた影響力を実際に及ぼすと考える言霊の思想は、行為するとその余力が残るとしたインドの業報思想と比較することができる。言挙げに相当する「口業(くごう)」は、心に思う「意業(いごう)」や身体行動の「身業(しんごう)」とともに現下の状況に影響を与える。しかしそれは言挙げとは異なり、死後の転生先をも決定するほどの力を蓄える。それに対して言霊は、言い放ってからほどない間か、長くともこの一生の間にその作用を現じると考えられている。勝負を決める競技での勝利宣言や、将来の幸せや成功を期する祝福、何らかの決意を表明する誓いの言葉。業報輪廻や死後の審判とは無縁な人の「清明心」は、いま・この時に考え、発言し、行なうことのなかに断罪や劫罰の恐れをかかえないから、明朗なままでいられるのである。

　黄泉國は死者の往くところではあっても、地獄なのではない。この世界のどこかに在るはずの、懐かしい人々の住まう異郷である。また、常ならぬ働きをした人の魂はその死後に神霊として祭られもするが、だからといって天津神の並み居る高天原に迎えられたりするわけではない。むしろ、いつも身近にあって、生前の同胞を見守ることにその真価を発揮する。

　例えば、祖霊を迎え、歓待し、もときたところへお送りする盂羅盆には仏教的意義づけが為されているが、本質的には、幽世(かくりよ)の祖霊と顕世(うつしよ)の子孫が交流する日本古来の慣習である。もしほんとうにインド起源の仏教思想に忠実であろうとすれば、死者の魂はその業報を受けて多くの生涯を流転すると信じるであろう。かつての子孫を訪れている暇などないはずである。インドではいまも輪廻転生の理法に従容として身を託す人々（ヒンドゥー教徒、ジャイナ教徒、シーク教徒、仏教徒）が多いので、死んで幽世から迷い出てくる幽霊の存在を"心の迷い"と断じて一笑に付すのをよく見かける。日本に伝来した仏教は、何よりも家の祭りを絶やさない中國人の世俗内倫理をも取り込んでいた。輪廻

苦の自覚とは本来無縁な日本人に強い違和感を抱かせずに済んだのである。
(220)

　来世を説いても現世を重視する思想はほとんどの諸宗教にみられる共通点といってもよいが、来世を説くからにはどうしても、世の終末を経てから実現する「神の國」や、より良い境遇の望まれる次の生涯か、もはや転生しない悟りの境地などを求める傾向を示す。それに対して神道の「神國（かみのくに）」は"この世"にほかならない。國生みをした神々の道に信頼して生きることを教えるのみである。それ以外の事柄についてことさらに言い立てなかった（言挙げしなかった）ということは、主要な関心事がこの「いのち」ある間に集中してきた証拠であろう。このような意味での現世志向は、来世を説かず、まして前世の存在など問うたこともない儒教や道教と親和しうるものである。本節で儒教・道教・神道をひとまとめにしたのも、この点を考慮したからであった。

　儒教はいわば、「徳」の言霊を神々の飾りとして捧げたといえる。大和言葉を漢語に当てるようになってからは、漢字文化をとおして伝来した儒教・仏教・道教の思想が神典（『古事記』『日本書紀』『万葉集』『風土記』「祝詞」「宣命」『延喜式』など）に流入したと考えられるが、天ならびに道の理を明らかにする数々の概念をもたらしたのは儒教である。神道の道徳精神は「真心」や「誠心」にもとづきながら、その具現化にあたっては「徳、仁、義、礼、智、信」(221)や「明、浄、正、直、勤、務、追、進」(222)などの徳目を列挙する。三種の神器として知られる神宝も、鏡は是非善悪を明らかに映し出す「知」、勾玉は柔和な慈しみをあらわす「仁」、剣は邪気を打ち祓う「勇」を象徴しており、「知仁勇」の三徳は一体となって國の守護に当たるといわれている。

　道教はその神仙思想によって、日本の山々によりいっそう奥ゆかしく神秘的な趣きを添えた。例えば修験道では、古来の神道に仏教の修道法が取り入れられているが、陀羅尼助丸などで今日も知られる丸薬の製法や、山野の霊気から身心の活力を吸収しながらの行法は、明らかに神仙修行との関わりを示している。一方、『日本書紀』冒頭の天地創成神話では、「陰陽」の分かれる以前の「渾沌」(223)から天地が形を取り始めたとあり、続いて現れる「神人」(224)は「天帝」

さながらに空中から地上の様子を見下ろしている。「天」を最尊としてその擬人的活躍を叙述する形式は、元始天尊（げんしてんそん）を最上に据える道教の神々を連想させる。

　仏教はもともと、儒教・道教・神道と同じように現世の意味を追究し、とりわけ現世での悟りを説く宗教であるけれども、日本においてはとかくこの世を無常と観て悲しみ、苦と憂うる一面ばかりが目立つ傾向にある。世情とも相俟って「厭離穢土（おんりえど）、欣求浄土（ごんぐじょうど）」の唱えられた時代には、現世で説法する釈迦牟尼仏の像よりも、西方十万億土の仏國土に坐す阿弥陀仏の像が寺院の本尊として栄えたほどだった。浄土往生は、仏國土に転生（てんしょう）して修行に専心し、仏と成ることを目的とする（往相（おうそう））。世を厭うのではなく、むしろ世のただなかに還（かえ）って一切衆生の救済に趣く利他的な心がけ（還相（げんそう））があってこそ成り立つのであるが、一般的には"死後の冥福"を約束するものと受け取られてきた。それに対して神道は"現世利益"をもたらすための宗教と考えられている。御利益信仰もその一面であることは否定できないが、日々の恩恵にふれて感謝の拝礼に及ぶ心がけと、心新たに生きようとする前向きな態度（現世志向）をその前提とすることを忘れるべきではないだろう。

　三國伝来の仏教と神道の関係については、日本の神々は仏・菩薩が化現して衆生済度にあたる姿であるとする本地垂迹（ほんちすいじゃく）説への言及が為されるけれども、これはあくまでも仏教を優位におく仏教側からのアプローチ（仏主神従）である。神道の現世志向が仏教の本来的な現世主義と共鳴して、対等な立場からの思想的融合をはかる、真の意味での「神仏混淆」もまたみられるのかどうかについては、詳細な検討を要する。八幡造りや権現造りの神社建築や神を祀る寺院、宮寺の社僧（神に奉仕する僧）、両部神道（真言宗）や山王一実神道（天台宗）など、神道と仏教の習合を示す資料には事欠かないが、その体系化は容易ではない。"日本は仏教國"という主張と"神國としての日本"という考えが両立しうる以上、両教の歴史的競合はいまもなお継続しているのであろう。"神道は仏教に軒先を貸して母屋を取られた"といわれるけれども、神道が日本固有の宗教としていまも日本中の神祭りを司っていることに変わりはない。

　外来宗教としての仏教にとっては、その内容を正しく開示するための方法を

工夫することが当初からの課題であった。行基菩薩や弘法大師などの実行力に富んだ高僧が時代を追って現れたのも、仏教の本義を行動で訴えるためであったと考えられる。弘法大師の比較宗教論『三教指帰(さんごうしいき)』には、孝行に尽くし道徳に従って生きる儒者の心や、仙人の自由自在な境涯を慕って生きる道士の心をかなり正確に理解した形跡がみられる。(225) それでもやはり、人生の無常を悟って生きる仏教者の心を最上位に置くことを忘れていない。(226) それは、無常であるからこそ、あらゆる執着を離れて迷わずただいまの事態に対処できる融通無碍の心境を教示するための方便であった。ならば、現世志向の神道とは親和するはずである。なぜ神道も含めて『四教指帰』としなかったのだろうか。おそらくは、神々は仏法の守護神との思想にもとづき、神道が仏教と対等の立場で対論しうるものとは考えられていなかったのではないか。あるいは、神道は仏教側の陣営につくものとして登場には及ばなかったのかもしれない。

　神道にとって儒教・仏教・道教は歴史的に関わりの深い宗教であるが、その他の諸宗教は神道といかなる接点を示すのであろうか。
　本章・第2節の1から7のなかで、身心を浄める祓祓の思想をとおして比較できるのは、ゾロアスター教、ユダヤ教、キリスト教、イスラーム、シーク教、ヒンドゥー教、ジャイナ教、……つまりすべてということになる。
　とりわけゾロアスター教は、預言者ヅァラスシュトラ以来、祭司の"禊(みそぎ)"を甚だ重視する。川での"禊"を終えた祭司のヅァラスシュトラに神の分霊が語りかけたのがこの宗教の起源だからである。(227)
　神に供える"神饌(しんせん)"(御食(みけ))は、新鮮で清浄な果物や米や草花である。それは、アフラ・マヅダーという神が火を初めとして、人間、動植物、大地、水、空という世界の諸要素を創造し、祝福したことに対する感謝を表明する祭りとして受け継がれている(109頁参照)。"罪穢れ"は、正義に対する虚偽として捉えられ、絶えず人間の心に攻め込んでくる軍勢であるかのように表現される。ひたすら神の守護を願う呪言「ケム・ナ　マヅダー(マンスラ)」がその結びにおいて叫ぶ声とは、(228)

虚偽を倒し、根こぞぎにしてしまえ。灰になるまで焼き尽くし、踏みにじれ。呪わしい虚偽よ、目の前から立ち去るがよい。ここから遠く逃げてゆけ。冷たい風の吹きすさぶ寒い北方へ消えてしまえ。この美しい正義(アシャ)の世界をずうずうしくも害そうとたくらむな。(229)

　思わずかの『大祓詞』(195頁)を連想させるほど、心の穢れを厭う潔癖きわまりない言葉。太陽や火の光線を神の象徴として崇めるのも、天照大御神を最高神とする神道との共通点である。ただこちらは独り身の女神であり、弟神が二柱(ふたはしら)、親は男神。親神の左眼を川で浄めた時の子である。世界的にみても、「左」というのは穢れや不吉を意味し、「右」は清浄で神聖なものの集う側である場合が多いが、この女神ばかりはそうではない。(230)いずれにしても、ゾロアスター教・ユダヤ教・キリスト教・イスラーム・シーク教それぞれの唯一神は、永遠不変の、創られたのではない独立自存の超越者である点において、神道の最高神と明確な一線を画している。しかし、神観念の違いが諸宗教相互の内容的な断絶までを引き起こすわけではない。上に述べた神道とゾロアスター教の親和性は、その好例である。
　何であれ、神威の感得されたものなら"神"として崇める多神教という点では、ヒンドゥー教との共通性が見出せる。現代のヒンドゥー教徒は、映画産業の目覚ましい発展に寄せて、サントーシ・マーという女神を新たにお迎えしている。(231)人々を楽しませ、暮らしを活気づけるのに無くてはならないインド映画は、名前を奉られるにふさわしいものなのである。日本人も、例えば食事に欠かせない箸を神聖視して、神の依り代あるいは神そのものと考え、個々人専用の品を、それが折れたり塗りが剥げたりするまで大切に使い、丁重に始末する。仏教的に"箸供養"とか"針供養"などとはいうが、その起源は"ものみな神"の思想にあるのである。
　"浄"と"不浄"の観念が社会生活に大きく影響してきた点もまた、神道のそれに類似しているが、神道ではそれが身分差別に直結するということはなかった。ヒンドゥー教徒はいまも、決して不浄の左手では食事しないし、自分よ

り低いカーストの人々と同席することを拒む人も少なくない。罪穢れを浄めるには、ガンジス河などの大河で沐浴するのがいちばんだと考える。

　神道の『大祓詞』は、國全体の穢れを一気に取り除いたその時に、民全員がそれに与(あずか)れるようにするものであるから、そこに何の分け隔もない。個人的な祈願というよりは社会的な福利をはかることに重点がある。ゆえに、共同体の秩序を乱し、祭りの執行を妨げる行為は重い罪になる。

　ユダヤ教では、律法の規定によって穢れたものと清浄なものを峻別する。その厳密な適正食品規定(カシュルート)は、"不浄"からの分離、すなわち"聖"なる状態を維持することを目的としている。"不浄"の"禊祓(みそぎはらえ)"は、律法の遵守をとおして行なわれ、神による罪の赦しによって確実となる。祭司やラビは、死の穢れを特別に畏れるので、かのサマリア人のように死にかかった状態にある者からはできるだけ遠ざかる慣習がある。(232)神道の神職にもまた、死を穢れとして忌避する伝統があった。戦後は、神葬祭の実施に対する要望が増えてきたけれども、神職は國家祭祀とおめでたい通過儀礼を司るという通念はいまだに根強い。

　キリスト教の"禊(みそぎ)"は聖霊による洗礼の儀式であり、"祓(はらえ)"は懺悔による神の赦しに相当する。洗礼式では、かならず身体の一部（額、半身）もしくは全身を水に浸けて浄める。ヨルダン川でイエスが洗礼を受け、神の聖霊を宿したことに倣うのである。原罪という拭い切れない"穢れ"を説くのが特徴だが、キリストの贖罪と聖霊の賜物をとおしてすでに救われた者の群れに入るという。

　イスラームの"禊"は、礼拝の前にかならず行なう水や〔水のない砂漠での場合は〕砂による身の浄めであり、(233)"祓"は私心を捨てて神の前に独り立つ礼拝の全行程である。一日五回の義務の礼拝(サラート)では、個人の願い事をせず、ただひたすらいま在ることの有り難さを感謝する。各人の罪はすべてお見通しであるから、怖れ畏まるしかない。

　シーク教では、甘露(アムリト)の雨とも表現できる聖典の言葉を聴いて、その実践、すなわち社会人としての善意を尽くして働くことが何よりの"禊祓"である。実際に、砂糖を混ぜた水を洗礼式の時に飲んだりするが、これはさらなる戒律の遵守を誓う特定の人々だけが受けるものである。

魂の"不浄"を払い、自己本有の"浄"を取り戻そうと努めるのは、不殺生(アヒンサー)の道を説くジャイナ教である。そのために肉食を拒否し、菜食にも細心の注意を怠らない。魚や海藻は摂っても、肉食を主流とはしてこなかった日本人の食生活には、ジャイナ教の姉妹宗教である仏教（不殺生戒）の影響もみられるが、動物の血を流すことによる穢れを忌避する傾向は、身を浄めて神々に奉仕する古来の在り方を示しているのであろう。「明く清き心」もまた、自己本有のものであるという点では、ジャイナ教徒の魂(ジーヴァ)と共通している。ただ、業の穢れを独りで浄化しなくてはならない、ということはない。皆で同じお祓いを受ければ浄まると考えるからである。つまり、神道における個人というのは、いつも共同体の一員としての恩恵に生かされているので、個人の宿命を個人がどこまでも背負わなくてはならない業思想の重責感がない。誠にシンプルで真っ直ぐな曇りのない生き方・考え方を可能にするのである。

「六根清浄、懺悔、懺悔」の掛け声で山野の奥駈け修行に励む修験者の一群においては、まさに神道と仏教思想の融合が端的にあらわれている。滝に打たれたり、岩登りをしたり、護摩を焚いたりする一切の行為が"禊祓"であり、煩悩の克服である。それ以後は二度と罪悪に陥らず、心煩うこともなくなるというわけにはゆかないものだが、山の霊気に触れて生命力を回復した人々は、それまでよりも一歩、前進する。

諸宗教に存する"禊祓"はかならずしも諸宗教に共通する精神性を有するとはかぎらない。浄めたいと願うその動機は一様ではないからである。しかし、身体の垢を落とし、心も新たに生きる力を回復するという"禊祓"の基本的な機能は、「〜教」と呼ばれうるものがまだ出来上がっていなかった原始時代からみられるはずである。身心の浄化といえば、いかにも身と心が分かれているようだが、実際には一体であり、どちらか一方でも欠ければ「いのち」は成り立たない。身を浄める"禊"(みそぎ)と心の穢れを除く"祓"(はらえ)を二分しない"禊祓"(みそぎはらえ)を重んじる神道は、「いのち」そのものを浄める宗教であるといえよう。あまり難しい理屈を言い立てないで（言挙げしないで）人間生活の浄めにいそしむところは、他宗教と比較しても、看過できない特性であると考えられる。

結　語

　いま掃除しても、少したつとすぐに塵が積もるように、人間の心がいかに衰えやすく穢れやすいものなのかを諸宗教はよく認識して、それぞれ異なる理由と目的により、その対策を講じてきた。とはいえ、"人間の心"そのものに諸宗教間での違いがあるわけではない。それはちょうど、諸宗教が「いのち」を捉える方法は様々でも、「いのち」の本質に差異がないのと同じである。

　人間には、好意的か否かにかかわらず他者を認識する能力と、機会さえあれば、異質なものに対しても正しい共感や理解を示す"開かれた心"がある。

　世界の諸宗教のうち、新しい知識を拒んで旧来の生き方・考え方に従ったものは、かえってその伝統を枯らしてしまった。本書の後半部分で論及した諸宗教はどれも、それぞれが個性豊かに育ちながら、他宗教との歴史的連関（人為を超えて進む真の対話）を発展の糧にしてきたしたたかなものばかりである。

　もしもほんとうに自分の属する共同体や血縁関係だけで生きてゆく人々ばかりであったならば、今日みられるような多種多様の精神文化はありえなかっただろう。学ぶにしても拒むにしても、異なるものどうしの関わり合いこそが、いままでにはない・ほかとは違う新しい生き方や考え方を追究させ、浄化や変容の機会をもたらす。どれ一つとして、それ一つだけで発祥・成立・発展した宗教が存在しないという事実は、他者に対する人間の"開かれた心"が個人および社会の存続にとっていかに大切なのかを示しているのである。

　比較宗教学もまた、様々に異なる諸宗教に心を開くためのいとなみである。いかに多くの宗教を厳密に比較しても、それらを一括して理解するうえで役に立つ"宗教"概念を抽出することはできない。むしろ、多くを知れば知るほどその多様性に気がつき、"学問的な定義"をほどこすことの無意味さを悟るばかりである。諸宗教はいつもダイナミックに流動している。そのただなかにあっても流されることなく実際の状況をつかむのに有効なキーワードは種々に見つかるだろうが、本書では「いのち」という根源的な概念を取り上げた。「いのち」の探究としての比較宗教学を試みたのである。

註

凡 例

1. 註は、①本文の思想的根拠について述べた「第二次的本文」としての「補足註」、
②出典を示す「引用註」、
③参考文献を紹介する「参照註」、
④その箇所から連想したことを特筆する「連想註」
の4種類に分けられる。文末に「〜 参照」とあるのが「参照註」である。
2. 註番号は、見やすくするために全章の通し番号とした。
3. 註番号（ ）の次に頁数を付したので、節ごとの区切りは省略した。

第1章 「〜教」以前の"宗教"とは？ —その原初的にして本質的な姿—

（1） 2頁：例）『宗鏡録』29巻、34巻、大正蔵48巻、588中、614上参照。
（2） 5頁：筆者の造語。上述の「内臓感覚」とは対照的に、臓器の存在を忘却した身体感覚。ただ皮膚一枚を残すだけで、周囲の世界はもともと一つかと思えるような、風通しのよい心持ち。
（3） 6頁：仏典には、「身体が破壊したあとで、死後に」善いところ（天界）や苦しむところ（地獄）に生まれるとある（例：Samyutta-Nikāya III.3.1参照）。
（4） 7頁：『荘子』秋水篇。諸橋轍次著『荘子物語』講談社学術文庫、1988年、262頁参照。
（5） 9頁：乾敏郎「言語の脳内メカニズムを探る：fMRI研究・音声言語医学42：195-195, 2001」の要約（京都大学大学院情報学研究科）〔特集：脳機能画像からみた言語機能への接近〕から。
（6） 9頁：同上。
（7） 9頁：同上。
（8） 9頁：例えば、イスラエルの預言者のなかで少年の時に召命体験をしたサムエルは、初めて神の呼びかけを聞いた時、三度もそれを祭司エリの声だと思った（『サムエル上』3章1-9節）。しかしそれは、サムエルの耳がなぜか鈍くなっていたからであって、神の伝言を受けられないほどに幼かったわけではない（同上、10-15節）。
（9） 9頁：例えば、ヘレン・ケラーの活動的な人生は、すぐれた教育を受けて思考する力（唇や手の平の触覚をとおして言語の意味と発音を理解することで、心のなかで考えること、そしてそれを人に伝えるための方法；即ち、内言と外言を連携させる能力）を開発する機会なくしてはありえなかった。サリバン著、遠山啓序・槙恭子訳『ヘレン・ケラーはどう教育されたか——サリバン先生の記録——』明治図書、1973年参照。
（10） 10頁：「聖霊に対する賛歌」（『ともにうたおう 聖イグナチオ教会のミサ——聖霊降臨の祭日に——』カトリック麹町聖イグナチオ教会、1990年、68頁）を要約すると、このようになる。
（11） 11頁：原作は、佐藤マコト著『サトラレ』（モーニングＫＣ、講談社、2001年〜）。本広克行監督による映画は2001年に封切りされ、翌年にはテレビ朝日の連続ドラマとして放映された。
（12） 11頁：IQ180以上の知能指数を示す有能な人材のため、国家財産として保護を受ける。治療方法は解らないという設定で、ある時点から「サトラレ」でなくなるという話もありそうにない。
（13） 11頁：柏木哲夫著『死にゆく患者の心に聴く——末期医療と人間理解——』中山書店、1996年、230-231頁参照。脳波の測定値だけを見て臨終を宣告する声も、聴こえているのかもしれない。
（14） 14頁：勾玉のシンボリズムについては様々な解釈がある。例えば、①猪、鹿、野犬などの歯牙に呪力を観てその形状を象り、護符として身につけたという説、②満ち欠けの途中にみられる三日月の形を模して、月神信仰をあらわしたものであるという説、③丸い、球状のものと想像さ

れていた、不可視の霊魂をあらわしているという説など（水野祐著『改訂増補勾玉』学生社、1992年、72、166-171、221-224頁参照）。古代人が受胎まもなくして形成される胎児の形を知っていたのではないかという推測にもとづく本書の説は、筆者の見解。191頁の図版②に関する解説参照。
(15)　16頁：脇本平也著『宗教学入門』講談社学術文庫、1997年、34-46頁参照。
(16)　20頁：Sūrah（：「章」。以下、「スーラ」）23：101-102。"23章"ではなく、"スーラ23"と表記する。フリューゲル版を底本とする井筒俊彦訳の『コーラン』（岩波文庫）参照。
(17)　21頁：例：「その時、仏は眉間白毫相より光を放ちて東方万八千の世界を照らしたもうに、周遍せざることなく、下は阿鼻地獄に至り、上は阿迦尼吒天に至る」（坂本幸男・岩本裕訳註『法華経』（上）、岩波文庫、1976年、18-19頁、「序品」）。
(18)　26頁：例：レオナルド・ダ・ヴィンチ作『聖ヒエロニムス』1478-80年、板・油彩、103×75cm、ローマ、ヴァティカーノ宮絵画館蔵。右手に石を握りしめ、あばら骨の浮き出たわが胸を打とうとしている姿。脚の刺を抜いてもらったことを恩義に感じて聖者に寄り添うようになったライオンが傍らにうずくまる。
(19)　27頁：マルティン・ブーバー著、植田重雄訳『我と汝・対話』岩波文庫、1979年に所収の『我と汝』、14頁および訳註の242頁〈註7〉参照。
(20)　27頁：高橋保行著『ギリシャ正教』講談社学術文庫、1980年、256-257頁参照。
(21)　29頁：森三樹三郎訳註『荘子 内篇』中公文庫、1974年、36頁。
(22)　31頁：以下の1〜4は、宗教学者の岸本英夫（1903-1964）による「生死観四態」（①肉体的生命の存続を希求するもの、②死後における生命の永存を信ずるもの、③自己の生命を、これに代る限りなき生命に託するもの、④現実の生活の中に永遠の生命を感得するもの）を筆者の言葉で言い換えたものである。岸本英夫著『宗教現象の諸相』大明堂、1975年、59-77頁、同著『死を見つめる心　ガンとたたかった十年間』講談社文庫、1973年、99-119頁。
(23)　32頁：小松奈美子著『統合医療の扉　生命倫理の視角から』北樹出版、2003年、79-91頁は、中国医学における気功の重要性と実践方法を知るうえで参考になる。
(24)　33頁：小口偉一・堀一郎監修『宗教学辞典』東京大学出版会、1973年、756頁（「輪廻」の項）。連想：　古代人の思想だからといって、永生の信仰を説くものばかりではない。例えば、紀元前341年頃、サモス島に生まれたギリシャ人エピクロスは、死を恐れず、不死をも願わない、いまを生きる心境の平静（アタラクシア）を説いた。彼は言う：「死は、もろもろの悪いもののうちで最も恐ろしいものとされているが、じつはわれわれにとって何ものでもないのである。なぜかといえば、われわれが存するかぎり、死は現に存せず、死が現に存するときには、もはやわれわれは存しないからである」（出隆・岩崎允胤訳『エピクロス ― 教説と手紙 ―』岩波文庫、1959年、67頁）。生にも死にもとらわれず、死後のゆくえも議論しなかった仏陀を想起させる。
(25)　37頁：金子武雄著『続日本紀宣命講』高科書店、1941年によれば、「中今」の解釈には、①「中今」を不分可の一語とみて、「今」を盛りの充実した世のことだとする本居宣長の説や、過去と現在の中間に在って、「時間の永遠の流れの中心點として存在するといふ思想を含んでゐる」との説（山田孝男著『大日本國體概論』「日本思想叢書祝詞宣命」）と、②「中」と「今」の二語に分けて、天皇の「御世・中頃・今頃」をあらわすという説（金子武雄）の二通りが考えられるという（50-51頁）。「今」という時の重要性を認める点において、諸説に差異はないとみてよいだろう。
(26)　39頁：仏教の深層心理学に相当する唯識思想では、"バラバラ"を「分別性（ふんべつしょう）」あるいは「遍計所執性（へんげしょしゅうしょう）」、"つながり"を「依他起性（えたきしょう）」、"ひとつ"を「円成実性（えんじょうじっしょう）」と呼ぶ。岡野守也著『唯識仏教的深層心理の世界』上、1997年、NHK出版、126-155頁参照。
(27)　39頁：立花隆・利根川進著『精神と物質　分子物理学はどこまで生命の謎を解けるか』文春

文庫、235-236頁参照。
(28) 40頁：同上、326、328頁の要約。遺伝子情報も、後天的に改善できる無我性を有するのか？
(29) 40頁：A.D.ホワイト著『科学と宗教との闘争』岩波新書、1968年は、地理学、天文学、化学と物理学、解剖学と医学、地質学、経済学、科学教育の各項目について論じている。
(30) 41頁：『コリントⅠ』3章16節、『コリントⅡ』6章16節。
(31) 42頁：ガエタノ・コンプリ解説『聖骸布—その謎を追う—』VHSビデオ、ドン・ボスコ教育研究所（企画）、ドン・ボスコ社参照。
(32) 43頁：例：「つきせぬ愛より　いのちのいずみ、ゆたかに湧きいで、くめどつきねば、みくにの世嗣は　かわくときなく、あふるるめぐみに　たえずうるおう」（讃美歌194番）。日本基督教団・讃美歌委員会編『A6判・讃美歌・讃美歌第二編』日本基督教団出版局、1971年、172頁。
(33) 43頁："hospice"は、中世ヨーロッパの聖地巡礼者たちを迎えた「宿泊所」に起源する。それがやがて病人の収容所を指す言葉（hospital）ともなり、現代では専ら「末期患者の苦痛を軽減するための施設」を意味するようになった。1967年、イギリスの元看護婦で医師のシセリー・ソンダースが創立したロンドン郊外の聖クリストファー・ホスピスは、患者の精神的なサポートにも十分に配慮したトータル・ケアにおいて草分け的な存在である（Cicely Saundars, *Care of the Dying*, Macmillan & Co.Ltd., 1959）。
(34) 43頁："vihāra"とは、「休養の場所、気晴らし、僧院」などを意味するサンスクリット語。従来、キリスト教世界で通用してきた「ホスピス」の語をそのまま借用することに疑問を覚えた仏教者がこの語を選んだ。末期医療をめぐる仏教的アプローチを主体的に行なう「ビハーラ」の基本理念は、「①限りある生命の、その限りの短さを知らされた人が、静かに自身を見つめ、また見守られる場、②利用者本人の願いを軸に看取りと医療が行なわれる場（そのために十分な医療行為が可能な医療機関に直結している必要がある）、③願われた生命の尊さに気づかされた人が集う、仏教を基礎とした小さな共同体（ただし利用者本人やそのご家族がいかなる信仰をもたれていても自由である）」を基本理念とし、「一宗一派の教義や方針に偏らない、仏教の超宗派の活動」を基本姿勢とする。田宮仁「ビハーラとビハーラ活動（運動）について」小林孝輔・古田紹欽・峰島旭雄・吉田久一監修『福祉と仏教—救いと共生のために』平凡社、2000年、84-85頁。
(35) 45頁：サン＝テグジュペリ作、内藤濯訳『星の王子さま』岩波少年文庫53、1953年、51頁。
(36) 45頁：同上、52頁。
(37) 45頁：同上、87頁。
(38) 46頁：同上、89頁。
(39) 46頁：同上、102-103頁。
(40) 47頁：同上、115-116頁。
(41) 47頁：同上、116頁。
(42) 47頁：同上。
(43) 47頁：同上、143頁。
(44) 48頁：サン＝テグジュペリに同名の小説がある。

第2章 多様なる「〜教」の発祥・成立・展開

(45) 49頁：藤井旭著『写真集　宇宙讃歌』誠文堂新光社、1992年、42-44頁参照。例えば、以下の詩句を連想することができる。

　　　めぐる宇宙は廃物となったわれらの体軀、
　　　ジェイホンの流れは人々の涙の跡、
　　　地獄というのは甲斐もない悩みの火で、
　　　極楽はこころよくすごした一瞬

オマル・ハイヤーム（1040-1123）の四行詩集『ルバイヤート』の一節（小川亮作訳『ルバイヤート』岩波文庫、1979年、76頁）。現代天文学の知見を想わせる指摘や、死後の他界を否定する現代人の世界観と即応した考え方がみられ、看過できない。アラビアに発祥したイスラームの神学思想に批判的なペルシャ人のハイヤームは、唯一神に対する絶対帰依とは対照的な、万物流転の自然法則に順う唯物論的（＝無神論的）哲学の立場から「酒と楽の音と恋人」を讃美し、一生のはかなさに懊悩する人間的心情を詠った。「ジェイホンの流れ」とは、「アムダリア」ともいう「オクサス河」のこと。同書、訳註、110頁。
(46) 50頁：註（24）と同書、272頁（「宗教学」の項）。
(47) 51頁：註（15）と同書、18-19頁参照。一つのあり方に安住したい人間の本性を超克する思想。
(48) 52頁：例えば、神学者のジョン・ヒックは「さまざまに異なる世界宗教が神や絶対者の特定概念を通して同一の究極リアリティを指示している」（ジョン・ヒック著、間瀬啓允訳『宗教がつくる虹　宗教多元主義と現代』岩波書店、1997年、126頁）と考える。諸宗教の比較研究を歴史的かつ哲学的に究めてゆけば、それが誤りであることは明らかであるけれども、キリスト教諸派の他宗教に対する好意的関心を高める点において評価できる。
(49) 52頁：例えば、フランシスコ・ザビエル（1506-1552）は、万物に唯一の起源（＝第一原理；唯一神）があるということは何よりも必要だという。日本人がそれについて沈黙しているのを見て不思議がっている。ピーター・ミルワード著、松本たま訳『ザビエルの見た日本』講談社学術文庫、1998年、95頁参照。現象界の万物に重々無尽の縁起をみる仏教とは関心事が異なる。
(50) 52頁：拙稿「宗教史の縁起性と啓示性―その識別から還元までの多次元的時間について―」（『比較思想研究』第30号、比較思想学会、2004年、178〜184頁）にもとづき、この第2節から第5節を展開する。人間的思考（はからい）の可能性を追求するための自己批判的なプロセス。
(51) 54頁：*Yasna*（：「礼拝」の意。預言者ヅァラスシュトラの言葉を伝える詩句のなかでも最も重要な全72章の呼称。以下、『ヤスナ』）43章9節。
(52) 55頁：『マルコによる福音書』（『マルコ』）1章22節、『マタイによる福音書』（『マタイ』）7章29節、『ルカによる福音書』（『ルカ』）4章32節。イエスが預言者にまさるといわれる所以。
(53) 55頁：『マルコ』1章11節、『マタイ』3章17節、『ルカ』3章22節。
(54) 55頁：『ヨハネによる福音書』（『ヨハネ』）4章24節。異言よりも理性的な預言を尊ぶ聖霊。
(55) 55頁：④の場合でも、シーア派の待望するイマームは救世主として再臨すると信じられている。ゾロアスター教を信奉していた古代イラン人がサオシュヤントの再臨を信じていたのと比せられる。井筒俊彦著『イスラーム文化　その根柢にあるもの』岩波文庫、1991年、201頁参照。
(56) 56頁：業の累積に因って輪廻の苦しみに陥った状態（↘）から、苦しみを除く智慧を得て解脱の見通しが立った状態（↗）への移行。Cf. Y.Mashi, *A Comparative Study of Religions*, Motilal Banarsidass Publishers, New Delhi, 1990, p.18.
(57) 61頁：『創世記』16章4‐6節。祝福は神から人へ、さらには人から人へと廻らすべきもの。
(58) 61頁：『エズラ記』1‐6章参照。「ペルシャの王キュロス、ダレイオス、アルタクセルクセス」（同、6：14）の治世。85頁の一覧表における「ゾロアスター教」の項目6を参照。
(59) 61頁：例：『ヨハネ』2：19。いけにえではなく、憐れみを喜ぶ神（『ホセア』6：6）。
(60) 64頁：Cf.Piloo Nanavutty, *FRAVARĀNĒ（I BELIEVE）*, Delhi, 1987, p.5.
(61) 64頁：筆者の造語。拙稿「現代ゾロアスター教の精神文化を理解するための基本的考察」（『駒沢大学　文化』第19号、駒澤大学文学部文化学教室、1999年、78頁）に初出。
(62) 74頁：研究中の思考は、歴史上の相異なる時代を縦横に往来することで深められる。かならずしも、過去から順を追って現代に至るルートばかりをたどるわけではない。
　因みに、道元禅師の『正法眼蔵』（「有時」）にいう「経歴（きょうりゃく）」は、修證一如の時間（過去・現在・未来の三世）を吟味・往来して「発心・修行・菩提・涅槃」をつねに現成することである。

それを可能にするのは、ほかならぬ参学者自身の主体的な仏法（＝縁起法）帰依の精神であり、『眼蔵』はその枢要を「深信因果」の巻において明らかにしている。本書では、仏教の特質を端的に示す言葉として、この「深信因果」を活用することにした（59、102、165頁）。

第3章　比較宗教学の意味と目的

(63)　76頁：ハロルド・ネットランド著、松元保羅訳『どんな宗教でも救われるか　福音的キリスト教信仰と宗教多元主義』いのちのことば社、1993年参照。
(64)　78頁：『創世記』1章26-27節。本書、115頁の①～②参照。
(65)　78頁：スーフィーのハッラージによる「我は神」という意味の発言。その本意は、神との完全なる一体感を表明することにある。(55) と同書、219-223頁参照。
(66)　81頁：自利のみをはかって覚りを開いた「縁覚」（辟支仏）については、その史実性を確認することが困難であり、美術史上においてもその作例は見出しがたい。
(67)　90頁：民族的・宗教的紛争とその調停方法の事例については、ダグラス・ジョンストン／シンシア・サンプソン編著、橋本光平／畠山圭一監訳『宗教と国家　国際政治の盲点』PHP研究所、1997年に詳しい記述がある。例えば、紛争の渦中にある「当事者の態度や解釈、恐怖心を真に理解するために、調停者は、非常に入念に磨き上げた「聞く耳」を持つことが必要である」(185頁) という。紛糾し、平静ではいられなくなった人々にとって、自分たちの声にじっと傾聴してくれる第三者の落ち着きは、それだけでも、回復への可能性を指し示すものである。
(68)　94頁：本書、160頁参照。このシンボリズムを心得ていないと、通俗的な解釈に陥ってしまう。
(69)　94頁：Eメールや携帯電話の普及により、余りに早く、余りに気安く、人と言葉を交わすことに疑問を呈することのなくなってきた昨今、人との間に沈黙の期間をおくことや、沈黙して人の生き方や考え方を尊重することの大切さを見直す時機がきているのではないか。沈黙には、介入や干渉の挙に及ぶ恐れのない状態のままで、人間観察や状況理解に徹する時間の余裕、延いては心の余裕が生まれるからである。その静寂は、自己の内面を省みる良心の声に気づかせもする。

第4章　比較宗教学の実践例

(70)　97頁：拙著、*Absence of the Buddha Image in Early Buddhist Art — Toward its Significance in Comparative Religion* —, D.K.Printworld (P)Ltd., New Delhi, 1998 の第4章において提示した、比較宗教研究に有効なキー・コンセプト (the Empty Throne)。
(71)　98頁："Hetoimasia tōu thronou"（〔キリスト再臨に対する〕御座の備え）というギリシャ語は、ビザンティン美術（例：トルチェロ大聖堂における『最後の審判』のモザイク画・西壁、12世紀）などに造形化されている。註 (70) と同書、Illust.23, pp.115-116.
(72)　98頁：昇天してこの世を去った預言者エリヤ（『列王記 下』2章11-12節参照）の再臨に備えるという意味においては、註(71)と比較可能。
(73)　102頁：日本人には「仏陀伽耶」（仏陀の〔覚りを開いた聖地である〕ガヤー）のほうが知られているが、現地の人々は"Bodhgayā"（〔仏陀の〕覚りの開かれた聖地であるガヤー）と呼ぶ。
(74)　108頁：契約の違反を疑われた者に、燃え盛る薪の山の間の狭い隙間を走り抜けさせる。無事ならば、ミスラ神が無罪を証明したと考えられた。ミスラが火の神となり、天空を規則正しく駆けめぐる火の玉である太陽を伴って地上の正義と不正を見通していると信じられるようになったのは、この火の神判に由来する。一方、誓約を破棄した疑いのある者を水にもぐらせ、放った矢を俊足の走者が持ち帰るまで生きていれば無罪という水の神判は、ヴァルナ神に帰せられる（本書、72頁の註41参照）。この神はインド・イラン文化の共有する神格で、日本には仏法を守護する神々のなかに入って渡来した。「水天宮」などにいう「水天」がそれである。
(75)　108頁：『出エジプト記』1章22節。

(76)　108頁：『マタイ』2章16-18節。
(77)　108頁：本書の一覧表「唯一神の生成2」の註33（71頁）参照。
(78)　109頁：本書107頁②の註4）に引用した『カトリック要理』の一節は、途絶えていたように思われた神との対話がふと再開する、人間ならではの心の動きをよく表現している。
(79)　110頁：『ヤスナ』30章3‐4節。
(80)　111頁：例：『ヨブ記』1章1‐12節に始まる義人ヨブの試練。
(81)　112頁：『詩編』78編67-71節参照。神ヤハウェがユダ族のダヴィデ家に全イスラエルの支配を委ねたことを意味する箇所。
(82)　112頁：ユダ族とベニヤミン族の二部族、それに北方からの避難民を合わせた人々。
(83)　112頁：『申命記』7章7節。「選民」の起源は、人間の側に生じる優越感に反省を促す。
(84)　112頁：同上。人間的に見て誇るもののない者（『Ⅰコリ』1章26節）を選んだ神の知恵。
(85)　116頁：『創世記』32章25-31節。ヤコブの組打ちを描いたドラクロアの名画を連想する。
(86)　116頁：同上、17章7節。カナンでの永続的安住を認めた同8節は、政治的曲解を招いた。
(87)　117頁：『ゼカリヤ書』1章3‐4節。罪の自覚→悔い改め→赦しのプロセスこそが重要。
(88)　118頁：同上、7章9-14節。人類愛による社会の調和を実現しなかった選民の責任追及。
(89)　118頁：『詩編』22編2節。これは、イエスが十字架上で叫んだ最期の嘆きでもある（『マルコ』15章34節、『マタイ』27章46節）。『ルカ』には「父よ、わたしの霊を御手にゆだねます」（23章46節）、『ヨハネ』には「成し遂げられた」（19章30節）とあり、嘆きがただの悲嘆に終わらないことを示唆するようになっている。
(90)　118頁：同上、22章5‐6節。後悔の涙に暮れ、救われたいと願うところに救いがある。
(91)　119頁：『申命記』30章9-14節。イエスはこれを「神の国」の到来と言い換えた。
(92)　120頁：『ヨハネ』1章29節。自らを生け贄に見立て、神殿供犠の終焉を期待したイエス。
(93)　124頁：『マルコ』1章11節。受難の苦しみを耐え忍び、預言を成就させた勇気の原動力。
(94)　124頁：『ヨハネ』20章22節。Cf.『使徒言行録』2章1‐2節の聖霊降臨。
(95)　124頁：『フィリピの信徒への手紙』2章6‐7節参照。「人間の姿」も高められたのである。
(96)　124頁：ブルース・マリーナ／リチャード・ロアボー著、大貫隆監訳／加藤隆訳『共観福音書の社会学的注解』新教出版社、2001年、51、242、245頁参照。
(97)　126頁：『ヨハネ』2章2節。『マタイ』11章19節参照。初めて奇跡を起こしたカナの饗宴。
(98)　126頁：『マルコ』3章5節参照。善の不履行は、悪行と同じく、世の不正をまねく。
(99)　126頁：『マタイ』17章17節。対極的なのは、百卒長の信仰心（『ルカ』7章1-10節）。
(100)　126頁：『ヨハネ』11章35節。ラザロの復活（121頁③参照）を可能にした涙。
(101)　126頁：『マタイ』6章27-29節。欽定英訳聖書では「野の百合」とある。
(102)　126頁：同上、5章3‐10節。人々の只中にある神の国（『ルカ』17章21節）。
(103)　127頁：同上、6章30節。神の息がかかった人間；神の似像としての人間への励まし。
(104)　127頁：同上、6章34節。この世を旅する人（『Ⅰペテロ』2章11節）は明日を希望する。
(105)　127頁：同上、5章17節参照。「預言者としてのイエス」理解は、他の啓示宗教をも視野に入れて公平に諸宗教を論じようとする本書の選択。「神の独り子」を説く正統信仰は神学の領域。「復活」については、使徒パウロの書簡（『Ⅰコリント』15：12～26）や自らの調査体験（ローマのカタコンベ）から、そのリアリティを正視しない現代人の合理的解釈を、かならずしも支持しない。
(106)　128頁：スーラ5：5。神いわく「今日、ここに汝らのため（中略）イスラームを認承した」
(107)　128頁：黒田壽郎編『イスラーム辞典』東京堂出版、1983年、3‐5頁参照。
(108)　128頁：スーラ3：57-61、198-199参照。
(109)　128頁：スーラ5：110参照。
(110)　128頁：スーラ4：161-163、6：83-87参照。

(111)　128頁：ジクリト・フンケ著、高尾利数訳『アラビア文化の遺産』みすず書房、1982年参照。
(112)　128頁：スーラ4：2-3参照。
(113)　128頁：スーラ4：3、128参照。
(114)　132頁：「産み月近い牝駱駝」（スーラ81：4参照）。
(115)　132頁：スーラ16：59-61 は、当時の状況をよく伝えている。
(116)　132頁：スーラ53：19参照。男尊女卑の社会でありながら、これら三女神を崇めることの矛盾を指摘している。
(117)　133頁：スーラ17：19 参照。『クルアーン』がジンの憑依によって作られたのではないという主張。ジンが憑いたとされる人々が詩才を発揮していた当時、サジュウ調で語り出したムハンマドもまた詩人ではないかと噂されていた。
(118)　133頁：スーラ73：1、74：1参照。
(119)　133頁：牧野信也訳『ハディース』Ⅰ・イスラーム伝承集成、中公文庫、2001年、「啓示が神の使徒に下されたことの次第」20頁参照。
(120)　133頁：同上、21-22頁参照。不思議な体験に恐れおののく夫に対して妻のハディージャは「あなたは身内の者によくし、弱い者を支え、貧しい者に施し、旅人を温かくもてなし、世の変転の犠牲になった人々を助けているのですから」（22頁）と励ましている。
(121)　134頁：例：スーラ2：159参照。
(122)　134頁：スーラ50：15。註（55）と同書、212頁の訳。
(123)　134頁：本書、8-12頁参照。
(124)　134頁：井筒俊彦著『コーランを読む』岩波セミナーブックス1、1983年、123-131頁参照。
(125)　135頁：スーラ51：20-21。同上、136頁の訳。
(126)　135頁：スーラ41：53。井筒俊彦著『イスラーム生誕』中公文庫、1990年、156頁の訳を参照。臨終に悔いても、後ろには「高い壁が立ちふさがっている」（スーラ23：101-102）。
(127)　135頁：スーラ90：13-20（井筒俊彦訳『コーラン』下、岩波文庫、1958年、294頁）。
(128)　135頁：スーラ2：281参照。最後の審判の日には、自分の稼いだ点数分（生前の善行）だけ神から払い戻してもらえるという。「本当の宗教心」による善行については、スーラ2：172参照。二度と戻れないこの世の生活だからこそ、「いのち」永らえて努め励むのである。
(129)　136頁："guru"はインド諸宗派に共通のサンスクリット語としては、きわめて普遍的かつ最重要の概念をあらわしている。もともと「両親」「年長の親族」「尊敬すべき人」などの意味があり、特定の宗派の指導者にだけ用いる語なのではない。したがってシーク教徒もこれを心に思い、言葉にする時は、従来の意味をすべて包み込んでいるのである。例えば、村民のまとめ役として慕われている長老も、授業を行なう先生も、奏楽や舞踊などのレッスンをつけてくれる師匠も、普段からその言動を見習いたいと思う近所のおばさんも、すべて"guru-jī"（our/my dear "guru"）と呼んで差し支えない。【"jī"とはヒンディー語で「〜さん」「〜さま」などの敬称に相当するが、決して堅苦しくない、むしろ親しみを込めた語法として愛用されている。】漢訳すると、「尊者」「法師」「師長」などとなり、原語の味わいがすっかり無くなってしまう。
(130)　136頁：本書、139頁冒頭の（10）参照。"5K"とは、"Kesh"（剃らずに伸ばした頭髪）、"Kangha"（長い髪をまとめるための櫛）、"Kara"（鉄製の腕輪）、"Kirpan"（自衛の剣）、"Kachha"（活動しやすいズボン下）の頭文字を意味する。現代では、剣は儀式の時にだけ帯びる。
(131)　136頁：風通しがよい木綿の布地で作る。色彩とデザインは実に多種多様であるにもかかわらず、どれも余り値が張らないので、気軽に着比べて楽しめる。絹製のサリーは既婚女性がまとうことになっているが、動きやすい"パンジャーブ・ドレス"のほうを愛用する女性が多い。カミィーズの上からさらに「ドゥパタ」もしくは「チュンニー」という帯状の布で肩から胸をふわ

りと覆い、余った両端を背中へ垂らすスタイルが一般的。家庭でも身に付けたまま、布巾やお手拭きの代わりにするなど、実用性に富んでいる。本書137頁①の写真に写る婦人たちは冬期のショールに身を包んでいるので、"ドレス"の様子が判らない。
(132) 140頁：仏教要語としての六根（視覚能力・聴覚能力・嗅覚能力・味覚能力・触覚能力・知覚的認識能力）は、感覚や知覚のはたらきを讃美するためのものではない。人間の認識能力およびそれによって把捉された対象が本質的に「無常・苦・無我」であることを説くために数え挙げているのである。それに対して以下に述べてゆくシーク教の"六根"はむしろ、そのはかない機能をフルにはたらかせて、グルたちの教えを吸収しようとする積極的な"アンテナ"の役割をしているといえよう。
(133) 141頁：Gurbachan Singh Talib (tr.), Śrī Guru Granth Sāhib, Vol.2, Panjabi University, Patiala, 1988, p.937. "Jhim jhim varse, amṛt dhārā"で始まるこの詩句に曲を付けたものは幾通りもあるが、とくにBhai Gopal Singh Jīの歌が名高い。グルバーニーの音楽はシーク教徒以外にも愛聴者が多く、インド音楽の重要な位置を占めている。
(134) 141頁：Ex. Śaṅkara, Upadeśasāhasrī, 19:28. 仏教では、とらわれを脱した心境を指す。
(135) 141頁：Gobind Singh Mansukani, Introduction to Sikhism, New Delhi, 1994, p.52.
(136) 143頁：聖典のどこかに記してあるというわけではないが、この点に言及するシーク教徒をよく見かける。著者のグルドゥワーラー巡りに随行したBud Singh Jīもその一人。
(137) 143頁：コール＆サンビー著、溝上富夫訳『シク教　教義と歴史』筑摩書房、1986年、136頁参照。聖職者の権威も認めず、グル（覚者）に帰依する各自の主体性（自覚）を尊重。
(138) 143頁：Harbans Singh Doabia, Sacred Jap Jī, Singh Brothers, Mai Sewan, Amritsar, 1994, pp.64-69, 86-88. 唱名の反復を意味する「ジャプ」に敬称の「ジー」を付す擬人化表現。
(139) 144頁："Hindū Dharma"の解説としては、奈良康明著『仏教史Ⅰ』世界宗教史叢書7、山川出版社、1979年、20-22頁（序章　インド仏教を支える世界）参照。
(140) 144頁：拙稿「ヒンドゥー社会の医療現場で観た"仏教精神"とは？」（『宗教学論集』第23輯、駒沢宗教学研究会、2004年所収）のⅠ章（100-101頁）参照。
(141) 148頁：Ṛg-Veda Ⅰ.164.46. この根本原理は今も、インド社会の動向に作用している。
(142) 148頁：同上、Ⅳ.23.8。辻直四郎訳『リグ・ヴェーダ讃歌』岩波文庫、1970年、157頁。
(143) 149頁：同上、Ⅴ.63.7。辻訳、同上、133頁。
(144) 149頁：同上、Ⅹ.57.1。
(145) 149頁：この語は、「宇宙原理」（「梵」）とそれを神格化した「最高神」、「宇宙の創造神」（「梵天」）（本書、145頁④参照）、「神聖な言葉」とその「呪力」など、多くの意味に用いられ、それら一切を把握して祭式を司る神官（婆羅門）は「ブラーフマナ」と呼ばれる。
(146) 149頁：Bṛhadāraṇyaka-Upaniṣad Ⅰ.4.10.
(147) 150頁：Bhagavadgītā (= BG.) 8:15. 上村勝彦訳『バガヴァット・ギーター』岩波文庫、1992年、77頁。この業生に対し仏教では、衆生済度の仏と成る為の浄土往生を願生という。
(148) 150頁：Cf.BG. 8:16. 地上の人間にまさる天人も、寿命が尽きる（天人五衰）。
(149) 150頁：Cf.BG. 9:32-33. 身分制度を肯定する思想として、批判の対象ともなりうる。
(150) 150頁：西暦451年のカルケドン公会議で確定した「両性論」。122頁の年表参照。
(151) 150頁：BG.10:8。上村訳、前掲書、87頁。
(152) 151頁：BG.18:44. ここでは、職業とカースト（＝「生まれ」による社会の単位集団である「ジャーティ」）が堅く結びついた形になっているが、両者はかならずしも一致しない。例えば、原始仏典の『スッタニパータ』（76-82節）には、田畑を耕すバラモンのバーラドヴァージャが登場する。彼が住むのは農作を生業とするバラモン村である。「カースト」は、階級を意味するポルトガル語。階級差は、従事する仕事における"浄・不浄"の程度、および、皮膚の"白い・浅

黒い"の違いなどによって生じてきた。(139) と同書、11-15頁参照。
(153) 151頁：BG.18：65. 上村訳、前掲書、140頁。
(154) 151頁：同上、11：5。同上、94頁。
(155) 151頁：同上、11：7。同上、94頁。
(156) 152頁：口覆いの布を"mukh vastra"（口布）と呼ぶ。最近では、薄いセルロイドを用いる例もみられる。同じ白衣派でも、マンディル・マルギー（寺院派）の僧は、口布を常用しない。
(157) 156頁：言い換えれば、「身体と同じ大きさの霊魂」説。
(158) 156頁：註（146）参照。
(159) 157頁：Cf. BG. 3：5.
(160) 157頁：原始仏教でも不苦不楽の中道を説いたが、のちには断・常の二見（状態の断絶・永続もしくは存在の断滅・永存の二見）や有無の二辺（存在・非存在、あるいは事物を真に有り・無しとみなす二辺）を離れた境地へと展開していった。
(161) 158頁：*Āyārāṃga-sutta* Ⅰ, 2, 3, 4.
(162) 159頁：拙稿「アヒンサーからの創造――現代インドにおけるジャイナ教テーラーパントの精神文化――」（『駒沢大学　文化』第20号、駒澤大学文学部文化学教室、2000年、136-138頁）参照。視覚芸術を偶像視するのではなく、素材調達が不殺生戒を破るのを予め避けるのである。
(163) 159頁：Cf. *Suttanipāta* (= Sn.) 876-877, 894-897. 肉食が人を好戦的にするともいう。
(164) 159頁：Cf. *Sūyagaḍaṃga* Ⅰ, 2, 28 (Jain Vishva Bharati Edition).
(165) 160頁：註（70）と同著、1-3章参照。
(166) 160頁：例えば、京都嵯峨野の清凉寺にある国宝・釈迦如来立像は、東大寺僧・奝然（938-1016）が宋の太宗皇帝に謁見した際に礼拝を許された「優塡王所造栴檀釈迦瑞像」を模刻させてもらったものである（帰朝前年にあたる985年の制作）。「優塡王」とは、仏陀在世時のコーシャンビー国王・ウダヤナのこと。仏陀は生母マーヤーの居る兜率天（三十三天）で説法するため、三ヶ月にわたり人間世界を留守にしていた。その不在に堪えられず、面影を慕った王が、仏陀に生き写しの彫像を作らせた。戻って来た仏陀はそれを見ると、仏像制作の大いなる功徳を説いたという（『増一阿含経』大正蔵2巻、705b-706a参照）。これは仏像が「生身の仏」の模刻であることを証するために書かれた後世の創作物語だが、やがては真実の伝承として重んじられ、「優塡王」由来の「模像」は手厚い崇敬と供養を受けるようになった。上記の"清凉寺仏"も、その胎内に絹製五臓模型を納め、三国伝来の「生身の釈迦像」としての格式を整えたものである。佐々木剛三著『清凉寺』中央公論美術出版、1965年、20-25頁参照。因みに、この「優塡王」伝説をテーマとした現存最古の造形は、ガンダーラ出土の仏伝図（300年前後）である。中央に坐す仏陀の傍らに、仏陀の坐像を恭々しく捧げ持つ王の姿がみられる。
(167) 160頁：気候の暑いインドでは、肌身を装身具で覆って"衣服"感覚を楽しむのである。
(168) 160頁：例えば、マルコ・ポーロ（1254-1324）は、「チパング諸島に住む偶像教徒」（日本列島の仏教徒）にとって「千手を具した偶像」（千手観音）は多様な偶像のなかでも最高の地位を占めるという。そして、彼らの生活は「荒唐無稽と悪魔の術との連続」と難じている。実見を伴わない伝聞の記録である（マルコ・ポーロ述、愛宕松男訳注『東方見聞録　2』〔全2巻〕東洋文庫183、1971年、139頁）。その一方でポーロは、そうした偶像の起源となった「セイラン島」（セイロン島・スリランカ）の王子「ソガモニ・ボルカン」（「釈迦牟尼仏」に由来するモンゴル語「サキャムニ・ブルハン」の音写）の高潔な生涯の物語を知って感動し、彼がキリスト教徒であったなら、キリストと並ぶ偉大な聖者となったであろうと述べている（同上、204-207頁）。以上は、"見かけ"（形容・形式）と"中身"（内容・実質）の差異により生じてしまう誤解が異文化理解を妨げるということの好例であると同時に、"行ない"（"中身"の表出・発現）が"見かけ"の印象を訂正しうるということの実例をも示しているといえよう。

それにしても、ポーロの聞いた伝説の王子は、出家後に山籠りして余生を送った隠者（辟支仏？）である。衆生済度のために遍歴したインド本国の仏陀自身について知る機会があったならば、ポーロの仏教理解は格段の深まりをみせたであろう。
(169)　164頁：*Udānavarga*（= Udv.）19：2．中村元訳『ブッダの 真理のことば 感興のことば』岩波文庫、1978年、217頁。
(170)　166頁：『雑阿含経』第23巻、大正蔵2巻、167中。後に猟師長の娘を娶り、共に帰仏・出家。
(171)　166頁：Cf. Udv.29：51．それと判っても「縁なき衆生は度し難し」の世間は存続した。
(172)　166頁：*Dhammapada*（= Dhp.）67-68．奈良康明著『原始仏典の世界』NHK出版、1998年、141-142頁の訳。ここにみる苦しみと喜びには既に、行為の責任を担う主体性がある。
(173)　167頁：Udv. 5：18-19．中村訳、註（169）と同書、179頁。
(174)　167頁：Dhp. 1：5－6．中村訳、註（169）と同書、10-11頁。
(175)　167頁：Sn.147．中村元訳『ブッダのことば』岩波文庫、1984年、37頁。
(176)　168頁：この問題をテーマにした文学作品の代表的な例としては、ノーベル文学賞（1978年）受賞作家、Isaac Bashevis Singer による短編童話の逸品 "*Fool's Paradise*"（1966年）がある。拙稿「十誡の第二誡にみられるユダヤ教の現世志向について」（『宗教学論集』第17輯・第18輯合併号、駒沢宗教学研究会、1992年、211-220頁）で、その詳細な分析を試みた。
(177)　169頁：著者による本書の装丁は、これをイメージして制作したものである。
(178)　174頁：以下の帝王に関する記述は、司馬遷の『史記』を参考にしている。
(179)　178頁：石川忠久著、福本郁子編『詩経』新書漢文体系15、明治書院、2002年、156頁（「谷風之什〔小雅〕楚茨」）。
(180)　178頁：同上、133頁（「鴻鴈之什〔小雅〕沔水」に「肯えて乱を念う莫く、誰か父母無からんや」（平和な世には父母を亡くすこともない）とある。
(181)　178頁：金谷治著『孔子』講談社学術文庫、1990年、177頁参照。"霊" とはいっても、祖霊とそれ以外の神霊は、祭儀のうえでもはっきりと区別されていたことに注意したい。孔子が敬遠していたという「鬼神」は、祖霊を念頭に置いているのではない。
(182)　178頁：『論語』、雍也、二二。
(183)　179頁：江連隆著『論語と孔子の事典』大修館書店、1996年、76、84、440-444頁参照。
(184)　179頁：『ヨハネ』12：24-25．『マルコ』4章3-8節の譬えは、生物学上の発芽を描写。
(185)　180頁：述而、三四。金谷治校注『論語』岩波文庫、1963年、104頁。
(186)　180頁：衛霊公、二九。註（181）と同書、236頁の訳。
(187)　180頁：述而、二二。同上、142頁の訳参照。
(188)　181頁：顔淵、五。村山吉廣著『論語名言集』中公文庫、1999年、96頁の訳参照。
(189)　181頁：憲問、三七。註（181）と同書、179頁の訳参照。
(190)　182頁：『荘子』大宗師篇、一七参照。註（21）と同書、185-187頁参照。
(191)　182頁：同上。無為自然を体現する実践道として、坐禅のように普及したわけではない。
(192)　182頁：孔子の直弟子・曾子による『孝経』の冒頭には、「身体髪膚、これを父母に受く。あえて毀傷せざるは、孝の始めなり」とある。この点については、老荘の思想も異議なしとしている。「身体をこわさぬよう、気をつけて」といった日常語にも、自然を見守る叡智が宿る。
(193)　182頁：『荘子』徳充符篇、九。註（21）と同書、144-149頁参照。
(194)　186頁：叩歯法とは、歯を嚙みあわせて出す音で悪鬼を追い払い、神霊を呼び出して精神統一するための方法。禹歩法という歩き方も魔除けの一種。山に分け入る時や、薬草採取の折には、実行しなくてはならないといわれている。「禹歩」とは、聖天子の禹が治水工事に苦労していた際、足にあかぎれができて、不自由な歩き方をしていたことに由来する名称。両足を揃えて立ち → 左足を半歩前に出し → 右足を一歩出してから → 左足を右足に揃えるのが第一歩。第二歩

は、右足から先に出し → 左を出して → 右を揃える。第三歩は第一歩と同じ。窪徳忠著『道教百話』講談社学術文庫、1989年、136頁参照（『聊斎志異』巻六、小二。『抱朴子』巻十一）。
(195) 186頁：窪徳忠著『道教史』世界宗教史叢書9、山川出版社、1985年、73頁参照。
(196) 187頁：『抱朴子』巻四の「金丹」に拠れば、不死の処方薬は「すべて還丹（薬を還元変化させる）と金液（液化した黄金）の二つを骨子としている」という（本田済・沢田瑞穂・高馬三良編訳『抱朴子・列仙伝・神仙伝・山海経』中国の古典シリーズ4、平凡社、1973年、25頁）。
(197) 187頁：同書に所収の『抱朴子』巻三、「対俗」（俗人に答える）の訳、24頁参照。
(198) 187頁：吉岡義秀著『永生への願い　道教』世界の宗教9、淡交社、1970年、69-71頁参照。
(199) 188頁：仙人の実在を説くだけではなく、学べば仙人に成れることを論じている章。
(200) 188頁：ここにみる1～4は、吉岡義秀著、前掲書、66頁での「大綱」である。
(201) 188頁：155頁②と163頁②の聖句参照。
(202) 188頁：註（195）と同書、186-187頁参照。
(203) 189頁：『抱朴子』巻二、「論仙」、註（196）と同書の訳、14頁参照。
(204) 189頁：王重陽（1112-1170）を開祖とする道教の一派。その特徴は、① 儒教・仏教・道教の三教を同源と考える、② 禅宗の打坐を修行法に採用、③ 戒律と清規（罰則）を制定、④ 酒色財気を四大障害とし、永生や長生も願望しない。ゆえに、従来の道教が重んじてきた金丹、導引、辟穀、房中などを排斥、などの諸点にみられる。註（195）と同書、310-313頁参照。
(205) 189頁：窪徳忠著『庚申信仰の研究――日中宗教文化交渉史』日本学術振興会、1961年参照。
(206) 189頁：註（195）と同書、407-409頁参照。
(207) 190頁：以下、"4　神道をめぐる諸宗教"まで、「国」を「國」と表記する。旧字の古風な趣きに、日本の歴史を偲ぶためである。
(208) 190頁：語源学者、阪倉篤義氏の説。薗田稔著『誰でもの神道　宗教の日本的可能性』弘文堂、1998年、26-27頁参照。地理的な意味での秘境のみならず、人知の限界を超えた異界をも指す。
(209) 190頁：本居宣長著『古事記伝』三之巻。加藤玄智編注、安藤正次解題『古事記神代巻』世界文庫刊行会、1922年、5頁。
(210) 194頁：臼田甚五郎・新間進一校注・訳『神楽歌・催馬楽・梁塵秘抄』日本古典文学全集25、小学館、1976年、50頁。
(211) 195頁：祝詞全集・第五巻「神社本庁・式年遷宮篇」神社新報社。
(212) 195頁：佐野保太郎・藤井寛著『註解・萬葉集』福村書店、1939年、474頁参照。
(213) 195頁：同上、475頁参照。
(214) 196頁：倉野憲司・武田祐吉校注『古事記・祝詞』日本古典文学大系1、岩波書店、1958年、『古事記』中巻、221頁。
(215) 197頁：国立公文書館・内閣文庫蔵『西行法師家集』〔201・515〕一冊本。江戸初期から中期頃の書写。高城功夫著『西行の研究――伝本・作品・享受――』笠間書院、2001年、112-113頁参照。
(216) 198頁：「惟神は、神道に随ふを謂ふ。亦自づからに神道有るを謂ふ」坂本太郎・家永三郎・井上光貞・大野晋校注『日本書紀　下』日本古典文学大系68、岩波書店、1965年、300-301頁。
(217) 198頁：「惟神」（神ながら）の原意は「神は神であるから」という副詞であって、「道」を修飾する形容詞なのではない。「神ながらの道」は、その形容詞的用法を試みた国学者による解釈。「ながら」に「習う」を観て「神習う道」と解釈するが、本来は「～のままに」と訳すのが正しい。
(218) 198頁：註（216）と同書、154頁。
(219) 199頁：この旧字は、神代の昔からの伝統をあらわすのにふさわしい。註（207）参照。

(220) 201頁：日本では養子縁組も行なわれるので、血縁のつながりが途絶えても、家名を失うことはない。中国では、あくまでも直系男子の血縁を重んじる。
(221) 201頁：聖徳太子（574-622）の定めた冠位の名称。
(222) 201頁：天武天皇（在位：673-686）の定めた冠位の名称。
(223) 201頁：古代中国からの伝承を採用。
(224) 201頁：坂本太郎・家永三郎・井上光貞・大野晋校注『日本書紀　上』日本古典文学大系67、岩波書店、1967年、78頁。「神のような霊力をもつ人」か「人間的な神」か、二通りの解釈が可能だが、人間創造の描写に相当する箇所は後出するので、ここでは後者のほうと考えられる。
(225) 203頁：加藤純隆訳著『口語訳　三教指帰──仏教と儒教・道教との対話──』世界聖典刊行協会、1977年、9-43頁参照。
(226) 203頁：同上、「無常の賦」64-73頁、「生死海の賦」75-88頁参照。
(227) 203頁：ここでの分霊とは、唯一神の様々な属性が個々に分立してはたらくことをいう。一方、神道における一柱の神が国の方々で祀られている場合、その神の分霊が為されていると考える。同一の神の様々なはたらきに応じて呼称が変わる点（例：大国主神は、大穴牟遅神〔オオナムヂノカミ〕、八千矛神〔ヤチホコノカミ〕、大物主神〔オオモノヌシノカミ〕などの異名をもつ）に関するかぎり、アフラ・マヅダーの七つの「分霊」（本書109頁参照）と比較しうる共通性を見出す。
(228) 203頁："Kem Na Mazdā".〔邪悪な力から我が身を救えるのは〕"マヅダーよ、汝以外には"〔ありえない〕という意味。
(229) 204頁：拙訳。拙稿「『フラヴァラーネ』による現代ゾロアスター教の基礎研究」脇本平也・田丸徳善編『アジアの宗教と精神文化』新曜社、1997年、445頁。
(230) 204頁：R・エルツ著、吉田禎吾／内藤莞爾他訳『右手の優越―宗教的両極性の研究―』垣内出版、1980年、150頁参照。
(231) 204頁：長谷川明著『インド神話入門』新潮社、1987年、16頁にそのモノクロ画像がみられる。1970年代に映画化されて以来、この女神を祀らない寺院はないといってもよいほどである。
　ヒンドゥー教では、週の決まった曜日に水や牛乳以外の食物を断って神々のひとりに願をかける習わし（「ウプワース」Hin.: upwās＜Skt.: upavāsa；断食、斎戒）がある。シヴァ神の月曜日であれば、良縁がありますようにと望む未婚女性がこぞってこれに取り組む。火曜日は学問と福徳の象頭神ガネーシャ、土曜日は誠実と忠義の猿神ハヌマーン、日曜日は太陽神スーリヤ、そして火・金曜日は女神の日であり、名声や繁栄を司るサントーシ・マーには金曜日が割り当てられている。「サントーシ」の語源はサンスクリット語"saṃtoṣa"（満足、歓喜、愛敬）。
(232) 205頁：例：『ルカ』10：31参照。
(233) 205頁：スーラ4：46参照。
(234) 206頁：互いに励まし合う時は、先達の「ろっこん・しょうじょう」を復唱し、「さぁーんげ・さんげ」と続けたりする。そうやって呼吸のリズムを整えながら体内の気を浄めると、おのずから心のほうも清々しくなってゆくのである。

付記：本書（第4章の第2節と第4節）にみられる提供元や出典を記していない図版は、著者による撮影（p.105①〜②、p.113①〜③、p.121①〜③、p.129②〜③、p.137①〜③、p.145③〜④、p.153①〜③、p.161①〜③）・摸写（p.145①〜②、p.183②）・挿絵（p.105③、p.191①〜③）である。カバーデザイン、図版の選定・レイアウト・解説、年表作成、聖句の編集と註解、一覧表の組立は、本文や註などの執筆に先立つ一か月前（2003年7月末）より開始。同年の12月初めに脱稿（索引は翌年2月末）して以降の講義録は、増刷時の修正や加筆に反映。

索　引

凡　例

1. 索引は、和文索引と欧文索引の二種。本書における力点の所在を多角的に示すためである。
2. 和文索引は、(1)仏、菩薩名・神名・人名と(2)事項の二部に分かれる。
3. 語の配列順序に際しての長母音は、例えば「アー」を「アア」とみなすのが一般的である。本書では、母音の長短よりは、長母音の次にくる音との結びつきによりその語を記憶している日常的感覚のほうを重視するため、例えば「アート」は「アアト」ではなく「アト」とみなすことにした。ゆえに、「アートマン」は「アドナーイ」の次に配列している。そのほうが引きやすいと判断したからである。
4. 事項索引は、(1)固有名詞、(2)専門用語、(3)慣用的な語句、(4)著者自身の用語で、キーワードとなりうるものから選んだ。
5. 重要と考えられる語の原語は、文中で言及しているか否かにかかわらず掲載した。
6. その原語が何語なのかを示すため、言語名の略号を用いた。諸言語の略号表は以下のとおりである。

Arb.　: Arabic	Arm.　: Aramaic	ArM.　: Ardha-Māgadhī	Ave.　: Avestan
Chi.　: Chinese	Egy.　: Egypt	Eng.　: English	Eve.　: Evenki
Fre.　: French	Ger.　: German	Gre.　: Greek	Guj.　: Gujarati
Heb.　: Hebrew	Hin.　: Hindī	Ita.　: Italian	Jpn.　: Japanese
Lat.　: Latin	Mon.　: Mongolian	Pah.　: Pahlavī	Pāl.　: Pāli
Per.　: Persian	Por.　: Portuguese	Puñ.　: Puñjābī	Skt.　: Sanskrit
Spa.　: Spanish	Tam.　: Tamil	Tur.　: Turkish	Ved.　: Vedic

※ 本書で挙げた原語のアルファベット表記（ローマ字化；Roman transliteration）では例えば、① "ś" (Skt., Hin), "ṣ" (Skt., Hin.), "š" (Ave., Pah., Heb.) を [ʃ] (sh；シュ)、② "ṣ" (Heb.) を [ts] (ts；ツ)、③ "ḥ" (Skt., Hin.) を [hʌ] (ハ；語尾の気音)、④ "ḥ" (Heb., Arb.) を [h] [ch] (ハ；無声咽頭摩擦音)、⑤ "ña" (Skt.) を [nja] (nya；ニャ) と発音する。それぞれの言語には固有の発声法があるので、肉声の韻律（rhythm）・強勢（accent）・抑揚（intonation）などを聴き、情緒的要素（emotional elements）も考慮に入れて語意のニュアンスを会得することが重要である。文字による音写は、色彩や香りを失った植物標本のようなものだが、生きた音声への道標にはなるだろう。

※ どの母音を長くのばして発音するのかは記号（diacritical mark）によって知られるが、なかには"e"と"o" (Skt., Pāl., Hin.) のように無記号のままでも長母音である場合があるので、注意を要する。長母音は、発音のリズムを整えて正しい語感をつかむのに不可欠な要素。
例：マハラジャ→マハーラージャ（mahārāja：「大王」）

※ スペースを節約するため、和文索引の(1)には言語名の略号をほどこしていないが、必要と考えられる場合は、例外を設けた。

※ 和文索引と欧文索引の語が重複する場合は "＊" を付し、和文索引でのローマ字化を省略した。

7. 頁数の前に "n." が付いている場合は、註（note）を意味する。
8. 本文に挿入した資料編（図版とその解説・年表や系図・聖典からの抜粋）、および一覧表とその解説からは、特に重要と考えられる名称や語句のみを選び出した。

索引 *221*

I. 和文索引 ・ (1) 仏、菩薩名・神名・人名

ア

アーイシャ（預言者ムハンマドの妻）
 'Ā'ishah Bint Abī Bakr 7世紀頃, 130
アウグスティヌス Augustinus, Aurelius
 354〜430, 3,69
アウラングゼーブ（帝）Augurang Zeb
 1618〜1707, 72,138
アクバル（帝）Akbar 1542〜1605, 138
アショーカ（王）Aśoka 前268〜前232在位,
 146,161-162
アーダーム Heb.: 'Ādām → Heb.: 'adāmāh
 12,26,115,—とエバ（Eve）117
アーチャーリヤ・トゥルシー Ācārya Śrī
 Tulsī 1915〜1997, 154
アッラー Allāh（=al-ilāh;「神」）62,66-67,
 70,72,84,132,141-142*
アッラート Al-Lāt 66,70,132
アヌビス Anubis 31
アブー・バクル Abū Bakr 位632-634, 130
アブラハム（族長）Heb.: Abraham 前
 19〜18世紀頃, 61,116,131, —の神 68, —の
 宗教 66,85, —の召命 84, —の昔 120, 族長
 — 69,85,170, 父祖— 61,112
アフラ・マヅダー Ave.（Pah.: Ohrmazd）
 62,64,67,70-71,84,109-111,149,203, —の
〔七つの〕「分霊」149,n.219*
アブラム Abram 61-62,116 → アブラハム
アポンム・ナパート Apəm Napāt 70,72
天照大御神 192-193,197,199,204
阿弥陀仏 Amitābha Buddha 87,163, —の像
 202
アリー 'Alī Ibn Abī Ṭalib 位656〜661, 130
アーリマン（⇒アフリマン）Pah.: Ahriman
 107,110 → アングラ・マイニュ
アレクサンドロス（大王）Alexandoros
 Magnus III, 前356〜前323, 106,114,146
アル・ウッザー Al-'Uzzā 66,70,132
アルジュナ Arjuna 150-151
アルタクセルクセス2世 Artaxerxes II, 前
 404〜359, 71,106

アングラ・マイニュ Ave.: Angra Mainyu
（より正確には「アンラ・マニュ」:
 Aṇra Manyu）84,106-107
アンティオコス4世エピファネス Antiochos
 IV Epiphanes 前215頃〜前163, 114

イ

イエス，ナザレの Lat.: Iēsūs Nazarenus, 前
 4頃〜前30頃 68,85,120,124,179,199, →
 イエス Gre.: Iēsoûs ＜Heb.: Yēshūaʻ
 （Yəhōshūaʻ「神は救いである」の中間音節
 省略異形）, 62,69,81,120-121,124-127,177,179,
 205, n.213, —・キリスト 26,84, —受難 62,
 —像 81, —との絆 81, —の癒し 126, —の
 刑死 125, —の磔刑像 69, —の誕生年 41,
 —の"人間"化傾向 70, —の復活 123, 主—
 69, 神格化されたイエス 69, ユダヤ人—70,
 126, 預言者— 61,170 → キリスト
イサク（=イツハク、族長。アブラハムの子）
 Issac 前18〜17世紀頃, 114,116
伊邪那岐命（『古事記』）192-193,197
伊弉諾（『日本書紀』）193
伊邪那美命 192-193,197, 伊弉冉 193
イザヤ（第二）（預言者）Deutero-Isaiah, 前
 6世紀頃, 114
息吹戸主 195
イブラーヒーム Arb.: Ibrāhīm 70,131 →
 アブラハム

ウ

禹（聖天子）174,n.217
ヴァルダマーナ Vardhamāna 62-63,86,154
 → マハーヴィーラ
ヴァルナ Varuṇa 67,70,106,108,n.211,—讃歌
 72
ウィーシュタースパ（王）Kai Vīshtāspa 前13
 世紀頃, 104-106
ヴィシュヌ Viṣṇu 19,67,72,86,145-146, —の
 異名 19, —の化身 150,171, —の持物 147
ヴィーナス Lat.: venus（≒ Skt.: vanaḥ）12-
 13

ウダヤナ（王）Udanaya ＝ 優塡王 前5世紀頃, n.216
ウパカ（アージーヴィカ教徒）Upaka, 前5世紀頃?, 165
ウマースヴァーティ Umāsvāti 5～6世紀, 154

エ

エサウ（イサクの子）Esau 前17世紀頃, 116
エトロ（祭司）Etro 前13世紀頃, 62,68
エピクロス Epikuros 前341頃～前270頃, n.209
エリ（祭司）Eli 前11世紀頃, n.208
エリヤ（預言者）Eng.:Elijah ＜ Heb.: Ēliyyāh（「我が神はヤハウェ」）前9世紀, 98,100,113,n.212
エンペドクレス Empedoklēs 前490頃～前430頃, 33

オ

王重陽 1112～1170, n.218
大國主神 192,197, n.219
オシリス Osiris 31
オマル・ハイヤーム 'Umar Khaiyām 1040頃～1123, n.211

カ

ガウタマ・シッダールタ Skt.: Gautama Siddhārtha 前463頃～前383頃, 162 → 仏陀（釈迦牟尼仏）
軻遇突智 193
葛洪 283～343(363), 184,187, 一の博学 188
カナカムニ（過去七仏の第五仏）Skt.: Kanakamuni 162（Kanaka: 黄金に輝く）
ガネーシャ Gaṇeśa（シヴァの息子）146, n.219
カビール Kabīr 1440～1518, 154
ガーヤトリー（ブラフマーの妻）Gāyatrī 147, 一頌（一Mantra）147
顔淵（顔回）前521～前490, 176-177,181
観世音菩薩 Skt.: Avalokiteśvara Bodhisattva 10,189
桓魋 前6～5世紀頃, 180
顔徴在（孔子の母）?～前529頃, 176

キ

キケロ Cicero, Marcus Tullius 前106～前43, 3
岸本英夫 1903～1964, n.209
キュロス（大王）Cyrus 在位 前538～前530, 106,114
堯（聖天子）174
行基〔菩薩〕668～749, 203
キリスト Eng.: Christ ＜ Gre.: christos ＜ Heb.: māšīaḥ 69,78,84,98,120,124, 一・イエス 41,70,122,150, 一再臨 100, 一の似像 78 *, 一の贖罪 205, 一の贖罪死と復活の恩寵 3, 一〔の〕復活 85,100,170 → イエス

ク

拘那含牟尼仏 ＜ Pāl.: Koṇāgamana 162 → カナカムニ
クリシュナ Kṛṣṇa 146,150-151
グル＝アマルダース Guru Amar Dās 1479～1574, 138
グル＝アルジャンデーヴ Guru Arjan Dev 1563～1606, 138
グル＝アンガト Guru Angad 1504～1552, 138
グル＝グラント・サーヒブ〔Śrī〕Guru Granth Sāhib 1708～現在に至る, 86,139 → 『アーディ・グラント』（事項索引参照）
グル＝ゴービンド・シン Guru Gobind Singh 1666～1708, 136,139
グル＝テーグ・バハードゥル Guru Teg Bahādur 1621～1675, 138
グル＝ナーナク Guru Nānak 1469～1539, 19, 56,62-63,137-138,142-143
グル＝ハル・クリシャン Guru Hari Krishan 1656～1664, 138
グル＝ハルゴービンド Guru Hargobind 1595～1644, 138
グル＝ハル・ラーイ Guru Hari Rāi 1630～1661, 138
グル・ラーム・ダース Guru Rām Dās 1534～1581, 138

ケ

ゲーテ Goethe,Johann Wolfgang von 1749～1832, 50
桀（天子）174

索引 *223*

ケルビム（智天使）Eng.: cherubim ＜ Heb.:
 kərūbhīm 100
元始天尊 183,202

コ

寇謙之 5世紀前半,184,188
孔子（孔丘）前551/552〜前479, 174-178,180,
 184-185,187,n.217, 一学団 176,181, 一の
 使命感 180, 一の創意 180, 一の道 181
孔垂長 1975〜, 179
黄帝（聖天子）174, 179
弘法大師（空海）774〜835, 203
ゴータマ（・シッダッタ）Pāl.: Gotama
 Siddhattha 63,154,162,165, 一ブッダ 146*
 → 仏陀（釈迦牟尼仏）
コンスタンティヌス（帝）Constantinus I,
 Flavius Valerius Aurelius 274頃〜337, 122

サ

西行〔法師〕1118〜1190, 197
崔浩 381〜450, 188
サヴィトリ Savitri,147
サウル（王）Saul 前11世紀,116
ザビエル（イエズス会士）Xavier,Francisco
 1506〜1552, n.211
サムエル（預言者・士師）Samuel 前11世紀
 頃, n.208
サントーシ・マー Hin.: Santoshi Mā 204,n.219
サン＝テグジュペリ Saint-Exupéry, Antoine
 de 1900〜1944, 48

シ

シヴァ Śiva 67,86,145-146, n.219, 一の異名
 19, 一の持物 147
子夏 前507〜前400, 181
始皇帝（秦の）前259〜前210, 32,186
シッダールタ（悉達多）太子 63,160,179
シナン Mimār Sinan 1489〜1588? 129
司馬牛 ?〜前481, 180
司馬遷 前145〜前86頃, n.217
ジブリール Jibrīl（Gabriel）130
シモン（熱心党の）Simon of Zealots, 1世紀
 頃, 125
釈迦牟尼仏 86,98,101, n.216, 一の像* →

仏陀 →仏像
ジャダヴ・ラナ Jadhav Rana（"Rana"は
 「藩王」の意）, 10世紀前半頃, 106
舎利弗と目連（釈迦牟尼仏の二大弟子）
 Skt.: Śāriputra & Mahā-Maudgalyāyana,
 Pāl.: Sāriputta & Mahā-Moggallāna, 177
シャンカラ Śaṅkara 700〜750頃, 71,146
十一面観音 160
周公旦 前11世紀頃, 174-175
叔梁紇（孔子の父。姓は孔、名は紇、字を
 叔梁）?〜前550, 176
舜（聖天子）174
徐福（徐市）前3世紀頃, 32,184
子路（季路）前542〜前480, 176,180-181
シンガー Singer, Isaac Bashevis 1904〜1991,
 n.217*
神農（聖天子）174

ス

燧人（聖天子）174
水天 n.212
素戔嗚命 192-193
ステパノ Stephanos ?〜35頃, 122

セ

瀬織津比売 195
千手観音 160, n.216

ソ

曾子（曾参）前505?〜前435, n.217
荘子（荘周）前369?〜前286, 7,29-30,182,184,
 188
ソガモニ・ボルカン Sogamoni Borcan ＜
 Mon.: Sakyamuni Burhan n.216
ソクラテス Sokratēs 前470〜前399, 33
ゾロアスター 104 → ツァラスシュトラ*
ソロモン（王）Solomon 在位前967頃〜前928
 頃, 114
ソンダース Saunders, Cicely 1918〜, n.210

タ

太上老君 183-184,188
太武帝（北魏）408〜452, 188
ダヴィデ（王）David 在位 前1004頃〜前965

頃, 114,116,n.213, 一とソロモン 112, ユダ族の一家 n.213
ダーウィン Darwin, Charles Robert 1809〜1882, 52
ダリウス（大王）Darius I 在位前522〜前486, 106

チ

紂（天子）174,184
奝然 938頃〜1016, n.216

ツ

ヅァラスシュトラ（預言者）前13世紀頃, 71, 85,108, 祭司（出身）の一 54,62,203, 預言者一 71,84,100,105-106,108-109,203, n.211*
月讀命 193
ツタンカーメン（王）Eng.: Tutankhamen → Egy.: Tût-ankh-a-mon 前1361〜前1352, 31

テ

ティーレ Tiele, Cornelis Petrus 1830〜1902, 52
テオドシウス（帝）Theodosius I 346〜395, 122

ト

ドゥグダーウ（ヅァラスシュトラの母）Dugdāw,前13世紀頃, 108
道元（禅師）1200〜1253, n.211
ドゥーラースラウ Dūrāsraw 前13世紀頃?, 108
ドゥルガー Durgā 138,146

ナ

ナーガ Nāga 72
ナーガールジュナ（竜樹）Nāgārjuna, 2世紀頃?, 162

ニ

ニガンタ・ナータプッタ Nigantha Nātaputta 前444頃〜前372頃, 154 → ヴァルダマーナ、マハーヴィーラ
瓊瓊杵命 192

ハ

バアル Baal < Heb.: ba'al ("Lord"), 66
バイ・マルダーナー（グルバーニーの伴奏者）Bhai Mardānā ("Bhai" は男子の敬称。ここでは「朋輩」「相棒」などの意）15〜16世紀頃, 138
パウロ（使徒）Paulos ?〜64頃, 122-123
バーゴー Bhāgo 15〜16世紀頃, 142
ハディージャ（預言者ムハンマドの妻）Khadījah Bint Khuwaylid, 579頃〜619頃, 130, n.214
ハッラージ（スーフィー）al-Ḥallāj 857〜922, n.212
速開都比売 195
速佐須良比売 195
バーラドヴァージャ Bhāradvāja n.215
パールヴァティー（シヴァの妻）Pārvatī 141
パールシヴァ（第23代のジナ；ティールタンカラ）Pārśva 154

ヒ

ヒエロニムス Hieronymus, Eusebius 342/7〜419/20, 26, n.209
ヒック John Hick 1922〜, n.211
ピノッキオ Ita.: Pinòcchio（字義は「松の種, 松かさ」）Carlo Lorenzini Collodi (1826〜1890) による童話の主人公（嘘をつくと伸びる長い鼻が特徴の木彫り人形。女神に見守られながら冒険を続けた後、立派な人間に成長）183
ピラトゥス Pilatus, Pontius 1世紀頃, 114, 122
ピリポ（使徒）Philipos 1世紀頃, 125
ビンビサーラ（王）Bimbisāra 前5世紀頃, 154

フ

不空羂索観音 160
伏羲（聖天子）174
プシャミトラ（王）Puṣyamitra 前180頃, 146
ブッダ；仏陀（釈迦牟尼仏）29,37,56,62,81,93-94,144,161-163,165-167,179, 一の「いのち」102, 一との応答関係 101, 一の教え 29, 一

の境地 81, ―の「空座」102, ―の覚り 165, ―の死 164, ―の慈悲心 89, ―の正覚体験 2, ―の造形化 160, 人間としての― 102, 141, 歴史上の― 160 本書での「ブッダ」は釈迦牟尼仏（釈尊）を念頭に置きながら、多仏思想にもとづく三世十方の諸仏に視野を拡げている）*
プラトン Platōn 前427～前347, 34
ブラフマー（梵天）Brahmā 86,141,145, ―の持物 147, 創造神― 145

へ

ペテロ（使徒）Petrus ?～64頃, 122, ―と（使徒）アンデレ 125, ―とパウロ 122
ベネディクトゥス（ヌルシアの）Benedictus of Nursia 480頃～550頃, 122
ベルナデッタ（修道女となり、死後、列福・列聖）Fre.: Bernadetta ; Marie Bernarde Soubirous, 1844～1879, 42
ヘレン・ケラー Helen Adams Keller 1880～1968, n.208

ホ

法蔵菩薩 Dharmākara Bodhisattva 163
ポウルシャースパ（ツァラスシュトラの父）Pourušaspa 前13世紀頃, 71,106,108
ポウルチスタ（ツァラスシュトラの娘）Pouručista 前13世紀頃, 106
墨子（墨翟）前480頃～前390頃, 184
ボーディダルマ（菩提達磨）Bodhidharma, 5～6世紀, 162

マ

マタイ（使徒）Matteus 1世紀頃, 125
マッカリ・ゴーサーラ Makkhali Gosāla, ?～前388頃, 154
マックス・ミュラー Friedrich Max Müller 1823～1900, 50-51,53
マヅダー 67,108 → アフラ・マヅダー
マナート Manāt 66,70,132
マハーヴィーラ 56,86,146,153-154,158-159 → ニガンタ・ナータプッタ、ヴァルダマーナ*
マーヤー（仏母）Māyā 前5世紀頃, n.216

索 引 225

マリア（聖母；イエスの母）Old Eng.: Maria < Heb.: Miryam 前1～後1世紀頃, 42,51
マルコ・ポーロ Marco Polo 1254～1324, n.216, ポーロの仏教理解 n.217

ミ

ミスラ Ave.: Mithra 67,70,106,108,n.212
ミトラ Ved.: Mitra 67 → ミスラ

ム

ムハンマド（預言者・使徒）Muḥammad 570頃～632, 62,130, 神の預言者となる― 133, クライシュ部族の― 179, サジウ調で語り出した― n.214, 商人出身の― 55, 預言者― 61-63,70,78,100,128

モ

孟子（孟軻）前372～前289, 184
モーセ（預言者）Moses 前12～前13世紀頃, 68,112-114, ――神教 Mosaic Monotheism 68,84,112-114, ―五書 114,119, ―の召命体験 63, ―やイエス 108

ヤ

ヤクシニー Yakṣinī 27
ヤクシャ Yakṣa 27, ―像 146
ヤコブ（＝イスラエル、族長。イサクの子、エサウの弟）Jacob 前17世紀頃, 54,114,116, ―の勝利 116
ヤコブ（使徒）1世紀頃, ヨハネと―の兄弟 125
ヤハウェ Yahweh ("Tetragrammaton" つまり神聖四文字 "YHWH" の音訳。本来の発音は不明）62,66,68-69,72,84,115, n.213, ――神教 68, 唯一神― 85,112
倭建命（日本武尊；小碓皇子：第十二代・景行天皇の皇子）196

ヨ

用命天皇（第三十一代の天皇）198
ヨセフ（ヤコブの子）Joseph 前17～16世紀頃, 114,116
ヨセフ（イエスの養父）Joseph 前1～後1世

紀頃, 122
ヨハナン・ベン・ザッカイ（ラビ；パリサイ派の律法学者）Johānān ben Zakkai, 1世紀頃, 114
ヨハネ（洗礼者）Eng.: John the Baptist Heb.: Yohānān　1世紀頃, 124
ヨハネ（使徒）1世紀頃, —とヤコブの兄弟 125
ヨブ（『ヨブ記』の主人公）Job 181, 義人—の試練 n.213

ラ

ラクタンティウス Lactantius, Lucius Caecilius Firmianus 250頃〜340頃, 3
ラザロ Gre.: Lázaros < Heb.: El 'āzar (「神の助けた者」) 121,177, —の復活 121, n.213
ラーフラ（シッダールタ太子の息子）Rāhula 前5〜4世紀頃, 179
ラーロー Lālo 15〜16世紀頃, 142

リ

鯉（伯魚：孔子の息子）前533〜前483頃, 176, 181
呂洞賓（呂祖）10世紀頃, 189

レ

レオナルド・ダ・ヴィンチ Leonardo da Vinci 1452〜1519, n.209

ロ

老子（老耽）前424頃?に消息を絶つ, 183-185, 188
ローンカー・シャー Lonkā Śāha 15世紀頃, 154
ロウラースパ（ウィーシュタースパ王の父）Lohrāspa 前13世紀頃, 105

ワ

ワーヘグルー Puñ.: Wāhegurū 67,86-87,137

仏、菩薩名・神名・人名索引についての註記

(1) 本文と註で言及したものは全部、年表や系図からはごく少数の名前を選んで掲載した。
索引に掲載できなかった名前もみな重要であることに留意すべきである。

(2) 神名の場合、"(神)"と付記することは容易だが、一神教か多神教かによって「神」の意味する内容は異なるし、一神教の多神教的背景や多神教の一神教的要素なども考慮に入れなくてはならない。多神教の場合は、"男神""女神"といった神の性別にも言及すべき場合がある。ゆえに"(神)"という同じ語ですべての神名を括るのは、索引のように列挙して一覧する場においては、あえて避けることにした。詳しくは、文中での用法を御参照願いたい。
神名というのは、何も付け加えなくとも、それだけですでに完結しているものである。例えば、和訳語ではかならず"シヴァ神"と呼ばれるヒンドゥー教の神は、インド本国の信徒にとっては言うまでもなく"シヴァ"であり、"神"と呼びたい場合は、"大神"(Mahā Deva) などの言い換えをする。他方、"天照大御神"などは、まさに"神"の語なしでは成立しえない。
"カミ"という大和言葉の正当な継承者は、厳密に言えば日本にしか有りえないのである。英語でも、"god"は多神教の神、"God"は唯一神という区別をするけれども、意味上の厳密さを追究すれば、やはり不完全なのである。以上の点を踏まえて"神"を研究すべきであろう。

(3) 親子・兄弟・夫婦・師弟などの関係にある者は、スペースの許すかぎり、どちらか一方においてその間柄を記すように配慮した。

(4) 人名についてはその歴史的位置を示すため、可能なかぎり生没年を記載した。

(5) 必要と判断した場合は、名前の原意や短文の解説を付け加えた。

I. 和文索引 ・ (2) 事項

ア

アヴァターラ Skt.: avatāra 86,143,146
『アヴェスター』Ave.: *Avestā* 84-85,110,106-107,146, 一の宗教 67,71
明き浄き直き誠の心 190
明く清き心 206
アギァリ Guj.: Agiary 84
現神 199
悪因苦果 58 ⇔ 善因楽果
アグニ 145*
アグニ・クンダ 86,145*
悪魔の試み 124
アケメネス朝 Eng.: Achaemenes, 一後期 110, 一とサーサーン朝 86,104
アーサナ（台座）Puñ. < Skt.: āsana 140
アシャ 62,64,67,70-71,106,108* → 天則、リタ
アシャ・ワヒシュタ Ave.: Aša Vahišta 71, 109
アシュヴァッタ樹 Skt.: aśvattha 161
アシュヴァメーダ Skt.: aśvamedha 146
アージーヴィカ教徒 Skt.: Ājīvika 154,165
アタナシウス派 Eng.: Athanasian 122
アタラクシア Gre.: ataraxia(n.) < ataráktos (adj.) n.209
アッシリア捕囚 Eng.: Assyrian Exile 114
『アーディ・グラント』Puñ.: *Ādi Granth* 72, 86,137,139 → グル＝グラント・サーヒブ
アドヴァイタ 146 → 不二一元論
アドナーイ 69,84* → 主（しゅ）
アートマン 62,67,79,86,147,150* → 個我
アニマ 24,72* → 魂
アニマティズム Eng.: animatism 28
アニミズム Eng.: animism 24,28,72
アニメーション Eng.: animation 24
アヒンサー 87,152-153,157,171,206*
アブド → 奴隷
アファルガニュ Pah.: afarganyu 84,105
アフラ 71,106,108*
アブラハム契約 Eng.: Abrahamic Covenant 114

アマガエル Jpn.: 雨蛙 15
天津神・國津神 190,197
天津罪・國津罪 194
アマラーヴァティー Skt.: Amarāvatī 162
アミダー（立禱）85*
アム・ハー・アーレツ* → 地の民
アームラ樹 Skt.: Āmra 161
アムリト（甘露）141,172, 一の雨 143,205*
アメーシャ・スペンタ Ave.: Aməša Spənta 84,109
アメレタート Ave.: Amərətāt 109
アーメン Heb.,Arm.: Āmen 123
アーヤ 70,129*
荒霊 190
アラビア数字 Eng.: Arabic numerals 128
アラブ人 Eng.: Arabs 132
アーリア系イラン人 Eng.: Āryan Iranians 71, 106,146
アーリア人 Eng.: Āryans 62,72,144
アリウス派 Eng.: Ārianism 122
"或る諸宗教"の歴史 53
アルダ・マーガディー語 → 半マガダ語
アルタミラ Spa.: Altamíra 16
アールティー Hin.: Ārtī 87
アルハット Skt.: arhat 155, 一礼讃 155*
暗黒星雲 Eng.: dark nebula 49
アンジュマン Guj.: Anjuman 85
暗誦口伝の三蔵 162

イ

息＝いのち 12
生きた宗教 49
イク・オンカール Puñ.: Ik Oṅkār 67,72,86
イコノクラスム Eng.: iconoclasm 170
イコノスタシス Eng. < Gre.: iconostasis 84
イコン 84*
生け贄 2,125, 一の血 98,120
生ける神 73
"イズム" Eng.: "ism" 24
イスラエル Heb.: Yiśrā'ēl 54,108,114,116, 一の神 117, 一の十二部族 116, 一の預言者た

ち 181, 選民— 116-117, —の民 118
イスラーム 19,27,34,54-55,65,82-83,85,98,102, 128,132-133,144, —共同体 179, —特有の思想 134, —の預言者 134*
出雲大社 197
伊勢神宮 191,197,199
一期一会 95,251
一度限りの生涯 104,128,註(126)(128)
一覧表 64-65,82-83,88,98, —の活用 60
一切行苦 164*
一切衆生 Skt.: sarva sattva 33,59,202
一神教 Eng.: monotheism 19,64-65,67,71-72,111, —の成立 61, —の比較対照 68
一神教徒 71,158, —のモラル 128
行ってきます 17*
一夫多妻制度 Eng.: polygamy 128,130
"いつまでも" 36*
イデア Gre.: idea 34, —説 34
遺伝子 Eng.: gene 23,35, —情報 n.210
「いのち」;—ある間 103, —感覚 17,26,39, —の泉 43, —の親 117,134, —の価値 158, —の幸い 189, —の祝福 34, —の浄化 140,143, —の尊厳 23, —の尊重 152, —の探究 38, 76,207, —の元 14, —の表現 23, —の保護と育成 48, —の本体 156, —の芽生えや回復 38, —のゆくえ 30,36, —のリズム 147, —を保つ酸素 20, —を本尊とする宗教 155, —を持つ者 36, かけがえのない— 44, 共同体の— 197, 自分の— 132, 諸宗教の— 169, 大切な動物の— 120, 他者の— 157, はかない— 125,153,187, 滅びざる神の— 111
祈り 10,18,20,180, —の原形 18, —の言語 18
イフラーム Arb.: Iḥrām 93-94
イヤホーン Eng.: ear-phone 9,11, —状態 11
磐境 197
因果性 Eng.: causality 60
因 → 縁 → 果 59,61
因縁生起性 60, 因縁生起の理法 165 → 縁起性
印相 Skt.: mudrā 160
隠退 197
インダス Lat.: Indus < Gre.: Indos, —河 144, —文明〔圏〕145-146
インド・アーリア人 Eng.: Indo-Āryan 71, 149, —の宗教 146
インド・イラン語族系 Eng.: Indo-Iranian 67, —の一神教 71
"インド化" 144
インド音楽 172, n.215
インド・カレー Tam.: kari 136
インド宗教 33,57,136,144,151,170,173, —の原点 148
インド人 Hin. < Per.: Hindū 33,136,144, —の生き方・考え方 33
インド・ヨーロッパ語族 Eng.: Indo-European 18,50

ウ

ヴァイタリティー Eng.: vitality 49
ヴァイシャ Skt.: vaiśya 151
ヴァンド・チャクナー Puñ.: Vand Cakhnā 143
ヴィシュヌ派 Skt.: Vaiṣṇava 72,146,148
ウィンドウズ Eng.: Windows 74
ヴェーダ(〔祭祀の〕知識) 61,79*
ヴェーダ祭式 98,142, —の果報 150, —の供犠 158
ヴェーダ聖典 Ved.,Skt.: Veda 55,61,64,86-87, 141,146-148
ヴェーダの宗教 67,70-71,173
ヴェーダーンタ Skt.: Vedānta 64, —哲学 146
ヴェーディ 86,145*
ウォフーマナ 109*
"歌の調べ" 22
顕世 196, —の子孫 200 → 幽世(かくりよ)
右遶三匝 Skt.: pradakṣiṇa 87,161
ウパニシャッド哲学 Skt.: Upaniṣad 64,146, 149 → ヴェーダーンタ
ウブワース n.219*
禹歩法 186,n.217
盂蘭盆 Skt.: ullambana 32,200
宇宙開闢の神話 110
ヴラタ 72,154*
ウルヴェーラー村 Skt.: Uruvelā, —の林 161
『雲笈七籤』 183
運搬業 159
ウンマ 85,129*

索 引　229

運命 181, 死すべき― 182, 人間の― 177

エ

永遠 36-38,75
永遠のいのち 26,28,36,49,120,179, ―と永遠の滅び 26, 新しい世界の始まりと― 34
エイリアン Eng.: alien 117
エクレーシア Lat.: ecclēsia 84
エッセネ派 Arm.: Essene 114,125
エル Heb.: El, 68,70
エルサレム Heb.: Yerušalaim 99,114,125, ―神殿,112―114
厭世主義 Eng.: pessimism 165
縁起 Skt.: pratitya-samutpāda 59, ―説 63, ―的 65, ―と啓示 60, ―の法則 162
縁起性 59-60,65, ―と啓示性 59
縁起的生成（縁起性）と啓示的存続（啓示性）の二面性 75
延命治療 43

オ

王権神授説 104-106,116
応答責任 118-119
大祓詞 193-194,204-205
奥駈け修行 206
送り火 32
"お下がり"（プラサード）Puñ.,Hin.,etc. < Skt.: prasāda 142
御師 191
"音" 83
オペラ歌手 22
オムド Heb.: Omud 113
オルフェウス教派 Eng.: Orphism 34
オロン・ハコデーシュ Heb.: Oron Hakodēš 113
音楽の起源 22
音声言語医学 Eng.: Logopedics and Phoniatrics 9
厭離穢土、欣求浄土 202

カ

カァバ神殿 Arb.: Kāʻba 61,66,70,84,99-100, 129-130,132, ―の鍵 133
絵画・彫刻・建築 159

懐疑論 Eng.: scepticism 159,165
回教（イスラーム）3
外界を覗く二つの穴 7-8
外言 8,11* → 内言
外面の内面化 21
「開扉」の章 131*
戒律の遵守 80,152,205
カウィ朝 Ave.: Kavi 104, ―の寛容性 62, ―の政敵 106
カウル（「コウル」とも聴き取れる）136,139*
夏王朝; 世襲制の― 174
覚者 Skt.: buddha 55-56,62,148,160,199, ―の宗教 54-56,59,62-63,171,173
神楽歌 194
幽世 196,200, ―の祖霊 200 → 顕世（うつしよ）
『ガーサー』Ave.: Gāthā 106-107
カシュルート Heb.: Kašrūt 119,205
カースト Por.: casta, n.215, ―＝ヴァルナ制度 Por.＋Skt.: Caste＝Varṇa 87,140,144, ―の理論 146
風 150
カタコンベ Lat.: Catacombae, ―美術 122, ドミティルラの― 121
尸（かたしろ）178
"かたまり" 24-25,29-30,49,―のイメージ 27
活火山 Eng.: active volcano 7,44
楽器 23, ―や肉声 35, "ひとがた"の― 23
合掌敬礼 Skt.: añjali, ―という善因 155
カナン人 Eng.: Canaanites 62,66,68
竈の神 189
カミ Jpn.: 迦微 190,198-199, ―の気配 190
神 3,7,10,102,199, ―観念 50, ―信仰 199, ―との一体化 39, ―との応答関係 118, ―の愛 117,126, ―の家 98,100,―の掟 109, ―の恩寵 78,89, ―の国 58,116,125,201, ―の声 9, 109,117,133,199, ―の子羊 85,120, ―の計画 125, ―の経綸 133,198, ―の似像 78,81,115, 117,120,170*, ―の祝福と律法 112, ―の徴 134―135, ―の人態化 70, ―の絶対性・人格性・全知全能性 133, ―の選民 54,61,66, ―の沈黙 119, ―の人 78,116, ―の独り子 81, ―の分身 109, ―の分霊 71,203, n.219, ―の眼 48, ―の赦し 120, ―の唯一性 111,128,―の「呼びかけ」118, ―は唯一 65, ―への立

ち帰り 119, 神>法 70, 法>神 70, ―や霊
　魂や宇宙原理 156, 伊吹山の― 196
「神と王」の関係 104
「神と預言者」の関係 104
神々 25,56,96
神棚 191,198
神ながら 198,n.218, ―の道 198
神習う 198, ―道 n.218
神國 201
神は霊 55,201
神祭り 190,194,198-199,202
惟神 198
寡婦 19, ―・孤児・奴隷 132, ―の殉死〔制
　度〕62,73,138
韓郷 196
カラム・カンド Puñ.: Karam Khaṇḍ 143
狩り 10,16
カールサー Puñ.: Khālsā 87,139
還元 52-53,59,62,88
観察思惟の禅定（観）10
ガンジス河 Skt.: Gaṅgā 31,146,205
漢訳仏典 165
「空」（から）99, ―の椅子 98, ―の空間 97,99,
　102, ―の坐席 101, ―の墓 99-100,
　―の御座 Eng.: the Empty Throne 97-99,
　100-103

キ

ギー Hin.: ghī 142
気功 Chi.: qigong 32, n.209
鬼神 186,n.217, ―の霊 184
キスワ Arb.: kiswah 129
犠牲獣 120
奇跡 Lat.: miraculum 134
北イスラエル王国 112
キツネ Jpn.: 狐 46,48
キッパー Heb.: kippā 113
義人（ぎにん）127 ⇔ 罪人（つみびと）
キブラ Arb.: kibla 129
基本的人権の尊重 95
逆説 Eng.: paradox 4, ―的な観念の
　効用 82
ギャーン・カンド Puñ.: Giān Khaṇḍ 143
休火山 Eng.: sleeping volcano 44

救済者 114,116, 人間としての― 120
救世主 55,66,69,85,124,n.211, ―イエス 41,
　―＝キリスト 120*, ―信仰 69
救貧税 131*
「～教」3-4,17,23,27,48-50,96,169,173,198,206,
　―や「～教徒」の認識 94
「～教」以前 4, ―の"宗教" 17
教会；―の勝利 69,122, ―の平和 122
共観福音書 Eng.: Synoptic Gospels 123
「教団」83
「～教徒」50,88-91,96,169,173
敬礼（きょうらい）；恭敬礼讃 Skt.: vandanā
　155
経歴（きょうりゃく）74-75,n.211
キラット・カルナー Puñ.: Kirat Karnā 143
切支丹 Por.: Cristão 3
ギリシャ；―語 144, ―人 56, ―正教会 27,
　―精神 122, ―哲学の影響 27, ―の哲人たち
　33
キリスト教 3,27,34,50,54-55,61,65,70,82,98-99,
　102,120,144,203-204, ―至上主義 3, ―と世
　界の諸宗教 51, ―の影響 137, ―の根本思想
　120, ―文化 120
キリスト教美術 81, ―の歴史 69
キールタン Puñ.: Kīrtan 87,138,140
金丹 31,186, ―の効用 187, ―の製造 184

ク

空間 53, ―の質 22, 仮設的な― 62
偶像 66,69, ―崇拝 Eng.: idolatry 70-71,78,
　119, ―破壊の思想 102
空洞感覚 5*
久遠のほとけ 102, ―の説法 162
苦行 Skt.: tapas 26,29,63,152,155, 断食の―
　157
草葉の蔭 32
クシャスラ・ワァイルヤ Ave.: Khšathra
　Vairya (Xšaθra) 109
クシャトリア Skt.: kśatrya 64
クシュティ（聖紐）Pah.: Kušti 85,105
奇霊 190
口覆い〔の布〕（口布）152,n.216*
屈葬 Eng.: crouched burial 13
國生み 192,201, ―・國造り・國譲り 192

索 引 *231*

グノーシス派 Eng.: Gnosticism 34
クムラン宗団 Eng.: Qumran Sect 114
クライシュ〔部族〕 Arb.: Quraysh 70,133, ―出身のムハンマド 179
グランティ・ジー Puñ.: Granthī Jī 87,137,139
クリスティアノス Gre.: Christianos 85
グリハスタ Puñ. < Skt.: gṛhastha 138,142
グル Puñ.,Hin. < Skt.: Guru 19,63,136,140, 147,171,n.214, ―崇敬の精神文化 140,171, ―の中の― 141, 人間としての― 141
『クルアーン』 Arb.: Qur'ān 71,84-85,123,129, 131,n.214, 「剣か―か」 128
「苦しみから安らぎ」への変化 82
グルドゥワーラー Puñ.: Gurdwārā 72,86,139-140,142, ―・シン・サバ Puñ.: ― Singh Sabha 137, ―巡り n.215
グルバーニー 87,137-140, 172, ―の音楽 n.215, ―の音楽性 139*
グルムーキー Puñ.: Gurmūkhī 101
グルムク Puñ.: Gurmukh 79,143 ⇔ マンムク
クレド（信仰告白）Lat.: Credo 85,127
クロマニヨン人 Fre.: Cro-Magnon 16
君子 174

ケ

啓示 Eng.: revelation 54-56,63,133, ―現象 10-11,54, ―思想の時間論 57, ―宗教 Eng.: revealed religion 54,56,71,109,128,173,199-200, ―性 59-60, ―体験 9,54―55, 天からの ― 55
芸術 159, ―家 35
傾聴 Eng.: listening 9,62-63,83,96,195
啓典の民 Arb.: ahl al-Kitāb 71,128
啓発 Eng.: Enlightenment（瞑想という人間の自発的行為によって到達する智慧の発現）63 → Cf.啓示
ケガレ Jpn.: 気枯れ 190,199
解脱 Skt.: mokṣa; mukti 56-57,59,154,156-158, ―体験 150, ―道 64,152, 別々解脱 37
血縁の絆 1,91,130,132,178-179
結界 Pāl.,Skt.: sīmābandha 82
潔斎の身 93
ケム・ナ マヅダー 203*
原インド・イラン語族 Eng.: proto-Indo-Iranians 70-71,106, ―起源の一神教 64, ―〔の〕時代 64,171, ―の精神文化 85
言語 10, ―現象 9
原罪 Eng.: original sinn 117,121,170,205, ―意識 189, ―の否定 170, 全人類の― 120
原子；―爆弾 Eng.: atomic bomb 15,17, ―論 Eng.: atomism 156
原始時代 4-5
原始人 15,17
原始仏教（初期仏教）Eng.: early Buddhism n.216
原始林（原生林）Eng.: primeval forest 20
現世 32, ―志向 29,196,201, ―と来世 31,75, ―の意味 202, ―利益の祈願 196
原典批判 Eng.: text critique 36
見仏聞法 165
現法涅槃 63,87,172 → 生前解脱

コ

コイネー Gre.: koinē 123
業 156, ―苦 156 ―の穢れ 157,206, ―の主体 156, ―の流れ 156, ―の余力 29,156, ―物質 87,154-157, 現世の― 29*
業因業果；―の世界 156
公生涯 26,63,121,124
口誦伝承 Eng.: oral tradition 36,148,170
庚申の晩 189
公審判 58, 最後の― 85,109 → 私審判
五蘊 Skt.: pañca-skandha 28-29, ―皆空 29
皇祖神 197
交替神教 Eng.: kathenotheism 148
合理主義 Eng.: rationalism 128,189
業↘輪廻⇒智慧↗解脱 56
五感と第六感 6
個我 Skt.: ātman 102,156, 個人我 149
五戒 Skt.: pañca-śīla 166
呼気 Eng.: exhaled air 18, ―の活用方法 18
呼吸 Eng.: respiration 12,20,150,157, ―の浄化 20, ―のリズム n.219, ―や血流の循環 23, 浄い― 21
"5 K" 136
心；―と身体 4, ―のケア 43, ―の穢れ 204, ―の声 9, ―のシャワー 140, ―の旅 47, ―の平安 88, ―の平静 159, ―の迷い 200,

—の余裕 164,167, n.212, 死を見つめる— 43
コーサラ（国）Skt.: Kosala 146,154,162,179
孤児や寡婦 128
呼称（名前）23
御神体 28, —の分霊 191
五衰（天人五衰）33
五大誓戒（マハーヴラタ）87,157,166*
個体の個性 39
樹霊 27-28
古代イスラエルの宗教 112,173
古代エジプト人 31
古代マガダ語 Skt.: Māgadhī 155
克己復礼 182
業報 Skt.: karma-vipaka 156, —のしくみ 57,63, —を担う「時間」59, —輪廻 54,58,63,75,85,144,146,150,171,200, —・業生輪廻 56, 善き— 57
言挙げ 193,195-196,200-204,206
言霊 24,194-195,197,200, —の威力 195, —の神威 200,「徳」の— 201
この世 31, —での永存 32, —での生涯 103, —でも"あの世"でも 168
御利益信仰 202
古礼を復する 174
魂（こん）29
金剛宝座 Skt.: Vajrāsana 86,101,161
渾沌 201

サ

最高神 63,68,151,172,204, 人格的— 72
最後生 Skt.: carama-bhavika 33
『最後の審判』n.212
祭式万能 64
祭司のユダヤ教 98,173
菜食 206, —主義 158
祭壇 Eng.: altar 98-99
サオシュヤント（救世主）n.211*
サーサーン朝 Eng.: Sassanidae 110
サジュウ調 Arb.: saj' 133,n.214
サッチ・カンド Puñ.: Sach Khaṇḍ 143
サティー Skt.: Satī 73
サードゥ Skt.: sādhu 79
サドカイ派 Heb.: Ṣǝdhūqī 63,114,124
サトナーム・ワーヘグルー Puñ.: Sat Nām Wāhegurū 73,141
"サトラレ"Jpn.: "悟られ" 11, n.208
覚り（悟り）Skt.: prabodha（目覚め）63, —の智慧 141,152, —の内容 56,163,「いのち」あってこその— 142
サーヒブ Puñ.: Sāhib 139,141
サナム（偶像）Arb.＞Hin.: sanam 130
坐忘 182,188
サマリア人 Gre.: Samarítēs 114,125,205
サラート Arb.: ṣalāt 85,205
サラム・カンド Puñ.: Saram Khaṇḍ 143
サルワールとカムイーズ Puñ., Hin.: sarwār／kamīz 136
サンガ Skt., Pāl.: saṃgha 87,146
サンガト Puñ.: sangat 87,138
懺悔 168
三業 29,33,163,171 → 身口意
『三教指帰』203
三尸 189
サンジャーン Guj.: Sanjān 106
三種の神器 192,201
三神一体 101,146,171 → トリムールティ
山上の垂訓 126
山水図 183,189 → 山岳信仰 82
サンスクリット語 Skt.: saṃskṛta 2,12,18,50,55,144,147,n.210
三清 183
三千大千世界 Skt.: tri-sāhasra-mahā-sāhasra-loka-dhātu 21
サーンチー Hin.: Sāñcī 161
サント Hin.: Sant 142 → Lat.＞Ita.: Santo
三宝 86-87,154,158*
三位一体 Eng.: Trinity 66,150, —論 122
三密 171

シ

死 20,30,205, —に至る病 19, —の厳粛な冷たさ 15, —の肯定 13
幸せ 168
ジーヴァ 86-87,101,154,206*
シヴァ派 Skt.: Śaiva 146,148
ジーヴァン・ムクティ Hin.＜ Skt.: jīvan mukti → 生前解脱
シェマー Heb.: šᵉmā' 115

索 引 *233*

シェルター Eng.: shelter 22
自我 40,167*
尸解 188, 一仙 188
四海同胞 19, 一の社会 142
持戒者 Pāl.: arahant 80
視覚芸術 Eng.: visual art 21
シカラ（尖塔）Skt.: śikhara 149
時間 37,53,57,74-76, 一感覚 53,75, 一研究 53, 一設計 75, 現世と来世の一 75, 自然的一 59
「識別 → 比較 → 還元」のプロセス 52-53,75, 77
『詩経』176,178
"仕切り" 50,59,74,77,83,88
シーク 136,138*
シーク教 19,54,56,58,64-65,82-83,98,102,136, 173,203-206, 一の「御座」99, 一の〔唯一〕神 59,143, 一の"六根"n.215
四苦八苦 164
自業自得 156
自己 5-6, 一浄化 63,80,141,一の救済をはかる道 80, 一の本質 26 →"自分"
地獄 33,200
死後の永生 30
『死者の書』31
詩書礼楽 175,178
私審判 58 → 公審判
シスター Eng.: Sister 94,121
ジズヤ（人頭税）Arb.: jizyah 128
至聖所 97-99,127, 一の空間 103
自然 185, 一観察 28,41,50,156, 一現象 178, 一崇拝 67, 一環境 15, 一的時間 59, 「自然と人間」7
四諦八正道 162, 一の実践 87
七仏通誡偈 163
ジナ 101,152,154-155, 一像 153-154,171, 一崇拝の精神 86, 一の尊像 159, 一や仏陀 63,80, 99, 一礼讃 155*
シナイ契約 Eng.: Sinaitic Covenant 68,112, 114
シナゴーグ Eng. < Lat.,Gre.: synagōgue 84 -85,100,113-114
"自分" 5-6 → 自己
詩編 Eng.: Psalms 125,131
注連縄 191

持物（じもつ）147,160
ジャイナ 152-154, 一僧 155, 白衣派の一 152*
ジャイナ教 54,56,63,82,98,102,144,156,159,166, 199,203,206, 一の不殺生戒 188
「写生」Eng.: drawing from reality 16,21
ジャーティ Skt.: jāti n.215
ジャーヒリーヤ → 無道時代
『ジャプジー（・サーヒブ）』Puñ.: Jap Jī Sāhib 143
ジャーマ・マスジット Arb.: Jāma Masjid 129
ジャマール 131*
沙門 163, 一ゴータマ 165* → シュラマナ
ジャラール 131*
主（しゅ）Heb.: adonāi 115,120 → アドナーイ, Arb.: rabb 133-134 ⇔ 'abd（奴隷）
儒 179
自由意志 155, 一の行為 154
シュヴェーターンバラ Skt.: Śvetāmbara 154 → 白衣派
宗教 2-4,6,23,38,169, 一概念 4,38,44,207, 一現象 6, 一対立 89, 一的 169, 一的時間 57, 一的人間 168, 一と科学 38, 一と「いのち」44, 一の知識 4, 一の定義づけ 4, 一の本義 48, 一の本質 4,51, 一文化 23, 一文学 48, 成立一 198, 歴史一 198*
宗教学 3,50,52,95, 一の価値中立的立場 65, 一の立場 169*
『宗教学概論』50*
宗教間対話 Eng.: interreligious dialogue 92
宗教史 Eng.: History of Religions 65,75, 一学 52, 一的時間 57, 一の「時間」75
『宗教史概説』52*
宗教者と科学者 38
宗教生活の原初形態 4,17
宗教体験 37, 一と身体の問題 6
宗教多元主義 Eng.: religious pluralism 170,
宗教多元論(英訳は上に同じ) 65,169
宗教哲学 Eng.: Philosophy of Religions 51-52
「宗教と科学の闘争」40
宗教美術 97
十字架 Eng.: cross／crucifix 69,120
修道院 85,122, 一制度 Eng.: monasticism 78
十分の一税 Eng.: Tithe 124

終末思想 Eng.: eschatology 109,170,173, 終末観 34, ゾロアスター教の— 61
儒教 3,174,179-180,182,187,201, —の独自性 177, —や道教 201, —・道教・神道 202, —・仏教・道教 n.218
修行完成者 80,152
祝福の言葉 167, 祝福 200, n.211
宿命 187, 個人の— 206
「守護聖人」の信仰 78
呪術 Eng.: magic ＜ Pah.: maguš 17, —と宗教 17, 狩猟— 17, 反復呪術 17
衆生済度 81,160,202, —の利他的要素 152
手足網縵相 Skt.: jāla-avanaddha-hasta-pāda 21,160
出エジプト Eng.: Exodus 112
十誡 85,114, —の第一誡 68, —の第六誡 115
出産 13
「種」としての「いのち」 39
シュードラ Skt.: śūdra 151
シュトライメル Heb.: štraimel 119
主の祈り Eng.: the Lord's prayer 123,155
シュラマナ 64,87,146,152, —の宗教／宗派 152* → 沙門
殉教者 Eng.: martyr 78,138
「春秋」 174
巡礼地 88
恕 177-178
浄 79, —と不浄 80-82, —と不浄の観念 80,204, "浄・不浄"の程度 n.215
正覚 Skt.: sambodhi 60, —体験 165, 不退轉の— 60
上求菩提・下化衆生 81
「正見」「正知」「正行」 87,154,158*
小国寡民 182
少子高齢化 Eng.: a declining birthrate and aging population 35
小誓戒（アヌヴラタ） 87,154,157,166*
"象徴としての身体"表現 81
浄土往生 202
『正法眼藏』 n.211
唱名 18,20,68, —・念仏 75, —の反復 n.215
召命体験 11, —および啓示体験 60
声聞 Skt., Pāl.: sāvaka, Skt.: śrāvaka,81
生老病死 Skt.: jāti-jara-vyādhi-piḍitā 33,

—の苦 62, —の現実 87
諸行無常 164*
『続日本紀』の宣命 37
諸宗教 53,91,96,103, —の全貌 4, —の相互理解 92, —の把握 77, —の比較 50,91, —の分布 89, —の歴史的なつながり 90, 地球の— 169
諸法実相 Skt.: sarva-dharma-tathatā 102
諸法無我 164*
自利行と利他行 77
自利利他の修道 160
思慮深い沈黙 94
シン 136,139*
ジン Arb.: Jinn, —の憑依 n.214, 妖霊— 133
神威 197, 山の— 28
神学 Eng.: theology 51-52
人格神 30,72-73
"神官王" Eng.: "Priest King" 145
神宮大麻 191
身口意 Skt.: kāya-vāk-citta → 三業
「真空」状態 25
深信因果 102,165,171,n.212,—の仏教 59
心解脱 Pāl.: ceto-vimutti 37,163, 今生での— 63
真人 184−186, —の姿 182
身心相関の重要性 20
人生の不条理 187
神饌（御食）191,203
神仙 186,189, —境 189, —思想 188,201, —修行 201, —説 182,186, —のランク 189
心喪 178
伸葬 Eng.: laid burial 13
神葬祭 205
"神像"の制作と崇拝 71
身体 5-6,12,29, —から抜け出す霊魂 6
身体外空間 5
人体解剖 40
身体感覚 5-6
身体現象 6
身体原理の宗教現象 6
"身体"体験 6
身体内空間 5,8,24
身体内世界と身体外世界 5,22
身体の精神化 5

"身体"表現 22, 象徴としての— 81
死んだ宗教 49
心的音韻化 Eng.: mental phonation 9
"死んでそれっきり"状態 35
神典 Eng.: Shinto scriptures 201
新天師道 184,188
神道 37,190,196-199,204, —とゾロアスター教との親和性 204, —と仏教思想の融合 206, —における個人 206, —の神 190, —の最高神 197,204, 現世志向の— 203
申命法典(『申命記』)Eng.: Deuteronomy 114
神拜 191
神罰としての病 41
神秘体験 Eng.: mystic experience 7,141
信・望・愛 123*
新約 121, —聖書 Eng.: New Testament 123
人類愛 Eng.: love for humanity 123
神話の語り手 10

ス

ズィンミー Arb.: dhimmī 128
頭蓋骨 14
スカーサナ Puñ. < Skt.: sukhāsana 86,137
過ぎ越しの祭り Heb.: Pesaḥ 99-100,113,121
救いや覚り 83
スコラ哲学 Eng.: Scholasticism 122,170
スターナカヴァーシー派 Hin. < Skt.: Sthānakavāsī 154
ステンドグラス Eng.: stained glass 129
ストゥティ 87*
ストゥーパ Skt.: stūpa 87,99,101,154,160-162
スドレー Guj.: sudreh/sudra 85,105
スパゲッティ状態 43
"スピーカー" Eng.: speaker 11
スピリチュアルケア Eng.: spiritual care 43-44
スーフィー 86-87,92,170,—の神秘思想 171*
スペンタ・アーラマイティ Ave.: Spənta Āramaiti 109
スペンタ・マイニュ Ave.: Spənta Mainyu 109
皇神 194
スーラ 70, n.209*

セ

聖 77, —と俗 80-82, —に還元してゆく俗 80, —に向かう俗 79, —の遍在 80, 聖遺物 42, 聖所 21, 聖地巡礼 82
星雲 Eng.: nebula 36
聖骸布 Ita.: La Sacra/Santa Sindone 42 → Cf. Ita.: mandillo（聖ヴェロニカの「ハンカチ」）
声楽 Eng.: vocal music 22,159
聖火壇 61,79,86,148
政治犯 125
星宿 187
聖書 Eng.: Bible < Gre.: tà biblía tà hagía 41,117
清浄なるもの 81
聖職者兼科学者 41
精神的な何か 24
聖人 56,78, —と俗人の厳然たる区別 79
精神の自由 119,140,152,159
生前解脱 63,79,87,138,142,172
　→ ジーヴァン・ムクティ
性善説 166
聖像 69, —崇敬の文化 102
聖俗一丸 78-79
聖俗二分 78,80,170
聖俗不分 78,85, —のイスラーム社会 92-93
聖俗を超えた聖 81
聖典 61, —という文学 36, —の言葉 205, —の伝承 198, —の読誦 75
「生」と「死」の厳然たる境界線 13
青銅器時代 Eng.: Bronze Age 108
聖なるもの 21,52,77,81-83,96
聖墳墓 Eng.: Holy Sepulcher, —教会 99
生命 40, —尊重の思想と実践 87
清明心 190,200
精霊 Eng.: spirit, genie 6,27
聖霊 Eng.: Holy Spirit 109,170,205, —降臨 124,n.213, —の賜物 10,205,神の— 205
石炭 Eng.: coal 35
せせらぎの音 83
絶対者 Eng.: the Absolute 73,87,198
セム語族（系）Eng.: Semitic 66, —の一神教 64,72, —の宗教 61,115

索　引　*235*

セーワー Puñ.: sewā 87,138,142
善悪二元論 110
善因楽果 58, ―・悪因苦果 166
善行のポケット Per.: Kisseh-i-Kerfeh, Per.>
　Guj.: girebān（防護・導き）105
「善思・善語・善行」の三徳 105*
全真教；―の開祖 189
全人教育 Eng.: education for the whole
　person/the balanced personality 178
「善神と悪神の闘争」110
戦争体験者 35
善と悪 110
仙道 32,187-188, ―の掟 189
仙人 31-32, ―の自由自在な境涯 203
宣命 200-201, ―体 194
善は神 111
千輻輪相 Skt.: cakra-aṅka-pāda 160
仙薬 31
洗礼〔式〕 Lat.: baptisma 121,205

ソ

相依性 Skt.: idappaccayatā 60
相好 Skt.: lakṣaṇa-anuvyañjana 160
相互認識 Eng.: mutual recognition 76,91
『荘子』29,182,186
『創世記』Eng.: Genesis 26,40,116
創造神（「いのち」の根源）111
ソクルル・メフメット・パシャ・ジャミー
　Tur.: Sokullu Mehmet Pasha Jamī 129
素粒子 Eng.: elementary particle 25
祖霊 178-179,196,200,n.217, ―以外の神霊
　178, ―の恩恵 190
ゾロアスター教 27,34,54,61,64-65,79,82,98,102,
　104,123,144,173,203-204, ―神学の要点 107,
　―の「霊肉二元論」27, 正統の― 110
存在即讃美 134
村落共同体 144

タ

体外離脱体験 7*
大家族制度, ―の絆 144
第三者（媒介者）の役割 92
胎児 13, ―としての宗教 50, ―の形 n.209,
　―の模倣 14, ―マウス 39

"第～夫人" 128
大乗仏教の美術 81
太陽神 197
対話 Eng.: dialogue ＜ Gre.: diálogos 92,94
多因多果 74
タウヒード Arb.: tawhīd 128
ダエーワ Ave.: daēva 71,108
多我説 156,171, ―のジャイナ教 173
多賀大社 197
高天原 33,192,196,200
高御座、玉座、王座（宝座）98,100
多次元的時間 53,74-75
多生涯 58,150
多神教 Eng.: polytheism 66-68,85,132,204,
　―の加勢を受ける一神教 111
他心通 Skt.: para-citta-jñāna 10
脱亜入欧 3
磔刑像 Eng.: crucifix 120
脱魂（現象）Eng.: ecstasy 5
ターバン Eng.: turban 136
ダフマ（ダクゥマ）Ave.,Pah.: dakhma,
　Per.: dakhmeh 105 → "沈黙の塔"
タブラ Hin.:tablā 137,139
たましひ（魂）24, ―の"不浄" 206
ターミナルケア Eng.: terminal care 43
陀羅尼助丸 201
ダラム・カンド Puñ.: Dharam Khaṇḍ 143
タリオ（同害報復）Lat.: talio 132
ダルマ 86,141,157, ―の概念 72*
ダルマ・チャクラ 161 → 法輪
タワーフ Arb.: ṭawāf 85,129
断食死 Skt.: "vimokṣa" 158
単一神教 Eng.: henotheism 148

チ

知識 10,40,77,90,95, 新しい― 207, 学問的―
　95, ほんとうの― 91, 身についた― 2,4
地仙 189
知足安分 182
父・子・聖霊 Lat.: Pater, Filius, et Spiritus
　Sanctus 66,150
地の民（アム・ハー・アーレツ）125*
チベット高原 104
チャパティ Hin.: capāti, 142

索引 *237*

チャンドア（天蓋）Puñ.: chandoa 140
中道 Skt.: madhyamā-pratipad 87,157,162, n.216, ―説 171
超越神 72-73, 151⇔内在神
聴覚 11
超新星爆発 Eng.: supernova explosion 49
"鳥葬" Eng.: sky burial（空葬）104
鳥類の病院 153
地理上の発見 51
地理学者 Eng.: geographer 45
"沈黙の塔" Eng.: Tower of Silence 104-105
　→ ダフマ

ツ

通過儀礼 Eng.: a rite of passage 205
土くれ 26
つながり 39,209,248, 他宗教との― 128
罪；―の贖い 120, ―の意識 168, ―の自覚 n.213, ―や迷妄や死 26
罪穢れ 193,203,205
罪人（つみびと）127 ⇔ 義人
ズルワーン教 Pah. < Eng.: Zurvanism 106, 110

テ

ディアスポラ 114* → 離散民
ディガンバラ Skt.: Digambara → 裸行派
ティールタンカラ Skt.: tīrtaṃkara 86,154
デーヴァ 71*
テーラーパント派 Hin.: Terāpantha 154
テレパシー Eng.: telepathy 11
天 29-30,56,174,181-182,199,202, ―からの啓示 55, ―の道 185, ―の領域 180, 天意 199
天啓 55,60-62,72,147-148, ―（の）宗教 56,87, ―聖典 148
天国や地獄のありか 89
天衆 Skt.: divyah kayah 33
天照皇太神宮 191
転生思想 56
天仙 189
天則 62-64,148* → アシャ、リタ
天孫降臨 192-193,197,200
点燈夫 Eng.: lamplighter 45
点と線 88

天命 29,177,180,187

ト

ドイツ北部連邦 3
導引 186
道教 3,182,184,186,188, ―の倫理観 189
洞窟 22, ―壁画 16,22
道像 184
『道徳経』182-183,186
道徳心の覚醒 178
東方キリスト教会（東方正教会）Eng.: Eastern/Orthodox Church 27,70
『東方聖典全集』50*
徳治主義 180
毒ヘビ 47
独立独行；―の効力 156
常世 196, 祖霊の安まる― 196
豊葦原中國 192
『トーラー』Heb.: Tōrā 84,114
ドラヴィダ人 Eng.: Dravidian 72,144,146
鳥居 28,37
トリノ Ita.: Torino 42
トリムールティ Skt.: Trimūrti 101,145-146
　→ 三神一体
奴隷 Arb.: 'abd 133-134 ⇔ rabb（主；主人）

ナ

内言 9―11,134, ―と外言 9, ―のはたらく心の「空間」74*
内在神 72-73,151⇔超越神
内声 Eng.: internal voice 9,20
内臓感覚 5*
ナイル河 Lat.: Nilus, Arb.: Al-Bahr 31
ナヴ・ジョート（ナオ・ジョート）Pah.: Navjōte（Naojōte）85,105
中今 37,196, ―の解釈 n.209
嘆きの壁 Eng.: Western/Wailing Wall 119
中つ国（中津国）33,196
ナザレのイエス派 127
「名前」以前の「もの」そのもの 4
ナーム・シムラン Puñ.: Nām Simran 73
ナーム・ジャプナー Puñ.: Nām Japnā 143
成りませる：（生り坐せる）〔カミ〕190,192,255

『南華真経』186

ニ

ニガンタ派 Pāl.: Nigaṇṭha 62,146,154
和霊 190
肉髻相 Skt.: uṣṇīsa-śiraska-tā 21,160
肉声 8,20
二元論 Eng.: dualism 26,110
肉体 27, 一という牢獄 6, 一にまさる霊魂 12, 一は霊魂の牢獄 34
ニケーア信条 Eng.: Nicene Creed 122
ニシャン・サーヒブ Puñ.: Niśan Sāhib 101
ニトネーム Puñ.: Nitnem 137
二拝二拍手一拝 193
『日本書紀』198,201
ニルヴァーナ 33,154,157* → 涅槃
人間 5, 一性の回復 126, 一世界 169, 一存在 182, 一の王 116, 一の形 81, 一の声 22, 一の心 117,165,207, 一の心理 21, 一の声帯 18, 一の尊厳 95, 人間学 50

ヌ

"ぬいぐるみ"の着せ替え衣装 6
→ "着ぐるみ" 8

ネ

熱心党（ゼロテ党）Gre.: Zelōtai 114,125
涅槃 33,163-164, 一会 164, 一図 164, 一寂静 164*
根の国 33, 一底国 195
ネール・タミード Heb.: Nēr Tamīd 113
念仏 Skt.: buddha-manasikāra 18,75, 観想一 87

ノ

農耕 120
農林水産業 159
野の花 126,159
宣り詞 194
祝詞 194-195,198,200-201

ハ

拝火教徒 Eng.: fire-worshipper 71,104
肺の収縮 12
バウッダ 152*
ハウルワタート Ave.: Haurvatāt 109
墓 13,35,99
破壊行為 111
『バガヴァット・ギーター』Skt.: Bhagavadgītā 86,146,150
バクティ Skt.: bhakti 67,171
バクタ 86*
バクテリア Eng.: bacteria 42, 一のいのち 103
パサルガダエ Pah.: Pasargadae 106
ハ・シェーム Heb.: ha šēm 69,84
バジャン Hin.: bhajan 87
パシュ・パティ Skt.: paśu pati 145
ハスィディーム Heb.: Ḥasidīm 119
パソコン Jpn. < Eng.: personal computer 74
"はたらき" 28-29,190,197, 智慧の一 197
"はたらくいのち" 28
パータリ樹 Skt.: Pāṭali 161
8宗教 52-54,57,59,64,82,97-98,102-104,168, 一の解説 103, 一の生成過程 59, 一の選択 52, 一の比較 169
ハッジ Arb.: Ḥaj 132
『ハディース』Arb.: Hadīth 84-85,131
バトンタッチ Jpn.: baton touch < Eng.: have sb take over 〜, 35
バーニー Puñ.: bāṇī 141,143
ハニーフ Arb.: ḥanīf 85,133
ハヌカー Heb.: Ḥannukah 113
母の胎内 7,11,22
バビロニア Eng.: Babylonia 114, 一神話の思想 115, 一捕囚民 115
ハーモニウム Eng.: harmonium 136
祓 194,205-206
バラの花 46
婆羅門（バラモン）163, 一教 152,173*
ハラム Arb.: ḥaram 93
バランス感覚 Eng.: a sense of balance 76
パーリカルマ Puñ.: pāri-karma 87
パリサイ派（共同訳聖書では「ファリサイ派」）Arm.: Pərīshayyā 63,112,114,122,125
ハリ・マンディル Puñ.,Hin.: Hari Mandir (Eng.: "Golden Temple") 138

索引 *239*

パールキー Puñ.: Pālkī 86,137
パールシー Guj.: Pārsī 84,106
ハルワー Puñ.: halwā 142
ハレ Jpn.: 晴 190
パンジャーブ語 Puñ.: Puñjābī 136,143, —独特の響き 139, —の発音 137
パンジャーブ文字 137,140 → グルムーキー
汎神論 Eng.: pantheism 72-73
反復呪術 17
万物斉同 182, —の境地 30
半マガダ語 86,155*

ヒ

火 54,111,203, —の神 104,108, —の祭式 54
非アーリア系 Eng.: non-Āryans 145, —の文化 62
比較 50,76,95-96, —〔の〕作業 77,95, —対象 77, —のモラル 76, 無神経な— 92
比較言語学 Eng.: Comparative Linguistics 50-51
比較宗教学 51-52,76,92,96,207, —の基礎資料 103, —のモラル 88,96, 異文化体験による— 95, 比較宗教の作業 199*
引き渡し 131-133*
美術 21, —・建築・音楽 21, —の本領 97
ビッグ・バン Eng.: big bang 41
"ヒト" Jpn.: 人 5
ひとだま (人魂) 24
"人ならぬかたち" 97
"人のかたち" 97
ビハーラ (ヴィハーラ) 43,162,n.210*
皮膚 5-6,22
非暴力 Eng.: non-violence 152
神籬 197
白衣派 Skt.: Śvetāmbara 152,154,n.216
辟支仏 (縁覚) Skt.: pratyeka-buddha, n.212, n.217
白毫相 Skt.: ūrṇā-kośa 21,160
ピュタゴラス派 Eng.: Pythagoreanism 34
表意文字 Eng.: ideogram／ideograph 81, 雨乞いの— 179
平等智 Skt.: samatā-jñāna 39,81
憑霊 (現象) Eng.: spirit possession 5,55
開かれた心 207

ピーリー Puñ.: Pīrī 138
非霊魂 157*
ヒンドゥー 87,144, —社会 63,144,151, —・ダルマの起源 72, —の精神文化 160*
ヒンドゥー教 54,56,64,82,98,102,144,146,148, 204,n.219, —とジャイナ教 83, —の神々 19, —の祭司 55

フ

巫 Eng.: shaman ＜ Eve.: šamān, samān 179
フィルター Eng.: filter 30,53
風葬 104-106 → 鳥葬
フェアリー Eng.: fairy 27
フェレシュト Pah.: ferešt 71
フカム 86*
俯瞰 48,51,64,76,89,103, —という視座 248
不協和音 Eng.: dissonance 83
福音 Eng.: gospel ＜ Gre.: euangelion 127, 社会人の— 150
服餌 186
福田 Pāl.: puññakkhetta 157
富士山 28
不死長生；—の方法 182
プージャー Skt.: pūjā 87
不傷害 152,157, —の掟 155,163* → アヒンサー
不浄から浄 82
不浄の左手 204
不生不滅 Skt.: anirodham anutpādam...；—の境地 150
不殺生 63,152,153, —戒 98,166,188,206, —・不傷害 153,157, —の道 206*
復活 Eng.: resurrection 42,124, —信仰 42,61
仏教 3,28,54,56,82,98,157,160,165,200,202,206 —とジャイナ教 56,152, —の縁起思想 194, —の東漸 160, —の深層心理学 n.209, —の特質 n.212, —や神道 38
仏舎利 Skt.: Buddha-śarīra 101
仏像 2,81,93,160-161,166, —制作の大いなる功徳 n.216, —の顔貌 164, —の身体 20, —の「台座」となった仏陀の「空座」102, —は仏陀の生き写しとの信仰 160, 神像や— 197
仏法 Skt.: Buddha-dharma 89, —の権威 102
仏・法・僧 Skt.: Buddha-Dharma-Saṃgha

161
不定主義 Skt.: anekānta-abhyupagama
   (絶対ならざる場合の承認・許容) 159,243
不二一元論 Skt.: advaita 71-72,146,171
フマタ、フクゥタ、フワルシュタ 85,107*
不滅の霊魂 30,34,80,83,97,102,166,171,173
フラワシ Ave.: fravaši 100,105
プラサード → "お下がり"
ブラーフマナ 64,79,87,146,151-152,n.215* → 婆羅門
ブラフマン 79,86,147,150, 一との一体化 151, 最高原理— 165, 絶対者— 67
フランコ・カンタブリア地方 Eng. < Fre.: Franco-Cantabria 16
プレアニミズム Eng.: pre-animism 28
不老長寿の欲求 182
文学者 35
分霊 149,191-192,n.219, 神の— 71,203
フワルナ Ave.: khvarənah (Xvarənah) 105

ヘ

辟穀 186
ペサハ 113 → 過ぎ越しの祭り
ヘブライ人 Gre.: Hebraios 112
ペルシャ語訛り 144
ペルソナ (位格) Lat.: persōna 150
偏袒右肩 93頁参照, 129, —の着衣方法 145

ホ

箒 Hin.: rajohorani 152
『法華経』Skt.: Saddharmapuṇḍarīka-sūtra 102
方術 186
蓬莱；—の神山 32, —・方丈・瀛州 186
法輪 Skt.: dharma-cakra 160-161
保護聖域、避難所、安全地帯 98
『星の王子さま』Fre.: Le Petit Prince 48,n.210
星の"輪廻" 49
『抱朴子』184,187,n.218
菩薩 Skt.: Bodhisattva 81,160, —像 160
ホスピス 43,n.210*
母体 12
菩提樹 Skt.: Bodhi-druma 160-161, —の葉 145

菩提心 Skt.: Bodhi-citta 160
払子 (ほっす) Puñ.: chauri 137
ボードガヤー 86*
ホームページの接続履歴 75
梵我一如 39,72,87,146-147, 150, —の体得 64
本地垂迹説 202
煩悩 Skt.: kleśa 33, —の滅尽を説く仏の道 177
凡夫 Pāl.: bāla 81, —の心境 164

マ

マウス Eng.: mouse 39
マウリヤ朝時代 Eng.: Mauryan period 161
勾玉 (曲玉) 14,191,197,201, —のシンボリズム n.208
マクロの眼 76,89,92
マヅダー礼拝者 85,104,107*
マッカ Arb.: Makkah; Eng.: Mecca; Mekka 84,133, —巡礼 98, 聖地— 93,132
末期医療 Eng.: terminal care 43
祭り 194,198-199, 家の— 200 → 神祭り
マトゥラー仏 Skt.: Mathurā Buddha 164
『マハーバーラタ』Skt.: Mahābhārata 86,146, 150
マニ教 Eng.: Manichaeism 34
『マヌ法典』Skt.: Manu-smṛti; Mānava-dharma Śāstra 146-147
ママ Eng.: mama, Lat.: mamma 18*
万華鏡 Eng.: kaleidoscope 160
マンスラ (=モンスラ) 67,71,203*
マンディル Hin.: mandir (「寺」) < Skt.: mandira (「住居」「宮殿」) 86
マントラ 67,71,86,107,147*
マンムク Puñ.: Manmukh 143 ↔ グルムク

ミ

ミイラ Eng.: mummy, Por.: mirra 31
ミクロの眼 76,92
ミコト Jpn.: 御言；尊／命 197
ミサ (弥撒) Eng.: Mass < Lat.: missa 121
ミシュナ Heb.: Mišnah 114
"水の惑星" 169
禊 194,203,205-206, —祓 192,203,205-206, イスラームの— 205, 祭司の— 203, 新年祭の

索引 *241*

― 106
"乱れ"や"破れ" 90
耳鬘 197
御霊代 197
道の人 152,163, ―ゴータマ 165*
密儀宗教 Gre.: mystḗrion 34
幣帛 197
ミドラシュ Heb.: Midraš 114
南ユダ王国 112
ミフラーブ Arb.: miḥrāb 84,100,129
耳を澄ます 9
宮柱 197
ミーリー Puñ.: Mīrī 138
観る 30
民族宗教 112, ―と普遍宗教 173
ミンバル Arb.: minbar／mimbar 129

ム

無意識の世界 10
無為自然 182,185,n.217, ―なる天道 187
迎え火 32
無我説 Skt.: nairatmya-vāda 166,171, ―の仏教 156
無からの創造 Lat.: creatio ex nihilo 41
ムクゥ・ヴァストラ 153* ; Hin.: muha patti → 口覆いの布
無宗教 88
無常観 164 →「無常・苦・無我」n.215
無所有戒 166*
無神論 Eng.: atheism 165, ―者 41
ムスリム Arb.: Muslim 128,130,134-135,142, ―の婦人 19
無属性ブラフマン 147,171*
無道時代 Arb.: Jāhilīyah 85,130,133
ムニ 153,155,159*
無念無想の禅定（止) 10
無分別智 Skt.: nirvikalpa-jñāna 39,81
"無"もしくは"空" 149
ムールティ Skt.: mūrti 101
無漏 Skt.: nirāsrava 80

メ

名詞 20
名称と形態 80,147*

メシア 62,66,69,84,100,113,116,121,170
→ 救世者、救世主*、キリスト
牝駱駝 132
滅後仏教徒（釈尊亡き後の仏教徒）102,165
メノーラー Heb.: menorāh 100
メリットの有無（有用性）39

モ

モザイク Eng.: mosaic ―画 69, ―模様 88
モナド（単子）Eng.: monad ＜ Gre.: monás 156
"ものみな神"の思想 204
モヘンジョ・ダロ遺跡 Mohenjo-Daro 145
モルヒネ Ger.: Morphin 43
モンスラ 107 → マンスラ*

ヤ

八百万 196
屋久島の縄文杉 28
ヤザタ 63,71,111*
ヤジュニャ Skt.: yajña 84,87
社（やしろ）190
『ヤスナ』105,110*
耶蘇教（イエス教 → キリスト教）3
ヤハウィスト Eng.: Yahwist 115
やぶ蚊や本の紙魚 15
大和言葉 25,198,201
大和人 195

ユ

唯一者 67-68,72-73,147
唯一神 56,65,67,71-73,97-98,128,204, ―か、三一神か 69, ―解釈の相違 69, ―・神々 98, ―信仰 170, ―の意志 54, ―の恩寵 34, ―の観念 65, ―の啓示 170, ―の生成 65
唯一なるもの 148
唯識説 Skt.: vijñapti-mātratā 162, 唯識思想 n.209
幽霊 25,32, ―の存在 200*
有求必応 189
有属性ブラフマン 72,147*
ユダヤ Eng.: Judea 112
猶太教（ユダヤ教）3
ユダヤ教 26-27,29,34,54,61,65-66,69,82-83,98,

102,112,144,203-205, 一・キリスト教・イスラーム 27,61,109,111,173, ユダヤ教団 63,127, 一とキリスト教 78, 一とヒンドゥー教 61, 一の贖罪思想 120, 祭司の一 61,84-85,98,114,173, ラビの一 → ラビ
ユダヤ人 Eng.: Jews 112, 一の社会 124, 一の迫害 126, 亡国の民一 112

ヨ

養生；一術 186, 一法 182
瓔珞 Skt.: ratnavali,etc. 160
予言 Eng.: prediction, foretelling 54,151
預言 Eng.: prophecy 9,54,63, 一の成就 125
預言者 11,54,79,104,118,199, 一の宗教 54,56-57,59,62-63,75,173, 一の召命体験 148, 一の人格 11,55, 一の道 56, 一や覚者 199
よみがえり 127, 「いのち」の一 124
黄泉国 33,192-193,196-197,200
黄泉比良坂 33,192
ヨルダン川 Eng.: the Jordan 85,124,205
ヨーロッパ人 Eng.: Europeans 51

ラ

ライオン Eng.: lion 26, n.209
ラーギー Puñ.: Rāgī 139
裸行派 Skt.: Digambara 87,152-154
楽園 Eng.: Paradise, 一の妄想 168
ラジオ・ニュース Eng.: radio news 9
ラージャスターン（州）Skt. (Rāja) + Pah. (sthān): Rājāsthān 136
ラスコー Fre.: Lasko; Lascaux 16
ラップ（主、主人）Arb.: rabb 133 ↔ アブド
ラテン語 Eng.: Latin 12,50
ラビ Heb.: rabbi, 一のユダヤ教 84,98,114,173, 知恵ある一たち 112
ランガル 87,138,142*

リ

『リグ・ヴェーダ』72,86,146*
離散民 114,116* → ディアスポラ
リタ 62,64,70,72* → 天則、アシャ
利他行 Skt.: para-artha-ekānta-kalyāṇa 81
律法 69,118-119, 一の遵守 112,125,205, 一の精神 119,125, 一の廃止ならぬ完成 127

リトルギア（奉神礼）Lat.: liturgia 84
理法 54,97,148, 因縁生起の一 102
霊鷲山 Skt.: Gṛdhrakūṭa-parvata 102
良心 58,107,109, 一の声 9,166,n.212
リヨン Fre.: Lyon 48
リンガ Skt.: liṅga 72, 一の崇拝 146
臨死体験 Eng.: near-death experience 8
輪廻 141,156, 一の主体 166, 一苦 150,165,200, 一思想 33-34,150, 一世界 64, 六道一 58*
輪廻転生 30,154, 一の一過程 103, 一の思想 33, 一の理法 200
輪廻解脱 62,64,79,151,156,171, 一の方法論 154

ル

類型論 Eng.: typology 53,173
『ルバイヤート』Per.: Rubā'iyāt n.211
ルルド Eng.: Lourdes < Fre.: lurd 43, 一の泉 42

レ

霊感（インスピレーション）55
れいこん 24
霊魂 6,14,24-26,29,32,87,156-158, 一すなわち自己 25, 一としての自己 25, 一の肯定 170-171, 一の浄化 171, 一の不滅性 25, 一の牢獄 26, 一のゆくえ 26, 一否定の無我説 171, 一を束縛する肉体 26, 個々の一 156
「霊のない体」も「体のない霊」も 26
歴史 Gre.,Lat.: historia 73, 一学 64
霊≒肉 25
霊≧肉 25
霊＞肉 26
霊肉一元論 27,29
霊肉二元論 26-27
蓮華 Skt.: padma（紅）, puṇḍarīka（白）他, 145,147, 一模様の法輪 161
煉獄（煉獄）Eng.: Purgatory 58
レンズ Eng.: lens 30, カメラの一 21

ロ

老子化胡説 184
『老子道徳経』186
老荘〔の〕思想 182-183, n.217, 超俗的な一 186

ロギア Lat. < Gre.: *pl.*logia; *sing.*lógion 123
鹿野苑 Skt.: Mṛgadāva 165
六境 Skt.: ṣaḍ viṣayāḥ 140
六根 Skt.: ṣaḍ indriya 140, n.215
六根清浄 87,140,206, —のもてなし 142
ローマ・カトリック教会 Eng.: Roman Catholic Church 27,52,121
ローマ人 Eng.: Romans 119, —の支配 125
『論語』177,181

ワ

ワサン（画像）Arb.: waṣan 130
和声（ハーモニー）Eng.: harmony 172
海神の宮 196
"われ" Jpn.: 我 7
我こそ真実在（＝我こそ神）Arb.: Ana al-Ḥaqq 78 → 註(65)
我はブラフマンなり 149,156*
われわれの「現在」（いま）75

事項索引についての註記

(1) 「～教」という宗教の名称には英訳語を付していない。なぜなら、"Buddhism"や"Jainism"のように「～主義」を含意する"～ism"を語尾に持つ英単語は、それが指し示す実際の"そのもの"を正しく表現していないからである。なかでも、諸法無我を旨とする仏教や、特定の立場を決定せずに説法するジャイナ教に"～ism"はふさわしくない（"主義"を立てないジャイナ教を"不定主義"と呼ぶのは、言語表現上の逆説である。159頁参照）。
ゆえに、原語（Skt.）にもとづく"Buddha dharma"（仏法）や"Jina dharma"（ジナの法）といった表現を用いるのが至当と思われる。あえて英訳するなら、"Buddhist"や"Jain"に"philosophy"や"thoughts"などの語を文脈に即してつなげるのが望ましい。"～ism"の付いた名詞が当たり前のように多用される現状にあって、原語の真意を一つ一つ確認しながら訳すことは、異文化理解の誠意をあらわす第一歩といえる。英語という一言語（他言語の場合も然り）の論理形式が、他言語の文化的背景を十分に尊重しないまま、異文化交流を推進する行為（いわば、知的不誠実：intellectual dishonesty）を良心的に回避するのも、学術の一環。
(2) 重要な語のなかには、和訳語と原語のカタカナ表記の両方を、別々の索引語として掲載しているものもある。その際には、お互い（計2～3語）を矢印で結びつけるように配慮した。
例：天則 → アシャ、リタ／アシャ → 天則、リタ／リタ → 天則、アシャ
(3) 原語のカタカナ表記には、原語の発音（肉声）を、アルファベット表記よりもさらに簡略化したものもある。例えば"dharma"のほうが「ダルマ」よりも原音に近い。その一方で、原音に忠実なカタカナ表記には、アルファベット表記からは起こりうる原音の転訛がない。例えば、「アーメン」のほうが英語圏（主に北米）の「エイメン」（"Amen"）よりも原音（Heb., Arm.: āmēn）に近い。人名では「イエス」と「ジーザス」（Eng.: Jesus）の場合が好例。地名の「エルサレム」と「ジェルサレム」（Eng.: Jerusalem）も同様。このような発音の違いが、信仰生活の聴覚的センスを地域／宗派ごとに育んできたのである。
(4) 英語以外の諸外国語（カタカナ表記）には、その英訳語ではなく原語のアルファベット表記を付した。原音での語意理解を促すためである。索引の凡例6（220頁）参照。それに対し、日本語の索引語には、語源や意味内容に応じた言語の綴りを付記したものがある。
(5) テーマの異なる様々な頁に何度もあらわれる語のいくつかは、本書のキーワード。

II. 欧文索引

A

Abba: Arm.,69 → Cf.127
'adāmah: Heb.,115
adharma: Skt.,157
adonāi: Heb.,115*
agni: Ved.,Skt.,63
agni-kuṇḍa: Skt.,148*
Aham brahmāsmi: Skt.,149*
ahiṃsā: Skt.,63,152,155,157,163*
Ahura: Ave.,107*
Ahura Mazdā: Ave.,104*
ajīva: ArM. < Skt.,157*
al-Fātiḥah: Arb.,131*
al-Rahīm: Arb.,131
al-Rahmān: Arb.,131
Allāh: Arb.,70*
aloka-kāśa: Skt.,157
'am hā 'āreṣ: Heb.,125*
amidah: Heb.,115*
amṛt: Puñ.,141
amṛt chhakana: Puñ.,141
anima: Lat.,12*
anuvrata: Skt.,157*
Anmrit: Puñ. < Skt.,139*
aparigraha: Skt.,157*
Ardha Māgadhī: Skt.,155*
Arhat Vandanā: Hin. < Skt.,155*
artha: Skt.,149
aša: Ave.,63,106,149*
asteya: Skt.,157
astikāya: Skt.,156

Ā

ācārya: Skt.,159
ākāśa: Skt.,157
ārya: Skt.,106
ātarš: Ave.,63
Ātarš Vahrām: Ave.,106
ātman: Skt.,149*
āyah: Arb.,70,134*
Āyāraṃga-sutta: ArM.,155
āyāt: Arb.,134

B

Bauddha: Skt.,152*
Bhagavat: Skt.,151
bhakta: Skt.,62,151*
bhakti-mārga: Skt.,151
bhikkhu: Skt.,163
Bodhgayā: Hin.,etc. < Skt.,102,n.212*
brahmacarya: Skt.,102,157
Brahman: Skt.,149*
brāhmaṇa: Skt.,63,163*
Buddha: Skt., Pāl., ArM.,55-56,148,152
Buddhagayā: Skt.,102
Buddhāsana: Skt.,102

C

catur āśrama: Skt.,63
citta: Hin. < Skt.,163
Comparative Religion: Eng.,52*

D

daēnā: Ave.; Pah.: dēn,107
deus: Lat.,50
deva: Skt.,50*
deva-janman: Skt.,150
dhamma: ArM., Pāl.,155,159
Dhammapada: Pāl.,163
dharma: Skt.,63,144,149,157*
Diaspora: Eng. < Gre.,116*

E

ego: Eng. < Lat.,167
external speech: Eng.,9*

F

"Fool's Paradise": Eng.,n.217
"for ever": Eng.,37

索 引 *245*

G

gāyatrī: Skt.,147
ghātikarman: Skt.,155-156*
ghost: Eng.,25*
Gotama (Buddha): Pāl.,63*
guhāsaya: Skt.,163
Gurbāṇī: Puñ.,139*
gurdev: Hin., etc. < Skt.,155
guru-jī: Puñ., Hin., etc.,n.214

H

Hari: Skt.,151
Hatikvah: modern Heb.; classical Heb.: hattiqwah,119
Hetoimasia tōu thronou: Gre.,n.212
Hindū: Per. < Skt.: Sindhū,144*
Hindū dharma: Per.+ Skt.,144
hollow sensation: Eng.,5*
hospice: Eng. < Lat.: hospitium 43,n.210*
hukhta: Ave.,107*
humata: Ave.,107*
huuaršta: Ave.,107*

Ḥ

Ḥukam: Arb.,139*

I

icon: Eng. < Gre.: eikōn 70*
"If...": Eng.,64
Imāgō Christi: Lat.,69*
Imāgō Dei: Lat.,70,115*
India: Eng. < Lat. < Gre.: Indos 144
Indo-Iranian monotheism: Eng.,71
Indos: Gre.,144
inspiration: Eng.,147
internal speech: Eng.,9,107*
Introduction to the Science of Religion: Eng., 50*
Isaac Bashevis Singer n.217*
Islām: Arb.,131*

J

Jaina: Skt.,152*

jalāl: Arb.,131*
jamāl: Arb.,131*
Jap: Puñ.,139
"Jhim jhim varse, amṛt dhārā": Puñ., n.215
jī: Hin., n.214
Jina: Skt.,Pāl.,152
Jinn: Arb.,63
jīva: ArM., Pāl.,Skt.,155-157*
jīvita: Skt., Pāl.,12

K

Kachha: Puñ., n.214
kāla: Skt.,157
Kalpa Sūtra: Skt.,155
kāma: Skt.,149
Kangha: Puñ., n.214
Kara: Puñ., n.214
karma: Skt.,141*
karman: Skt.,156*
Kaur: Puñ.,136
Kem Na Mazdā: Pah., n.219*
Kesh: Puñ., n.214
[*The*] *Khordeh Avestā*: Per.+ Ave.,106
Kirpan: Puñ., n.214

L

langar: Puñ.,63*
logos: Gre.,69
loka-kāśa: Skt.,155
lō' tirṣāḥ: Heb.,115

M

Mahāvīra: Skt.,63*
mahā vyahṛti: Skt.,147
mahāvrata: Skt.,157*
māma: Chi., 18
mam(m)a: Lat., 18
mantra: Skt.,106*
Mānuṣi-Buddha: Skt.,162
mātā: Hin.,etc. < Skt.,18
mazdā: Ave.,63
Mazdā: Ave.,107
Mazdā-yasni: Ave.,104,107

Messiah: Eng. < Heb.: māšīah 63*
mithuna: Skt.,149
monθra: Ave.,106*
mukh(a) vastra: Hin. < Skt., n.216*
muni: ArM., Pāl., Skt.,155*

N

nāma-rūpa: Skt.,147
naya: Skt.,159
nibbāna: Pāl.,164
nirguna brahman: Skt.,72,147*
nirvāna: Skt.,157,162-164*

O

out of body experience: Eng.,8*
Outlines of the History of Religion: Eng.,52*

P

pañca: Skt.,155
pistis,elpis,agapē; Gre.,123
pneuma: Gre.,12
prāna: Skt.,12,149
pudgala: Skt.,157

R

Ratu: Ave.,104
re-legēre: Lat.,3
re-ligāre: Lat.,3
religio: Lat.,3
religion: Eng.,3,52*
Religionsübung: Ger.,3
Religionswissenschaft: Ger.,3*
rūach (rūah): Heb.,12

Ṛ

Ṛg-Veda: Skt. < Ved.,63,147*
ṛta: Skt. < Ved.,63,106,148-149*

S

sabbe dhamma anattā: Pāl.,164*
sabbe saṅkhāra aniccā: Pāl.,164*
sabbe saṅkhāra dukkhā: Pāl.,164*
Sacred Books of the East: Eng.,50*

saguna brahman: Skt.,72,147*
samana: Pāl.,163
sāmāyika: ArM.,159
saṃsāra: Skt.,141*
saṃtoṣa: Skt., n.219
samyag-darśana: Skt.,158*
samyag-jñāna: Skt.,158*
samyak-cāritra: Skt.,158*
santaṁ nibbānaṁ: Pāl.,164*
Saošyant: Ave.(Pah.: Sošyant) 106
satya: Skt.,157
"See you again": Eng.,17*
Semitic monotheism: Eng.,72
siddha: ArM. < Skt.,155,157
siddhānta: Skt.,2
Siddhattha: Pāl.,63
Sikh: Puñ.,136
Sindhū: Skt.,144
Singh: Puñ.,136
soul: Eng.,25
spirit: Eng.,25
spiritual pain: Eng.,43
Spitama: Ave.,104
sraoša: Ave.,63
stuti: Skt.,147*
sūfī: Arb.,63*
sukha: Skt., Pāl.,163
Sukhāvatī: Skt.,163
svadharma: Skt.,151
syād: Skt.,159, —vāda,159

Ś

Śākyamuni Buddha: Skt.,162*
śīla: Skt.,149
śrama: Skt.,152
śramana: Skt.,152*
Śruti: Skt.,148
śūnyatā: Skt.,102

Ṣ

Ṣadaqah: Arb.,131
Ṣawm: Arb.,131
Ṣūrah: Arb.,70,n.209*

索引 *247*

T

tefillin: Heb.,115
triratna: Skt.,158*
trivarga: Skt.,149

U

Ummah: Arb.,131*
upavāsa: Skt., n.219
upwās: Hin., n.219

Ü

übung: Ger.,3

V

Vardhamāna: Skt.,63
veda: Skt.,63,152*
vedi: Skt.,148*
vergleichenden Religionswissenschaft: Ger., 52*
vihāra: Skt.,43,n.210*

visceral sensation: Eng.,5*
Vohū Manah: Ave.,106-107*
vrata: Skt.,149,152*

W

(the) Ways of Life: Eng.,103
"Welcome (home)!": Eng.,17

Y

yajña: Skt.(Hin.: yagya),106
yasna: Ave.,106
Yasna: Ave.,107*
yazata: Ave.,63,71,111*
YHWH: ?,84

Z

Zakāt: Arb.,131*
Zarathuštra: Ave.(Per.: Zardušt)104*
Zoroaster: Eng.,104,107*
Zoroastrēs: Gre.,107
Zurvān: Pah.,110

欧文索引についての註記

(1)諸言語の綴りと発音をアルファベット化する作業(Roman transliteration)には、原語の文字を解読して、肉声による生きた調べを少しでも正確な形で記号化しようとする熱意が込められている。その労を解するにはやはり、発音記号の正しい読み取りだけではなく、言葉の意味を汲み取ろうとする肉声のセンスが必要になってくる。

(2)諸言語のアルファベット表記は、原語の文字が表現する固有の視覚的メッセージとその思想的背景を捨象してしまう。さらにそのアルファベット化された諸言語を或る一言語で翻訳すれば、各言語の個性は消えて、翻訳語による新たな文学の地平が出現する。例えば、固有名詞の登場しない仏典の一節をそれと知らずに読めば、修道士の瞑想詩集や哲人の自省録ではないかと思う人も出てくるであろう。読者の属する文化圏で広く通用するように言語変換できるのは翻訳者の力量だとしても、聖典に宿る原語の力ばかりは再現できない。ゆえに、ヴェーダ聖典やクルアーンの朗唱者たちのように、解説にすぎない翻訳書にも、所詮 記号でしかない文字にも信頼を置かず、耳で記憶した聖句の意味と調べを何よりも尊ぶことにもなるのである。言葉の「いのち」は、「いのち」ある者自身によってこそ、よみがえる。

索引のフィロソフィー

　以上の索引は、本書の語彙を選択・整理して言語や人物などの理解を深めるための目録である以上に、それらすべてを一望のもとに俯瞰するように招いている。頁数の示すところに分け入って、索引語には見当たらない生きものを探してほしい、という期待感もある。
　生物学などの常識に囚われず、みずからの感性にしたがって「いのち」あるものとみなしたいもの（名詞）をすべて見つけ出し、任意の順序（例えば、"強い" と思うもの順／親しみを覚えるもの順）で、直線的／円環的／らせん的に列挙してみるとよい。現前する世界の生命力を推し測り、生かされている「いま」の不思議に気づくきっかけとなるだろう。

　いま有るものはすべて互いに影響しあい、ひとつでも欠ければ変化をきたす。一見、かけ離れているように思われるものどうしにも、かならず何らかの「つながり」がある。索引語の集まりもまた然り。まさにこの「つながり」を見つけ出すこと、そこに自然の理を洞察することこそが学問の醍醐味であり、"学術を楽しむ" 教養ではないか、と考える。
　そこで本書は、さまざまな「いのち」のつながりを表現するための仕掛けを、索引のみならず、種々の活字や図（写真・絵・ブックカバー、帯など）によって試みているのである。

　仮に、宇宙の彼方から訪問した知的生物が、人類の精神文化を観たならば、何のどのような点に関心を持つだろうか。たとえ涙の一滴であろうと、見落とせるであろうか。地球人としての生き方・考え方を見直し、比較宗教学の地平を見晴るかす機会ともなるように、訪問者からの問いかけを想像し、それに対する応答を試みよう。俯瞰という視座をもつこの索引も一つのヒントになるだろう。

Philosophy for the Index

　It is not merely an alphabetical list of names and subjects with the numbers of the pages where they can be found at once, but a window to have a bird's eye view of so many nouns selected from the book's vocabulary ; invited by the author who would like to get everything and everyone together for the sake of finding out something to correlate, interact, exchange, communicate and tie with one another. Any kind of Index never makes a mixed concourse.
　A discovery of some relationship among different people and things of all ages brings us a pleasure of acquiring some more culture to get a wisdom for seeing an order, not a chaos, no matter how they look so unconnected with each other. That is a beginning of all studies.

　You will find not a few names of living beings and something to be regarded as animate while going through the chapters, especially if it is fully possible for you to see every object have it's own spirit, whose vision gives you one of the keys to solving the origins of religion.
　Try to arrange your selected names of "living things" in order of strength, familiarity or whatever you like, imagining a straight, circular and spiral structure of symbiosis, and you may grasp the vitality of this world where your own life is now going on, searching after its true meaning. Everything depends on everything else. Your life touches so many other lives. Looking over the Index, this fact will remind us of the immense value of life and our own responsibility of living a life, as well as all other parts of this book shall play the same role.

　Suppose some extraterrestrials come to visit our planet, what kind of thing attracts their attentions above all ? Maybe even a drop of tears cannot be ignored. Let us imagine their questions about our cultures for the sake of trying to get a creative outlook for the horizon of Comparative Religion and all others. A panoramic view of the Index may help us to do so.

カバーデザインの解説

　カバー表：　中央には、サーンチー第2ストゥーパの玉垣に刻まれた蓮華文の浮き彫り（紀元前2世紀頃）を配している。仏像誕生以前のインド仏教美術を代表する供養花モティーフである。

　この水瓶は、ブラフマー神（梵天）の宇宙創造にあたって万物を満たしたという徳の容器でもあることから、賢瓶（Bhadra-ghaṭa）あるいは満瓶（Pūrṇa-ghaṭa）と呼ばれる。瓶のたたえる甘露（不死の霊薬）からおのずと蓮華が吹き出しており、切り花にはない強靭な生命力を観ることができる。仏教以前から現代に至るまでこの吉祥文様は、生命と豊穣のシンボルとして好まれてきた。

　見ればちょうど十一輪の蓮華が放射状に咲き誇ってメダイヨン（円形区画）の空間を満たしており、本書の第4章で論じた十一の宗教を暗示するのにもふさわしい（169頁参照）。

　縁取りは、玉虫厨子彩画の唐草文様（法隆寺大法蔵殿）、蜜陀彩絵小櫃の全パルメット波状唐草（正倉院中倉）、新羅・鬼面瓦の扇形花波状唐草などを組み合わせ、創作を加えたものである（カバー裏も同様。蓮華とつなぐ趣向は、帯でも継続）。

　カバー裏：　こちらの賢瓶から吹き出す蓮華には、古来、アートマンのシンボルでもある水鳥（haṃsa）の姿があしらわれている。初期のインド仏教美術を知るうえで重要なバールフト・ストゥーパの玉垣浮き彫りからの一例（紀元前1世紀頃）。

　いずれの蓮華文様も、自然界の蓮華を写生しているのではなく、創造力豊かに装飾性を追究しているのがわかる。

　蓮華は文様化すると、バランス感覚にすぐれた形象となる。この俗世さながらの泥沼から茎を出して美しい華を咲かせることから、"聖と俗"や"浄と不浄"などの分け隔てを超えた円満な覚りの境地を観るのが仏教の立場。蓮弁の台座（蓮華座）に居ます仏陀や菩薩の像が多くみられるのも、そのような意味を踏まえているのである。

　植物文様としての蓮華は、宗教の相違にかかわらず、あらゆる装飾デザインのなかで使われている。装飾を本旨とする美術の普遍的役割は、異文化間の交流を促進するうえでも重要である。本書のカバーデザインに蓮華文様を選んだのも、その融通無碍なる活用の可能性を示したかったからである。

用 語 解 説

凡例

1. 本書で用いた語のなかから、改めて解説しておきたいもの、注意を促したいものなどを厳選した。
2. 索引に収録しなかった語には、《　》の直後に（　）を設けて、頁数を示している。
3. 用語の解説文で使った名詞などのうち、索引に収録していないものは、今後も収録しない。
4. 本書のキーワードとみなすことができる用語は、ひと通り挙げておいた。★印を付けてある。
5. 文脈によって宗教的（あるいは呪術的）な意味を帯びる語には、＊を付し、言葉の深みを示した。
6. 用語どうしの関連や参照頁などを示す場合は、文末に ⇒を付けた後に、関連語や頁数を記した。
7. 本書では一回も使用していないが、この際にコメントしておきたい語には、▲を付した。
8. 用語解説が本文中にみられる場合は、その補足や連想、本書における語法の解説などをしている。
9. 外国語の原語形に言及するときは、アルファベット表記よりも読みやすいカタカナ表記とした。
10. お薦めしておきたい書籍や論文、入手困難でも紹介すべき重要な著作には、●印を付けた。

《＊〔罪の〕贖い》（120）「あがない」。「贖罪」のこと。漢字の「贖」は、金銭（大昔の通貨は「貝」の殻）や価値の高い品物を代償として提供し、罪科を免れることを表わす。また、荒れ狂った海に身を投げて神の怒りを鎮める、といった人身供犠の例は、宗教的な贖いの行為として、世界中の神話や伝説にみられる。イエスが生まれた時代の〔祭司の〕ユダヤ教（114頁参照）も、鳩、牛、羊などに人間の罪を負わせて《生け贄》にする神殿祭儀の宗教であった。祈りの場であるべき神殿の境内で、生け贄用の動物たちを売る者や、両替に余念のない露店商などに激怒して、彼らを追い払ったイエスは、「生け贄よりも愛（あるいは、憐れみ）」（ホセア6：6参照）を求める神の心を体現していた。背き離れてしまう〔罪〕の傾向にある人間をなおも愛する〔創造主：父なる〕神は〔独り子〕イエスをこの世に遣わした。悔い改めた者たちの罪を赦すための福音を説き広めた後、贖罪の生け贄（過ぎ越しの子羊〔Ⅰコリ5：7〕）として十字架に架かり、（〔人間の〕原罪の報いである死に対する勝利〔Ⅰコリ15：26〕の先駆けとして）復活したイエスにおける〔神からの〕恩寵を説くのがキリスト教。人間は、自力では神と和解できないほど罪深いので〔人間から〕一切の見返りを求めない神の業（わざ：絶対的他力）が必要不可欠とする。⇒ 自力と他力、復活、赦し

《悪魔》ヘブライ語の「サタン」は「神に敵対する者」を指す。ゆえに、十二使徒のリーダー格であり、教会を打ち建てる頑丈な「岩（ケファ）」とみなされた〔ヨハネという漁師の子〕シモン・ペテロでさえ、イエスの受難を危惧した際に当のイエスから「サタンよ、引き下がれ」（マタイ16：23）と言われてしまったほどである。人知を超えた神の計画を邪魔する者（神のことを思わず、人間のことを思っている者）は誰であれ、悪い霊に憑かれた存在。神と悪魔は常に対立し、和解しない。
　仏陀の生涯に出現した悪魔はパーリ語で「マーラ」（原義は「殺す者」）などと呼ばれる。覚りを開こうと深めていく観察思惟（10頁）の階梯を乱そうと押しかけてきたり、晩年には「もうそろそろ、生命力を放棄して入滅してはどうか」などと勧めたりしている（●163頁⑤のMhp.参照）。仏陀もその申し入れに同意し、まもなく命を終えてしまう。ゆえに「サタン」とは異なり、成道直前の心理的葛藤や、肉体的な衰弱に苦しむ老齢者としての述懐などの、内面からのメッセージ（いわば「内言」。10頁参照）を擬人化したものが「悪魔」である、という解釈も成り立つ。仏陀と悪魔の関係については、●奈良康明著『原始仏典の世界』NHK出版、1998年、63-86頁参照。

《ありのまま》（59、102）人間各自の心のフィルター（既存の知識や経験に対するこだわりや、好き嫌いなど）が、ものの見方・考え方を、いかに真実から遠ざけているのか、を気づかせる語である。仏教では「ありのまま」の同義語として「真実相」「真如」「如実」「如相」「実相」「諸法実相」などを用いる。カメラのレンズとは異なり、人間の捉えようとする「ありのまま」は、心の穢れや

迷いや無知を自覚して改めた時点からみえてくる、ほんとうの状況（刻一刻と移り変わる現象世界の姿）であり、想像や予想に反した意外性に学ぶことも多い。災害時、好ましい人のためには無事を祈るばかりなのに、疎ましい相手だと、然るべき"被害"状況に関心を向けてしまうのが、妄想にとらわれやすい凡夫の真情（「四苦八苦」にいう「愛別離苦」と「怨憎会苦」の対比とも関連）なのであろうか。2011年3月11日の東日本大震災以降、頻繁に聞かれる「心より御見舞い申し上げます」の「心より」という言葉が空虚に響く事例が少なくない。それでも、ひとまずそう言ってみることで事態の好転を願い、虚心に真実を問う謙虚さに立ち返れた人は、幸いである。とはいえ、応答する側の身を思いやれば、敢えて問うことを慎み、そっと見守る思慮深い沈黙（94頁、註（69）参照）こそが、「ありのまま」に徹する最善の態度なのかもしれない。⇒ 還元、祝福の言葉、ムニ

《生け贄》「いけにえ」。人類が《贖い》の思想を持ち始めて以来「いのち」を神／神々に捧げる生きもの（人身供犠に選ばれた人間を含む）のことを指す。人間の場合は自らを犠牲にするという意志を持てるが、他の生きものは、ただ死の恐怖に怯えるばかり、ではないのか。インドでは、ジャイナ教や仏教が「人間の罪は、人間自身の行為によってしか浄まらない。殺生をともなうヴェーダ祭式（ヤジュニャ）は、生類を苦しめるという罪を重ねるだけである。それに対し、燈明、花輪、香り、牛乳、水で満たした瓶などを捧げる供養（プージャー）は、万人が功徳を積める善行である」といった主旨の教えを説くようになってからは、生け贄の儀式を回避するヒンドゥー教徒が急増した。「アヒンサー（不殺生）は第一のダルマ（法）なり」という『マハーバーラタ』の宣言は、供犠を非難する声の高まりと仏教徒やジャイナ教徒の繁栄に対して巻き返しを図った祭司階級の、意識転換なのである。いまでも菜食主義を尊ぶヒンドゥー教徒は多いが、山羊などを神々に供える儀式もまた、伝統を遵守する立場から、行なわれている。⇒ 87頁の項目5（ヒンドゥー教）参照。

《イスラーム》「イスラーム」というアラビア語は、教義を宗教の支柱とした場合の「〜教」を意味するだけではなく、政治や経済を含む人間生活全般に関わる神からの啓示内容を包括しているので、本書では「イスラム教」という呼称を用いないのである。ユダヤ教も、人間社会のあらゆる面にわたる律法（「トーラー」）を中心とするが「トーラー」はヘブライ語で「教え」を意味するため、「ユダヤ教」でも差し支えはないといえる。「ヒンドゥー教」もヒンドゥー（インド亜大陸の生活者たち＝最広義の「インド人」）の生活法を規定している以上は、「ヒンドゥー・ダルマ」（72、144頁参照）と呼ぶのが適切であるが、便宜上は、取りあえず「〜教」と呼ぶことになる。因みに英語では宗教名の語尾に「イズム」を付ける場合が多いが、243頁でも論じたとおり「イズム」（たんなる「特性」にとどまらない「主義」を含意）では誤訳になる場合もあることに注意したい。

《一期一会》（95）別れを惜しむ相手との出会いや、望ましいものとの遭遇を想定するのが通例。好悪の情を超えた覚りの世界では、過ぎゆくすべてのものにあてはまる語。⇒ ありのまま、仕切り

《＊行っていらっしゃい》（17）「行ってきます」と言ったときに、見送ってくれる者がいるのは幸いである。この箇所に心を動かされる読者は、故郷の家や、幼い頃のことを思い出すのだという。

《インド宗教》自業自得の道理（自己責任のモラル）に因る輪廻転生（りんねてんしょう）（生まれてはまた死すべき運命）を厭い離れる（解脱する）智慧を修得するという共通点を持つ。解脱の内容や解脱に到る道は多種多様。「同じ頂きに往き着く」などと、短絡的に一元化することはできない。

《右遶三匝》「うにょう・さんぞう」。右肩を覆っていた衣をはずし（「偏袒右肩：へんだん・うけん」のこと。索引参照）、右廻りに三回、師の周囲をめぐって尊敬をあらわす仏弟子（出家者）の作法。めぐり終わると、師の傍らに坐して、説法を傾聴したり、質問をしたりする。在家者も、これに倣う。ストゥーパ礼拝でも、同じ作法。「右遶」は太陽の運行に準じており、聖なるもの、清浄なもの、めでたいものに対する人間の態度をあらわす儀礼的行為である。「右」を聖視し、「左」を不浄視する観念は、世界的にみられる。だが、インド古来の吉祥文様では「左」廻りの卍でも喜ばれ、日本の地図でも、お寺のシンボルとなっている（インド人の右手は相変わらず、食事する手。左手は、トイレで活躍する不浄の手）。イスラームのカァバ神殿でも「左遶七匝」の礼拝を行なう。

また、神道の最高神にして太陽神でもある天照大神も、親神（伊邪那岐命）の「左眼」を浄める
行為によって誕生した。さらには、黒色の「八咫烏」（ヤタガラス）も神聖なる案内役として尊ぶ。
《★縁起性》「えんぎ・せい」。他宗教との関連において各宗教の意義を再評価するには、重々無尽の
　縁起を説く仏教思想の応用が最適、と考えた著者による造語。それはさらに、仏教的思惟を縦横に
　活かしうる日本人ならではの宗教史学を、世界に向けて提示することに"つながる"。⇒ つながり
《外界を覗く二つの穴》両眼という感覚器官をとおして見えるものに注目するという、ありふれた経験
　を語るまえに、両眼を「窓」にして、この身の外を眺めている「わたくし」の内在に気づく、とい
　う体験を表現した著者の造語。このように「見る者」は、いわば、両眼の「窓辺」に鎮座しながら
　外界を捉え、他者とのコミュニケーションを担当する司令塔としての責任を負う。近年、自己を
　コントロールできずに社会的な問題を起こすケースが多くみられるが、「よく見て考え、言動を
　制御しうる者」（コントローラー）としての自己を確立すれば、一歩手前でも、事件を防ぐことが
　できるのである。「内在する自己の統制」は《インド宗教》の実践哲学における基本項目でもある。
《★"学術を楽しむ"教養》（248）本書の帯の背文字と「索引のフィロソフィー」参照。日頃から、
　読み書きしながら考えたり、会話したり、見聞を広めたりしながら積み重ねていった記憶のなか
　から、各自の方法で汲み上げてくる経験や知識が、学術を楽しむうえでの素地となる。そこに、
　専門家と素人の境界線はない。自説を構築する時間と発表の場を持つかどうか、の違いだけである。
《かたまり》「霊魂」といった、おどろおどろしくもみえる表現を先入観として持つのを避けるため
　の語。より流動的で活発なイメージを担う《はたらき》との《つながり》を持つ。⇒ 聖霊
《神》226 頁の註記参照。日本人にとっては「カミ」という語感が、諸宗教の真実との間に、介在する。
《空の御座》「からのみざ」。諸宗教の至聖所がどれも、人間の表現能力ではあらわしきれないダイナ
　ミックな「いのち」あるものを示すための空間として、空けられていることを「表現」した著者の
　造語。例えば、129 頁の①〜③、149 頁、161 頁の②と③などを参照。⇒ ありのまま、還元
《★還元》本書では、物事を分析した成果は認めつつも、再び分析以前の状態（ありのまま）に視点を
　戻すことの大切さを強調するための語。哲学的にも化学的にも、根元への復帰を意味する。
《記憶》（8-10）哺乳類のなかでも人類は、海馬の神経細胞が著しく発達している。今日、諸宗教の
　精神文化を享受することができるのも、物事を記銘、保持、想起する記憶の力がはたらいてきた
　からである。聖典は大抵、最初は、伝承者の口から継承者の耳へと受け渡される口誦伝承（口伝）
　によってその命脈を保たれていた。事実、書写よりもむしろ正確に伝えることができ、教えの神聖
　さも失われないからである。今日でもヴェーダ聖典の伝承は、師資相承である。記譜法に頼らない
　暗誦の旋律は、膨大な量の詩句でも容易に覚えることを可能にする。著者もインドで、ジャイナ教
　の詩句（半マガダ語）を口伝により《記憶》する体験をした。●216 頁の註（162）の拙稿参照。
　　もう一つ、指摘しておきたいのは、罪の行為を悔いて懺悔し、《赦し》を得るために不可欠の、
　罪の記憶である。忘却によって罪の意識が薄れていくのだとすれば、いかなる悪しき行為について
　も、その後の悔い改めや償いの行為を期待することはできなくなるであろう。過去の記憶を正確に
　保つことによって、かつての所業を省みる自己責任は、人間の宗教性を考えるうえで、最も重要な
　問題の一つである。●拙稿「「ゆるし」から展開する宗教性の探究―仏教とキリスト教の場合―」
　（「宗教学論集」第 30 輯、駒沢宗教学研究会、2011 年）の表①〜④とその解説参照。⇒ 罪、赦し
《兼学》（188）墨子の「兼愛」（184 頁参照）が「あらゆる人を広く愛すること」を意味するように、
　兼学も、自分の属する宗派についてしか学ばないのではなく、他の諸宗派のことも、ひと通りは
　理解することで、自らの修養を深め、諸宗派の和合による社会の平安に貢献するという目標を持つ。
　この傾向は特に、インド仏教史においてみられ、我が国の学僧で、日本仏教の祖師と仰がれるよう
　になった人々も、禅、浄土教、密教などの基本を学んだ後に、各自の仏道修行を窮めていった。
　これを「諸宗兼学」という。この態度は仏教が、それぞれの教説にもとづく「学派」を形成して、
　他派と切磋琢磨する《インド宗教》（および、インド哲学）の伝統を継承していることに由来する。

《見仏聞法》「けんぶつ・もんぽう」。仏陀にお会いして、直にその説法を聞くこと。「仏」と「法」を他の宗教なりに置き換えれば、それもやはり、信仰者の憧れてやまない夢であることがわかる。

《公生涯》イエスの幼少期と成長期の足取りについては不明な点が多い。荒野での試練（悪魔の誘惑）を経たあと、洗礼者ヨハネから受洗して宣教活動を始めてから（メシアとしての召命を受けて以降）、受難、十字架上の死と復活を経て、弟子たちの前に現れてから昇天するまでの一生涯をいう。

《＊心の貧しい人々》（126）「山上の説教」（新共同訳）の一節。経済的に「貧しい人々」を指すルカ 6：20（「平野の説教」の一節）に対し、マタイ5：3は「心」を問題にしている。一般的に心が貧しいといえば、利己的で、周囲を思いやる《心の余裕》がないという意味（例えば、ディケンズの小説『クリスマスキャロル』の主人公がその典型）になる。けれども、イエスがここで「幸いである」と《祝福の言葉》をかけるのは、自らの内に救われるに値するものを見出すことができず、ひたすら神に依り頼まずにはいられない謙虚な人々なのである。この貧しさは、かえって、信仰の恵みを喜べる「心の豊かさ」を示唆している。訳語を字面で読むだけでは理解しがたい代表的な例。『新約聖書』の読解には、●山内眞監修『新共同訳 新約聖書略解』日本基督教団出版局、2000年〔イスラエルの宗教を背景とするキリスト教の歴史性を重視し、原語のアルファベット表記（ヘブル語、ギリシャ語、ドイツ語、英語）を付す用語集〕参照。●小塩力・山谷省吾監修『旧新約聖書神学辞典』新教出版社、1961年の「謙遜」と「貧しい」の項目（184-186、410-413頁）に注目。

《★心の余裕》一銭もない状況でも実現できる豊かさを意味することもあれば、金銭の余剰から生じる、本来は、はかないはずの、安心感や気前の良さを示唆する場合もある。⇒ 祝福の言葉、精神の自由

《言霊》十人十色の学生たちを励まし、元気になってもらうには、どんな言葉を発すべきなのかを模索するのが、教育者の楽しみである。近年は「もっと自信を持てるようになりたい」という声が多いので、本人の思考を答えとして磨き上げるような問い（課題や試験の"言霊"）が効を奏している。

《▲三大宗教》その人が属する文化圏によって、どの三つを選ぶのかは、おのずから異なるはずである。「仏教、キリスト教、イスラム教」を"世界の三大宗教"などというのは、宗教に疎い日本人だけである。スポーツ選手の三冠王や、日本三景といった感覚で、宗教をランキングする無神経な言動は、海外では通用しない。信者数、分布、知名度などを超えた各宗教の価値を重視したい。

《仕切り》"〜教"も"〜教徒"も、思想や人々に境界線を引いて相違を生みだす《仕切り》に過ぎない。人類は、生物学的な種族の差異にとどまらない、観念的な分け隔てを行なう生きものである。

《＊自業自得の道理》（139）神の罰を受け容れる場合も、この道理を同時に自覚するのである。現象世界における因果応報の理（ことわり）は、人類の思想史に繰り返し現れる重要な倫理思想。

《＊思考と言葉と行動》（111）人間存在の《はたらき》をこの三つに分けて考え、省み、祈る傾向は、どの宗教にもみられるといってよい。⇒107、200頁参照。ミサに際しての懺悔告白でも言及。

《宗教学》「〜教社会」ではない日本。特定の宗旨にしたがう"信者"となることには抵抗感を覚え、〔海外では"不道徳"だと誤解されがちな〕"無宗教"を標榜する多くの日本人は、"宗教"とは距離を置いているつもりでいるが、神社仏閣とは無縁ではなく、国内外の宗教文化にも好奇心を示し、生きてゆくのに役立つことなら学び取ろうとする柔軟で旺盛な向学心を持つ。自然現象に崇高なものをみる感性は、四季を通じて行なわれる《祭り》のなかで発揮される。こうした日本人の特性は、宗教それぞれの価値を公平に認める〔価値中立的な〕宗教学のいとなみには最適であるし、国際交流の場で活躍する「媒介者」（異なるものどうしの《つながり》を見つけて相互の認識と理解に貢献できる者）としての資質もそなえている。⇒ 兼学、つながり、比較、俯瞰、祭り

《祝福の言葉》167頁の「限りある…ことはできる」の段落で用いた語。本書から共感できる思想を一箇所だけ選び、その理由を論述するという課題に対して、この段落からの抜粋を行なう受講生が圧倒的に多い、という現象が続いている。おそらくは、人の成功を素直に喜べない心境に陥りやすい現代の社会状況にあって、段落の最終行にある《心の余裕》と《祝福の言葉》が相乗効果を起こし、思わず、はっとさせるのではないか。「祝福」といえば、神から賜わるだけにとどまらず、

それに倣って人どうしもまた交わすべきもの、というキリスト教社会の通念を、先ずは連想する。"God bless you !"や"I'm proud of you !"などは英語圏において、人を祝福することで自らの心も潤う、日常生活における代表的なフレーズである。仏教でも、人の幸せを我がことのように喜ぶ（ねたまない）「喜無量」の心（「四無量心」の一つ）が説かれていることに注目したい。

《儒服》（175）殴る、蹴飛ばすなどの暴力を振るわない、礼に徹した仁者らしい態度にかなう服装。その物静かな雰囲気からは想像できない、敵国との戦いで陣太鼓に撥を揮う勇ましい孔子の姿は、近年、中国で制作された映画『孔子の教え』〔邦題〕（フー・メイ監督、チョウ・ユンファ主演、2009年）に登場。殷の甲骨文を起源とする金文で竹簡に画かれた『論語』の原型もまた、啓発的。「儒」の源流に関わる巫史の学については、●白川静著『孔子伝』中公文庫、2003年（改版）参照。

《浄土往生》世間では、無為徒食の楽園を憧れて「極楽往生」などというが、まさにそうした欲望の妨げを受けずに仏道修行に専念して、覚りを開き、世の為に働きたいと望む人でなければ、浄土に生まれても、楽しまないであろう。本来ならば、転生する先を選べるはずのない凡夫が、理想の仏國土に迎えられるという衆生済度の思想は、変則的かつ例外的な輪廻転生のあり方なのである。

《召命体験》最広義では、この世での生涯を全うするための使命を自覚する体験として、万人に起こりうるものと解する場合もあるが、厳密には、神に選ばれ、神の声を聴き、神の言葉を預かる預言者としての召し出し（calling）を意味する。宗教史を俯瞰すると、召される人に、裕福な家の出身者はいない。人間社会の改善をはかる預言活動では、名誉や富への執着が障害になるからであろう。

《▲自力と他力》宗教者は人を救うために先ずは「恩寵＝救済者からの自発的もしくは一方的な恵み（他力）」を説く。しかし、救われる側が、その恵みに甘えて「修行・倫理の実践＝人間の自己責任（自力）」を放棄したとすれば、ほんとうの救いは成就しない。「自力」も「他力」も仏教用語だが、その示す《はたらき》は、他の諸宗教にもあるはずである。どの宗教にも〔救われるように成ろうと努める〕「自力的」要素と〔このままで救われる〕「他力的」要素が存する。例えば、神を信仰する宗教（特に一神教）を他力の宗教、神を立てない宗教（ジャイナ教、仏教）を自力の宗教と言い切る《類型論》は、各宗教の一面だけを捉えているので、要注意である。

《寿恵廣》（193）「末広（すえひろ）」とも書く。おめでたい末広がりの形をした扇のことを祝していう。縁起の良い「寿」や「恵」の字を当てた、「末広」よりも一段と格式の高い語である。

《ストゥーパ》「仏〔舎利〕塔」と訳すことが多い。サンスクリット語の原義は、①頭髪の房、頭の上部、家の頂上、②土や粘土の積み重ね、火葬の薪の山、③遺骨の奉安所、仏教の記念碑など。古代インドでは転輪聖王（てんりんじょうおう：武力によらず正義で統治するという理想の支配者）や辟支仏（びゃくしぶつ：212頁の註（66）参照）の火葬後も、遺骨（舎利）を納めたストゥーパの周囲で祭りを行なって供養したという伝承がある。仏弟子（二大弟子の舎利弗と目連）や後世の高僧たちのストゥーパは、サーンチーで発掘・復元されている。僧俗を問わず、功徳（くどく：供養に因る善い報い）に期待する老若男女がストゥーパを訪れて《右遶三匝》する姿は、紀元前3世紀以降の寄進銘や浮き彫り図に窺うことができる。ストゥーパには、骨灰のほかに、経文の巻物や宝玉などを仏法のシンボルとして祀ることもできる。仏舎利（仏陀本人の遺骨）の真偽は、あまり問題にはされない。一切衆生（いっさい・しゅじょう：すべての生きもの）が生死（しょうじ）を繰り返す《輪廻転生》の世界では、遺骨を河に流して自然に還さないと、大地が骨だらけになってしまう（●中村元訳『ブッダ 悪魔との対話―サンユッタ・ニカーヤⅡ―』岩波文庫、1986年、158頁参照）。そこに敢えてストゥーパを建てるという例外的行為は、輪廻解脱を果たした仏陀の遺徳を、めったにない（有り難い）吉祥のシンボルとして活かし、あらゆる人々の心願を受けとめることであった。半円形をしたストゥーパの心理的な安定感に依り頼むところが大きいのも、事実。

《聖遺物》（42）この歴史上に生きた証跡を残していった聖人などの遺骸（の一部）、衣服、持ち物などを保管するにとどまらず、公に顕示することで、信仰心の高揚をはかったり、奇跡や瑞兆を期待する場合、それらの物体を総称して「聖遺物」という。その収集熱が高じると、聖人の生き方に

倣うべき信仰者の本分がおろそかになる。これを偶像崇拝への傾斜として恐れ、同じ聖人のからだがフランスじゅうの教会に何体もあるといった状況を非難したのは、プロテスタント運動の急先鋒として活躍したカルヴァンであった（●「聖遺物について」：波木居齊二編訳『カルヴァン小論集』岩波文庫、1982年、57-132頁）。カトリック教会では、信仰者の感性を養う、生きた信仰の表現として、聖人崇敬と聖遺物の顕示を容認している（●徳善義和・百瀬文晃編『カトリックとプロテスタント ーどこが同じで、どこが違うか』教文館、1998年、169-172頁参照）。⇒ ストゥーパ

《誓戒》サンスクリット語で「ヴラタ」。「戒：シーラ」（心がけるべき徳目）よりも徹底的な、守り通そうとする堅固な意志を要する。ジャイナ教の不殺生戒はその典型。⇒ ブラフマン、マントラ

《★精神の自由》何の準備もしないで「自由」を〔真に〕謳歌することはできない。踏み迷うばかりの無軌道な野放し状態が実は、人を拘束して苦しめることを、諸宗教の「掟」は教えているのである。

《聖霊》万物を生かす創造主の《はたらき》、信仰者に内在する神〔の霊〕（キリスト教の神観では、三位一体の第三位格：現臨して働きかける神）として助け、励まし、導く力。絶望を戒め、希望を示す信仰生活の規範。聖霊に言い逆らう者は永劫に赦されない（マタイ12：30-31）。Cf. 精霊

《洗礼》原語は「浸水する」というギリシャ語「バプテスマ」。エルサレム神殿での〔生け贄〕による礼拝のあり方（パリサイ派、サドカイ派）に対抗する為、それに代わるものとして始められたユダヤ教分派の〔悔い改めて神の国の到来を待ち受ける〕バプテスマ運動を起源とする。クムランのエッセネ派や、神聖な禁欲の誓願を貫くナジル人（イエスを聖別した洗礼者ヨハネや、パウロ：使徒18：18）なども、洗礼主義者であった。●日本聖書学研究所編『死海文書—テキストの翻訳と解説—』山本書店、1963年、50-62頁参照。キリスト教の洗礼は、公に信仰を告白し、水を注がれることを通して罪の赦しを受け、イエス・キリストの死と復活にあずかる〔一回限りの〕教会入門の儀式。《聖霊》降臨の日（イエスの《公生涯》の完結後）は教会と洗礼の創設記念日。⇒ 贖い

《*創り分ける》（81）存在レヴェルや修行レヴェルの差異を、人体のうえに表現する視覚芸術の手法。

《★つながり》（39、209、248）個人であれ、共同体であれ、孤立や対立がもたらす災いを避けるために、周囲との関連性に気づくこと、その事実を認めて活かすことが大切である。⇒ 兼学、俯瞰

《*罪》法廷で裁かれる犯罪の内容と重なる場合もあるが、宗教的な意味における「罪」には、自らの「創造主」（いのちと力の根元：生ける神）からの離反（ギリシャ語で「的はずれ」を意味する「ハマルティア」）や、自らに苦い報いをもたらすはずのもの（「罪悪」「不善」「業苦」などと訳せるサンスクリット語「パーパ」）という意味があり、本来あるべき姿に《*立ち帰る》（117）ことが期待されている。信仰者には、その帰るべき道がわかっているので、「罪人」（つみびと）としての自覚を起点とした、立ち直りへの希望を、確実に持つことができるのである。⇒ 記憶、赦し

《天人五衰》（215）天界の生涯を終える際の徴候。大の五衰（衣服がよごれる、頭上に飾った花飾りがしぼむ、身体が臭くなる、腋の下に汗が流れる、自分の座席を楽しまない）と小の五衰（楽しい声を発しない、身体の輝きが急になくなる、沐浴の際に水が身体に付着する、まわりの景色に執着してしまう、まばたきが頻繁に起こる）の二種がある。後者の場合、功徳を積んだ人に接すれば、生命力を回復することもある、という。天界に転生（てんしょう）しても、寿命がある。再び死ぬこと（再死）をことのほか恐れるがゆえの輪廻解脱（りんねげだつ）を《インド宗教》は志向する。再生（生まれ変わり）に憧れてインド文化を好む外国人にとっての輪廻転生は、まったくの別物と化しているのである。⇒ 涅槃。●三島由紀夫の小説『豊饒の海』の最終巻は『天人五衰』である。

《成りませる》「生り坐せる」とも書く。潜在的な力が顕現して、或るかたちに落ち着き、人間の用意した宮に鎮座まします こと。また、人間にも潜在能力があり、様々なかたちを取って、明らかではなかった何かを実現する。日本人が「良い天気になったねぇ」「もっと安くなれば買えるのになぁ」「なりたい職業とは？」などと言うのも、成りませるであろうものの《はたらき》を、無意識的にも認めているのであろう。いずれもその背後に「創り主」の存在はない。自然と「なる」のであって、何ものかによって「つくられる」のではない、という点に注意したい。⇒ はたらき、祭り

《涅槃》「ねはん」。成仏（じょうぶつ）と同様、人が死んで楽になる？ことを指す俗語と化しているのは残念なことである。本来は、移り変わりゆくいかなる現象にも動じることなく（すべての煩悩を打ち拂って）対処できる救済力をそなえた、心の状態をいう。生命力のある限りは、煩悩を生じやすい身体が活動しているので、仏陀もまた、絶えず努め励んで覚りの心を磨いていた（163頁⑤）。生命活動が止むと身体は崩壊して、煩悩の温床も無くなる（6頁、註（3）参照）ので、その状態を「般涅槃」（「はつねはん」。原義は「完全に〔炎が〕吹き消された状態」）というのである。

《*はたらき》時々刻々と変わりゆく現象、あるいは、潜在的な力の発現（あらわれ）などを、固定的な言葉で観念化してしまうのを避けるために用いる語。「作用」や「力」などの言い換えもできる。

《★比較》世界中の、どの信仰者にも受け容れられる比較宗教とは何かを考えるだけでも有意義である。

《*俯瞰》ものごとの全体像を見渡すこと。クローズアップした部分の意味を知るためには必須の作業。

《*再び結びつける》（3）結びついていた二つ（以上）のものが、何らかの理由から離れてしまったことを示唆している。キリスト教では、イエスが仲立ちとなって、人間の、神との和解を成就させる、という恩寵を意味する。因みに、ベートーヴェンの第九シンフォニー「合唱」付きにおいて歌われるシラーの詩 "An die Freude"（「歓喜に寄す」）に "Deine Zauber bindenwieder"（「汝の奇しき力は〔全人類を〕再び結びつける」）とあるのも、上述の文脈から理解できる。⇒ 罪

《復活》例えば「ラザロの復活」（121頁③参照）は、やがては死に至る蘇生だが、イエスの場合は、神の業（わざ）として計画された、永遠の生命を証（あかし）する復活である。「復活」の原語 "anastasis" を動詞で用いると「神がイエスを復活させた」となり、イエスまたは死者が主語だと「神により復活させられた」（受動形）となる（●小塩・山谷監修、前掲書、397頁参照）。三位一体説にもとづくイエスの神性を重視すれば「イエスが復活した」という表現も可能である。

復活後のイエスが弟子たちの前で、磔刑による脇腹の傷を示し（ヨハネ 20：27）、焼いた魚を一切れ食べて見せた（ルカ 24：42-43）のは、この世での宣教活動に、確固たる信仰の眼を開かせるためであった。肉の体が霊の体に変容する（Ⅰコリ 15：44）終末時の復活に希望を抱いた人々がイエスの復活体に倣う姿は、ローマのカタコンベ壁画を調査した際（1996年秋）に観察。⇒ 贖い

《ブラフマン》「膨張する」「拡がる」を意味するサンスクリット語の語根「ブリフ」に由来する。即ち、宇宙の一切がそこから流出し、また帰入すべき根本原理のことであるという説明が一般的（「梵我一如」参照）。元来は、天からの啓示とされる、永遠不変の〔ヴェーダ聖典の〕ことばに宿る呪力を意味する。発せられるや、どんなことでも実現できるというその《はたらき》を専有する祭官たちも、「ブラフマン」あるいは「ブラーフマナ」（漢字での音写は「婆羅門〈バラモン〉」）と呼ばれ、後世の神話に登場する宇宙の創造神（最高神）も、その創造力ゆえに「ブラフマン」や「ブラフマー」（漢訳では「梵天」。仏教では「インドラ：帝釈天」と同様、仏法の守護神：護法神の一人）などの名を持つ。「ブラフマン」（梵）と「リタ」（天則）や「ダルマ」（法）などとの関連性を体系的にみるには、●J・ゴンダ著、鎧淳訳『インド思想史』中公文庫、1990年参照。

《佛（仏）》（184）●諸橋轍次著『大漢和辞典』巻四（大修館書店、1957年、692頁）によれば「弗」には「にかよふ」「〔～に〕あらず」の意味がある。「佛」も初めは凡夫であったが、一切の煩悩を制した澄み渡る心の眼で、真実の世界に目覚めた人と成ったので、外見は「人」でも、「人」を超えた境地にある。その深遠な体験の世界を、仏典の漢訳者は「佛」の一文字に籠めたのであろう。

《祭り》「まつ」という語と関わり深く、向こうから来るもの（神の降臨）を待ち受け（神迎えして）、客として大切にもてなすことをいう。神道の場合は、山海の珍味や御酒をあふれるほどに供え奉って、豊作や豊漁に対する感謝の念と、自然の恵みが続くようにとの願いを込めるのである。凶作の時であればなおさら、迎える側の真心が問われるであろう。「まつり」という古語の語源的解釈については●小野祖教著『教養 神社神道概論』神社本庁、1956年、72-84頁参照。⇒ 成りませる

《マントラ》「真言」という漢訳語が示すとおり、唱えられる語の内容を、かならず成就させることを誓った真実語（サンスクリット語で「サッティヤ・ヴァチャナ」）のことである。『般若心経』の

「掲帝　掲帝　波羅掲帝」（ぎゃてい、ぎゃてい、はらぎゃてい）以下も、たんなる呪文（経文では「咒」[しゅ]：原語は「マントラ」）ではなく、大乗菩薩による誓願の成就を謳っている。即ち、「般若」（すべての事象に執着しない完全に自由な境地を実現する智慧）を窮める「般若波羅密」（はんにゃ・はらみつ）の修行によって得た観世音菩薩の功力（功徳の力：観音力）を、経文を唱える人すべてに施そうとする大乗仏教の〔インド的な〕精神を発揮しているのである。●宮元啓一著『般若心経とは何か─ブッダから大乗へ─』春秋社、2004年、128-135頁参照。ゾロアスター教の「モンスラ」（索引参照）と「マントラ」の関係については、●メアリー・ボイス著、山本由美子訳『ゾロアスター教 3500年の歴史』講談社学術文庫、2010年、55、89-90頁参照。インド・イラン語族の聖典は口伝が基本なので、呪文のように繰り返す記憶法が高度に発達した。⇒ 記憶、警戒

《ムニ》「牟尼」と音写。例：釈迦牟尼仏。思慮深い沈黙の内に智慧の言葉を蓄えた「寂黙」の聖者。
《もとより一つ》（147）「もとからひとつ」。「一如」と表現する場合も、その真意は「一の如く」ではない。「行学一如」や「修証一等」も、一体感を極めた無心の境地を指す。⇒ ありのまま
《*赦し》罪を告白し、悔い改めて、償いの行為を実践できる者に対して与えられるもの。「赦」の「ゆるし」は元来、死罪の免除を意味した。日常の失敗などに対しては、『論語』にもある「恕」（じょ）の「恕し（ゆるし）」がふさわしい。或る行為の正当性を認める場合は「許し」を用いる。常用漢字表は、いまだに「罪の許し」という表記を許している。その社会的影響が案じられる。この問題については、《記憶》で紹介した拙稿（2番目の●）における4種類の一覧表が詳しい。
《預言者の宗教》84頁の一覧表に収録した「キリスト教」の「1．「聖なるもの」の御名」で、実に多様なイエス像があることに言及した。諸宗教（世界の多様性）における「～教」を、他宗教との共通項のなかで論じるのが本書の基本的な態度なので、キリスト教の場合は先ず「預言者としてのイエス」（120頁）を、敢えて導入している。よりキリスト教的な表現を試みれば「預言者」にまさる「預言者的メシア（＝キリスト）としてのイエス」であろうか。いずれにしても、子なるイエスが父なる神に派遣されて、父の命令どおりに（父の意志に一致して）父の言（ことば）を語る（●山内眞監修、前掲書、284、288頁参照）、というイエス自身の宣言（ヨハネ12：49-50、14：10-11）は、後世における三位一体の教義を予想させるとはいえ、イスラエル宗教史の文脈においては、どこまでも、「預言者的」な要素をのぞかせている。まして、キリスト教と他の諸宗教との接点を探るためには、「預言者性」に着目する必要がある。無論、キリスト教を「覚者の宗教」と並び立つ「預言者の宗教」のなかで捉えるのは勇気の要ることであった。「啓示宗教」という別の枠組みに替えるという案も検討したが、啓示現象の内容や捉え方によっては、意味範囲が拡がり、ヴェーダ聖典の「天啓」（55-56頁、63頁の23参照）なども含まれてくるので、却下したのである。
《類型論》英語で「タイポロジー」というように、容易には把握しがたい、ありのままの現実を、敢えて複数の「タイプ」に分類してみせ、分かりやすくすることをいう。「分かる」と、いかにも真実をつかんで理解したかのような達成感を覚えるが、実際には「分ける」段階で、「分けがたい何か」が無理なかたちで捨象されているのである。（1）「わかった」つもりのまま、それしか知らない状態にとどまるのか、（2）他の分類方法ではどうみえるのか、分類以前の状態に《還元》して、新しい見方をもっと探ろうとするのか。前者が「一神教ＶＳ多神教」（89頁参照）のような対立関係を煽るのは明らかである。後者の柔軟な態度でいれば「民族宗教と世界宗教」にも問題があることに気づくし（173頁の14～15参照）、「沙漠」の「多神教」を知れば、「一神教」の厳しさが「沙漠」の風土と直結しないこと（66頁参照）が判る。湿潤な「森林」が寛容な「多神教」を生んだ例をヒンドゥー教にみるのも、無理がある。インド亜大陸の乾燥した季節や、まばらな林の続く地平線に接すれば「森林」の幻想は消えてしまうし、多種多様であっても唯一者に還ることを説くヒンドゥー教の根本思想（67頁参照）は、時として排他的なナショナリズムへの傾斜を見せつける。短時間で誰にでも「わかる」説明を最優先するジャーナリズムの手法が諸宗教の類型化に際しては、いかに危険かを肝に銘じるべきである。真実を知りたければ、時間と手間を惜しんではならない。

著者略歴

田中　かの子（たなか　かのこ）

1986年	玉川大学文学部英米文学科英米文学専攻卒業
1994年	駒澤大学大学院人文科学研究科博士課程仏教学専攻修了
1991〜1995年	インド国立デリー大学大学院人文科学研究科博士課程仏教学専攻。1994年、Ph.D.取得
1994〜1997年	日本学術振興会特別研究員
1995〜1996年	ケンブリッジ大学客員研究員
1999年	比較思想学会賞（研究奨励賞）受賞
現　在	駒澤大学講師
研究領域	インド仏教美術史、比較宗教学（例：53、95、103頁参照）、ヒューマンケア（医療や教育の場における人間学の実践）、フィロソフィー（実地経験 → 思索と創造 → 教育と評価）
著　書	『アジアの宗教と精神文化』（共著、新曜社、1997年）。 *Absence of the Buddha Image in Early Buddhist Art — Toward its Significance in Comparative Religion —*, D.K.Printworld (P) Ltd., New Delhi, 1998.

※上記英文著書と本書におけるカバーや帯のデザインは、本のメッセージを担う著者自身が行なっている。

比較宗教学―「いのち」の探究―　［新装改訂版］

2004年5月1日　初版第1刷発行
2006年5月20日　初版第2刷発行改版
2009年4月15日　初版第5刷発行
2011年5月10日　新装改訂版第1刷発行
2021年4月1日　新装改訂版第11刷発行

著　者　田　中　か　の　子
発行者　木　村　慎　也

・定価はカバーに表示　　印刷　中央印刷／製本　川島製本

発行所　株式会社　北樹出版

〒153-0061　東京都目黒区中目黒1-2-6
電話(03)3715-1525（代表）　FAX(03)5720-1488

© Kanoko Tanaka 2011, Printed in Japan　ISBN 978-4-7793-0280-0
（乱丁・落丁の場合はお取り替えします）